21世纪经济管理新形态教材·信息管理与信息系统系列

信息资源管理

（第2版）

李旭芳　朱君璇 ◎ 主　编
曹红苹　丁绪武　夏志杰 ◎ 副主编

清华大学出版社
北京

内 容 简 介

本书理论和实际相结合，系统而全面地介绍了信息资源管理的概念和发展、信息资源管理的技术基础、信息资源过程管理、信息资源安全管理、信息资源配置、信息系统资源管理、企业信息资源管理、政府信息资源管理、信息政策与法规和信息资源管理案例。

本书可作为高等院校管理学门类各专业，特别是信息管理与信息系统专业及图书情报档案专业及其他相关专业的基础课程教材或参考书，亦可作为信息管理等相关领域业务、管理和研究人员的理论工具书。

图书在版编目(CIP)数据

信息资源管理：第 2 版 / 李旭芳，朱君璇主编 . —北京：清华大学出版社，2022.6(2025.1重印)

21 世纪经济管理新形态教材 . 信息管理与信息系统系列

ISBN 978-7-302-60807-3

Ⅰ．①信…　Ⅱ．①李…②朱…　Ⅲ．①信息管理－高等学校－教材　Ⅳ．① G203

中国版本图书馆 CIP 数据核字 (2022) 第 080005 号

责任编辑：刘志彬
封面设计：汉风唐韵
版式设计：方加青
责任校对：宋玉莲
责任印制：丛怀宇

出版发行：清华大学出版社
　　　网　　址：https://www.tup.com.cn, https://www.wqxuetang.com
　　　地　　址：北京清华大学学研大厦 A 座　　　　邮　　编：100084
　　　社 总 机：010-83470000　　　　　　　　　邮　　购：010-62786544
　　　投稿与读者服务：010-62776969, c-service@tup.tsinghua.edu.cn
　　　质 量 反 馈：010-62772015, zhiliang@tup.tsinghua.edu.cn
印 装 者：三河市天利华印刷装订有限公司
经　　销：全国新华书店
开　　本：185mm×260mm　　　印　　张：19　　　字　　数：440 千字
版　　次：2022 年 6 月第 1 版　　　印　　次：2025 年 1 月第 2 次印刷
定　　价：59.00 元

产品编号：096182-01

前　言

信息资源管理（information resource management）于 20 世纪 70 年代末 80 年代初在美国的政府部门出现，随后迅速扩展到世界上许多国家的工商企业、科研机构和高等院校等部门。经过 40 多年的发展，信息资源管理目前已成为影响最广、作用最大的管理领域之一，是一门备受关注的新兴学科。与此同时，信息资源管理的研究和教育也随之兴起和发展。

"信息资源管理"是信息管理与信息系统专业的一门专业必修课，本书作为该课程的教材，目的是向学生介绍本专业领域的理论知识和实践应用，并为学习后续课程提供支撑。本版书在第 1 版的基础上修订完成。原教材自 2010 年出版以来，在一些高校信息管理与信息系统专业及相关专业使用，收到了较好的效果。但随着互联网的普及和信息技术的飞速发展，原教材的部分内容显得有些陈旧，不能很好地反映当今社会丰富多彩的信息活动。为能够满足当前的教学需求，课程组吸收最新的相关研究成果，结合课堂讲授积累的经验，整理各个领域的素材，对第 1 版教材进行了内容上的调整、补充和修订。

本书特色体现在以下方面。

（1）先进性：引入信息系统应用的整体商业价值和价值管理的介绍。论述了信息系统审计、信息系统工程监理以及信息系统绩效管理；

（2）针对性：针对高等院校信息管理与信息系统专业教学特点，更加强调理论和工程技术应用相结合，立足网络环境，对信息进行资源管理的同时，融入计算机、通信、信息安全等技术；

（3）应用性：在重点介绍信息资源管理的理论、方法和策略的同时，结合案例分析，突出实际应用。

在内容修订上最突出的特点是内容的调整，其中第 5 章的内容替换成信息资源配置，新增了第 10 章信息资源管理案例，另外，每章不同程度地进行了信息管理领域新发展的内容更新并增加了相应的课后案例讨论。这样的修订增强了专业时代感，有助于学生更好地架构信息资源管理的知识体系，同时通过更多更新的案例引发学生的进一步思考。

本书内容共分 10 章，分别介绍信息资源管理概述、信息资源管理技术基础、信息资源过程管理、信息资源安全管理、信息资源配置、信息系统资源管理、企业信息资源管理、政府信息资源管理、信息政策与信息法规管理、信息资源管理案例。各章的写作分工如下：

李旭芳编写第 3 章和第 5 章；朱君璇编写第 1 章和第 4 章；曹红苹编写第 7 章、第 8 章和第 9 章；丁绪武编写第 2 章和第 10 章；夏志杰编写第 6 章。张环宇、樊弟军、张晋敏参与整本书各个章节内容的校对和补充。全书最后由李旭芳、朱君璇统稿。

本书在第 2 版编写过程中，一直得到教育部管理科学与工程教学指导委员会委员、上海理工大学副校长吴忠教授的关心和支持，他提出了许多意见和建议，为本书第 2 版的编辑出版付出了很多努力。特别要提到的是，教育部工商管理教学指导委员会副主任委员、中欧国际工商学院院长汪泓教授也对本书的编写给予了指导和帮助。在此，一并表示感谢！

本书参考和引用了大量国内外的著作、论文和研究报告。由于篇幅有限，本书仅仅列举了主要文献。我们向所有被参考和引用论著的作者表示由衷的感谢，他们辛勤劳动的成果为本书提供了丰富的资料。

信息资源管理仍然有许多有待探讨的领域，由于编者水平和时间所限，如本书中有不足之处，敬请同行和读者提出宝贵意见。

编　者
2022 年 4 月

目 录

第 10 章 信息资源管理案例

第1章

信息资源管理概述

本章关键词

信息（information）
信息资源（information resources）
信息资源管理（information resources management）

本章要点 ▶▶

信息技术的发展和应用产生大量的多种形式的信息，一方面信息随机地冲击原来的知识，使原来的知识及其使用受到限制和颠覆；另一方面使得人的现有的认识能力受到信息的冲击。这与以往不同。

本章主要阐述信息和信息资源的概念和特征，介绍信息资源管理的目标、任务、内容和手段方法，探讨信息资源管理的起源、发展及其基本概念，分析比较国内外信息资源管理的基本思想，了解信息资源管理与知识管理、信息科学与管理科学、传播学科的联系与区别。

1.1 信息与信息资源

信息同能源、物质并列为当今世界三大资源，信息资源对国家和民族的发展，对人们工作、生活至关重要，是国民经济和社会发展的重要资源。

▌1.1.1 信息

1. 信息的定义

"信息"一词来源于拉丁文"information"，意思是指解释、陈述。作为日常用语，"信息"经常是指"音讯、消息"的意思。信息涉及的分支学科比较多，关于信息的概念有很多，归纳起来大致有以下几种。

（1）信息论的定义

1948年，信息论的创始人申农（Shannon）指出"信息是用来减少随

视频 1.1
信息论

扫 码 观 看

机不确定性的东西"。随机不确定性的东西，是在传播的过程中确定的，信号从信源出发，经过信道，传递到信宿。该定义考虑了信息的随机不确定性，但是未能包容信息的内容和价值。

（2）控制论的定义

维纳（Norbert Wiener）在他的专著《控制论——动物和机器中的通信与控制问题》中提出："信息既不是物质，也不是能量，信息就是信息"。信息的信息量是一个可算作的量的对数的负数，实质上就是负熵。信息是"系统组织程度的标志"。维纳对信息的认识将对信息的研究引导到了哲学范畴。

（3）认识论定义

中国学者钟义信在《信息科学原理》一书中对各种观点进行了归纳分析后提出根据不同的条件，区分不同的层次来给出信息的定义。

最高的层次是普遍的层次，也是无条件约束的层次，叫作"本体论层次"。在这个层次上定义的信息是广义的信息。

本体论层次的信息，是指事物运动的状态及其变化方式。

认识论层次的信息，是指认识主体所感知或所表述的事物运动的状态及其变化方式。认识论层次的信息定义具有更丰富的内涵，它包含三个要素：语法信息、语义信息和语用信息。

- 语法信息是指主体所感知或所表述的事物运动状态和方式的形式化关系。
- 语义信息是指认识主体所感知或所表述的事物运动状态和方式的逻辑含义。
- 语用信息是指认识主体所感知或所表述的事物运动状态和方式相对于某种目的的效用。

同时，引入主体，认识论层次的信息定义体系还衍生出以下信息概念：

- 先验信息：观察者关于某事物的先验信息是指他在观察之前通过某种途径所感知的该事物运动的状态和方式。
- 实得信息：在观察过程中，观察者关于某事物的实得信息，是指他通过观察所新感知到的该事物运动的状态和方式。
- 实在信息：是指该事物实际的运动状态和方式，这也是在理想观察条件下观察者所获得的关于该事物的全部信息。

2. 与信息相关的几个概念

（1）消息

人们通常所说的"消息"是指包含各种内容的音讯。消息是信息的一种反映形式，信息是消息的实际内容。消息有可能包含丰富的信息，但也可能信息很少，若这种信息并未给人们带来新的知识的话，那么这种消息所包含的信息实际等于零。所以信息是给人们带来新知识的消息。

（2）情报

情报是指有目的、有时效、经过传递获取的、具有特定价值的特殊的情况报道或资料经过整理、抽取后的结果。信息的范围比情报广，情报的传播具有一定的隐匿性，使用对象具有一定的指向性。而信息具有共享性、公开性。

（3）知识

《辞海》对"知识"的解释是：知识是人类认识的成果或结晶，包括经验知识和理论知识。知识借助于一定的语言形式，或物化为某种劳动产品的形式，可以交流和传递给下一代，成为人类共同的精神财富。

知识是客观事物的属性与联系的反映，是客观世界在人脑中的主观映象。知识有时表现为主体对事物的感性知觉或表象，属于感性知识；有时表现为关于事物的概念或规律，属于理性知识。知识是主客体相互统一的产物。它来源于外部世界，所以知识是客观的；但是知识本身并不是客观现实，而是事物的特征与联系在人脑中的反映，是客观事物的一种主观表征，知识是在主客体相互作用的基础上，通过人脑的反映活动而产生的。

因此，知识是建立在信息的基础之上，经过加工和编码后形成的有组织的新的信息。信息不等于知识本身，只有经过研究和领会后的有用信息，并在人们加工处理后，才可以称之为知识。所以，并非所有的信息都可以称作知识。

3. 信息的特征

所谓信息的特征，就是指信息区别于其他事物的本质属性。

（1）普遍性

信息是无处不在的，也是无时不在的。信息是普遍存在并且是无限的，建立在自然世界基础上的人类社会之中到处存在着信息。

（2）动态性

信息是事物之间相互联系、相互作用的状态描述，事物本身是在不断发展变化的，因此，信息也会不断发展更新。

（3）共享性

信息区别于物质、能源的一个重要特征是信息具有共享性。一般的物质资源在交换过程中依据等价交换的原则，得到一物会失去另一物。而信息交换的双方不会失去原有信息，而且会由于交换而增加新的信息。信息可以同时被多人共同享用。

（4）时效性

客观事物本身都在不停地运动变化，信息是事物运动的状态和方式，信息也在不断发展更新。因此，信息具有一定的时效性。信息从发生、接收到利用的时间间隔越短，信息的时效性越强。同时，信息具有滞后性。任何信息从信息源传播到接收者都要经过一定的时间，信息总是产生于事物运动之后。因此，信息的传输、加工和利用需考虑时滞效应。

（5）传递性

信息可以通过多种渠道、采用多种方式从时间或空间上的某一点向其他点移动。信息传递要借助于一定的物质载体，即信息媒介。信息传递具备四个基本要素：信源（信息的发出方）、信宿（信息的接收方）、信道（信息媒介，实现信息传递功能的载体）和信息。

（6）加工性

信息可以通过一定的手段进行加工，如扩充、压缩、筛选、分类、整理等。信息可以从一种形态转换成另一种形态。如语言、文字和图像可以通过技术手段转换成电信号信息。信息还可以加工提炼，使杂乱无章的数据变为有使用价值的、有意义的知识。

（7）积累性

信息从不同的侧面反映事物存在与发展状况，因而随着时间的延续，信息资源在不断积累和增长。再生性信息资源在流通使用过程中，可以分析、综合、管理与提炼加工，从而获得更为广泛的知识。

（8）价值的不确定性

信息的价值就在于将信息传递给需要者，从而创造新的物质财富和精神财富。由于人们对信息的需求、理解和判断不同，信息的价值有很大差别。同样的信息对于不同的利用者可能有不同的价值。

4. 信息的类型

（1）按照信息的发生领域划分

按照信息的发生领域可将信息划分为物理信息、生物信息和社会信息。物理信息是指无生命世界的信息。例如地壳运行，天体运动，天气变化等；生物信息是指生命世界的信息，例如动物之间有特定的信息联系方式，植物之间也存在信息交换现象等；社会信息是指社会上人与人之间交流的信息，包括一切人类社会运动变化状态的描述。社会信息是信息管理的主要对象。

（2）按照信息的表现形式划分

按照信息的表现形式可将信息划分为消息、资料和知识。消息是关于客观事物发展变化情况的最新报道，消息反映的是事物当前的动态的消息。资料是客观事物的静态描述和社会现象的原始记录。资料反映的是客观现实的真实记载，具有长期性。知识是人类社会实践经验的总结，是人类发现，发明和创造的成果。知识反映的是人类对客观事物的普遍认识和科学评价，因此对人类社会活动有重要意义。

（3）按照主体的认识层次划分

按照主体的认识层次可将信息划分为语法信息，语义信息和语用信息。语法信息是信息认识过程的第一个层次。它只反映事物的存在方式和运动状态，而不考虑信息的内涵。语义信息是信息认识过程的第二个层次。它是指认识主体所感知或所表述的事物的存在方式和运动状态的逻辑含义。语用信息是信息认识过程的最高层次。它是指认识主体所感知或所表述的事物存在方式和运动状态，相对于某种目的所具有的效用。信息管理关注的主要是语用层次上的信息现象。

▌ 1.1.2　信息资源

信息资源作为一种具有特殊内涵和特殊配置形式的社会资源，其重要作用正在与日俱增。信息资源是现代社会生产力的基本要素，对社会生产方式的变革和人们生活方式的提升，产生着巨大的影响和促进作用。

1. 资源

联合国环境规划署对资源的定义是："所谓资源，特别是自然资源是指在一定时期、地点条件下能够产生经济价值，以提高人类当前和将来福利的自然因素和条件"。所谓资源指的是一切可被人类开发和利用的物质、能量和信息的总称，它广泛地存在于自然界和人类社会中，是自然界和人类社会中可用以创造物质财富和精神财富的具有一定量的积累的客观存在形态。物质、能源和信息是人类社会的三大资源。

2. 信息资源

并非所有的信息都是资源。只有经过人类开发、组织与利用的信息才能称为信息资源。目前国内外尚未对这一概念达成统一的定义。

美国 Betty R. Ricks 和 Kay F. Cow 在《资源管理》中指出，信息资源包括所有与信息的创造、采集、存储、检索、分配、利用、维护和控制有关的系统、程序、人力资源、组织结构、设备、用品和设置。

德国的斯特洛特曼（K. A. Stroetmann）认为信息资源包括信息内容、信息系统和信息基础结构三部分：信息内容包括产生于信息服务或从外部信息源获取的信息，也包括与内容活动有关的理论和方法论信息、管理和操作信息与决策相关的信息，还包括与外部活动有关的交易信息、用户信息和市场信息；信息系统包括系统目标、操作人员、信息内容、硬件、内部规则等；信息基础设施是指一个组织的信息基础结构，它由各种可共享的数据库、计算机硬件设备、数据库管理系统和其他软件、局域网等构成。

孟广均教授在 1991 年提出，信息资源包括所有的记录、文件、设施、设备、人员、供给、系统和搜集、存储、处理、传递信息所需的其他机器。

查先进从狭义和广义两个角度来阐述信息资源的概念。从狭义角度来说，信息资源是指人类社会经济活动中经过加工处理有序化并大量累计后的有用信息的集合，如科技信息、政策法规信息、社会发展信息、市场信息、金融信息等，都是信息资源的重要构成要素。从广义角度来看，信息资源是信息和它的生产者及信息技术集合。也就是说，信息资源由三部分构成：一是人类社会经济活动中经过加工处理有序化并大量积累后的有用信息的集合；二是为某种目的而生产有用信息的信息生产者的集合；三是加工、处理和传递有用信息的信息技术的集合。

人们对信息资源的理解主要从两方面来考虑：一是狭义的理解，二是广义的理解。狭义的信息资源是指经过加工处理的有用信息的集合。广义的信息资源是一个贯穿于人类社会信息活动中从事生产、分配、交换、流通、消费的全过程的多要素集合，包括信息劳动的对象、信息劳动设备、信息劳动技术、信息劳动者等。

3. 信息资源的特征

与物质资源和能源资源相比，信息资源表现出许多特殊性。

（1）动态性

信息资源是一种动态资源，它产生于自然界和人类社会的实践活动中，它随着时间的变化而变化。信息资源在不断产生、积累的过程中呈现出不断丰富、增长的趋势。

（2）共享性

物质资源和能量资源的利用表现为占有和消耗。当物质资源或能源资源一定时，利用者在资源利用上就存在着竞争关系，即"你多我就少"，而信息资源的利用不存在竞争关系，不同的利用者可以共享同一信息资源。

（3）易传播性

信息资源易于扩散、传播。它借助于各类媒介，比如印刷品、声像、电子信息、网络等，可以广泛向社会传播，从而深入影响社会。信息资源不断传播的过程，也就是其价值不断得到实现的过程。

（4）不可分性

信息资源在生产和使用过程中都是不可分的。为某个目的而需要的信息资源是一个完整的集合，如果缺乏一个部分，则信息必定不完整，结论也就缺乏足够的科学依据。

（5）稀缺性

稀缺性是指信息资源不可以免费得到，必须通过自己生产或者用其他经济品加以交换来得到。信息资源的开发需要相应的成本，要拥有信息资源，就必须付出相应的代价。稀缺产生需求，需求产生价值。对于某个特定的个人、组织或任务来说，真正有价值的且可以获得的信息资源往往是稀缺的。

（6）效用性

任何信息资源对人类都具有一定效用，不仅可以独立使用，而且在一定条件下可以替代其他资源。效用性是指人们从消费一种物品或服务中得到的主观上的享受或有用性，它包括：使用的整体性、效益的间接性、利用效果的社会性和时效性。

（7）驾驭性

信息资源具有开发和驾驭其他资源的能力，不论是物质资源还是能源资源，其开发和利用都有赖于信息的支持。一般说来，人类利用信息资源开发和驾驭其他资源的能力受科技发展水平和社会信息化程度的影响。

（8）可增长性

信息资源是人的智慧与才能的结晶，是在不断地开发利用过程中不断地得以丰富、增长，取之不尽，用之不竭。而一般的物质资源，越开发利用，资源越少。人们在不断地开发、利用信息资源的过程中，不断地提升自己认识世界与改造世界的能力。

4. 信息资源的类型

信息资源的类型划分没有固定的标准，主要取决于人们分析问题的不同需要，可以根据不同需要从多个角度进行划分。

（1）按性质划分

按性质划分，信息资源可分为自然信息资源和社会信息资源两类。自然信息资源是指产生于自然界的信息资源，如地理信息资源、太空信息资源、生命信息资源、海洋信息资源等。社会信息资源是产生于人类生产与社会实践活动过程中的信息资源，如教育信息资源、体育信息资源、法律信息资源、医疗信息资源等。

（2）按组成关系划分

按信息资源的组成关系划分，信息资源可分为元信息资源、本信息资源和表信息资源。

元信息资源是信息生产者的集合，能够创造并生产出知识信息的人或者机构。本信息资源是指信息内容本身，是信息的集合。表信息资源是指为信息的收集、存储、加工、处理、传递、开发、利用而运用的一切技术和设备的集合，包括计算机技术、网络技术、计算机与通信设备、纸张、光盘、存储设备等各种介质。

（3）按空间区域划分

按信息资源所处的空间区域划分，信息资源可分为国际信息资源、国家信息资源、地区信息资源、单位信息资源等。国际信息资源是指通过网络将部分在世界各国的信息资源连接起来的一个全球信息共享联合体，如因特网。国家信息资源是指某一个国家信息资源的总和。地区信息资源是指某个省、市、部门或系统的信息资源的总和。单位信息资源是指某一单位如企业、院校或机关信息资源的总和。

1.2　信息资源管理

信息资源管理（Information Resources Management）是现代信息技术特别是以计算机和现代通信技术为核心的信息技术的应用所产生的一种新型信息管理理论。随着信息资源在社会经济生活中的重要性的提高，信息资源管理的影响日益扩大，已成为一个专门的发展领域。

1.2.1　信息资源管理概述

1. 信息资源管理的发展

信息资源管理于 20 世纪 70 年代末 80 年代初在美国的政府部门出现，随后迅速扩展到工商企业、科研机构和高等院校等部门。经过 40 多年的发展，已影响和扩散到世界上许多国家和地区。信息资源管理的发展主要经历了传统管理阶段、系统管理阶段、资源管理阶段和知识管理阶段。

（1）传统管理阶段

这一阶段以文献信息管理为特征，是以文献整理为对象，以手工管理为主要手段。图书馆和档案馆承担了书籍和档案等文献信息的收集、整理、存储、传递的职能。

在文字发明以前，语言是表达人类思想以及人类认识自然与改造自然结果的重要载体。信息的保存与管理主要通过口耳相传，效果得不到保证，文字的出现使人类可以在时空上对信息的管理得以加强。古代的信息资源主要以文献信息资源为主，使用手抄本、雕版印刷术和活字印刷术存储信息，但是数量有限，信息存储的方式是封闭的、私有化的；信息管理的手段与方法以手工为主。随着科学技术的发展社会信息资源快速增加，信息传递的渠道增多，信息交流的广度和深度大大加强。保存文献信息资源由图书馆承担。

这一阶段，以文献信息为中心，图书馆为主要场所，出现了针对信息收集、保存、处理、应用等过程的解释。

（2）系统管理阶段

这个阶段以电子信息系统为特征。信息技术在信息管理活动的发展中占有重要地位，计算机技术、网络技术的出现，扩大了信息交流的范围，对整个人类社会的各方面都产生了巨大的影响。

信息管理技术充分利用了现代信息技术的优势，突破了传统处理文献的信息管理技术范围，大量采用了网络、数据库、数据仓库、联机分析技术等先进技术手段与方法，传统的信息管理技术在新的技术环境下不断地完善与发展。

（3）资源管理阶段

在这一阶段，信息管理不仅是对信息本身的管理，还包括对信息、信息技术、信息人员所形成的信息资源的管理。

信息管理阶段的技术手段不能实现对信息的有效控制和作用，而社会发展使信息成为一种重要的资源。因此，在技术管理上出现了一系列问题，促使人们开始寻求完善管理信息系统的途径。在此基础上，融合了人文因素、组织环境等内容，形成了具有集成信息管理功能的信息资源管理。在组织结构上引入首席信息经理（CIO），CIO负责处理组织信息、制定信息规则、沟通各部门的信息需求，确保信息的及时性与准确性。信息管理人员从以往的辅助角色跃居为管理的主角，标志着信息管理进入新的发展阶段。

（4）知识管理阶段

随着社会的发展，世界经济正从物质经济向知识经济转变，知识已成为决定国家、产业和企业竞争力的重要因素。知识管理于20世纪90年代中后期应运而生。"知识管理是将组织可得到的各种来源的信息转化为知识，并将知识与人联系起来的过程。知识管理是对知识进行正式的管理，以便于知识的产生，获取和重新利用。"它是一种重视与人打交道的信息管理活动，将结构化、非结构化的信息与人们利用这些信息的规则联系起来。

知识可分为隐性知识与显性知识。隐性知识是指难以透过语言及文字等外在形式表达的知识，此种知识系高度个人化且难以传授于人。个人所拥有但难以言传的技术、技巧及心智模式等均属隐性知识。而显性知识则是指可透过语言或文字等外在形式表达的知识，这种知识也就是可以分类编码的客观知识。基本上，知识管理是促使人们的内隐知识外显化的过程。知识管理常被概括性的定义为创造、储存与运用知识以促进组织绩效的过程，是从组织的无形资产中创造价值的过程。

实质上，知识管理体现了组织寻求数据、信息处理能力以及人类的创造和创新能力相互结合，共同作用的过程。

信息与人类认知能力的结合导致了知识的产生，所以，成功有效的信息资源管理是实施知识管理的基础，而具有丰富专业知识与实践经验的高素质人才则是实现知识管理目标的前提。知识管理是信息资源管理的升华，是信息管理发展的第四阶段。

2. 信息资源管理的内涵

从20世纪中叶信息资源管理活动开展以来，信息资源管理的内涵就一直是理论研究者和信息管理人员所关注的问题。信息资源管理的内涵有着多种阐释，而且各种观点并不一致，归纳起来，大致有如下几种观点。

（1）管理的观点。1979 年霍顿提出信息资源管理是对一个机构的信息内容及支持工具，包括信息、设备、资金、人力资源的管理。

（2）管理过程的观点。怀特（M.S.White）将信息资源管理看作是有效地确定、获取、综合与利用各种信息资源，以满足当前和未来的信息需求的一个过程。英国学者马丁（W.J.Martin）在《信息社会》（The Information Society）一书中提出信息管理就是对信息的计划、预算、组织、指挥、培训和控制的过程。

（3）管理对象的观点。莱维坦（K.B.Levitan）主张从管理对象来探讨信息资源管理。将信息资源管理定义为一种集成化的管理手段。

（4）管理活动的观点。博蒙特（J.R.Beaumont）和萨瑟兰（E.Sutherland）从管理活动的角度，提出"信息资源管理是一个集合词，它包含所有能够确保信息利用的管理活动"。

我国学者霍国庆在 1997 年发表的《信息资源管理的起源与发展》中提出："信息资源管理是为了确保信息资源的有效利用，以现代信息技术为手段，对信息资源实施计划、预算、组织、指挥、控制、协调的一种人类管理活动。"

（5）管理方法与手段的观点。里克斯（B.R.Ricks）和高（K.F.Gow）于 1984 年联合发表论文《信息资源管理》中指出信息资源管理是为了有效地利用信息资源这一重要的组织资源而实施规划、组织、用人、指挥、控制的系统方法。1985 年，伍德（C.Wood）指出：信息资源管理是信息管理中几种有效方法的综合。认为信息资源管理就是将一般管理、资源管理、计算机系统管理、图书馆管理以及政策制定和规划方法结合起来，并加以运用。

1993 年卢泰宏在《国家信息政策》中指出："尽管关于信息资源管理的阐释不尽相同，但至少有一点是大家公认的，即信息资源管理是信息管理的综合，是一种集约化的管理。"

（6）战略意义研究的观点。孟广均在 1992 年指出："各个机构在实现其目标时，除购置和利用一般人力、物力、财力资源外，还必须计划、管理和控制信息资源，对职能不同但目标都是为满足机构信息需求的活动进行协调和统合。这些活动包括图书馆和情报中心的业务工作、缩微品制作、拷贝复制、印刷出版、日常文书工作、报告控制与表格管理、管理信息系统、科技信息系统和其他有关活动。各个机构利用这整个信息处理系统提供的准确、及时、完整的信息，才能做出决策，解决问题。概括地说，信息资源管理就是利用全部信息资源实现自己的战略目标"。

1.2.2 信息资源管理的基本思想

1. 国外信息资源管理思想

20 世纪 70 年代末 80 年代初，把信息作为一种资源来管理的需求日趋增强，于是产生了信息资源管理的概念。从美国学者霍顿最早提出"信息资源管理"开始，西方的学者对信息资源管理的有关问题进行了多角度的研究，对信息资源管理的基本思想形成了初步认识。

（1）霍顿的信息资源管理理论

霍顿是美国著名的信息资源管理学家。霍顿在 1985 年出版的《信息资源管理》中提出了面向应用的信息资源管理理论。他认为信息资源管理是对一个企业的信息资源和信息设备等进行管理，强调信息资源管理属于资源管理。信息与信息资源是可以管理的，它与人力、物力、财力和自然资源同是组织的重要资源。信息资源是信息本身的内容和信息工具的集合。信息资源管理是管理的新职能。

（2）史密斯和梅德利的信息资源管理理论

史密斯和梅德利是美国加利福尼亚州的学者。他们将信息技术和信息系统建设等融入了管理理论与实践中。

史密斯和梅德利认为，信息资源管理将一个组织机构所拥有的信息等价于资本和人力资源，强调管理理论与计算机信息系统理论的结合。形成了包括信息系统的发展、信息资源管理的安全与控制和信息资源管理思想的交流等内容的信息资源系统管理理论。

（3）诺兰的信息资源管理理论

美国管理信息系统专家诺兰通过对 200 多个公司、部门发展信息系统的实践和经验的总结，提出了著名的信息系统进化的阶段模型，即诺兰模型。

1979 年，诺兰将计算机信息系统的发展道路划分为六个阶段并强调任何组织在实现以计算机为基础的信息系统时都必须从一个阶段发展到下一个阶段。诺兰模型的六个阶段分别是：初始阶段、传播阶段、控制阶段、集成阶段、数据管理阶段和成熟阶段，如图 1-1 所示。

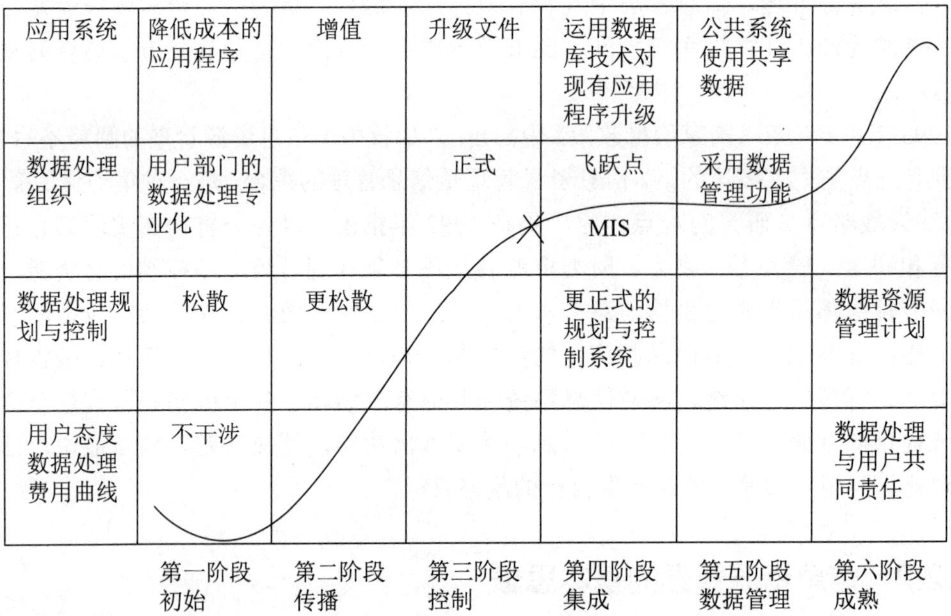

应用系统	降低成本的应用程序	增值	升级文件	运用数据库技术对现有应用程序升级	公共系统使用共享数据	
数据处理组织	用户部门的数据处理专业化		正式	飞跃点 MIS	采用数据管理功能	
数据处理规划与控制	松散	更松散		更正式的规划与控制系统		数据资源管理计划
用户态度数据处理费用曲线	不干涉					数据处理与用户共同责任
	第一阶段 初始	第二阶段 传播	第三阶段 控制	第四阶段 集成	第五阶段 数据管理	第六阶段 成熟

图 1-1　诺兰模型

（4）施特勒特曼（K.A.Stroetmann）的信息资源管理理论

施特勒特曼是德国的信息管理学家，他在 1992 主编的《"为信息服务的信息管理——90 年代的经济挑战"会议论文集》中撰写了一篇题为《90 年代的信息管理：一个概念框架》的论文，系统地阐述了自己的信息管理理论。论文的主要内容包括：信息管理的意义与定义、为信息服务的信息管理的背景、信息的经济化过程、信息资源、战略管理、信息服务中战略信息管理的分析框架等。

施特勒特曼认为，信息管理是对信息资源与相关信息过程进行规划、组织和控制的理论。信息资源包括信息内容、信息系统和信息基础结构三部分，信息管理可概括为沿着价值链（信息资源的供给、输入、生产、输出、推销、用户服务等环节所组成的有序过程）的信息资源管理。施特勒特曼认为信息管理是一种战略管理，战略信息管理中存在创新，包括信息产品或服务的创新、信息转换过程的创新和市场营销的创新等。

（5）博蒙特（J.R.Beaumont）和萨瑟兰（E.Sutherland）的信息资源管理理论

博蒙特和萨瑟兰于 1992 年出版的《信息资源管理》从管理的角度来认识信息资源管理，来考察信息合同新技术的利用怎样影响一个组织机构并进而影响商业运行和竞争的。

他们认为，信息资源管理是一个集合名词，包括所有能够确保信息利用的管理活动，管理对象包括所有类型的数据、文本、图像、声音和各种不同的信息与通信技术。信息资源不同于企业资源，作为企业资源的一部分，是由信息和通信技术所组成的技术平台，用于获取、存储、处理数据。

2. 国内信息资源管理思想

我国许多学者对信息资源管理进行了深入研究，并出版了信息管理方面的专著。

（1）卢泰宏的信息资源管理理论

卢泰宏相关的理论是国内最早形成的信息资源管理理论之一。卢泰宏在《国家信息政策》一书中，介绍了目前存在的信息管理的两种基本理解："一种认为，信息管理就是对信息的管理，即对信息进行组织、控制、加工、规划等，并引向预定的目标；另一种则认为，信息管理不单单是对信息的管理，而是对涉及信息活动的各种要素进行合理的组织和控制，以实现信息及有关资源的合理配置，从而有效地满足社会的信息需求。"

卢泰宏认为，信息管理大致可分为 3 个时期：

传统管理时期（1900—1950 年），以图书馆为特征；

技术管理时期（1950—1980 年），以信息系统为特征；

资源管理时期（1980—），以信息资源管理为特征。

"三维结构"是卢泰宏有关信息资源管理理论的精髓，如图 1-2 所示。

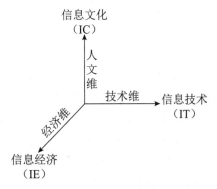

图 1-2　三维结构

他认为，信息资源管理是三种基本信息管理模式的集约化，这三种模式分别是：对应于信息技术的技术管理模式，其研究内容是新的信息系统、信息媒介与利用方式；对应于信息经济的经济管理模式，其研究方向是信息商品、信息市场、信息产业和信息经济；对应于信息文化的人文管理模式，其研究方向是信息政策和信息法律等。

（2）孟广均的信息资源管理理论

中国科学院文献情报中心的孟广均也是国内最早介绍国外信息资源管理理论的学者之一。孟广均1998年出版了《信息资源管理导论》，对信息资源管理进行全面的、系统的、深入的论述。他认为信息资源管理是管理思想的重要组成部分。并提出"信息资源包括所有的记录、文件、设施、设备、人员、供给、系统以及收集、存储、处理、传递信息所需的其他机器"。

（3）霍国庆的信息资源管理理论

中国科学院文献信息中心霍国庆从不同角度对信息资源管理进行了研究。霍国庆提出"信息资源也就是可以利用的信息的集合。换言之，信息资源是经过人类开发与组织的信息集合"。作为一种信息管理活动，信息资源管理是一个完整的体系，它是由环节管理、系统管理和产业管理三者组成的统一体，其中，环节管理是内核，系统管理是主体，产业管理是保障。信息资源管理学的研究对象是人类的信息资源管理活动。

▌1.2.3 信息资源管理的目标和任务

任何管理如果没有明确的管理目标，就不可能有正确的管理行动和管理效果。对于信息资源管理而言，情形也是一样的。信息资源管理的目标不仅是信息资源管理活动的预期结果，而且是指导信息资源管理活动的行动纲领，所以首先确立信息资源管理的目标是十分重要的。

信息资源管理目标的确定需要从各国实际情况出发，并且最终受到各国信息经济与信息产业发展水平的制约。一般说来，只有在信息资源管理的目标能够满足各国信息经济与信息产业发展的要求，符合各国经济发展的需要时，才能说这种目标是正确的。管理目标不正确将会对信息资源管理产生不良的影响，我国在这方面有许多教训。我国是世界上最早建立图书馆的国家之一，但由于我国传统的图书馆存在管理目标上的误区，只注重收藏，不关心利用，其结果使大量有价值的文献信息资源被束之高阁，不能转化成社会生产力。直至今天，这种管理目标上的误区仍然对我国文献信息资源的管理产生着不良的影响。

信息资源管理的目标一般可分为总目标和分目标两方面。总目标是指信息资源管理要达到的最终目的和最根本的行动纲领，也是信息资源管理的主体系统与被管理的客体系统相互作用的最后结果。信息资源管理体系中，子系统的独立和具体的目标是信息资源管理的分目标。分目标为保证总目标的实现服务，并受到总目标的制约。每一信息资源管理系统既有总目标，又有分目标，总目标与分目标之间以及各分目标之间相互联系、相互制约，共同形成统一的信息资源管理目标体系。

1. 信息资源管理的总目标

关于信息资源管理的总目标，最具代表性的是狄保尔德所领导的一个管理咨询研究小组从一家公司范围内所列举的信息资源管理目标。该总目标包括以下七个方面：

（1）建立起一种环境，只允许相关的信息进入公司的决策活动中。

（2）实施一系列措施，使生产、搜集信息的费用能够与利用信息后应获得的效果相比较。

（3）改变观念和政策，使信息在企业的商业活动和管理活动中能被视为一种重要的财产。

（4）在利用信息技术前，应首先对需求进行分析，而不是与此相反。

（5）使信息管理者的地位合法化。

（6）为所有的管理者及职员提供培训、教育和升职的机会，使他们掌握有关信息资源管理的技能。

（7）吸收用户参与系统的设计及有关的决策，使之能对信息生产活动及人员、设备等资源负责。

基于上述原则，信息资源管理的总目标可以确定为：在有领导、有组织的统一规划和管理下，确保信息资源的开发利用协调一致、有条不紊地进行，使各类信息资源以更高的效率、效能和更低的成本在国家社会进步、经济发展、人民物质文化生活水平的提高中充分发挥应有的作用。

2. 信息资源管理的分目标

为保证上述总目标的实现，可以进一步将信息资源管理总目标分解为一系列并行不悖且相互联系的分目标。这些分目标包括以下几个方面：

（1）信息资源开发分目标。主要是根据社会发展的需要来合理组织、规划信息资源的开发，确保相关的潜在信息资源能及时、经济地转化为现实的信息资源。

（2）信息资源利用分目标。主要是按照社会化、专业化和产业化的原则合理组织信息资源的分配，确保信息资源能得到充分有效的利用。

（3）信息资源管理机制分目标。主要是遵循客观经济规律，建立健全科学、合理的信息资源管理机制，完善信息资源开发利用的保障体系。

3. 信息资源管理的任务

与上述目标相适应，信息资源管理包括一系列任务。从宏观上来说，这些任务主要包括以下几个方面：

（1）制定信息资源的开发战略、规划、方针和政策，使信息资源开发活动在国家的统一指导和管理下有条不紊地进行，使信息资源的开发成果不仅成本低、价格廉，而且能很好做到三个"贴近"（即贴近实际、贴近需求、贴近用户），满足国民经济和社会发展的总体需要。

（2）制定信息资源管理的法律、规章和条例，建立信息资源管理的监督和保障体系，使信息资源管理真正有法可依、有章可循，使开发出来的信息资源能得到充分、及时、有效的利用。

（3）综合运用经济、法律和必要的行政手段协调各部门、各地区和各企业之间的关系，明确各级信息资源开发利用机构的责、权、利界限，使信息资源的开发利用机构在平等互利的基础上最大限度地实现资源共享。

（4）加强国家信息基础设施和信息资源管理网络的建设，使信息资源的开发利用活动建立在较高的起点和良好的社会基础上。

4. 信息资源管理的意义

在信息资源日益成为国民经济和社会发展的基础性和战略性资源的今天，大力加强信息资源管理具有重要的意义。

（1）信息资源管理开辟了管理新天地。在当代，特别是在第二次世界大战以后，随着科学技术的不断进步、生产力的巨大发展和生产社会化程度的日益提高，建立在科学基础上的管理已经形成了许多专门的领域。例如，按行业不同，有企业管理、科研管理、教育管理、行政管理、商业管理、金融管理等。

按性质不同，又有人事管理、质量管理、营销管理、生产管理、目标管理、风险管理等。信息管理是在迎来信息资源管理新时期后才加入管理"大家族"的，其主要原因在于信息资源管理的出现使信息管理突破了传统的管理思想、管理目标和管理方式使信息管理真正建立在科学、合理的基础上。此外，信息资源本身的一系列特性也是很重要的原因。在前面的论述中我们已经知道，信息资源不仅是与物质资源和能源资源并列的一种新的社会财富，可以替代或部分替代物质资源和能源资源在经济活动中发挥作用，而且是一种"超资源"型资源，具有其他非信息资源所无法替代的独特作用。这些都预示着在物质资源和能源资源日益短缺的今天，随着信息资源管理活动的不断开展，管理世界终会开辟出一片新的天地。

（2）加强信息资源管理是使信息资源真正得以合理开发和有效利用的必要条件。合理开发信息资源的前提是能够有效地控制其使用，并保证其在成本最低时经济效益最大化。如果各部门、各地区、各企业之间以及各开发和利用机构之间在总体上缺乏一种协调和控制机制，那么由于盲目开发和无节制利用所带来的高成本、低利用率以及其他社会危害（如信息爆炸、信息污染、信息犯罪）问题就势必难以避免了。可见，对信息资源必须进行管理，否则就无从开发，更谈不上有效利用。实际上信息资源开发利用的过程本质上就是信息资源管理的过程，不论是开发还是利用，其中的每一个环节都要受到管理思想、管理行为的影响与制约。

（3）加强信息资源管理有利于保证信息资源开发和利用机构的合法权益。信息资源管理的主要任务之一是制定并监督实施一系列有利于信息资源开发和利用的法律、政策、规章和条例。这些法律、政策、规章和条例对于保证信息资源开发利用机构的合法权益、取缔非法或不合理的信息资源管理开发和利用活动、制止和打击利用信息资源管理进行的违法犯罪行为具有十分重要的意义。

▌1.2.4　信息管理的层次和内容

信息资源管理的层次性表现为管理层次在管理目标和方式上的不同而产生的管理效果上的差异。大体上说,信息资源管理效果可以分为宏观效果、中观效果和微观效果。由此,信息资源管理活动也可相应地划分为宏观管理、中观管理和微观管理三个层次。在这三个层次的信息资源管理中,宏观管理和中观管理是微观管理的前提,微观管理是宏观管理和中观管理的基础。不同的管理层次包含不同的管理内容。

1. 宏观管理

宏观层次的信息资源管理是一种战略管理,一般由国家信息资源管理部门运用经济、法律和必要的行政手段加以实施,主要是在宏观层次上通过国家有关政策、法规、管理条例等来组织、协调信息资源的开发和利用活动,使信息资源按照国家宏观调控的目标,在不影响国家的信息主权和信息安全的前提下得到最合理的开发和最有效的利用。

宏观层次的信息资源管理是保证信息资源开发和利用活动顺利进行以及降低资源开发成本、提高资源利用率的最有效的方式。其主要任务是从总量上和结构上组织、协调信息资源的开发和利用活动,因而由此引发的一切管理效果都带有总量和全局性质。近年来,随着国际间信息资源开发和利用问题的日益突出,如跨国数据流(TDF)引发的国家或地区间利益摩擦问题、信息传播和控制带来的国家主权和国家安全问题等,宏观层次的信息资源管理有同国际政策相协调、与国际信息流通相结合的新特点。

国家从宏观层次上对信息资源进行管理,所遵循的基本原则有以下几个方面:

(1)信息资源是一种重要的经济资源,要从思想上把它提高到一个战略的认识高度。

(2)信息资源管理是一项复杂的社会系统工程,规模巨大、结构复杂,必须实行分级、分类管理。

(3)国家的信息资源管理,主要是确定目标、进行投资决策,并为各级政府业务部门中观层次的信息资源管理提供条件。

(4)大力推广使用现代信息技术,以提高信息资源的开发水平和利用效果。

(5)确定信息资源管理的保密和保存制度,协商与国际间的信息资源交流关系。

2. 中观管理

中观层次的信息资源管理一般由各地区、各行业的信息资源管理部门通过制定地区或行业性政策法规和管理条侧,来组织、协调本地区、本行业内部的信息资源的开发和利用活动以及本地区、本行业与其他地区、其他行业间的信息资源交流关系。使本地区、本行业的信息资源开发和利用活动在总体上与宏观层次的信息资源管理活动不相冲突的同时,能更好地符合本地区、本行业的客观实际,并体现本地区、本行业的利益。

中观层次的信息资源管理是介于宏观和微观之间的一种管理层次,具有承上启下的功能。因此,该层次的信息资源管理原则上既要符合宏观层次的信息资源管理的需要,又要有利于指导规划微观层次的信息资源管理活动,两者缺一不可。中观层次的信息资源管理的主要任务是在本地区、本行业范围内组织、协调信息资源的开发和利用活动,因而由此引发的一切管理效果都是针对本地区、本行业的信息资源开发和利用而言的,具有明显的区域或行业性质。

当前，在中观层次的信息资源管理的研究重点主要集中在对区域信息化的信息资源规划。区域信息化建设的信息资源规划，不同于区域经济与社会发展的战略规划，也不同于区域信息化建设的总体规划，它注重数据流的分析，从信息资源整合与应用系统集成的角度来制定信息资源开发和利用的具体方案，因此能落实区域信息化建设的总体规划，进而支持区域经济与社会发展战略规划。区域信息化建设的突出特点，是以中心城市（省会或自治区首府）信息化建设为重点带动全区各地市和区县级城市，辐射全区经济与社会生活的信息化建设。

我国区域信息资源开发和利用中存在的主要问题可归纳为以下几点：

（1）缺乏对全省（自治区）开发和利用信息资源的总体规划，各单位的信息系统盲目建设、重复投资、信息资源的开发处于一种无序状态。

（2）全省（自治区）缺乏统一的信息资源管理基础标准，无法整合已积累的信息资源，"信息孤岛"大量存在，重要的经济和社会信息资产有流失的危险，有的正在流失。

（3）政府部门和企事业单位对信息资源开发和利用的战略资源意义认识不足，信息资源管理机构、管理制度和岗位设置不健全，信息管理、信息系统的开发和使用人员缺乏对信息资源开发和利用技术的培训。

针对以上问题，有关专家提出区域信息化建设需要通过两项重点工程推进，一是建设区域信息资源管理中心；二是开发关键性的区域网络信息系统，即"区域金字工程"。

关于建设区域信息资源管理中心，可以借鉴北京市信息资源管理中心建设的经验，具体有如下几个方面。

（1）负责研究提出全区信息资源开发和利用的规划方案并具体组织实施，负责全区信息资源的共享、交换和整合工作。

（2）负责研究拟定全区信息资源的管理规范和技术标准。

（3）负责集中管理全区重要的信息资源。

（4）为党政机关和社会提供信息服务。

显然，这些职能的实现，是以往的省（自治区）的某一"信息中心"所无法承担的，也不是目前某些部门级的"信息中心"简单扩大功能所能达到的。

确定"区域金字工程"的业务信息系统需要考虑的主要问题是：国家"金字工程"的业务系统建设需要发挥地方的哪些积极性；本地区经济和社会发展的特点和优势；本地区电子政务、城市信息化和企业信息化的状况和发展水平如何。也就是说，要因地制宜、因时制宜，不要盲目追风，贪大求洋。"区域金字工程"的数目要适中，不是越多越好。例如，经济较发达的东部某省的电子政务建设，通过一年的总体规划提出了办公及网上审批系统、财税和审计监管系统、社会保障信息系统、宏观经济信息系统、农业信息发布及服务系统、自然资源和基础地理信息系统、社区综合管理服务系统、人口与人力资源信息系统、应急联动信息系统、公共卫生信息系统和信用信息服务系统共11个业务系统；而西部经济欠发达的某省近期的信息化发展规划为农业信息服务网制造业信息化工程、企业上网工程、远程教育信息网和社会保障信息网等少数几项工程，这体现了从本地区的实际情况出发的务实精神。

3. 微观管理

微层次的信息资源管理是最基层的信息资源管理，一般由各级政府部门、信息机构和企业等基层组织负责实施。其主要任务是认清组织内各级各类人员对信息资源的真正需求，合理组织协调信息资源的开发和利用。微观层次的信息资源管理主要包括政府信息资源管理和企业信息资源管理两种类型。

▌ 1.2.5　信息管理的手段和方法

信息资源管理的手段和方法多种多样，没有固定不变的模式。从性质来划分，信息资源管理的手段主要有技术手段、经济手段、法律手段和行政手段四大类。这些不同手段科学、合理的选择及其间的协调与配合方式便形成了不同的信息资源管理方法。

1. 信息资源管理的技术手段

信息资源管理的技术手段是指以计算机和通信技术为基础的现代信息系统和信息网络以及与此相适应的信息加工方法，是信息资源管理的主要手段和内容。随着信息技术的不断创新和发展，一些类型迥异的数据库和功能很强的信息系统相继研制成功，从而使信息资源的存取达到了传统手段无法实现的水平。在这样的背景下，数据库开始成为现代信息资源存在的主要方式，信息系统成为信息资源管理的基本手段，信息网络成为信息资源存储和流通的主要场所。因此，现代信息资源管理实质上是通过信息系统和信息网络来实现的，作为基本技术手段的信息系统和信息网络是现代信息资源管理特别关注的重要领域。

2. 信息资源管理的经济手段

信息资源管理的经济手段是指运用各种经济杠杆的利益诱导作用，促使信息资源开发和利用机构从经济利益上关心自己的活动，是一种间接组织和协调信息资源开发和利用活动的手段。

在信息资源管理活动中，运用经济手段有利于增强信息资源开发和利用机构的微观经济活力，有利于发挥市场机制的作用。其主要特征是：体现了信息资源本身的特点及开发和利用活动中所固有的规律，具有明显的诱导性和非强制性。在社会主义市场经济条件下，信息资源管理的经济手段主要是运用一系列经济杠杆来诱导、调节和控制信息资源开发和利用活动。经济杠杆是经济参数的一种，经济参数有三类：第一类是由市场供求决定的，称为市场参数；第二类是由政府按政策规定的，称为政府参数；第三类是由政府和市场共同决定的，称为市场和政府参数。经济杠杆虽然是由政府规定的，但与市场参数一样，也正确地反映了信息资源本身的特点及开发和利用活动中所固有的规律，是有利于市场机制作用的发挥的。经济杠杆通常是在市场参数不能有效发挥作用或者市场参数与国家控制目标相差较大的情况下作为一种补充形式。

信息资源管理的经济手段具有下述功能。

（1）调节功能。这包括调节信息资深开发和利用各个机构之间，各个环节之间的关系以及调节国家、集体和个人之间的利益关系。

（2）控制功能。即通过价格、税率、利率等经济杠杆引导各项信息资源开发和利用活动向信息资源管理的目标靠拢。

（3）核算功能。即借助价格、税收、工资、利润等经济杠杆核算劳动耗费，比较投入产出，平衡社会需求。

（4）监督功能。即借助会计、统计、审计、银行、监管、机场等手段，根据法律和规章，对信息资源开发和利用机构及其与政府、职工和相关企业之间的关系进行监督管理。

3. 信息资源管理的法律手段

信息资源管理的法律手段是指用以协调信息资源开发和利用活动的各种有关法律规范的总称。运用法律手段管理信息资源，就是各个层次的信息安源管理者依能国家政权的力量通过经济立法和经济司法机构，运用经济法规来调整信息资源开发和利用各机构之间及各环节之间错综复杂的经济关系，处理经济矛盾，解决经济纠纷，惩办经济犯罪，维护信息资源开发和利用活动的正常秩序。

法律规范是由国家制定或认可，体现国家意志，以国家强制力保证实施的行为规则。它指明了规范适用的条件、规范允许或禁止的行为以及违反规范所应承担的法律责任（如刑事责任、民事责任、行政责任等）。在现实生活中，信息资源管理的法律规范的具体运用是通过经济立法和经济司法来实现的。与经济手段相比，信息资源管理的法律手段具有普通的约束性严格的强制性、相对的稳定性和明确的规定性等特点。

4. 信息资源管理的行政手段

信息资源管理的行政行政手段是指凭借国家政权的权威，采取命令指示等形式来直接控制和管理信息资源及其相关活动。

行政手段是信息资源管理必要的辅助手段。其合理运用有利于整顿经济秩序、加强组织、减少混乱，有助于更好地运用信息资源管理的技术手段、经济手段和法律手段。特别是在当前我国社会主义市场经济体制尚不完善的情况下，行政管理不仅十分重要，而且有时甚至是必不可少的，如属于行政管理失察、失职、失控、失灵的场合，都必须通过相应的行政手段来加以纠正，其他手段难以直接迅速见效。但行政手段的设置和使用应当适应信息资源本身的特点和信息资源开发和利用的规律。任意夸大行政手段的职能，只能造成对信息资源开发和利用活动的危害。

运用行政手段管理信息资源应注意以下几个问题。

（1）要明确行政手段的使用范围和条件。我国经济运行机制正逐步由直接管理为主转向间接管理为主，经济手段和法律手段正变得越来越重要，行政手段一般仅在必要时才"不得已而为之"。这就要求要明确行政手段的使用范围和条件，既要使行政手段真正适用、有效，又要不破坏和阻碍市场机制发挥作用。

（2）要提高运用行政手段的决策水平。各种命令、指示在发布之前都要有一个事先决策的过程，为避免决策过程中的主观性和片面性，提高决策的科学性和行政手段的有效性，在使用行政手段前，应认真研究如何建立合理的决策程序、决策责任制和决策审批制度，研究如何使决策活动在较高的水平上进行。

（3）要注意防止"多头管理"现象的发生。现阶段，我国信息资源开发和利用机构的"小而全、大而全"现象十分普遍，同一机构往往同时隶属几个管理部门，关系十分复杂。为提高行政手段的有效性，在具体实践时应注意各管理部门之间的相互配合和协调，切不可"多头管理"，政出多门，相互矛盾，否则会使各信息资源开发利用机构无所适从。

（4）要注重原则性和灵活性的有机结合。命令、指示来源于上级行政主管部门的硬性规定，虽然在制定时一般都考虑尽量遵循信息资源开发和利用活动的客观规律。但由于各种主客观因素的影响，谁也不敢肯定已经出台的命令、指示一定都是科学、合理并正确地反映信息资源开发和利用活动客观规律的。这就要求在具体实践时，一定要注重原则性和灵活性的有机结合。

上述四种管理手段各有特点，各有不同的应用范围。技术手段是信息资源管理的基础，是信息资源管理最基本的手段。在现阶段，我国经济正向社会主义市场经济过渡，信息资源的开发和利用活动正以前所未有的速度向产业化和市场化迈进，经济手段和法律手段的作用变得越来越重要，其运用不仅能使信息资源管理科学化，而且能有效地适应和促进社会主义市场经济的发展。但必要的行政手段也不可或缺，它具有直接迅速、有效的特点，可以在一些比较特殊的信息资源管理情况下显示出优越性。因此，我国现阶段信息资源管理的正确方法应当是：继续发展和完善技术手段，强化经济手段和法律手段，辅以必要的行政手段，并强调各种手段的协调与配合。这是现阶段实现我国信息资源管理科学化的基本取向。

1.2.6　信息资源管理与知识管理

1. 知识管理的定义

巴斯认为，知识管理是指为了增强组织的绩效而创造、获取和使用知识的过程。

奎达斯认为，知识管理是一个管理各种知识的连续过程，以满足现在和将来出现的各种需要，确定和探索现有和获得的知识资产，开发新的机会。

视频 1.2
知识管理
扫 码 观 看

马歇尔和普鲁萨克等认为，知识管理远非限于资料的利用、信息的存储和控制，它还要求努力认识深藏于组织成员大脑里的个人财富的内涵，并通过杠杆作用，将其转化成能够为企业决策者获取和运用的组织财富。

目前，国内普遍接受的定义是：所谓知识管理，就是对一个企业集体的知识与技能的捕获并将这些知识和技能分布到能够帮助企业实现最大产出的任何地方的策略与过程。知识管理的目标是将最恰当的知识在最恰当的时间传递给最恰当的人，以使他们作出最好的决策及实施。

知识管理是对知识显性、系统化的管理，它联系着知识的创造、组织、扩散、开发和利用。广义的知识管理包括两方面的含义：一是指对显性知识的管理，它来源于传统的信息管理学，是信息管理的深化与发展。知识管理的手段和方法比之信息管理更加先进和完善。二是指对隐性知识的管理，也可以说是对人的管理。认为知识作为认知的过程存在于信息的使用者身上，知识不只来自于编码化的信息，而且很重要的一部分存在于人脑之中。人是知识管理中最主动的因素，知识只能通过人的能动创造性的发挥而产生。知识管理的直接目的是知识创新，这决定了知识管理的核心是人。人成为知识管理的对象，也是知识管理的目的。

2. 信息资源管理与知识管理联系与区别

首先，从渊源关系上看，知识管理是一个跨学科、综合性的研究领域，并非完全是信息管理的延伸与发展。

其次，从内涵范围上看，信息管理的焦点在于信息的收集、整理、存储、发布和应用，所用的信息是显性化的。知识管理的焦点在于知识的采集与加工、交流与共享、应用与创新，与此同时还着重对人的管理，开发人的智力。它不仅仅涉及显性知识，而更主要的是隐性知识。隐性知识虽然比显性知识更难发掘，却是社会财富的最主要源泉，它比显性知识更完善、更能创造价值。信息管理主要是一种构建智力库的过程，而知识管理是一种激励知识创新并突现价值的思想，通过发挥集体智能与知识共享来提高竞争力的过程。

再次，从目标与功能看，信息管理的目标是运用技术的手段和编码形式客观记录与描述人们对客观事物的认识，实现信息资源的合理配置，提高组织的信息处理能力，实现信息资源的开发、规划、控制、集成和利用。而知识管理的基本出发点是将知识资源视为最重要的战略资源，通过对知识资源的有效管理，从而实现知识的共享、创新和增值，把最大限度地掌握和利用知识资源，视为组织和个人提高应变能力、创新能力和竞争能力的关键要素。知识管理主要不是吸收和占有多少知识，而是促进组织机构运用已有知识进行创造并创新知识，解决经营决策问题，因而其总体目标是知识运用，具有较强的方向性和效用性。

最后，从业务上看，信息管理主要是信息的组织、控制与利用过程，是根据规范和指令对信息加以处理。知识管理业务涉及发现知识、交流知识与信息、应用知识，包括信息管理过程、激励过程、契约构造过程、权利维护过程。

1.3　信息科学、管理科学与传播学科

信息资源管理是一门跨学科研究的产物，涉及面广。信息资源管理的理论基础主要来自于信息科学、管理科学和传播科学，这些学科互相作用共同推进信息资源管理的发展。

▌1.3.1　信息科学

信息科学是以信息为主要研究对象，以信息的运动规律和应用方法为主要研究内容，以计算机等技术为主要研究工具，以扩展人类的信息功能为主要目标的一门新兴的综合性

学科。信息科学由信息论、系统论、控制论、计算机科学、仿生学、系统工程与人工智能等学科互相渗透、互相结合而形成的。其中信息论、系统论和控制论是信息科学的理论基础。

1. 信息论

信息论的创始人是美贝尔电话研究所的数学家申农，他为解决通信技术中的信息编码问题，把发射信息和接收信息作为一个整体的通信过程来研究，提出发通信系统的一般模型。同时建立了信息量的统计公式，奠定了信息论的理论基础。1948 年申农发表的《通讯的数学理论》一文，成为信息论诞生的标志。

信息论是研究信息的产生、获取、变换、传输、存储、处理识别及利用的学科。信息论研究信道的容量、消息的编码与调制的问题以及噪声与滤波的理论等方面的内容。信息论还研究语义信息、有效信息和模糊信息等方面的问题。

信息论有狭义和广义之分。狭义信息论即申农早期的研究成果，它以编码理论为中心，主要研究信息系统模型、信息的度量、信息容量、编码理论及噪声理论等。广义信息论又称信息科学，主要研究以计算机处理为中心的信息处理的基本理论，包括评议、文字的处理、图像识别、学习理论及其各种应用。广义信息论则把信息定义为物质在相互作用中表征外部情况的一种普遍属性，它是一种物质系统的特性以一定形式在另一种物质系统中的再现。广义信息论包括了狭义信息论的内容，但其研究范围却比通信领域广泛得多，是狭义信息论在各个领域的应用和推广，因此，它的规律也更一般化，适用于各个领域。

申农最初的信息论只对信息作了定量的描述，而没有考虑信息的其他方面，如信息的语义和信息的效用等问题。而这时的信息论已从原来的通信领域广泛地渗入到自动控制、信息处理、系统工程、人工智能等领域，这就要求对信息的本质、信息的语义和效用等问题进行更深入的研究，建立更普遍适用的理论，从而产生了信息科学。

2. 系统论

系统论是研究系统的一般模式，结构和规律的学问，它研究各种系统的共同特征，用数学方法定量地描述其功能，寻求并确立适用于一切系统的原理、原则和数学模型，是具有逻辑和数学性质的一门新兴的科学。

视频 1.3
系统论
扫 码 观 看

系统思想源远流长，但作为一门科学的系统论，人们公认是美籍奥地利人、理论生物学家 L. V·贝塔朗菲（L. Von Bertalanffy）创立的。他在 1952 年发表"抗体系统论"，提出了系统论的思想。1937 年提出了一般系统论原理，奠定了这门科学的理论基础。但是他的论文《关于一般系统论》，到 1945 年才公开发表，他的理论到 1948 年在美国再次讲授"一般系统论"时，才得到学术界的重视。确立这门科学学术地位的是 1968 年贝塔朗菲发表的专著：《一般系统理论基础、发展和应用》（*General System Theory*；*Foundations*，*Development*，*Applications*），该书被公认为是这门学科的代表作。

"系统"一词，来源于古希腊语，是由部分构成整体的意思。今天，人们从各种角度上研究系统，对系统下的定义不下几十种。如说"系统是诸元素及其顺常行为的给定集合""系统是有组织的和被组织化的全体""系统是有联系的物质和过程的集合""系统是许多要素保持有机的秩序，向同一目的的行动的东西"，等等。一般系统论则试图给一个能描示各种系统共同特征的一般的系统定义，通常把系统定义为：由若干要素以一定结构形式联结构成的具有某种功能的有机整体。在这个定义中包括了系统、要素、结构、功能四个概念，表明了要素与要素、要素与系统、系统与环境三方面的关系。

系统有如下形式特征。

（1）终极性

系统的实际变化将依赖于只有将来才能建立起来的终态，事件不仅依赖于现实条件而且依赖于终态。这表明系统是变化的，系统能够达到最终的平衡状态，并且系统总是向着平衡状态的方向变化。由此可见，系统是有目的性的，系统经过一系列变化将达到最终的平衡状态。

（2）整体性

系统表现为一个整体，其中每一要素的变化依赖于所有其他要素。即各要素具有相关性，系统是各个组成要素相互影响、相互作用的有机整体。

（3）渐进性

具体表现为两种形式：渐进机械化和渐进集中化。

渐进机械化是指系统从整体性状态连续过渡到总和状态。系统各要素在相互作用过程中不断进行协调、定位，逐步丧失调节能力，最终失去相关性，各要素独立发挥作用。

渐进集中化是指系统的主导部分随时间流逝而逐渐形成。渐进性表现出系统的演化过程，也可称为动态性。

（4）环境适应性

系统的外部环境发生变化时，系统内各要素会自动调节，使系统达到新的平衡。

3. 控制论

视频 1.4
控制论
扫码观看

1948年，维纳正式出版《控制论》一书，标志着控制论这一新兴学科的正式诞生。控制论是研究生物系统和非生物系统内部通信、控制和调整及不同系统之间共同控制规律的一门科学。

在控制论中，"控制"的定义是：为了改善某个或某些受控对象的功能或发展，需要获得并使用信息，以这种信息为基础而加于该对象上的作用，就叫作控制。由此可见，控制的基础是信息，一切信息传递都是为了控制，进而任何控制又都有赖于信息反馈来实现。信息反馈是控制论的一个极其重要的概念。通俗地说，信息反馈就是指由控制系统把信息输送出去，又把其作用结果返送回来，并对信息的再输出发生影响，起到控制的作用，以达到预定的目的。

控制论由以下三个基本部分组成。

（1）信息论

信息论主要是指关于各种通路（包括机器、生物机体）中信息的加工传递和储存的统计理论。

（2）自动控制系统的理论

自动控制系统的理论主要是指反馈论，包括从功能的观点对机器和物体中（神经系统、内分泌及其他系统）的调节和控制的一般规律的研究。

（3）自动快速电子计算机的理论

自动快速电子计算机的理论是指与人类思维过程相似的自动组织逻辑过程的理论。

1.3.2　管理科学

视频 1.5
管理科学
扫 码 观 看

管理科学是研究管理理论、方法和管理实践活动的一般规律的科学。管理科学是研究管理理论、方法和管理实践活动的一般规律的科学。管理科学的初创阶段，始于 19 世纪末至 20 世纪初。由美国工程师费雷德里克·泰罗创造出"标准劳动方法"和劳动定额，被称为"泰罗制"，并于 1911 年发表了他的代表作《科学管理原理》，泰罗被誉为"科学管理之父"。目前，管理科学已经扩展到各个领域，形成了内容广泛、门类齐全的独立学科体系。管理现代化是应用现代科学的理论和要求、方法，提高计划、组织和控制的能力，以适应生产力的发展的需要，使管理水平达到当代国际上先进水平的过程，也是由经验型的传统管理转变为科学型的现代管理的过程。

从 20 世纪 50 年代开始，西方主要发达国家在高度工业化的同时实现了管理现代化。管理现代化所包含的内容极其广泛，主要有管理思想的现代化、管理组织的现代化、管理方法和手段的现代化等几个方面。管理现代化是一个国家现代化程度的重要标志。工业、农业、科学技术、国际的现代化，乃至整个国民经济的现代化都离不开现代化管理，现代化管理能够有效地组织生产力要素，充分合理地利用各种资源，大大提高各种经济和社会活动的效率，从而成为推进现代化事业的强大动力。

管理有自然属性和社会属性，管理的自然属性反映了社会劳动过程本身的要求。在分工协作条件下的社会劳动，需要通过一系列管理活动把人力、资金、物质等各种要素按照一定的方式有效地组织起来，才能顺利进行。管理的社会属性则体现了统治阶级的利益和要求，在一定的生产方式下，需要通过管理活动来维护一定的生产关系，实现一定的经济和社会目标。在经济管理中，管理的自然属性表现为科学合理地组织生产力要素，处理和解决经济活动中物与物、人与物之间的技术联系，体现自然规律和技术规律的要求，不受社会的经济基础和上层建筑的影响，而经济管理的社会属性则表现为调和完善生产关系，处理和调整人与人之间的经济利益关系。在现代经济的发展中，科学管理起着越来越重要的作用，科学管理直接带来了经济效益，在物质资源有限的情况下，管理资源的作用显得尤其重要。

古今中外的管理科学理论极其丰富，根据管理科学的发展阶段进一步细分为古典管理理论、行为科学理论和现代管理理论三个阶段。

1. 古典管理理论

古典管理理论的产生是在 20 世纪初，由泰罗发起的科学管理革命导致的。古典管理理论代表人物泰罗、法约尔、韦伯从三个不同角度，即车间工人、办公室总经理和组织来解决企业和社会组织的管理问题，为当时的社会解决企业组织中的劳资关系、管理原理和原则、生产效率等方面的问题，提供了管理思想的科学指导和理论方法。

（1）泰罗提出科学管理理论，认为科学管理的中心问题是提高劳动生产率，为此必须配备优秀的工人，并使他们掌握标准化的操作方法；对工人的激励采取"有差别的计件工资制"；工人和雇主互相信任，共同提高劳动生产率；把计划职能同执行职能分开，变原来的经验工作方法为科学工作方法；在管理控制上实行例外原则。泰罗的追随者们依其理论进行动作与工时等效率问题的研究。

（2）法约尔于1916年出版了《工业管理和一般管理》一书。他以大企业的整体为研究对象，认为该理论不仅适用于企业，也是用于军政机关和宗教组织等。法约尔提出了经营六职能、管理五要素和十四条原则的学说。法约尔认为，管理不同于经营，只是经营的六种职能活动之一。这六种职能活动是：技术活动、商业活动、财务活动、安全活动、会计活动和管理活动。它们是企业组织中各级人员都多少不同地要进行的，只不过是由于职务高低和企业大小的不同而各有侧重。同时法约尔把计划、组织、指挥、协调、控制称为管理五因素。法约尔认为，要管理，就需要依据一定的原则，即依据一些被接受、被论证过的管理理论，原则能使人们辨明方向，能为那些知道通往自己目的地道路的人所利用。

（3）韦伯提出行政组织理论，认为理想的行政组织体系是所谓官僚制，也称为"科层制"。实际上是把管理非人格化，依靠单纯的责任感和无个性的工作原则，客观合理地处理各项事务。韦伯认为，这种理想的行政组织体系能提高工作效率，在精确性、稳定性、纪律性和可靠性等方面优于其他组织体系。但同时它也认为，由于这种管理体制排斥感情因素，导致了整个社会感情的匮乏，扼杀了个人的积极性和创造性。韦伯的古典管理理论为企业管理奠定了理论基础，也可视为一种企业文化理论的萌芽。

古典管理理论确立了管理学是一门科学。通过科学研究的方法能发现管理学的普遍规律，古典管理理论建立的管理理论使得管理者开始摆脱了传统的经验和凭感觉来进行管理。但是古典管理理论基于当时的社会环境，对人性的研究没有深入进行，对人性的探索仅仅停留在"经济人"的范畴之内。

2. 行为科学理论

行为科学是20世纪30年代开始形成的一门研究人类行为的新学科，一门综合性科学，并且发展成国外管理研究的主要学派之一。是综合应用心理学、社会学、社会心理学、人类学、经济学、政治学、历史学、法律学、教育学、精神病学及管理理论和方法，研究人的行为的边缘学科。它研究人的行为产生、发展和相互转化的规律，以便预测人的行为和控制人的行为。

目前行为科学已在管理上得到广泛的应用，并取得了明显的成效。它的成功改变了管理者的思想观念和行为方式。行为科学把以"事"为中心的管理，改变为以"人"为中心的管理，由原来对"规章制度"的研究发展到对人的行为的研究；由原来的专制型管理向民主型管理过渡。

现行的行为科学管理理论主要包括以下四个问题：

（1）人性假设是行为科学管理理论的出发点。其中各个时期、管理者对管理对象的认识可以分为六种基本类型：工具人假设、经济人假设、社会人假设、自我实现人假设、复杂人假设、决策人假设。

（2）激励理论是行为科学的核心内容，具体而言，从需要层次理论、行为改造理论、过程分析理论三个方面进行的。

（3）群体行为理论是行为科学管理理论的重要支柱，掌握群体心理是研究群体行为的重要组成部分。

（4）领导行为理论是行为科学管理理论的重要组成部分，包括对领导者的素质、领导行为、领导本体类型、领导方式等方面的研究。

行为科学管理理论的主要特点是：

● 把人的因素作为管理的首要因素，强调以人为中心的管理，重视职工多种需要的满足；

● 综合利用多学科的成果，用定性和定量相结合的方法探讨人的行为之间的因果关系及改进行为的办法；

● 重视组织的整体性和整体发展，把正式组织和非正式组织，管理者和被管理者作为一个整体来把握；

● 重视组织内部的信息流通和反馈，用沟通代替指挥监督，注重参与式管理和职工的自我管理；

● 重视内部管理，忽视社会状况、科技发展、经济变化等外部因素的影响；

● 强调人的感情和社会因素，忽视正式组织的职能及理性和经济因素在管理中的作用。

3. 现代管理理论

现代管理理论产生与发展的时期为 20 世纪 40 年代末到 70 年代。这是管理思想最活跃、管理理论发展最快的时期，也是管理理论步入成熟的时期。

现代管理思想和理论的形成和发展是由以下因素作用的结果：

（1）在 20 世纪 40 年代，由于工业生产的机械化、自动化水平不断提高以及电子计算机进入工业领域，在工业生产集中化、大型化、标准化的基础上，也出现了工业生产多样化、小型化、精密化的趋势。另一方面，工业生产的专业化、联合化不断发展，工业生产对连续性、均衡性的要求提高，市场竞争日趋激烈、变化莫测，即社会化大生产要求管理改变孤立片面的研究方式，而形成全过程、全因素、全方位式的系统化管理。

（2）第二次世界大战期间，交战双方提出了许多亟待解决的问题，如运输问题、机场和港口的调度问题、如何对大量的军火进行迅速检查的问题，等等，这些都涉及管理的方法。

（3）科学技术发展迅猛，现代科学技术的新成果层出不穷。

（4）资本主义生产关系出现了一些新变化，由于工人运动的发展，赤裸裸的剥削方式逐渐被更新的、更隐蔽、更巧妙的剥削方式所掩盖。新的剥削方式着重从人的心理需要、感情方面等着手，形成处理人际关系和人的行为问题的管理。

（5）管理理论的发展越来越借助于多学科交叉作用。经济学、数学、统计学、社会学、人类学、心理学、法学、计算机科学等各学科的研究成果越来越多地应用于企业管理。

▌1.3.3 传播学

1. 传播学定义

传播学是研究人类一切传播行为和传播过程发生、发展的规律以及传播与人和社会的关系的学问，是研究社会信息系统及其运行规律的科学。简言之，传播学是研究人类如何运用符号进行社会信息交流的学科。

传播学是20世纪30年代以来跨学科研究的产物。传播学和其他社会科学学科有密切的联系，处在多种学科的边缘。由于传播是人的一种基本社会功能，所以凡是研究人与人之间的关系的科学，如政治学、经济学、人类学、社会学、心理学、哲学、语言学、语义学、神经病学，等等，都与传播学相关。它运用社会学、心理学、政治学、新闻学、人类学等许多学科的理论观点和研究方法来研究传播的本质和概念；传播过程中各基本要素的相互联系与制约；信息的产生与获得、加工与传递、效能与反馈，信息与对象的交互作用；各种符号系统的形成及其在传播中的功能；各种传播媒介的功能与地位；传播制度、结构与社会各领域各系统的关系等。

此外，传播学还要借鉴自然科学中的信息论、控制论、系统论等，所以，人们称它为边缘科学，各种社会学科的理论又往往成为传播学理论的一部分。同时，传播又有它自身的理论，是其他社会科学所不能代替的。

2. 传播学研究方法

传播学研究的重点和立足点是：人与人之间如何借传播的作用而建立一定的关系。它的研究范围主要包括：人际传播和大众传播。而其中又以大众传播为主。

传播学研究中有两种基本的方法，即科学主义的方法和人文主义的方法。

（1）科学主义的方法，又称经验主义、行为主义或定量分析的方法。西方传播学，特别是美国的传播学，打着科学主义、行为主义的烙印，主要是采用抽样调查、内容分析、个案分析、控制实验等方法。这些方法在特定环境和条件下，可以定量地描述传播行为，但不能解释隐藏在事实和现象背后的原因，以及传播行为的社会环境。因此，一部分传播学者采用另一种研究方法，即人文主义的方法。

（2）人文主义的方法，是指试图在更深的层次上揭示传播行为的本质。尽管人文主义的方法常常带有思辨哲学的色彩，但它的定性分析的作用也不是行为主义的方法所能替代的。这一方法的缺点是定量分析不够，主观性、随意性较大。

本 章 小 结

信息是人类意识与客观存在相互作用的媒介，是人类感知的来源。人们正是通过不断获得自然界和社会的不同信息，并加以分析、归纳和处理，从而达到认识世界、改造世界的目的。信息同能源、物质并列为当今世界三大资源。

信息资源是人类社会信息活动中积累起来的信息、信息生产者、信息技术等信息活动要素的集合。信息资源既不是物质，也不是能量，但具有物质基础。它必定要附着在某种介质上，不能离开媒介而独立存在。信息资源是最富于流动性的一种资源，经过处理、传播或利用，可以生产出新的信息或更多的信息。不同的信息资源在质量上的差异很大，同样的信息对不同的人或组织可能具有不同的意义。信息资源既具有一般经济资源的特征，又具有信息的特殊性，因而具有不同的管理目标、任务、内容和手段方法。

信息资源管理比管理信息系统复杂得多，它是整合所有学科、电子通信和商业过程的一种管理哲学。它是为了确保信息资源的有效利用，以现代信息技术为手段，对信息资源实施计划、预算、组织、指挥、控制、协调的一种人类管理活动。

信息资源管理的兴起有着深刻的时代背景，它与社会环境的变迁、组织机构自身的变革、管理思想和信息技术的发展密切相关。信息资源管理的历史演变主要经历了传统管理阶段、技术管理阶段和资源管理阶段。现在处于知识管理阶段。

信息资源管理是一门跨学科研究的产物，涉及面极广。信息资源管理的理论基础主要来自于信息科学、管理科学和传播科学，这些学科互相作用共同推进信息资源管理的发展。

思 考 题

1. 什么是信息资源? 它有什么特征?
2. 试述信息资源管理的含义。
3. 简述信息资源管理的发展历程。
4. 试比较国内外信息资源管理的基本思想。
5. 简述信息资源管理的层次和内容。
6. 信息资源管理的目标是什么?

案 例 分 析

华为的信息化历程

（一）华为与信息化的联系

华为是全球最大的电信网络解决方案提供商，全球第二大电信基站设备供应商，全球第一大通信设备供应商，全球第三大智能手机厂商，也是全球领先的信息与通信解决方案供应商。华为的产品主要涉及通信网络中的交换网络、传输网络、无线及有线固定接入网络和数据通信网络及无线终端产品，为世界各地通信运营商及专业网络拥有者提供硬件设备、软件、服务和解决方案。华为的产品和方案已经应用于全球

170多个国家和地区。面对社交、大数据、云计算、移动化的大趋势，华为需要高速发展，只有不断地创新，不断地以ICT手段承载流程变革，围绕着企业战略和目标，驱动企业向集约化、精细化、现代化转型，华为才能实现历史性突破。

（二）华为信息化的过程

华为信息化建设可以分为五个阶段，开始、启蒙、集中化、国际化到全球化。华为从1998年开始启动战略规划和流程变革，15年时间里，参照业界标杆并结合华为自身情况，公司15大主干流程都在做持续的变革和优化，覆盖了研发、市场、财经、服务、供应链、人力资源等所有的环节，走出了一条从集中化，到国际化、全球化的创新之路。

第一阶段。2002年以前为华为发展的第一阶段，信息化主要以支撑业务运作，降低成本，提高效率为主。重点投入着手集成产品开发IPD变革、产品数据管理PDM、引入ERP、集成供应链ISC变革、HR管理系统上线，开展了大规模建设OA、IT基础设施建设整合。集成研发流程（IPD）实施解决了早期研发产品和规划的匹配度低、客户满意度低、产品方向决策失误频繁、版本混乱、开发效率低等诸多问题，实现了由技术驱动向客户需求驱动的转变。从2003年到2008年间，产品开发周期缩短50%，产品缺陷率降低95%，客户满意度逐年提升、开发成本逐年下降。集成供应链流程（ISC）大幅提高了供应链运作效率和交付能力。从2002年到2004年间，市场预测周期从半年提升到一年，采购订单处理周期从8天缩短到两天，销售订单处理周期缩短35%，供应商管理库存下降30%，库存准确率达到98%，BOM归一化管理准确率达到99.8%。

第二阶段。2003年至2008年为第二阶段，信息化支撑全球化战略布局。全球IT平台建设和WEB应用、海外ERP、全球技术支持和呼叫中心、信息安全、全球计划集成APS、全球物流管理等一系列项目快速实施。通过IP电话系统、全球电话会议系统，实现实时、跨越时空的沟通，为企业装上顺风耳；通过视讯、智真系统，实时、身临其境的远程沟通，为企业擦亮全球眼；通过notes、email系统，实现非实时、大数据量沟通，联通企业神经网络；通过WEB网站应用系统，为企业打开信息大脑的智慧门。全球信息化的部署，每年差旅费用节省30%，信息资源利用率超过40%，截止到2007年年底，海外销售额已超过70%，连续三年海外超国内，完成了全球化战略的重要转型。

第三阶段。2008年至今为华为发展的第三个阶段，信息化支撑公司创新和卓越经营，全球化资源配置和流程变革。公司系列化地展开了一系列变革，部署了云战略。通过实施全球资源配置战略，可以规避人口老龄化、资源耗尽、地缘政治等风险，并可以充分利用全球资源，提高经营运作能力，降低运作成本，实现卓越经营。LTC创新和变革实践，解决了财经数据不准确且不易获取，无法通过多维度的、客户化的财务分析支持业务决策，重要财务与账务流程手工操作、周期过长且不规范，业务控制、政策、流程与授权规范性差，某些财经相关流程的角色和职责定义不清晰，财经知识、技术与能力不能满足业务快速发展的需求；IFS 建立了标准统一的流程，并自动化这些流程，利用有效的系统来支持这些流程。

案例讨论问题：

（1）由华为案例分析，企业信息化建设有哪些重要性？

（2）华为信息化建设对我们的启示有哪些？

第2章
信息资源管理技术基础

本章关键词

信息技术（information technology）   信息存储（information storage）

信息共享（information sharing）   信息处理（information processing）

信息压缩（information compression）

本章要点 ▷▶

信息技术的发展日新月异，已经渗透到了社会的各个领域并发挥着越来越重要的作用，成为推动国家经济发展和社会进步的主要动力之一。

本章主要阐述现代信息技术的含义和特征，探讨信息获取技术、信息存储技术、信息共享技术、信息传递技术、信息压缩技术和信息处理技术。

2.1 信息技术概述

信息资源管理的技术基础是指信息资源管理理论发挥作用的技术条件，这种技术条件就是人们通常所说的信息技术。

2.1.1 信息技术的含义

人类正步入信息时代，以信息产业为代表的高新技术产业飞速发展，在各国经济活动中起着越来越重要的作用。以电子计算机技术、卫星通信技术、微电子技术、激光技术、机器人技术为代表的信息技术的发展，掀起了一场以信息技术为主导的技术革命新浪潮。

1. 信息技术的定义

目前，有关信息技术的概念，还没有一个通用的定义。比较有代表性的信息技术定义主要有以下几种：

（1）信息技术是"获取、存储、传递、处理分析以及使信息标准化的技术"。

（2）信息技术"包含通信、计算机与计算机语言、计算机游戏、电子技术、光纤技术等"。

（3）信息技术是指在计算机和通信技术支持下用以获取、加工、存储、变换、显示和传输文字、数值、图像以及声音信息，包括提供设备和提供信息服务两大方面的方法与设备的总称。

（4）信息技术是人类在生产斗争和科学实验中认识自然和改造自然过程中所积累起来的获取信息，传递信息，存储信息，处理信息以及使信息标准化的经验、知识、技能和体现这些经验、知识、技能的劳动资料有目的的结合过程。

（5）信息技术是管理、开发和利用信息资源的有关方法、手段与操作程序的总称。

（6）信息技术是指能够扩展人类信息器官功能的一类技术的总称。

（7）信息技术是指"应用在信息加工和处理中的科学，技术与工程的训练方法和管理技巧；上述方法和技巧的应用；计算机及其与人、机的相互作用，与人相应的社会、经济和文化等诸种事物"。

（8）信息技术包括信息传递过程中的各个方面，即信息的产生、收集、交换、存储、传输、显示、识别、提取、控制、加工和利用等技术。

2. 信息技术的分类

（1）按表现形态的不同，信息技术可分为硬技术与软技术。

前者指各种信息设备及其功能，如显微镜、电话机、通信卫星、多媒体电脑。后者指有关信息获取与处理的各种知识、方法与技能，如语言文字技术、数据统计分析技术、规划决策技术、计算机软件技术等。

（2）按工作流程中基本环节的不同，信息技术可分为信息获取技术、信息传递技术、信息存储技术、信息加工技术和信息标准化技术。

信息获取技术包括信息的搜索、感知、接收、过滤等。如显微镜、望远镜、气象卫星、温度计、钟表、Internet 搜索器中的技术等。

信息传递技术是指跨越空间共享信息的技术，又可分为不同类型。如单向传递与双向传递技术，单通道传递、多通道传递与广播传递技术。

信息存储技术指跨越时间保存信息的技术，如印刷术、照相术、录音术、录像术、缩微术、磁盘术、光盘术等。

信息加工技术是对信息进行描述、分类、排序、转换、浓缩、扩充、创新等的技术。信息加工技术的发展已有两次突破：从人脑信息加工到使用机械设备（如算盘，标尺等）进行信息加工，再发展为使用电子计算机与网络进行信息加工。

信息标准化技术是指使信息的获取、传递、存储，加工各环节有机衔接，与提高信息交换共享能力的技术。如信息管理标准、字符编码标准、语言文字的规范化等。

（3）按使用的信息设备不同，把信息技术分为电话技术、电报技术、广播技术、电视技术、复印技术、缩微技术、卫星技术、计算机技术、网络技术等。也有人从信息的传播模式分，将信息技术分为传者信息处理技术、信息通道技术、受者信息处理技术、信息抗干扰技术等。

（4）按技术的功能层次不同，可将信息技术体系分为基础层次的信息技术（如新材料技术、新能源技术），支撑层次的信息技术（如机械技术、电子技术、激光技术、生物技术、空间技术等），主体层次的信息技术（如感测技术、通信技术、计算机技术、控制技术），应用层次的信息技术（如文化教育、商业贸易、工农业生产、社会管理中用以提高效率和效益的各种自动化、智能化、信息化应用软件与设备）。

（5）根据人的信息器官作用不同，主要包括四类：

一是感觉器官：包括视觉器官、听觉器官、嗅觉器官、味觉器官、触觉器官和平衡觉器官等。主要功能是获取外界各种事物的信息。

二是神经器官：包括导入神经、导出神经以及中间的传导神经等。主要功能是传递信息，通过导入神经把感觉器官获取的信息传送给思维器官，通过导出神经把经思维器官加工的信息传送给各种效应器官。

三是思维器官：包括记忆系统、联想系统、分析系统、推理系统和决策系统等。思维器官承担了信息的存储、检索、加工和再生等复杂的任务。

四是效应器官：包括操作器官（手）、行走器官（脚）和语言器官（口）等。效应器官的作用是使用和反馈信息。

与此相对应，信息技术包括感测技术、通信技术、计算机技术和控制技术。四种类型的信息器官和信息技术，是一个相互作用、互相协调的有机整体。根据生物科学、信息科学的发展，它们之间关系如图 2-1 所示。

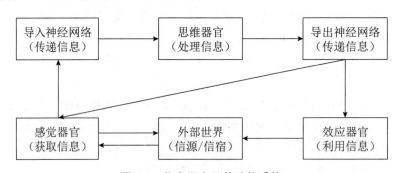

图 2-1　信息器官及其功能系统

图2-1反映了人类获取、传递、加工、处理、使用信息的基本模型。根据生物科学的进展，在原先研究的基础上，增加了从导出神经到感觉器官的信息反馈通道，以及在反馈信息的作用下，感官主动从外界获取信息等两条连线。

2.1.2　信息技术的层次结构

信息技术层次是指将信息技术以及与其相关联的科学技术按照一定的次序划定的等级。目前一般信息技术划分为基础技术、支撑技术、主体技术和应用技术四个基本的层次。

1. 基础技术层

基础技术层主要是指新材料和新能源技术，信息技术在性能水平等方面的提高有赖于这两类技术的进步。例如，电子信息技术由真空管时代向晶体管、集成电路、超大规模集成电路时代的迈进，是由于锗、硅半导体材料、金属氧化物半导体材料、砷化镓材料等的开发和利用；而激光信息技术的出现和发展则依赖于各种激光材料的开发和激光能量的利用。

2. 支撑技术层

支撑技术层次主要是指机械技术、电子技术、微电子技术、激光技术和生物技术等。信息的获取、传递、处理和利用，都要通过各种支撑技术才能实现。

用机械技术手段实现的信息技术称为机械信息技术，例如算盘、计算尺、手摇计算机等。把用电子或微电子技术手段实现的信息技术称为电子信息技术，例如电信、电子计算机；用激光技术手段实现的信息技术称为激光信息技术，例如激光导纤维通信、激光控制、激光遥感、激光计算机；用生物技术手段实现的信息技术称为生物信息技术，例如生物传感器、生物计算机。

3. 主体技术层

信息技术的主体技术是感测技术、通信技术、计算机技术和控制技术。通信技术和计算机技术是整个信息技术的核心部分，感测技术和控制技术则是该核心同外部世界的信源与信宿相联系的接口。由于收集（Collection）、通信（Communication）、计算机（Computer）、控制（Control）4 个英文单词的第一个字母均为"C"，因此为了简便，人们常称信息技术为 1C、2C、3C 或 4C 技术。1C 技术简单地认为信息技术就是计算机技术，包括硬件和软件技术。2C 技术认为信息技术是计算机技术和通信技术的结合。3C 技术认为信息技术包括计算机技术、通信技术和控制技术。4C 技术认为信息技术是计算机技术、通信技术、控制技术、感测技术的有机结合体，这是一个比较全面的理解，强调信息技术功能系统的整体性。

4. 应用技术层

信息技术的应用层是针对各种实用目的由主体技术繁衍而生的各种应用技术群。信息技术应用在人类生活的各个领域，如工业、农业、国防、交通运输、商业贸易、文化教育、医疗卫生、社会服务和组织管理等。

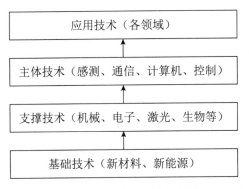

图 2-2　信息技术层次结构图

如图 2-2 所示，信息技术四个层次的关系是相辅相成、互相促进，整个体系结构是一个有机的整体。基础技术和支撑技术的发展能够为主体技术的发展创造必要的物质和技术条件，最终能够向社会提供更好的实用信息技术。而应用技术的发展能够促进信息技术在各个方面的实际应用，激发社会对信息技术的需求，为主体技术的进一步发展提供动力。

2.2　信息获取技术

信息获取技术涉及一切可以延伸人类信息器官功能的技术。信息获取的基本技术称为感测技术，包含感知和测量两个方面。感知是对某种事物运动状态是否存在的判断或感受，测量是对某事物究竟处于哪种具体的运动状态的判断，感测技术的一般原理如图2-3所示。

图 2-3　感测技术的一般原理

首先由敏感器对事物的某种运动状态及运动方式能够产生灵敏的感受，然后由能量转换器把这种运动状态及运动方式的原始能量形式转换为便于观察和计量的能量形式，最后由显示器把转换后的能量大小及其变化以可见或可闻等方式表现出来。敏感器和能量转换器结合起来称为传感器。

各种感测技术系统虽然复杂程度不同，感测对象和状态类型不同，但基本原理是一致的。现在已经有了种类极其丰富的感测技术系统，可以对自然界和社会领域众多对象的运动状态及其变化方式进行感知和测量，大幅扩展了人的感觉器官的功能。此外，感测技术与其他信息技术相结合而形成的高级感测技术使人类感知信息的能力进一步增强，例如传感技术、遥感技术、遥测技术等。

2.2.1　传感技术

传感技术是关于从自然信源获取信息，并对之进行处理和识别的一门多学科交叉的现代科学与工程技术，它涉及传感器、信息处理和识别的规划设计、开发、制造、测试、应用及评价改进等活动。

随着社会的进步，科学技术的发展，特别是近30年来，电子技术日新月异，计算机的普及和应用把人类带到了信息时代，各种电器设备充满了生产和生活的各个领域，相当大一部分的电器设备都应用到了传感器件，传感技术是现代信息技术中主要技术之一，在国民经济建设中占据有极其重要的地位。

人是通过视觉、嗅觉、听觉及触觉等感官来感知外界的信息，感知的信息输入大脑进行分析判断和处理，再指挥人做出相应的动作，这是人类认识世界和改造世界具有的最基本的本能。但是通过人的五官感知外界的信息非常有限，例如，人总不能利用触觉来感知超过几十甚至上千度的温度吧，而且也不可能辨别温度的微小变化，这就需要电子设备的帮助。同样，利用电子仪器特别像计算机控制的自动化装置来代替人的劳动，那么计算机类似于人的大脑，而仅有大脑而没有感知外界信息的"五官"显然是不足够的，中央处理系统也还需要它们的"五官"——即传感器。

人的五官是功能非常复杂、灵敏的"传感器"，例如人的触觉是相当灵敏的，它可以感知外界物体的温度、硬度、轻重及外力的大小，还可以具有电子设备所不具备的"手感"，例如棉织物的手感，液体的黏稠感等。然而人的五官感觉大多只能对外界的信息作"定性"感知，而不能作定量感知。而且有许多物理量，人的五官是感觉不到的，例如对磁性就不能感知。视觉可以感知可见光部分，对于频域更加宽的非可见光谱则无法感觉得到，如红外线和紫外线光谱，人类却是"视而不见"。借助温度传感器很容易感知到几百度到几千度的温度，而且要做到 1℃ 的分辨率轻而易举。同样借助红外和紫外线传感器，便可感知到这些不可见光，所以人类制造出了具有广泛用途的红外夜视仪和 X 光诊断设备，这些技术在军事、国防及医疗卫生领域有着极其重要的作用。

在工农业生产领域，工厂的自动流水生产线，全自动加工设备，许多智能化的检测仪器设备，都大量地采用了各种各样的传感器，它们在合理化地进行生产，减轻人们的劳动强度，避免有害的作业发挥了巨大的作用。在家用电器领域，如全自动洗衣机、电饭煲和微波炉都离不开传感器。医疗卫生领域，电子脉搏仪、体温计、医用呼吸机、超声波诊断仪、断层扫描（CT）及核磁共振诊断设备，都大量地使用了各种各样的传感技术。这些对改善人们的生活水平，提高生活质量和健康水平起到了重要的作用。在军事国防领域，各种侦测设备，红外夜视探测，雷达跟踪、武器的精确制导，没有传感器是难以实现的。在航空航天领域，空中管制、导航、飞机的飞行管理和自动驾驶，仪表着陆盲降系统，都需要传感器。人造卫星的遥感遥测都与传感器紧密相关。没有传感器，要实现这样的功能那是不可能的。

此外，在矿产资源、海洋开发、生命科学、生物工程等领域传感器都有着广泛的用途，传感器技术已受到各国的高度重视，并已发展成为一种专门的技术学科。

传感器是摄取信息的关键器件，它与通信技术和计算机技术构成了信息技术的三大支柱，是现代信息系统和各种装备不可缺少的信息采集手段，也是采用微电子技术改造传统产业的重要方法，对提高经济效益、科学研究与生产技术的水平有着举足轻重的作用。传感器技术水平高低不但直接影响信息技术水平，而且还影响信息技术的发展与应用。目前，传感器技术已渗透到科学和国民经济的各个领域，在工农业生产、科学研究及改善人民生活等方面，起着越来越大的作用。许多尖端科学和新兴技术更是需要新型传感器技术来装备，计算机的推广应用，离不开传感器，新型传感器与计算机相结合，不但使计算机的应用进入了崭新时代，也为传感器技术展现了一个更加广阔的应用领域和发展前景。

▌2.2.2　遥测技术

遥测技术是指对相隔一定距离的对象的参量进行检测并把测得结果传送到接收地点的技术。

遥测技术起源于 19 世纪初，航空、航天遥测技术则分别开始于 20 世纪 30 年代和 40 年代。此后，遥测技术广泛用于飞机、火箭、导弹和航天器的试验，也极大地促进了遥测技术的发展。20 世纪 50—60 年代，随着通信理论、通信技术和半导体技术的发展，遥测技术在调制体制、传输距离、数据容量、测量精度以及设备小型化等方面都取得了很大的进展。自 20 世纪 60 年代以来，遥测技术发展的显著特点是遥测设备的集成化、固态化、模块化和计算机化，出现了可编程序遥测和自适应遥测。

遥测是通过遥测系统进行的。遥测系统由三部分组成。

（1）输入设备，包括传感器和变换器。传感器把被测参数变成电信号，变换器把电信号变换成满足多路传输设备输入端要求的信号。

（2）传输设备，是一种多路通信设备。它可以是有线通信或无线电通信，既可传输模拟信号也可传输数字信号，目的是把输入设备输入的信号不失真地传到终端。

（3）终端设备，它的功能是接收信号，对信号进行记录、显示和处理，以获得测量结果。

遥测不仅为了获得数据，而是要为遥控目标物体提供实时数据，常和遥控结合在一起。遥测作为一门综合技术，随着电子技术的发展而迅速发展，应用十分广泛。

在宇宙探索中，遥测技术帮助人们了解太阳系遥远天体上的气温、大气构成和表面情况；投放在敌方的遥测仪器能传回许多情报；取得导弹和飞机的飞行数据；收集核试验情况也要靠遥测技术。在工业上遥测技术使许多庞大的系统高效安全运行，如电力、输油、输气系统、城市自来水、燃气和供暖系统等。在研究动物的生活习性中，遥测技术也是有力的手段，动物带上有传感器的发报机后，在实验室就可研究野外动物的动态。遥测技术也用在医学上，如测定宇航员和登山队员身体情况。现代的遥测技术通常使用无线通信。视频会议和全球定位系统（GPS）也是遥感勘测技术。

2.2.3 遥感技术

随着人类生存环境的变化和国际竞争的日益激烈，对自然资源、地理资源和太空资源的开发和争夺已经成为影响人类和民族发展进程的重要因素。遥感正是为了满足这样的需求所产生的一门综合性应用技术，它是以航空摄影技术为基础，在 20 世纪 60 年代初发展起来的一门新兴技术。

遥感技术是从远距离感知目标反射或自身辐射的电磁波、可见光、红外线结目标进行探测和识别的技术。例如航空摄影就是一种遥感技术。人造地球卫星发射成功，大大推动了遥感技术的发展。现代遥感技术主要包括信息的获取、传输、存储和处理等环节。完成上述功能的全套系统称为遥感系统，其核心组成部分是获取信息的遥感器。遥感器的种类很多，主要有照相机、电视摄像机、多光谱扫描仪、成像光谱仪、微波辐射计、合成孔径雷达等。传输设备用于将遥感信息从远距离平台，如卫星传回地面站。信息处理设备包括彩色合成仪、图像判读仪和数字图像处理机等。

1. 遥感技术的原理

任何物体都具有光谱特性，具体地说，它们都具有不同的吸收、反射、辐射光谱的性能。在同一光谱区各种物体反映的情况不同，同一物体对不同光谱的反映也有明显差别。即使是同一物体，在不同的时间和地点，由于太阳光照射角度不同，它们反射和吸收的光谱也各不相同。遥感技术就是根据这些原理，对物体做出判断。

遥感技术通常是使用绿光、红光和红外光三种光谱波段进行探测。绿光段一般用来探测地下水、岩石和土壤的特性；红光段探测植物生长、变化及水污染等；红外段探测土地、矿产及资源。此外，还有微波段，用来探测气象云层及海底鱼群的游弋。

2. 遥感技术主要特点

（1）可获取大范围数据资料。

遥感用航摄飞机飞行高度为 10km 左右，陆地卫星的卫星轨道高度达 910km 左右，从而，可及时获取大范围的信息。例如，一张陆地卫星图像，其覆盖面积可达 3 万多 km^2。这种展示宏观景象的图像，对地球资源和环境分析极为重要。

（2）获取信息的速度快，周期短。

由于卫星围绕地球运转，从而能及时获取所经地区的各种自然现象的最新资料，以便更新原有资料，或根据新旧资料变化进行动态监测，这是人工实地测量和航空摄影测量无法比拟的。

（3）获取信息受条件限制少。

在地球上有很多地方，自然条件极为恶劣，人类难以到达，如沙漠、沼泽、高山峻岭等。采用不受地面条件限制的遥感技术，特别是航天遥感可方便及时地获取各种宝贵资料。

（4）获取信息的手段多，信息量大。

根据不同的任务，遥感技术可选用不同波段和遥感仪器来获取信息。例如可采用可见光探测物体，也可采用紫外线、红外线和微波探测物体。利用不同波段对物体不同的穿透性，还可获取地物内部信息。例如，地面深层、水的下层，冰层下的水体，沙漠下面的地物特性等，微波波段还可以全天候的工作。

遥感技术广泛用于军事侦察、导弹预警、军事测绘、海洋监视、气象观测和互剂侦检等。在民用方面，遥感技术广泛用于地球资源普查、植被分类、土地利用规划、农作物病虫害和作物产量调查、环境污染监测、海洋研制、地震监测等方面。

遥感技术总的发展趋势是：提高遥感器的分辨率和综合利用信息的能力，研制先进遥感器、信息传输和处理设备以实现遥感系统全天候工作和实时获取信息，以及增强遥感系统的抗干扰能力。

2.3　信息压缩技术

面向文本、数据、声音、动画、图形、图像及视频等媒体的信息资源管理中，必须解决媒体数据的大容量存储和实时传输问题。数字化了的信息资源的数据量是非常惊人的，下面列举几个未经压缩的数字化信息的例子：

（1）一页印在 B5（180mm×255mm）纸上的文件，若以中等分辨率（300dpi）的扫描仪进行采样，其数据量约为 6.61MB/页。一片 650M 的 CD-ROM，可存 98 页。

（2）双声道立体声激光唱盘（CD-DA），采样频率为 44.1kHz，采样精度 16 位 / 样本，其一秒钟时间内的采样位数为 1.41Mbps。一个 650MB 的 CD-ROM 可存约 1 小时的音乐。

（3）SIF（Source Input Format）数字电视图像格式，NTSC 制、彩色、4：4：4 采样。每帧数据量为：$352 \times 240 \times 3 = 253KB$；每秒数据流量为：$253 \times 30 = 7.063MB/s$。一片 CD-ROM 节目时间（650/7.603）/60=1.42 分钟。

（4）CCIR（International Consultative Committee for Radio）数字电视图像格式，PAL 制，4：4：4 采样。每帧数据量 $720 \times 576 \times 3 = 1.24MB$；每秒数据量 $1.24 \times 25 = 31.3MB/s$。一片 CD-ROM 可存节目时间为 650/31.3=20.9 秒。

（5）卫星图片以陆地卫星 LandSat-3 为例，其水平分辨率为 2340，垂直分辨率为 3240，四波段，采样精度 7 位。

一幅图的数据量为：$2340 \times 3240 \times 7 \times 4 = 212Mb$，按每天 30 幅计算，每天数据量为 $212 \times 30 = 6.36Gb$，每年数据量高达 2300Gb。

从以上列举的数据例子看出，这样大的数据量，无疑给存储器容量、通信干线的信道传输率以及计算机的速度都增加了极大的压力。面对如此巨大的数据流，单纯用扩大存储容量、增加通信线路的传输率的办法是不现实的。数据压缩技术是行之有效的方法，通过数据压缩手段把信息数据量压下来，以压缩形式存储和传输，既节约了存储空间，又提高了通言线路的传输效率。

另一方面，媒体信息确实又具有很大的压缩潜力。原因是，多媒体声、文、图、视频等信源数据有极强的相关性，也就是说有大量的冗余信息。数据压缩就是将庞大的数据中的冗余信息去掉（去除数据之间的相关性），保留相互独立的分量。以静态图像画面为例，图像中有一块表面颜色均匀的区域，在此区域中所有点的光强、色彩和饱和度都是相同的，因此数据有很大的空间冗余。再如运动图像相邻帧之间，只有 1% 以下的像素有色差变化，不难想象，只要传输变化的那部分信息就足够了，其他不变化的信息可由邻帧推导出来。

利用人的感知生理、心理规律，也可以对多媒体信息进行压缩。如利用人眼对图像的亮度范围感知有限这一规律，对超出感知范围的亮度信息不做处理，从而使数据得到压缩，但重现后的图像，人眼并不会感觉到变化。又如，利用人耳对声音听觉存在的掩蔽效应，当一个声音的某个频率成分被其他成分掩蔽时，可以不予处理（不采样、不量化），从而减少数据量。

也可以根据媒体应用的类型，以一定的质量损失为容限，按照某种方法从给定的信号源中推出已简化的数据表示或近似的数据表示。这种压缩是以损失质量为代价的。如会议电视中 QCIF 视频，采取 120×160 的低分辨率、10 ～ 15fps 的帧速，以及减小每个颜色分量的量化位数，等等，使数据得以压缩。其效果是，传输后的视频质量大大低于普通的录像质量，但在一些会议电视的应用中是满足要求的。

2.3.1　压缩编码的评价与分类

1. 压缩编码的评价指标

衡量一种数据压缩技术的好坏有三个指标。一是压缩比要大，即压缩前后所需信息存储量之比要大；二是实现压缩的算法要简单，压缩、解压缩速度快，尽可能做到实时解压；三是恢复效果要好，要尽可能地恢复原始数据。

2. 压缩编码的分类

（1）根据不同的策略媒体数据压缩方法的分类

第一种，根据质量有无损失可分为有损编码和无损编码。

第二种，按照其作用域在空间域或频率上分为：空间方法、变换方法和混合方法。

第三种，根据是否自适应分为自适应性编码和非自适应性编码。一般来说，每一个编码方法都有其相应的自适应方法。

（2）依据压缩算法媒体数据压缩法的分类

①脉冲编码调制（PCM）：在 PCM 方法中，通常以 Nyquist 速率对进来的连续视频信号进行采样（即二倍于进入信号频率的速率），随后冲进入信号进行统一的量化。因此，这仅仅是原始模拟的数字化表示。

②预测编码：在采用预测编码法时，传输的不是表示图片单元色度和灰度的采样值。编码和传输实际上是预测采样值和实际采样值之间的差别。

③变换编码：其主要思想是利用图像块内像素值之间的相关性，把图像变换到一组新的正交矢量空间（变换域或频域）上，使得能量集中到少数几个变换系数上，通过存储这些系数而达到压缩的目的。

④统计编码：最常用的统计编码是 Huffman 编码。它对于出现频率大的符号用较少的位数来表示，而对出现频率小的符号用较多位来表示。其编码效率主要取决于需要编码的符号出现的概率分布，越集中则压缩比越高。

⑤混合编码：使用了两种以上的方法。大多数压缩编码国际标准都使用了多项压缩技术，一般属于混合编码。

2.3.2　静止图像的压缩技术

国际标准化组织（ISO）和国际电报电话咨询委员会（CCITT）等国际组织组成的是联合图像专家组（Joint Photographic Experts Group，JPEG）制定了静止图像压缩算法标准，并被广泛采用。

JPEG 标准适用于压缩静止的灰度和彩色图像，具有良好的效果。JPEG 标准可应用于彩色打印机、灰度和彩色扫描仪、传真机等。但它不适用于压缩二值化图像，对二值图像可采用基于霍夫曼（Huffman）算法的 G3 标准。

JPEG 的目的是为了给出一个适用于连续色调图像的压缩方法，使之满足以下要求：

（1）达到或接近当前压缩比与图形保真度的技术水平，能覆盖一个较宽的图形质量等级范围，能达到"很好"或"极好"的评估，与原始图像相比，人的视觉难以区分。

（2）能适用于任何种类连续色调图像，且长宽比都不受限制，同时也不受限于景物内容、图形复杂程度和统计特性。

（3）计算的复杂性是可控制的，其软件可在各种 CPU 上完成，算法也可用硬件实现。JPEG 标准分成三级：一是基本压缩系统，这是所有与 JPEG 兼容的压缩算法的最小系统，目前普遍使用的是基本压缩系统；二是扩展系统，它在基本系统上增加了算术编码、渐进构造等特性；三是分层的渐进方法。它通过滤波建立一个分辨率逐渐降低的图像序列，在此基础上进行编码。

2.3.3 运动视频图像的压缩技术

用于运动视频图像的常用压缩算法有：由 CCITT 和 ISO 联合推荐的运动图像专家小组（Motion Photographic Expert Group，MPEG）标准；Intel 公司在 DVI（Digital Video Interactive）技术中使用的压缩算法；CCITT 推荐的 H.261 压缩算法。

1. MPEG 算法

MPEG 算法用于信息系统中视频和音频信号的压缩。用于视频信号压缩的称 MPEG Video，用于音频信号压缩的称 MPEG-Audio。压缩原理是一个与特定应用对象无关的通用标准，从 CD-ROM 上的交互式系统到电信网络上的和视频网络上的视频信号发送都可以用。

MPEG 算法除了对单幅图像进行编码外，还利用图像序列的相关特性去除帧间图像冗余，大大提高了视频图像的压缩比，在保持较高的图像视觉效果的前提下、压缩比可以达到 60 ～ 100 倍。

MPEG 标准是一个系列，其中 MPEG-1 视频压缩技术是对分辨率为 352×240、帧速 30fps 的电视图像，传输率目标 1.5Mb/s。MPEG Ⅱ目标是位率高达 10Mb/s，以及高分辨率的视频图像数字信号，MPEG Ⅳ则是针对极低码率（小于 64kb/s）视频压缩。MPEG 标准有三个组成部分：MPEG 视频；MPEG 音频；视频与音频的同步。MPEG 视频是 MPEG 标准的核心，为满足高压缩比和随机访问两方面的要求，MPEG 采用预测和插补两种帧间编码技术，MPFG 视频压缩算法中包含两种基本技术：一种是基于 16×16 子块的运动补偿技术，用来减少帧序列的时间冗余；另一种是基于 DCT 的压缩，用于减少帧序列的空域冗余，在帧内压缩及帧间预测中均使用了 DCT 变换，运动补偿算法是当前视频图像压缩技术中使用最普遍的方法之一。

2. MPEG1 视频压缩

MPEG1 视频压缩编码后包括 3 种元素：1 帧（1 frames）、P 帧（P frames）和 B 帧（Bframes），在 MPEG 编码的过程中，部分视频帧序列压缩成 1 帧；部分压缩成 P 帧；还有部分压缩成 B 帧。

1 帧法是帧内压缩法，也称为"关键帧"压缩法。1 帧法是基于离散余弦变换 DCT 的压缩技术，这种算法与 JPEG 压缩算法类似。采用 1 帧压缩可达到 1/6 的压缩比而无明显的压缩痕迹。

在保证图像质量的前提下实现高压缩的压缩算法,仅靠帧内压缩是不能实现的,MPEG 采用了帧间和帧内相结合的压缩算法。P 帧法是一种前向预测算法,它考虑相邻帧之间的相同信息或数据,也即考虑运动的特性进行帧间压缩。P 帧法是根据本帧与相邻的前一帧(1 帧或 P 帧)的不同点来压缩本帧数据。采取 P 帧和 I 帧联合压缩的方法可达到更高的压缩且无明显的压缩痕迹。

然而,只有采用 B 帧压缩才能达到 200∶1 的高压缩。B 帧法是双向预测的帧间压缩算法。当把一帧压缩成 B 帧时,它根据相邻的前一帧、本帧以及后一帧数据的不同点来压缩本帧,也即仅记录本帧与前后帧的差值。B 帧数据只有 1 帧数据的 15%、P 帧数据的 50% 以下。

3. MPEG-1 音频压缩

MPEG-1 提供三种音频压缩编码的等级,分别为Ⅰ、Ⅱ和Ⅲ级(Level Ⅰ、Level Ⅱ、Level Ⅲ)。Ⅰ级最简单,其目标是压缩后每声道位数据率为 192kbps。Ⅱ级比Ⅰ级精度高一些,压缩后每声道位数据率为 128kbps。Ⅰ级(MP3)增加了不定长编码、霍夫曼编码等一些先进的算法,可获得非常低的数据率和较高的保真度,压缩后每声道的位数据率为 64kbps。如果要获得每声道 64kbps 的数据率,采用Ⅲ级编码比采样Ⅰ级编码的保真度好;要获得每声道 128kbps 的数据率,采用Ⅲ级和Ⅰ级编码的效果类似,但Ⅲ级和Ⅱ级都比Ⅰ级的效果好。每声道 128kbps 的数据率或双声道 256kbps 的数据率可以提供优质的保真度,因此采用Ⅱ级压缩编码对高保真、立体声音频足矣。

4. MPEG-2 压缩

MPEG-2 使用多帧压缩技术,传输码率为 4 ~ 50Mbps 可变,MPEG-2 对图像序列中不同的帧采取不同的压缩编码方式,应用运动补偿帧间预测与 DCT 编码,在帧间压缩中以若干帧图像作为一个图像组进行处理,帧内压缩与帧间压缩相结合的方法,大幅提高压缩率,而且对图像质量影响不大。压缩后传输速率相当于 Motion-JPEG 的一半就可得到相同质量的节目,节约了大量的存储容量,MPEG-2 的压缩和解压缩是一个不对称的技术值,压缩的过程、器件及算法比解压缩要复杂得多,各 MPEG-2 压缩器件设计厂商的压缩方法和器件可以不一样。但 MPEG-2 的解压缩是标准的,不同厂家设计的压缩器件压缩的数据可由其他厂家设计解压缩器来解压缩,这一点保证了各厂家的设备之间能完全兼容。MPEG-2 已成为数字电视传输的统一标准,未来大量的节目传输,变换和存储都将采用 MPEG-2 格式。MPEG-2 采用帧间压缩的方式,只需进行 1 帧的帧内压缩处理,B 帧和 P 帧通过侦测获得,传输和运算的数据大多由帧之间的时间相关性得到,相对来说,数据量小,在获得广播级数字视频质量的前提下,可以实现 20∶1 的压缩率,数据率可降到 1MB/s(8Mbps),一小时视频节目占用 3.6GB 空间。数据存储空间利用率高,随着逐帧编辑问题的解决,应用也会日益广泛,并且由于网络化方案的实施,将会引发数据压缩的革命,使所有的数据格式统一于 MPEG-2。

5. MPEG-4 压缩

MPEG-4 于 1998 年 11 月公布,是针对一定比特率下的视频、音频编码,增加了多媒体系统的交互性和灵活性。与 MPEG-1 和 MPEG-2 相比，MPEG-4 更适于交互 AV 服务以及远程监控，它的设计目标使其具有更广的适应性和可扩展性；MPEG-4 传输速率在 4800 ～ 6400bit/s，分辨率为 176 像素 ×144 像素，可以利用很窄的带宽通过帧重建技术压缩和传输数据，从而能以最少的数据获得最佳的图像质量。因此，它将在数字电视、动态图像、互联网上的视频流与可视游戏、实时多媒体监控、移动多媒体通信、DVD 上的交互多媒体应用等方面大显身手。

MPEG-4 在目前来说最有吸引力的地方还在于它能在普通 CD-ROM 上基本实现 DVD 的质量；用 MPEG-4 压缩算法的 ASF（Advanced Streaming Format，高级格式流）可以将 120 分钟的电影压缩为 300MB 左右的视频流；采用 MPEG-4 压缩算法的 DIVX 视频编码技术可以将 120 分钟的电影压缩到 600MB 左右，也可以将一部 DVD 影片压缩到 2 张 CD-ROM 上。

2.4 信息存储技术

信息的存储是各种科学技术得以存在和发展的基础。信息必须经载体的存储才能实现共享，得以传递。长久以来，人类一直在不断地探索和寻求保存信息的方法和载体。人类最早保存信息的方法有结绳记事、石头代替法、在洞穴岩壁上绘画，之后采用竹简、木简、金属容器表面、帛、丝绸、动物皮等作为信息的主要载体。如今，存储技术已发展为多样化的印刷存储技术、磁存储技术、半导体存储技术和激光存储技术等。

2.4.1 纸张印刷存储技术

东汉元兴元年（105 年）蔡伦发明造纸术，他用树皮、麻头及敝布、渔网等原料，经过挫、捣、抄、烘等工艺制造的纸，是现代纸的渊源。自从造纸术发明之后，纸张便以新的姿态进入社会文化生活之中，并逐步在中国大地传播开来，以后又传布到世界各地。

纸是用以书写、印刷、绘画或包装等的片状纤维制品。一般由经过制浆处理的植物纤维的水悬浮液，在网上交错的组合，初步脱水，再经压缩、烘干而成。中国是世界上最早发明纸的国家。根据考古发现，西汉时期我国已经有了麻质纤维纸，质地粗糙，且数量少，成本高，没有被普及。

当时信息的存储主要靠手抄的书籍。手抄费时、费事，又容易抄错、抄漏。既阻碍了信息的传播，又给信息的存储带来不应有的损失。印章和石刻给印刷术提供了直接的经验性的启示，用纸在石碑上墨拓的方法，直接为雕版印刷指明了方向。

从 20 世纪 50 年代开始，印刷技术不断地采用电子技术、激光技术、信息科学以及高分子化学等新兴科学技术所取得的成果，进入了现代化的发展阶段。20 世纪 70 年代，感光树脂凸版的普及，使印刷迈入了向多色高速方向发展的途径。20 世纪 80 年代，电子分色扫描机和整页拼版系统的应用，使彩色图像的复制达到了数据化、规范化，而汉字信息处理与激光照排工艺的不断完善，使文字排版技术产生了根本性的变革。20 世纪 90 年代，彩色桌面出版系统的推出，表明计算机全面进入印刷领域。随着科学技术的飞跃发展，印刷技术也日新月异。

数字化和网络化作为当今印刷技术发展的基础和主题，已经贯穿整个印刷产业，正在构筑一种全新的生产环节和技术基础。而随着数字技术和网络技术的不断发展，数字印刷技术成为个性化社会信息传播的关键技术数字印刷主要适合以个性化、可变信息、即时等为特点的"按需印刷"，其技术将会越来越成熟。

▌ 2.4.2 缩微存储技术

缩微技术是一种涉及多学科、多部门、综合性强且技术成熟的现代化信息处理技术。起源于 1838 年英国摄影师丹赛用摄影的方法通过显微镜第一次把一张 20 英寸的文件拍成 1/8 寸的缩微影像，至今已发展了一百多年。它采用专门的设备、材料和工艺，把原始信息原封不动地以缩小影像的形式摄影记录在感光材料上，经加工制作成缩微品保存、传播和使用。

目前，随着科学技术的发展，金融系统、卫生系统、保险系统、工业系统均采用缩微技术复制了纸质载体的文件，改变了过去传统管理方法，提高了档案文件、文献资料的管理水平，提高了经济效益。

缩微影像技术的特点：

（1）存储密度大，技术成熟及稳定性高

缩微技术是经历了一百多年历史的"古老技术"，其记录载体和设备已完全成熟稳定，利用摄影的方法将原件的缩小影像记录在缩微胶片上，普通缩小比率范围为 1/7～1/48，超高缩小比率范围可达 1/90～1/250。按其面积计算，普通缩小比率的缩小影像是原件面积的 1/49～1/2 304，超高缩小比率的缩小影像是原件面积的 1/8100～1/62500。缩微品的存储密度同目前光盘的信息存储密度相近似。一个馆藏几万卷的库房档案，缩微后只要一至两节档案柜就可以存放。

（2）记录效果好，寿命长

历史已经证明缩微胶片可保存近百年，现在涤纶片的预期寿命可在 500 年以上。即使在使用中损伤胶片如划痕、断裂等，也只是损失有限的画幅，大部分信息不受影响。这是现代数字产品无法替代的。用缩微摄影技术拍摄档案、图书和资料时，可将原件的形状、内容、格式、字体以及图形等的原貌忠实地记录在缩微胶片上，形成与原件完全相同的缩小影像。缩微技术有完整的国际国内标准，不仅能保证加制作的质量，也给广泛应用带来方便。

（3）适用范围广

缩微品是利用摄影的方法将原件上的信息记录在缩微胶片上的信息载体。由于缩微摄影机镜头和缩微胶片都具有良好的成像和记录性能，因而在可见光线下，对于可读的各种原件（文字、照片和图表等）均可记录在缩微胶片上。

（4）易于还原拷贝和多功能使用

缩微胶片上的影像可方便地进行拷贝、放大阅读和复印。利用高效能的拷贝机，拷贝一盘胶片只需十几分钟，利用阅读复印机放大复印一张纸印件，也只需几秒钟，并且可以进行多份连续放大复印；也可将胶片经扫描加工成光盘，与现代技术相结合，形成一个兼容并存，介质互换，具有存取、保存、联网、阅读、检索、利用和传输的功能，满足读者及用户的多方面需要。

（5）法律凭证作用

缩微模拟影像保真度高，进行更改很困难。因此，许多国家规定，按一定标准拍摄的缩微胶片具有法律凭证作用。1990年11月，国家档案局发布的《中华人民共和国档案法实施办法》，其中第21条规定："各级种类档案馆提供利用的档案，应当逐步实现以缩微品代替原件，具有与档案原件同等的效力。"这就为档案原件的再生性保护提供了法律依据。

2.4.3 磁存储技术

1. 磁带存储

磁带存储可以说是最古老的存储方式之一。用于记录声音、图像、数字或其他信号的载有磁层的带状材料，是产量最大和用途最广的一种磁记录材料。通常是在塑料薄膜带基（支持体）上涂覆一层颗粒状磁性材料（如针状 γ-Fe_2O_3 磁粉或金属磁粉）或蒸发沉积上一层磁性氧化物或合金薄膜而成。最早曾使用纸和赛璐珞等作带基，现在主要用强度高、稳定性好和不易变形的聚酯薄膜。

磁带是所有存储媒体中单位存储信息成本最低、容量最大、标准化程度最高的常用存储介质之一。它互换性好、易于保存，近年来，由于采用了具有高纠错能力的编码技术和即写即读的通道技术，大大提高了磁带存储的可靠性和读写速度。

在20世纪50年代，IBM最早把盘式磁带用在数据存储上。因为一卷磁带可以代替1万张打孔纸卡，于是它马上获得了成功，成为直到20世纪80年代之前最为普及的计算机存储设备。

2. 磁鼓存储

1953年，第一台磁鼓应用于IBM 701，它是作为内存储器使用的。磁鼓是利用铝鼓筒表面涂覆的磁性材料来存储数据的。鼓筒旋转速度很高，因此存取速度快。它采用饱和磁记录，从固定式磁头发展到浮动式磁头，从采用磁胶发展到采用电镀的连续磁介质。这些都为后来的磁盘存储器打下了基础。一支磁鼓有12英寸长，一分钟可以转12500转。它在IBM 650系列计算机中被当成主存储器，每支可以保存10000个字符。

磁鼓最大的缺点是利用率不高，一个大圆柱体只有表面一层用于存储，而磁盘的两面都利用来存储，显然利用率要高得多，正逐渐被磁盘存储器取代。但由于其信息存取速度快，工作稳定可靠，仍被用作实时过程控制计算机和中、大型计算机的外存储器。为了适应小型和微型计算机的需要，出现了超小型磁鼓，其体积小、重量轻、可靠性高、使用方便。

3. 磁芯存储

美国物理学家王安 1950 年提出了利用磁性材料制造存储器的思想。福雷斯特则将这一思想变成了现实。为了实现磁芯存储，福雷斯特需要一种物质，这种物质应该有一个非常明确的磁化阈值。他找到在新泽西生产电视机用铁氧体变换器的一家公司的德国老陶瓷专家，利用熔化铁矿和氧化物获取了特定的磁性质。

对磁化有明确阈值是设计的关键。这种电线的网格和芯子织在电线网上，被人称为芯子存储，它的有关专利对发展计算机非常关键。这个方案可靠并且稳定。磁化相对来说是永久的，所以在系统的电源关闭后，存储的数据仍然保留着。既然磁场能以电子的速度来阅读，这使交互式计算有了可能。更进一步，因为是电线网格，存储阵列的任何部分都能访问，也就是说，不同的数据可以存储在电线网的不同位置，并且阅读所在位置的一束比特就能立即存取。这称为随机存取存储器（RAM），它是交互式计算的革新概念。福雷斯特把这些专利转让给麻省理工学院，学院每年靠这些专利收到 1500 万～2000 万美元。

最先获得这些专利许可证的是 IBM，IBM 最终获得了在北美防卫军事基地安装"旋风"的商业合同。更重要的是，自 20 世纪 50 年代以来，所有大型和中型计算机也采用了这一系统。磁芯存储从 20 世纪 50 年代、60 年代，直至 70 年代初，一直是计算机主存的标准方式。

4. 磁盘存储

（1）软盘

在 CD-ROM 驱动器普及之前，软盘驱动器（FDD）是向电脑输送数据的主要途径。实际上，在长达 20 多年的时间里，FDD 一直是大多数个人电脑的重要部件。

从根本上说，软盘驱动器在很小的、类似于盒式录音带的圆形金属覆膜塑料片上写入和读取数据。

（2）硬盘

硬盘是一种采用磁介质的数据存储设备，数据存储在密封于洁净的硬盘驱动器内腔的若干个磁盘片上。这些盘片一般是在以铝为主要成分的片基表面涂上磁性介质所形成，在磁盘片的每一面上，以转动轴为轴心、以一定的磁密度为间隔的若干个同心圆就被划分成磁道（track），每个磁道又被划分为若干个扇区（sector），数据就按扇区存放在硬盘上。在每一面上都相应地有一个读写磁头（head），所以不同磁头的所有相同位置的磁道就构成了所谓的柱面（cylinder）。传统的硬盘读写都是以柱面、磁头、扇区为寻址方式的（CHS 寻址）。硬盘在上电后保持高速旋转（5400 转 / 分钟以上），位于磁头臂上的磁头悬浮在磁盘表面，可以通过步进电机在不同柱面之间移动，对不同的柱面进行读写。所以在上电期间，如果硬盘受到剧烈振荡，磁盘表面就容易被划伤，磁头也容易损坏，这都将给盘上存储的数据带来灾难性的后果。

目前，硬盘是容量、性价比最大的一种存储设备。硬盘不仅用于各种计算机和服务器中，在磁盘阵列和各种网络存储系统中，它也是基本的存储单元。

2.4.4 激光存储技术

激光存储技术是 20 世纪 70 年代中期出现的一种全新的记录信息的光电子技术，它是光学、光电子学、计算机技术和信息存储新材料技术综合集成的产物。

1. 光盘存储技术

光盘存储技术是 20 世纪 60—70 年代开发的一项激光信息存储新技术。早在 1961 年，美国斯坦福大学和 3M 公司就已开始了光盘技术的研究。1972 年，荷兰菲利浦公司（Philips）和美国音乐公司（MCA）率先开发制作出了视频光盘，并于 1978 年正式投入市场。到 20 世纪 70 年代末，又出现了数据光盘。最初，光盘技术主要用于录制音乐和电视节目，1980 年后，又出现了用于文献信息存储的光盘技术。

光盘存储技术是一种光学信息存储新技术，具有存储密度高、同计算机联机能力强、易于随机检索和远距离传输、还原效果好、便于复制、适用范围广等特点。近年来，光盘技术已受到普遍重视，并得到了迅速的发展和应用。光盘存储技术有以下特点：

（1）存储密度高

目前光盘的信息存储密度比磁盘和普通缩微品高 1～2 个数量级。随着光盘技术的不断改善，还可进一步提高光盘的存储密度。例如，通过采用短波长激光器和大数值孔径的物镜进一步减小记录信息点的直径、缩小预刻槽轨道的间距以及采用压缩技术等方法来加大光盘的存储密度。

（2）与计算机联机能力强，易于实现随机检索和远距离传输

二进制数据光盘系统易于与计算机联机，易于实现磁带记录与光盘记录的信息转换。

光盘系统很容易同计算机联机进行随机检索。检索时，只需将要查找的信息编码通过计算机键盘输入机内，所需的信息就可显示在 CRT 屏幕上或发出音响。需要时，还可利用激光印字机将显示的信息印制在纸张上。例如，从存储有 160 万页资料的 64 张光盘信息库中取出其中任何一页资料的信息只需用 5 秒左右，输出一张纸印件的复印时间也仅 3～5 秒即可，检索和输出十分迅速。

记录在光盘内的信息还可通过发送装置传递到远处，并利用终端接收装置接收，显示在 CRT 屏幕上。

（3）便于大量拷贝复制

在复制烧坑记录的光盘时，是以直接录制的光盘为母盘，利用压印的方法制出金属（镍）膜版，然后，再利用膜版压印出拷贝光盘。这样便可将母盘上的烧坑信息转录到拷贝光盘上，进行大量的拷贝复制。光盘具有操作简便、拷贝效果好等特点，同时，不会发生随着拷贝代数的增加其拷贝光盘的影像质量下降的问题。因此，拷贝复制光盘的影像效果稳定、可靠，而且随着拷贝数量的增大，还会降低光盘的成本。可见，光盘适于进行出版、发行等大批量生产和使用。

（4）还原效果好

记录在光盘内的信息具有还原效果好、影像质量高的特点，尤其是在记录的字迹浅淡，字迹扩散、底色发黄、含有污迹或有局部破损等缺陷的原件时，由于光盘记录会使中灰

色调消失，因此，光盘信息的还原影像反而比原件图像的反差大、线条清晰，而且会使原件上的某些缺陷（污迹、破痕等）减轻或消失。此外，在进行活动画面显示时，还可利用调速方法改变其动作的快慢，甚至使活动画面静止不动或进行反时序动作显示。

（5）适用范围广

光盘技术不仅可以记录载有声像的活动画面，而且可以记录各种原件的图形或文字信息。利用光盘既可以存储一般幅面的原件，又可以存储大幅面的图纸和资料；不仅可以存储单页原件，而且可以存储装订成册的原件，还可以存储记录在磁带或缩微胶片上的信息。总之，几乎所有的信息表现形式都可利用光盘载体进行信息的记录和存储。

由于光盘采用的是非接触的，即激光扫描的记录和读出方式，因此，在光盘多次读出使用时，光盘上的记录信息不会受到破坏。

为了适应各种不同使用目的的需要，近年来还出现了由计算机、光盘和缩微胶片三者组成的信息处理系统——电子复合信息存储系统。利用该系统可进行原件信息的记录存储，也可实现磁盘、光盘、缩微胶片三种不同载体上记录信息的转换。

光盘存储技术是一种光学信息存储新技术，在解决档案、图书等原件的全文存储和使用方面显示了许多独特的优点。但是，这种技术也存在着一些不足之处，还有一些尚待研究和解决的问题。例如：同缩微胶片相比，光盘记录时的误码率有时还比较高；由于光盘采用的是激光扫描的输入方式，因此，其记录速度不如缩微胶片快门曝光的记录速度快；目前，记录在光盘上的信息虽然比磁带（盘）记录信息的保存寿命长，可保存十几年或几十年，但还远不如缩微胶片，因此，光盘目前还能作为永久保存的档案载体使用；另外，由于目前还未建立统一的光盘技术国际标准，光盘技术的通用性较差，影响推广使用，等等。今后，随着记录介质、记录方法和系统性能的不断改进和提高，随着光盘与磁带（盘）和缩微胶片等多种记录载体和信息存储技术的结合，光盘存储技术一定会达到更加完善的程度，满足人们对信息处理的多种需要。

2. 激光全息存储技术

激光全息存储技术是一种利用激光干涉原理将图文等信息记录在感光介质上的大容量信息存储技术。目前，这项信息存储技术是通过将缩微胶片上的影像转变为光信息，然后制出存储密度更大的全息图的方法实现的。与缩微影像不同，全息图是由干涉条纹组成的影像。该条纹影像记录了入射光线的全部信息——振幅和相位，故称全息图。在阅读还原时，需在激光的照射下，利用条纹影像的衍射原理使其再现。全息存储技术的特点如下：

（1）信息存储容量大

全息存储是一种高密度、大容量的信息存储技术。利用高解像力的银盐全息记录介质，可将约有 10000 多个汉字的文件资料缩小记录在直径仅有 1mm 左右的全息图内。其信息存储密度比普通缩微影像的存储密度高几十倍。

（2）记录速度快

利用全息摄影机，通过使银盐感光介质感光成像的拍摄方法，将普通缩微胶片上的影像摄制成全息图，具有操作简便，记录快速的特点。

（3）记录信息不易丢失

由于全息图中的每个细部都包含有被记录信息的全部内容，因此，当全息图因擦伤出现划痕，造成全息图局部破坏时，其记录的内容也不会丢失。尽管在还原时全息图再现的影像反差会有所下降，但是全息图所记录的全部内容仍可被显示出来。

（4）便于长期保存

记录在全息银盐感光介质上的全息图具有能够长期保存的特点，其保存寿命同普通银盐缩微胶片相当。试验表明，银盐记录载体的保存寿命可达数百年以上。

（5）便于拷贝复制

利用全息拷贝机，通过接触拷贝、曝光成像的方法，可方便地复制出多部全息拷贝片。

除上述特点外，利用全息摄影技术可以制出能够表现被摄物立体效果的全息图，也可以通过由全息图组成的全息视听盘进行活动画面的再现。随着激光全息技术不断与其他学科最新技术的交叉和综合运用，其应用前景将越来越广泛。

2.4.5 云存储技术

1. 云计算概述

云计算是分布式计算、网格计算、并行计算的发展，是一种新型的计算模型，它为用户提供按需分配的计算能力、存储能力及应用服务能力。云计算在商业管理上的成功引起了学术界的关注，不同的组织对云计算的定义也各不一样。例如，Gartner 认为："云计算是通过网络将动态可伸缩的虚拟化资源以服务的方式提供给用户的计算方式。"NIST（National Institute of Standards and Technology）定义云计算为一个集中了服务器、网络、服务等的资源池，用户通过互联网来访问资源池获取所需资源，并按使用资源量付费，资源池能自动配置部署并满足用户需要。IBM 定义云计算为一种通过互联网进行交互的计算模式，用户通过网络能方便地获得所需要的服务，而不用关注服务实施所需要的硬件设备和实现的具体过程。因此，云计算是一种新的计算模型，它集成了大量硬件和软件来构建共享资源池，为用户提供各种可配置的服务资源。用户通过互联网访问云计算中心的共享资源池获取所需的资源，资源的配置和部署由云计算调度完成，用户无须关注实现的过程。

（1）云计算特点

云计算构建了一个由存储设备、网络设备、应用软件等多个部分协同而成巨大资源池，并以此为基础对外提供存储与计算服务，云计算满足了大数据的存储与处理要求，具有超大规模、高可扩展性、虚拟化、按需服务、价格低廉等特点。云数据中心规模庞大，超大规模的数据服务器集群提供了强大的计算和存储能力。中小型企业构建的云计算中心一般都有几百至几千台数据服务器，而 Google、Amazon、Microsoft 和 Yahoo 等 IT 巨头的云数据中心一般有几十万至上百万台数据服务器。云计算服务商能根据用户需求增大或减小云数据中心服务器规模，对于用户而言，云计算的资源是无限的，可按需使用任意数量的资源。通过虚拟化技术，用户可以在任何时间、任何地点通过不同的终端来获取云数据中心的资源，该资源来自云中的某一个或多个服务器，而用户不必关注资源所处的具体位置。云计算支持多种应用类型，其基础设施、软件甚至是云平台都可以作为服务提供给用户，用户可按需选择服务，且云计算可同时运行多种应用。云计算提供廉价的资源租用服务，系统自动控制和优化资源状态，提供如使用水、电、燃气那样的廉价的资源计费。

（2）云计算分类

按云计算的部署方式不同，云计算可以分为公有云、私有云和混合云。公有云通常指第三方提供商为用户提供的云计算服务，其一般可以通过互联网进行访问，用户无须承担构建云计算数据中心的软、硬件成本，只需按需租用资源，且访问成本低廉。私有云的资源为某公司所私有，是为某公司单独使用而构建的，公司根据实际需求在基础设施上部署应用，一般有较强行业应用背景，正因为私有云服务的专有性，其服务质量和数据安全都有较高的保证，数据也能得到有效的控制。混合云将公有云和私有云进行结合，协同起来为用户提供服务，它既满足了用户对于隐私、安全等方面的需求，又减少了硬件增加的成本。例如，公司可以在私有云里实现隐私数据的存储和处理，同时，在需求高峰期充分利用公有云来完成数据处理的需求。

按服务类别层次的不同，云计算可分为：基础设施即服务层（Infrastructure as a Service，IaaS）、平台即服务层（Platform as a Service，PaaS）、软件即服务层（Software as a Service，SaaS），如图 2-4 所示。

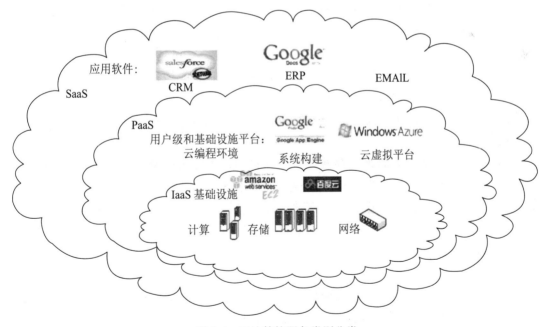

图 2-4 云计算按服务类别分类

IaaS 为用户提供各种硬件资源，通过虚拟化技术向用户提供存储、计算等资源，用户按需进行租用，而且用户可以在这些基础设施上部署和运行各种软件，如客户操作系统和应用软件。IaaS 通过引入虚拟化技术来优化硬件资源分配，提供可定制的、扩展好、可靠性高的 IasS 层服务，实例如 GooglFS、AmazonEC2、IBM Blue Cloud、OpenFlow 及 Google Bigtable 等。

PaaS 是云计算供应商为用户创建运行平台，将用户进行业务软件开发的操作系统、运行环境等作为一种服务，提供给用户。PaaS 构建在云基础设施层的上一层，用户在云平台供应商提供的开发平台上创建自己的应用，而且可以直接在云平台环境下进行业务的运行和开发，而不必把关注点放在涉及底层的存储、网络、操作系统等管理问题，实例如 Microsoft Azure、Google App Engine、duce Map Re 及 Aneka 等。

SaaS 是云供应商按用户需求定制软件，并向用户提供软件的开发、部署、管理和维护等服务。云供应商在云服务器中部署各种应用软件，客户通过互联网定购所需要的应用软件服务，以租用的方式按软件使用的具体情况支付费用，这样大大节省了软件的开发与系统维护的费用，按需租用的方式大大节省了企业的运营成本，实例如 SaleForce、Google Docs 等。

2. 云存储体系结构

云存储是一种特殊的云计算系统，它关注的是海量的数据在系统中的存储与管理。为了提供高效可靠的数据服务，云存储配置有大量的存储设备，这些设备通过集群等技术组织协调，共同对外提供数据的存储、访问等功能。云存储是一种全新的资源交付模式，它将传统的存储架构转换为一种服务，根据用户的需要部署资源，实现按需付费，高效访问，并能弹性扩展。云存储通过规模效应和对资源的高效管理，有效减少了用户成本。

按从下到上的结构划分，云存储系统结构可分为存储层、基础管理层、应用接口层和访问层，如图 2-5 所示。

（1）存储层

存储层也可称为物理层，处于系统的最底层，存储层中的存储设备类型繁多，分布广泛，不同的存储设备通过网络进行连接。存储层中也有各种设备的管理系统，它可以进行磁盘的物理链路管理、状态检测管理和磁盘虚拟化管理等多种功能。

（2）基础管理层

基础管理层从多个方面来对存储设备进行管理，主要包括设备的协同管理、数据的存储效率管理、数据的安全性与可靠性管理。基础管理层是核心层，通过集群等协同技术实现设备的协同工作，提供更强的存储能力和访问性能。基础管理层采用了多种技术来保证系统的安全性和可靠性，如采用数据加密技术来提高数据的安全性，采用数据备份技术提高数据的可靠性。

（3）应用接口层

云存储系统提供了多种不同的应用，并为每一种应用提供了对应的接口，用户提交的访问访问请求通过应用接口的与云存储的应用进行关联。

（4）访问层

访问层是云存储系统结构的顶层，云存储系统提供了各种存储和访问服务，用户通过访问层访问云存储系统，获取所需要的各种服务。

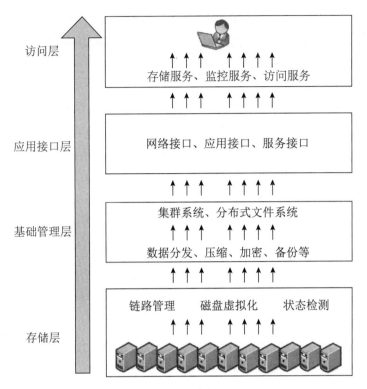

图 2-5　云存储结构

3.云存储发展现状

云存储系统发展极其迅速，许多的 IT 厂商也将目光投向了云存储，推出了自己云计算平台和云存储系统。

（1）Amazon 云存储

Amazon EC2（Amazon Elastic Compute Cloud）是一种可以提供大小可调的计算容量的 Web 服务，该服务提供了简单接口，用户可以配置容量，并可以完全控制计算资源。当用户的计算要求发生变化时，EC2 可以扩展计算容量。Amazon EC2 按照用户的使用容量收费，并为开发人员提供了故障恢复和排除的工具。

Amazon 提供了 Amazon S3 云存储服务，Amazon S3 向用户提供了存储租赁服务，Amazon S3 还为 WEB 应用程序开发人员提供了 Restful API 接口，实现与服务的交互，普通用户可存储各类文件到云存储系统。

（2）Google 云存储

Google App Engine 是为 Google 搜索引擎提供搜索服务而设计的，它能提供多种应用服务，其主要由四个子系统构成，即 Google File System 分布式文件系统、分布式数据库 BigTable、分布式锁机制 Chubby 以及 duceMap Re 编程模式。用户可以使用 Google App Engine 平台，在平台上部署自己的服务，并可按需扩展服务。平台的维护和管理由供应商提供，用户仅需关注自己部署的服务本身。

2012 年，Google 推出了自己的在线云存储服务 google drive，用户可以在 google

drive 上存储和共享文件，支持文件的协同操作，多种文件类型都能适用，且支持在任意时间和地点，通过多种终端进行访问。google drive 具有强大的搜索功能，支持关键字和文件类型等搜索方式。

（3）Microsoft 云存储

Microsoft Azur 是 Microsoft 提供的平台级服务，用户可以在 Microsoft Azure 平台上部署应用，并将数据存储在微软的云数据中心。Microsoft Azure 为企业用户提供了服务部署与系统集成功能，可有效提高企业的工作效率，Microsoft Azure 平台主要是由数据存储逻辑框架、云操作系统及用于部署管理应用软件的中间件，它们综合起来为用户提供平台级的部署、管理和应用服务。

SkyDrive 是 Microsoft 推出的一款云存储服务，SkyDrive 使用户的文件和文件夹看起来就像是存储在云端一样，而且不会占用用户电脑的磁盘空间，SkyDrive 收集文件的元数据、索引信息和缩略图，并将这些数据存储在用户的电脑上，虽然用户的电脑只保存少量的元数据信息，却可以详细的查看所有的文件，就像本地已经存储了所有的文件一样，微软的云存储系统一如既往的体现了它"云 + 端"的设计思路。

（4）EMC 云存储

2008 年，EMC 推出了其云存储系统 Atmos，Atmos 在不同地点分别存储文件副本，并存储在全球不同的数据中心，Atmos 允许用户进行数据的复制与删除、数据压缩与加密、数据共享等，且为用户提供廉价的大存储空间的租赁服务。

（5）阿里云云存储

阿里云创立于 2009 年，是全球领先的云计算及人工智能科技公司，入选"2019 福布斯中国最具创新力企业榜"。阿里云致力于以在线公共服务的方式，提供安全、可靠的计算和数据处理能力，让计算和人工智能成为普惠科技。阿里云为用户提供云服务器、云数据库、云安全、云企业应用等云计算服务。目前，阿里云服务范围已经覆盖全球 200 多个国家和地区。2021 年，IDC 发布《中国公有云服务市场（2020 第四季度）跟踪》报告，显示 2020 年第四季度中国 IaaS 市场规模为 34.9 亿美元，阿里云仍然占据市场份额第一的位置。

阿里云为制造、金融、政务、交通、医疗、电信、能源等众多领域的领军企业提供服务，包括中国联通、12306、中石化、中石油、飞利浦、华大基因等大型企业客户，以及微博、知乎、锤子科技等明星互联网公司。在"天猫双 11 全球狂欢节"、12306 春运购票等极具挑战的应用场景中，阿里云保持着良好的运行纪录。2014 年，阿里云曾帮助用户抵御全球互联网史上最大的 DDoS 攻击，峰值流量达到每秒 453.8Gb。在 Sort Benchmark 2016 排序竞赛 CloudSort 项目中，阿里云以 1.44 美元 /TB 的排序花费打破了 AWS 保持的 4.51 美元 /TB 纪录。在 Sort Benchmark 2015，阿里云利用自研的分布式计算平台 ODPS，377 秒完成 100TB 数据排序，刷新了 Apache Spark 1406 秒的世界纪录。

阿里云在全球各地部署高效节能的绿色数据中心，利用清洁计算为万物互联的新世界提供源源不断的能源动力，开服的区域包括中国（华北、华东、华南、香港）、新加坡、美国（美东、美西）、欧洲、中东、澳大利亚、日本等。

4. 云存储关键技术

大数据时代海量数据的存储和处理为存储系统带来了诸多挑战。为适应 TB 级甚至 PB 级的数据处理要求，存储系统应具有低时延、高吞吐的性能，以提高海量数据的处理速度。在大规模存储系统中，节点失效情况经常发生，系统必须设计相应的容错、检错机制来保证系统的数据可靠性与可用性。数据中心必须全天候的提供服务，因此在不中断服务的情况下，系统应能动态的增加服务器、磁盘、网络设备等硬件设施，以满足不断增加的数据存储和处理要求。云存储能有效的解决以上问题，适应了海量数据处理的要求。云存储处理的是海量的数据对象，数据的实时、高效和可靠处理需要云存储可靠性技术、分布式文件系统、存储虚拟化技术以及加密技术等多种关键技术支撑。

5. 云存储可靠性技术

可靠的云存储系统应能保证能为用户提供不间断的，满足用户服务质量需求的存储与访问服务，不会因为节点故障而中断服务，数据具有容灾能力，数据的安全存储有保障，不会因为断电或意外而造成数据丢失。目前云存储可靠性技术主要分为避错技术、容错技术和检错技术，避错是通过提高存储设备物理性能减少错误发生；容错是通过对数据进行冗余备份在部分数据失效时依然能提供服务；检错是保证在错误出现时能立即被发现并组织相应的修复工作。

（1）云存储分布式文件系统

云存储系统需要管理各种设备和资源，其实现的基础是云存储分布式文件系统。其中广泛使用的云存储分布式文件系统主要有 Google File System（GFS）和 Hadoop Distributed File System（HDFS）。

（2）Google File System

GFS 采用了主从架构的云存储体系结构，由一个 Master 节点和多个 Chunk 服务器组成。GFS 允许大量的用户同时进行访问，其逻辑结构如图 2-6 所示。

GFS 对文件进行分块存储，块的大小相同，由用户设定或系统默认，文件创建时，Master 为数据块分配一个全局唯一的标识符，并为每个数据块默认创建 3 个副本，副本存储在 Chunk 服务器上，副本的存储位置由 Master 决定，GFS 的副本放置主要从三个方面进行综合考虑：磁盘空间、机架位置和最近的副本创建情况，选择磁盘空间占用率低于平均水平、近期没有副本创建和其他机架的 Chunk 服务器。

客户端向云存储系统提交访问请求都必须通过 Master 节点，为了减少 Master 节点的数据传输量，Master 并不传输实际的数据，只是通过元数据来与客户端和数据服务器进行交互。Client 向 Master 发送访问请求后，Master 返回 Client 包括数据地址的元数据信息，客户端获得控制信息后，直接与 Chunk 服务器进行数据交互，完成数据的读写过程。

（3）Hadoop Distributed File System

HDFS 采用了与 GFS 类似的主从体系结构，由唯一的 NameNode 节点和多个 DataNode 节点组成。NameNode 是云存储系统的核心节点，其主要功能有：管理命名空间，管理元数据和数据块，心跳检测，监控节点状态信息等。数据服务器节点 DataNode 在 NameNode 的管理下进行文件的存储和访问操作，副本的创建和删除操作也是在

DataNode 上进行。因此，DataNode 的主要功能有：数据块的读写和向 NameNode 报告节点的状态信息。HDFS 的系统架构如图 2-7 所示。

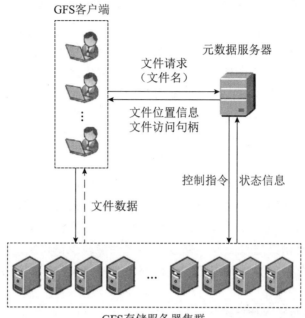

图 2-6　GFS 逻辑结构

文件的访问过程首先由客户端发起，它向 NameNode 发送访问请求后，NameNode 将元数据信息返回给客户端，最后由客户端直接与 DataNode 进行交互，完成数据的读写功能。文件具体的访问流程（读操作）可分为以下几步：

客户端发出文件访问请求，元数据服务器在收到客户端的文件访问请求后，元数据管理模块将访问请求转换为元数据并获取元数据的一系列控制信息，通过节点管理及副本管理等模块的控制，选择最合适的数据存储服务器作为访问源节点。

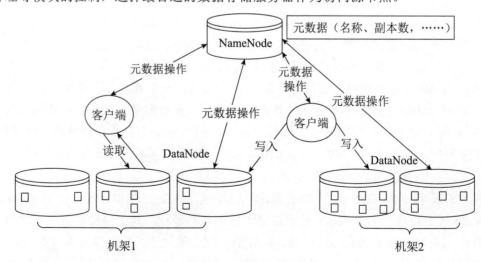

图 2-7　HDFS 的系统架构

元数据服务器将元数据信息及访问源文件地址返回给客户端。

客户端连接数据存储服务器，发起文件数据访问请求，数据服务器响应该请求，并向客户端传输数据，直到数据传输完成。其具体过程如图 2-8 所示。

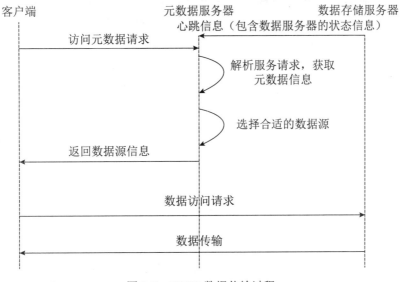

图 2-8　HDFS 数据传输过程

（4）存储虚拟化技术

存储虚拟化技术按一定的标准对各种物理存储设备进行重新组织，屏蔽了不同厂商、不同设备的差异，构建一个统一的虚拟的存储资源池，存储资源由虚拟化技术进行统一管理和分配，用户能便捷地获取所需要的资源，而无须关注资源实现的具体过程。虚拟化技术通过对不同存储设备的统一分配和管理，有效的解决了云存储系统的扩展性问题。

（5）加密技术

加密技术是保证数据安全可靠的一种关键技术，其实在数据写入云存储系统前或者是数据由云存储系统输出前进行数据加密处理，确保只有授权用户才能获取加密数据。云存储加密技术主要分为全盘加密、虚拟磁盘加密、卷加密和文件、目录加密。

全盘加密是将数据全部以密文的形式存储；虚拟磁盘加密是对数据的存储空间进行加密；卷加密是将所有的系统或用户文件都进行加密；文件 / 目录加密是对单个文件或单个目录加密。

2.5　信息传递技术

信息传递技术是指充分利用信道的传输能力，使信息得到可靠传输的技术。广义地说，通过媒质将信息从一方（信源）传递到另一方（信宿）均可称为信息传递。传递信息的过程就是通信，通信的目的就是把含有信息的消息从一方传向另一方。

▎2.5.1 通信原理

在古代，人们通过驿站、飞鸽传书、烽火报警等方式进行信息传递。到了今天，随着科学水平的飞速发展，相继出现了无线电、固定电话、移动电话、互联网可视电话等各种通信方式。通信技术拉近了人与人之间的距离，提高了经济的效率，深刻地改变了人类的生活方式和社会面貌。

1. 通信系统组成

通信是由信息发送者（信源）、信息接收者（信宿）和信息的载体与传播媒介（信道）三大部分组成的系统，如图 2-9 所示。

图 2-9　通信系统模型

（1）信源

信源是指发出信息的源，其作用是把各种可能消息转换成原始电信号。信源可分为模拟信源和数字信源。模拟信源（如电话机、电视摄像机）输出连续幅度的模拟信号；数字信源（如电传机、计算机等各种数字终端设备）输出离散的数字信号。

发送设备的基本功能是将信源和信道匹配起来，即将信源产生的原始电信号变换成适合在信道中传输的信号。发送设备又常常包含信源编码和信道编码等，编码是将信息按一定的规则变换成可供传输的信号，目的是便于传输和抗干扰。

（2）信道

信道是指信号传输的通道，通常为传递信号的物理设施，承担信号的传递和存储任务。信道可以是有线的，也可以是无线的，甚至还可以包含某些设备。有线和无线均有多种传输媒质。传输媒质的固有特性和干扰直接关系到通信的质量。信道既给信号以通路，也对信号产生各种干扰和噪声。

图中的噪声是信道中的所有噪声以及分散在通信系统中其他各处噪声的集合。对同一信道而言，信道越长，信息传输中受到的干扰越大。

在接收端，接收设备的功能与发送设备相反，即进行解调、译码、解码等。它的任务是从带有干扰的接收信号中恢复出相应的原始电信号来。

（3）信宿

信宿（也称受信者或收终端），传输信息的归宿，其作用是将复原的原始信号转换成相应的消息，如电话机将对方传来的电信号还原成了声音。

2. 通信方式

通信的目的是传递消息，按照不同的分法，通信可分成许多类别。

（1）按传输媒质分类

按消息由一地向另一地传递时传输媒质的不同，通信可分为两大类：一类称为有线通信，另一类称为无线通信。所谓有线通信，是指传输媒质为架空明线、电缆、光缆、波导等形式的通信，其特点是媒质能看得见，摸得着。所谓无线通信，是指传输消息的媒质为看不见、摸不着的媒质（如电磁波）的一种通信形式。

通常，有线通信可进一步再分类，如明线通信、电缆通信、光缆通信等。无线通信常见的形式有微波通信、短波通信、移动通信、卫星通信、散射通信和激光通信等，其形式较多。

（2）按信道中所传信号的特征分类

按照信道中传输的是模拟信号还是数字信号，可以把通信系统分为模拟通信系统与数字通信系统。

（3）按工作频段分类

按通信设备的工作频率不同，通信系统可分为长波通信、中波通信、短波通信、微波通信等。

3. 通信的工作方式

从不同角度考虑问题，通信的工作方式通常有以下几种。

（1）按消息传送的方向与时间分类

对于点对点之间的通信，按消息传送的方向与时间，通信方式可分为单工通信、半双工通信及全双工通信三种。

①单工通信，是指消息只能单方向进行传输的一种通信工作方式。单工通信的例子很多，如广播、遥控、无线寻呼等。这里，信号只从广播发射台、遥控器和无线寻呼中心分别传到收音机、遥控对象上。

②半双工通信，是指通信双方都能收发消息，但不能同时进行收和发的工作方式。对讲机、收发报机等都是这种通信方式。

③全双工通信，是指通信双方可同时进行双向传输消息的工作方式。在这种方式下，双方都可同时进行收发消息。很明显，全双工通信的信道必须是双向信道。生活中全双工通信的例子非常多，如普通电话、手机等。

（2）按数字信号排序方式分类

在数字通信中，按照数字信号代码排列顺序的方式不同，可将通信方式分为串序传输和并序传输。所谓串序传输，是将代表信息的数字信号序列按时间顺序一个接一个地在信道中传输的方式，如图 2-10（a）所示。如果将代表信息的数字信号序列分割成两路或两路以上的数字信号序列同时在信道上传输，则称为并序传输通信方式，如图 2-10（b）所示。

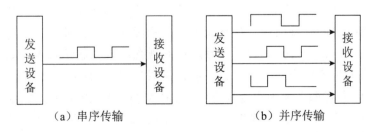

（a）串序传输　　　　　（b）并序传输

图 2-10　串序和并序传输方式

一般的数字通信方式大都采用串序传输，这种方式只需占用一条通路，缺点是传输时间相对较长；并序传输方式在通信中也会用到，它需要占用多条通路，优点是传输时间较短。

（3）按通信网络形式分类

通信的网络形式通常可分为三种：两点间直通方式、分支方式和交换方式。

直通方式是通信网络中最为简单的一种形式，终端之间的线路是专用的。在分支方式中，它的每一个终端经过同一信道与转接站相互连接，此时，终端之间不能直通信息，必须经过转接站转接，此种方式只在数字通信中出现。

交换方式是终端之间通过交换设备灵活地进行线路交换的一种方式，即把要求通信的两终端之间的线路接通，或者通过程序控制实现消息交换，即通过交换设备先把发方来的消息储存起来，然后再转发至收方。这种消息转发可以是实时的，也可以是延时的。

2.5.2　现代通信技术

通信技术和通信产业是 20 世纪 80 年代以来发展最快的领域之一，这是人类进入信息社会的重要标志之一。

纵观通信的发展分为以下三个阶段：第一阶段是语言和文字通信阶段。在这一阶段，通信方式简单，内容单一。第二阶段是电通信阶段。1837 年，莫尔斯发明电报机，并设计莫尔斯电报码。1876 年，贝尔发明电话机。这样，利用电磁波不仅可以传输文字，还可以传输语音，由此大大加快了通信的发展进程。1895 年，马可尼发明无线电设备，从而开创了无线电通信发展的道路。第三阶段是电子信息通信阶段。从总体上看，通信技术实际上就是通信系统和通信网的技术。

现代的主要通信技术有数字通信技术，程控交换技术，信息传输技术，通信网络技术，数据通信与数据网，ISDN 与 ATM 技术，宽带 IP 技术，接入网与接入技术。

（1）数字通信即传输数字信号的通信，是通过信源发出的模拟信号经过数字终端的心愿编码成为数字信号，终端发出的数字信号，经过信道编码变成适合与信道传输的数字信号，然后由调制解调器把信号调制到系统所使用的数字信道上，在传输到对段，经过相反的变换最终传送到信宿。数字通信以其抗干扰能力强，便于存储，处理和交换等特点，已经成为现代通信网中的最主要的通信技术基础，广泛应用于现代通信网的各种通信系统。

（2）程控交换技术即是指人们用专门的电子计算机根据需要把预先编好的程序存入计算机后完成通信中的各种交换。程控交换最初是由电话交换技术发展而来，由当初电话交换的人工转接，自动转接和电子转接发展到现在的程控转接技术，到后来，由于通信业务范围的不断扩大，交换的技术已经不仅仅用于电话交换，还能实现传真，数据，图像通信等交换。程控数字交换机处理速度快，体积小，容量大，灵活性强，服务功能多，便于改变交换机功能，便于建设智能网，向用户提供更多、更方便的电话服务。

随着电信业务从以话音为主向以数据为主转移，交换技术也相应地从传统的电路交换技术逐步转向数据交换和宽带交换，以及适应下一代网络基于 IP 的业务综合特点的软交换方向发展。

信息传输技术主要包括光纤通信、数字微波通信、卫星通信、移动通信以及图像通信。

（3）光纤通信是正在发展中的新一代通信技术，是利用激光作为信息载波、光导纤维作为载体的通信。它是一种以激光取代电流、以光纤取代铜线的地面有线通信。光纤是细如头发的透明玻璃丝，可用来传导光信息，是目前最优秀的传输介质。其主要特点是频带宽，比常用微波频率高 104～105 倍；损耗低，中继距离长；具有抗电磁干扰能力；线经细，重量轻；还有耐腐蚀，不怕高温等优点。光纤通信具有传输速率快、抗干扰性好、传输距离远、安全性好等特点，是信息高速公路干线的关键技术。

光纤通信系统由发送、传输和接收三部分组成。在发送端由电光转换器将需要传输的电信号变换为光信号，使光源辐射的光波由电信号调制成携带信息的光波。这种光波通过耦合器耦合到光纤中，沿着光纤传输到接收端。在接收端由光电探测器将接收到的光信号变回电信号。由于光技术的进步，现在可以利用声光转换器把声音转换为光信号，同时也可以利用连续光扫描将图像转换为光信号，使得声信号、像信号可以直接通过光纤进行传输，省去了两端使用的电端机，实现全光传输。光纤通信技术正在从短波长向长波长、从多模传输系统向单模传输系统发展，光纤通信系统的发展方向是超大容量、长距离、超小型和全光化。

（4）数字微波中继通信是指利用波长为 1 毫米～1 米范围内的电磁波通过中继站传输信号的一种通信方式。其主要特点为信号可以"再生"，便于数字程控交换机的连接，便于采用大规模集成电路，保密性好，数字微波系统占用频带较宽等，因此，数字微波通信与光纤通信，卫星通信一起被国际公认为最有发展前途的三大传输手段。

（5）卫星通信利用通信卫星来转发或发射微波，在两个或多个地球站之间进行通信。因此，卫星通信实际上就是利用通信卫星作为中继站的一种特殊的微波中继通信。其主要特点是：通信距离远，而投资费用和通信距离无关；工作频带宽，通信容量大，适用于多种业务的传输；通信线路稳定可靠；通信质量高等优点。但延时较大，设备昂贵。卫星通信特别适用于全球通信、电视广播和地理环境恶劣的地区。

卫星通信系统一般由通信卫星、地球站以及相关测控跟踪系统组成。通信卫星主要使用地球静止卫星，3 个静止卫星组成的系统即可覆盖全球绝大部分地区的通信。地球站通常由天线、跟踪系统、发射系统、接收系统、调制解调和多址连接系统等组成。随着卫星通信技术的发展，现在可用甚小口径地面站 VSAT 实现卫星通信。VSAT 是 20 世纪 80 年代末发展起来的新一代数字卫星通信系统，通常由一个大型 VSAT 主站和多个 VSAT 小站组成，能单向、双向传输数据、话音、图像及其他多媒体综合业务。

（6）移动通信

早期的通信形式属于固定点之间的通信，随着人类社会飞速发展，信息传递日益频繁，移动通信正是因为具有信息交流灵活，经济效益明显等优势，得到了迅速的发展，所谓移动通信，就是在运动中实现的通信。其最大的优点是可以在移动的时候进行通信，方便，灵活。移动通信方式有寻呼、集群和蜂窝。现在的移动通信系统主要有数字移动通信系统（GSM），码多分址蜂窝移动通信系统（CDMA）。

观通信技术的发展迅速，从人工转接发展到后来的电路转接，以及到现在的程控交换和分组交换，还有可以作为未来分组化核心网用的 ATM 交换机，IP 路由器；由当初的单一的固定电话到现在的卫星电话、移动电话、IP 电话，等等，以及由通信和计算机结合的各种其他业务，第三代通信技术以及第四代、第五代通信，随着通信技术的发展，人类社会已经进入信息化的社会。

2.6 信息处理技术

现代信息处理技术是指利用计算机技术对信息进行文字、图形、特征识别，信息与交换码之间的转换，信息的整理、加工，以及信息生成的技术。现阶段信息处理技术领域呈现两种发展趋势：一种是面向大规模、多介质的综合信息处理，使计算机系统具备处理更大范围信息的能力；另一种是与人工智能进一步结合，使计算机系统更智能化地处理信息。

▍2.6.1 信息综合处理技术

20 世纪 90 年代以来，世界向着信息化社会发展的速度明显加快，而多媒体技术的应用促进了多介质信息处理技术的发展。应用多媒体技术是 20 世纪 90 年代计算机应用的时代特征，也是计算机的又一次革命。

1. 多媒体技术

多媒体技术是指以数字化为基础，能够对多种媒体信息进行采集、加工处理、存储和传递，并能使各种媒体信息之间建立起有机的逻辑联系，集成为一个具有良好交互性的系统技术。多媒体技术是一种迅速发展的综合性电子信息技术，它给传统的计算机系统、音频和视频设备带来了方向性的变革，将对大众传媒产生深远的影响。

（1）多媒体的含义

"多媒体"一词译自英文"Multimedia"。媒体（medium）在计算机领域有两种含义：一是指存储信息的实体，如磁盘、光盘、磁带、半导体存储器等，中文常译为媒质；二是指传递信息的载体，如数字、文字、声音、图形和图像等，中文译作媒介，多媒体技术中的媒体是指后者。与多媒体对应的一词是单媒体（Monomedia），从字面上看，多媒体是由单媒体复合而成。人类在信息交流中要使用各种信息载体，多媒体（Multimedia）就是指多种信息载体的表现形式和传递方式，但是，这样来理解"媒体"，其概念还是比较窄了一点，其实，"媒体"的概念范围是相当广泛的。"媒体"有下列五大类：

①感觉媒体（Perception medium）：指的是能直接作用于人们的感觉器官，从而能使人产生直接感觉的媒体。如语言、音乐、自然界中的各种声音、各种图像、动画、文本等。

②表示媒体（Representation medium）：指的是为了传送感觉媒体而人为研究出来

的媒体。借助于此种媒体，便能更有效地存储感觉媒体或将感觉媒体从一个地方传送到遥远的另一个地方。诸如语言编码、电报码、条形码，等等。

③显示媒体（Presentation medium）：指的是用于通信中使电信号和感觉媒体之间产生转换用的媒体。如输入、输出设施，键盘、鼠标器、显示器、打印机等。

④存储媒体（Storage medium）：指的是用于存放某种媒体的媒体。如纸张、磁带、磁盘、光盘等。

⑤传输媒体（Transmission medium）：指的是用于传输某些媒体的媒体。常用的有如电话线、电缆、光纤等。

（2）多媒体技术的特点

①集成性

多媒体计算机技术是结合文字、图形、影像、声音、动画等各种媒体的一种应用，并且是建立在数字化处理的基础上的。它不同于一般传统文件，是一个利用电脑技术的应用来整合各种媒体的系统。媒体依其属性的不同可分成文字、音频及视频；其中，文字可分为文字及数字，音频可分为音乐及语音，视频可分为静止图像、动画及影片等；其中包含的技术非常广泛，大致有电脑技术、超文本技术、光盘储存技术及影像绘图技术等。而计算机多媒体的应用领域也比传统多媒体更加广阔，如 CAI、有声图书、商情咨询等，都是计算机多媒体的应用范围。

②交互性

交互性是多媒体计算机技术的特色之一，就是可与使用者作交互性沟通的特性，这也正是它和传统媒体最大的不同。这种改变，除了提供使用者按照自己的意愿来解决问题外，更可借助这种交谈式的沟通来帮助学习、思考，有系统地查询或统计，以达到增进知识及解决问题的目的。

③非循序性则

一般而言，使用者对非循序性的信息存取需求要比对循序性存取大得多。过去，在查询信息时，用了大部分的时间在寻找资料及接收重复信息上。多媒体系统克服了这个缺点，使得以往人们依照章、节、页阶梯式的结构，循序渐进地获取知识的方式得以改善，再借助"超文本"的观念来呈现一种新的风貌。所谓"超文本"，简单地说就是非循序性文字，它可以简化使用者查询资料的过程，这也是多媒体强调的功能之一。

（3）多媒体技术的内容

①多媒体数据压缩，图像处理技术

多媒体计算机技术是面向三维图形、环绕立体声和彩色全屏幕运动画面的处理技术。它包括 HCI 与交互界面设计、多模态转换、压缩与编码和虚拟现实技术。

多媒体数据压缩技术为图像、视频和音频信号的压缩，文件存储和分布式利用，提高通信干线的传输效率等应用提供了一个行之有效的方法，同时使计算机实时处理音频、视频信息，以保证播放出高质量的视频、音频节目成为可能。

②音频信息处理技术

在多媒体技术中包括音乐合成、特定人与非特定人的语音识别、文字——语音的相互转换等技术。

③多媒体数据库和基于内容检索的应用

多媒体信息检索技术的应用使多媒体信息检索系统、多媒体数据库，可视信息系统、多媒体信息自动获取和索引系统等应用逐渐变为现实。基于内容的图像检索、文本检索系统已成为近年来多媒体信息检索领域中最为活跃的研究课题，基于内容的图像检索是根据其可视特征，包括颜色、纹理、形状、位置、运动、大小等，从图像库中检索出与查询描述的图像内容相似的图像，利用图像可视特征索引，可以大大提高图像系统的检索能力。

④多媒体著作工具的应用

多媒体著作创作技术可以分成：基于时间的创作工具；基于图符（Icon）或流线（Line）创作工具；基于卡片（Card）和页面（Page）的创作工具；以传统程序语言为基础的创作工具。

⑤多媒体通信及分布式多媒体技术的应用

多媒体计算机技术和通信技术的相结合形成了多媒体通信和分布式多媒体信息系统，实现决了计算机支持的协同工作（CSCW）、视频会议、视频点播（VOD）等功能。

2. 信息融合技术

信息融合技术是利用计算机技术将来自单个或多个传感器的观测信息进行多层次、多方面的分析和处理，包括自动检测、关联、相关、估计和组合，从而得出决策和估计任务所需的综合信息处理技术。

信息融合技术自 1973 年初次提出以后，经历了 20 世纪 80 年代初、90 年代初和 90 年代末三次研究热潮。各个领域的研究者们都对信息融合技术所在研究领域的应用展开了研究，取得了一大批研究成果，并总结出了行之有效的工程实现方法。目前，信息融合作为一种可消除系统的不确定因素、提供准确的观测结果和综合信息处理技术，已在军事、工业监控、智能检测、机器人、图像分析、目标检测与跟踪、自动目标识别等领域获得普遍关注和广泛应用。

信息融合的关键技术有以下几种：

（1）估计技术

包括最大似然估值、卡尔曼滤波、加权最小二乘法和贝叶斯估计法。进行估计的计算机程序能依据几千次观测，估计出由几百个变量构成的一个状态矢量。

（2）模糊集理论

应用广义的集合论来确定指定集合所具有的隶属关系。模糊集理论对模糊集及其元素提供了一个集合变换代数算法（如并集、逻辑或等）。模糊集理论已开始用于含有不精确事件判断的分析中。

（3）聚类分析

聚类分析指将物理或抽象对象的集合分组成为由类似的对象组成的多个类的分析过程。聚类分析的目标就是在相似的基础上收集数据来分类。聚类源于很多领域，包括数学、计算机科学、统计学、生物学和经济学。在不同的应用领域，很多聚类技术都得到了发展，这些技术方法被用作描述数据，衡量不同数据源间的相似性，以及把数据源分类到不同的簇中。当找不到对观测进行属性指派或分类处理的理论方法时，这种方法对属性说明和分析观测数据很有用。

（4）熵法

它是用于融合系统的一种新技术，用于计算与假设有联系的信息内容度量值。它在采用经验或主观概率进行备选假设估计的系统中，有潜在的用途。

（5）模板法

采用一般的数据记录完成复杂关联所需的模式识别，如事件检测和重要目标识别。通过观察数据与先验模板匹配处理，来确定观测数据是否支持由模板所表征的假设。一个模板可包含参数表、布尔条件、权系数、门限，以及用于描述一个事件、活动或假设条件的其他要素。模板是知识库的框架概念的初期实现。

（6）多媒体技术

多媒体技术是信息融合中的一项重要技术，它使不同形式的信息有机结合在统一的界面中。例如，对某些信息进行处理，既存在一些数据形式的信息，也存在一些图像形式的信息，多媒体技术能使二者很好地结合起来，使其信息量相互补充。

（7）人机结合技术

在信息融合的过程中，存在许多需要判定的情况，如信息的最终取舍、信息集合的划分和确定。这些问题仅凭软件和上述各类信息处理技术是难以解决的，必须充分利用人的判断能力，将人的知识融合在信息融合系统中。

（8）分布式数据库技术

要充分采集能反映所研究对象特征的各种数据，就必须有相应的、从信息源上提取数据的技术。对用户的数据应用要求，应摆脱传统的、要求用户了解存储信息内容结构的关系式查询类型的用户接口，而用分布式数据库管理系统，把数据库内容表示成网络型数据单元。

2.6.2　信息智能处理技术

智能信息处理是计算机科学中的前沿交叉学科，智能信息处理海量和复杂信息，研究新的、先进的技术，对于国家信息产业的发展乃至整个社会经济建设、发展都具有重要的意义。

为了适应信息时代的信息处理要求，当前信息处理技术逐渐向智能化方向发展，从信息的载体到信息处理的各个环节，广泛地模拟人的智能来处理各种信息。人工智能学科与认知科学的结合，会进一步促进人类的自我了解和控制能力的发挥。具有认知机理的智能信息处理技术是信息处理技术的突破性发展。

人工智能（Artificial Intelligence）是计算机学科的一个分支，是研究使计算机来模拟人的某些思维过程和智能行为（如学习、推理、思考、规划等）的学科，主要包括计算机实现智能的原理、制造类似于人脑智能的计算机，使计算机能实现更高层次的应用。

1. 人工智能的研究领域

目前，人工智能的研究是与具体领域相结合进行的，基本上有如下领域：

（1）专家系统

专家系统是依靠人类专家已有的知识建立起来的知识系统，它应用人工智能技术、模拟人类专家解决问题时的思维过程，来求解领域内的各种问题，达到或接近专家的水平。

专家系统通常由人机交互界面、知识库、推理机、解释器、综合数据库、知识获取六个部分构成。知识库用来存放专家提供的知识。专家系统的问题求解过程是通过知识库中的知识来模拟专家的思维方式的，因此，知识库是专家系统质量是否优越的关键所在，即知识库中知识的质量和数量决定着专家系统的质量水平。一般来说，专家系统中的知识库与专家系统程序是相互独立的，用户可以通过改变、完善知识库中的知识内容来提高专家系统的性能。

专家系统的基本工作流程是，用户通过人机界面回答系统的提问，推理机将用户输入的信息与知识库中各个规则的条件进行匹配，并把被匹配规则的结论存放到综合数据库中。最后，专家系统将得出最终结论呈现给用户。

在这里，专家系统还可以通过解释器向用户解释以下问题：系统为什么要向用户提出该问题（Why）？计算机是如何得出最终结论的（How）？

领域专家或知识工程师通过专门的软件工具，或编程实现专家系统中知识的获取，不断地充实和完善知识库中的知识。

（2）机器学习

要使计算机具有知识一般有两种方法：一种是由知识工程师将有关的知识归纳、整理，并且表示为计算机可以接受、处理的方式输入计算机。另一种是使计算机本身有获得知识的能力，它可以学习人类已有的知识，并且在实践过程中不断总结、完善，这种方式称为机器学习。

机器学习的研究，主要在以下三个方面进行：一是研究人类学习的机理、人脑思维的过程；和机器学习的方法；以及建立针对具体任务的学习系统。机器学习的研究是在信息科学、脑科学、神经心理学、逻辑学、模糊数学等多种学科基础上的。依赖于这些学科而共同发展。目前已经取得很大的进展，但还没有能完全解决问题。

（3）模式识别

模式识别是研究如何使机器具有感知能力，主要研究视觉模式和听觉模式的识别。如识别物体、地形、图像、字体（如签字）等。在日常生活各方面以及军事上都有广大的用途。近年来迅速发展起来应用模糊数学模式、人工神经网络模式的方法逐渐取代传统的用统计模式和结构模式的识别方法。特别神经网络方法在模式识别中取得较大进展。

（4）理解自然语言

计算机如能"听懂"人的语言（如汉语、英语等），便可以直接用口语操作计算机，这将给人们带来极大的便利。计算机理解自然语言的研究有以下三个目标：一是计算机能正确理解人类的自然语言输入的信息，并能正确答复（或响应）输入的信息。二是计算机对输入的信息能产生相应的摘要，而且复述输入的内容。三是计算机能把输入的自然语言翻译成要求的另一种语言，如将汉语译成英语或将英语译成汉语等。目前，研究计算机进行文字或语言的自动翻译，人们作了大量的尝试，还没有找到最佳的方法，有待于更进一步深入探索。

（5）机器人学

机器人是自动执行工作的机器装置。它既可以接受人类指挥，又可以运行预先编排的程序，也可以根据以人工智能技术制定的原则纲领行动。

对它的研究经历了三代的发展过程：第一代（程序控制）机器人：这种机器人一般是按以下两种方式"学会"工作的；一种是由设计师预先按工作流程编写好程序存储在机器人的内部存储器，在程序控制下工作。另一种是被称为"示教——再现"方式，这种方式是在机器人第一次执行任务之前，由技术人员引导机器人操作，机器人将整个操作过程一步一步地记录下来，每一步操作都表示为指令。示教结束后，机器人按指令顺序完成工作（即再现）。

第二代（自适应）机器人：这种机器人配备有相应的感觉传感器（如视觉、听觉、触觉传感器等），能取得作业环境、操作对象等简单的信息，并由机器人体内的计算机进行分析、处理，控制机器人的动作。

第三代（智能）机器人：智能机器人具有类似于人的智能，它装备了高灵敏度的传感器，因而具有超过一般人的视觉、听觉、嗅觉、触觉的能力，能对感知的信息进行分析，控制自己的行为，处理环境发生的变化，完成交给的各种复杂、困难的任务。而且其有自我学习、归纳、总结、提高已掌握知识的能力。

（6）智能决策支持系统

决策支持系统是辅助决策者通过数据、模型和知识，以人机交互方式进行半结构化或非结构化决策的计算机应用系统。它为决策者提供分析问题、建立模型、模拟决策过程和方案的环境，调用各种信息资源和分析工具，帮助决策者提高决策水平和质量。

智能决策支持系统是人工智能和决策支持系统相结合，应用专家系统技术，使决策支持系统能够更充分地应用人类的知识，如关于决策问题的描述性知识，决策过程中的过程性知识，求解问题的推理性知识，通过逻辑推理来帮助解决复杂的决策问题的辅助决策系统。

（7）人工神经网络

人工神经网络（Artificial Neural Networks，ANN）是一种模仿动物神经网络行为特征，进行分布式并行信息处理的算法数学模型。这种网络依靠复杂程度较高的系统，通过调整内部大量节点之间相互连接的关系，达到处理信息的目的。

在人工神经网络中，信息的处理是由神经元之间的相互作用来实现的，知识与信息的存储表现为网络元件互连间分布式的物理联系，网络的学习和识别取决于和神经元连接权值的动态演化过程。

人工神经网络具有自学习和自适应的能力，可以通过预先提供的一批相互对应的输入一输出数据，分析掌握两者之间潜在的规律，最终根据这些规律，为新的输入数据推算输出结果。多年来，人工神经网络的研究取得了较大的进展，成为具有一种独特风格的信息处理学科。

2. 人工智能技术的核心内容

人工智能技术的核心内容包括以下三方面。

（1）知识获取技术

研究机器如何从各种知识源获取知识。根据知识源的不同，机器获取知识有直接和间接两种方式。直接方式指机器直接接受外部信息，如机器感知。机器感知技术目前主要有机器视觉和机器听觉；机器视觉是机器能识别并理解文字、图像、物景等；机器听觉是机器能识别语音，理解人类语言的含义。这种技术涉及的研究领域有模式识别、自然语言理解等。

间接方式是通过人机交互方式进行知识传递。根据获取知识的自动化程度，可分为人工知识获取、半自动知识获取和自动知识获取三种。人工知识获取是人直接通过输入设备与计算机进行交互式知识传递；半自动知识获取是以智能编辑器为知识获取辅助器的人机交互式知识传递；自动知识获取是人工智能系统在运行过程中，对处理过的问题，实例进行探索、归纳和总结，获取新知识。这种技术涉及的研究领域有机器学习、专家系统开发工具等。

（2）知识表示技术

研究如何在机器中表示知识。人工智能系统在获取知识后要进行概念化处理，即对求解问题进行子问题分解，研究各问题涉及的定义、概念及相互关系，各知识的层次关系和因果关系等。知识表示是在概念化处理所建立的求解问题基本模型基础上，把所确定的知识假设空间结构和数据特征结构，变换成一定的机器可接受的表示形式，即模型化或形式化处理。目前人工智能系统的知识表示方法有产生式规则表示法、过程性知识表示法、特征表示法、框架结构表示法、语义网络表示法等十几种。

（3）问题求解技术

研究如何运用存储于机器中的知识形式进行相应的知识处理。人工智能的问题求解不同于传统程序的问题求解，它是运用已有知识去推出结论，因此推理方式与知识表示形式有密切关系。在所构造的问题域空间内进行问题求解时，一般运用搜索原理或逻辑演绎原理。搜索原理策略包括宽度优先搜索、深度优先搜索、启发式搜索、博弈树搜索等。逻辑演绎是反复运用归结原理求解。问题求解技术与人工智能中的许多研究领域都相关，如专家系统、自然语言理解、模式识别、机器学习、自动程序设计、自动定理证明、智能机器人、智能决策支持系统等。

本 章 小 结

信息技术主要是指信息的产生、获取、存储、传递、处理、显示和使用等技术，包括微电子技术、光子技术、光电子技术、计算机技术、通信技术、辐射成像技术等。

信息获取的基本技术称为感测技术，包含感知和测量两个方面。

信息压缩技术又称为数字压缩技术，由于数字化的多媒体信息尤其是数字视频、音频信号的数据量特别庞大；如果不对其进行有效的压缩就难以得到实际的应用。因此，数据压缩技术已成为当今数字通信、广播、存储和多媒体娱乐中的一项关键的共性技术。

　　信息传递技术是指充分利用信道的传输能力，使信息得到可靠传输的技术。

　　现代信息处理技术是指利用计算机技术对信息进行文字、图形、特征识别，信息与交换码之间的转换，信息的整理、加工，以及信息生成的技术，它是信息主体技术中的核心部分。信息处理技术种类繁多、形式多样，相互之间大量交叉、渗透、融合。

思　考　题

1. 信息获取的基本技术有哪些？
2. 简述信息存储技术种类。
3. 简述信息压缩技术种类。

案 例 分 析

MRAM

　　MRAM（Magnetic Random Access Memory）是一种非易失性（Non-Volatile）的磁性随机存储器。它拥有静态随机存储器（SRAM）的高速读取写入能力，以及动态随机存储器（DRAM）的高集成度，而且基本上可以无限次地重复写入。其设计原理非常诱人，它通过控制铁磁体中的电子旋转方向来达到改变读取电流大小的目的，从而使其具备二进制数据存储能力。MRAM 的主要缺点是固有的写操作过高和技术节点缩小受限。为了克服这两大制约因素，业界提出了自旋转移矩 RAM（SPRAM）解决方案，这项创新技术是利用自旋转换矩引起的电流感应式开关效应。尽管这一创新方法在一定程度上解决了 MRAM 的一些常见问题，但还有很多挑战等待研究人员克服，如自读扰动、写次数、单元集成等。目前，MRAM 只局限于 4Mb 阵列 1 80nm 工艺的产品。另外，MRAM 的生产成本也是个不小的问题。MRAM 研发可分为三大阵营，除了东芝、海力士之外，三星电子也在进行研发。

　　PRAM（Parallel Random Access Machine，并行随机存取机）是最好的闪存替代技术之一，能够涵盖不同非易失性存储器应用领域，满足高性能和高密度两种应用要求。它利用温度变化引起硫系合金（Ge2Sb2Te5）相态逆变的特性，利用电流引起的焦耳热效应对单元进行写操作，通过检测非晶相态和多晶相态之间的电阻变化读取存储单元。从应用角度看，PRAM 可用于所有存储器，特别适用于消费电子、计算机、通信三合一电子设备的存储器系统。常用相变材料品态电阻率和结晶温度低，热稳定性差，需要通过掺杂来改善性能。目前，人们也在寻找性能更加优良的相变材料，以最大限度地发挥 PRAM 的优越性。

FRAM（Ferroelectric Random Access Memory，铁电随机存取存储器）是一种随机存取存储器技术，已成为存储器家族中最有发展潜力的新成员之一。它使用一层有铁电性的材料取代原有的介电质，使得它也拥有像 EEPROM 一样的非易失性内存的优势，在没有电源的情况下可以保存数据，用于数据存储。

FRAM 具有高速、高密度、低功耗和抗辐射等优点。作为非易失性存储器，FRAM 具有接近 SRAM 和 DRAM 等传统易失性存储器级别的高速写入速度，读写周期只有传统非易失性存储器的数万分之一，但读写耐久性却是后者的 1000 万倍，达到了 10 万亿次，可实现高频繁的数据纪录。目前，厂商正在解决由阵列尺寸限制带来的 FRAM 成品率问题，进一步提高存储密度和可靠性。

案例讨论问题：

（1）什么是 FRAM？

（2）你认为信息存储技术发展趋势是什么？

第3章
信息资源过程管理

本章关键词

过程管理（process management）　　信息采集（information acquisition）
信息加工（information processing）　　信息存储（information storage）
信息检索（information retrieval）

本章要点 ▶▶

信息资源的过程管理包括信息采集、信息的组织加工、信息存储与检索等，通过本章的学习，掌握由信息源、信息采集、信息转换、信息组织、信息存储、信息检索、信息资源开发利用等环节构成的信息资源过程，以及围绕这个过程所产生的信息资源管理。

3.1　信　息　采　集

信息采集（information acquisition）是指从信息使用者的需要出发，通过各种渠道和形式获取相关信息的过程。采集及时、准确、全面的信息是信息管理的基本前提，同时也是管理者决策的参考依据。信息采集不仅是信息工作的起点，它还贯穿在信息工作的全过程，信息采集的质量直接影响信息工作的质量。

3.1.1　信息源

信息采集就是信息的接收或汇集。它是指根据特定的目标和要求，将分散蕴涵在不同时空域的相关信息，通过特定的手段和措施，采掘和汇聚的过程。

信息源一般分为个人信息源、实物型信息源、文献型信息源、数据库信息源和组织机构信息源等。

（1）个人信息源

又称口头信息源，参与社会信息交流活动的每一个人都是一个独立的信息源，特别是那些处于关键位置的行家。他们在工作中积累了大量的经验，占有着大量的信息，而且又在不断地创造信息。个人信息源具有及时性、新颖性、主观随意性及瞬时性等特点。

（2）实物型信息源

实物型信息源，又称现场信息源，是指具体的观察对象在运动过程中直接产生的有关信息，包括事物运动现场、学术讨论会、展览会等。实物型信息源具有直观性、真实性及零散性等特点。

（3）文献型信息源

文献型信息源主要是指承载着系统的知识信息的各种载体信息源，我国国家标准将文献定义为"记录有知识的一切载体"。按文献的物质载体形式，可以划分为印刷型文献、缩微型文献、声像型文献和机读型文献。它具有以下特点：

①系统性

文献所记载的信息内容往往是经过人脑加工的知识型信息，是人类在认识世界改造世界的过程中所形成的认知成果，经过选择、比较、评价、分析、归纳、概括等一系列思维的信息加工活动，并以人类特有的符号系统表述出来的。因此大多比较系统深入，易于表达抽象的概念和理论，更能反映事物的本质和规律。

②稳定性

文献信息是通过文字、图形、音像或其他代码符号固化在纸张、化学材料或磁性材料等物质载体上的，在传播使用过程中具有较强的稳定性，不易变形，不失真，从而为人们认识与决策活动提供了准确可靠的依据。

③易用性

利用文献信息源不受时空的局限，利用过程也比较从容。用户可根据个人需要随意选择自己感兴趣的内容，决定自己利用文献的时间、地点和方式，遇到问题可以有充分的时间反复思考，并可对照其他文献进行补充印证。

④可控性

文献信息的管理和控制比较方便。信息内容一旦被编辑出版成各种文献，就很容易对其进行加工整理，控制其数量和质量、流速和流向，达到文献信息有序流动的目的。

⑤时滞性

由于文献生产需要花费一定的时间，因而出现了文献时滞问题。文献时滞过长将导致文献内容老化过时，丧失其作为信息源的使用价值。

（4）数据库信息源

数据库是在一定的计算机软、硬件技术支持下，按照一定方式和结构组织起来的，具有最小冗余度和较高独立性的大量相关数据的集合。它是计算机信息管理的基本资源，按数据形式可分为文字数据库、数值数据库、声像数据库和多媒体数据库。数据库信息源的特点是：

①多用性

数据库是从整体观点来组织数据的，内容可靠，存储量大。它充分考虑了多种应用的需求，能够为用户提供尽可能多的检索途径。

②动态管理性

数据库系统便于扩充修改，更新速度快，且能根据需要随时进行建库、检索、统计、备份和恢复等多种数据管理。

③技术依赖性

数据库的实现是以计算机的高速运算能力和大容量存储能力为基础的，它的发展又与数据库系统开发与管理技术的进步紧密相连。虽然数据库信息源内容新颖，效率高，且不受距离限制，但如果没有发达的信息技术基础，数据库信息源就不可能产生和发展，也不可能得到广泛普及和运用。

（5）组织机构信息源

组织机构是社会信息的大规模集散地，也是发布各种专业信息的主要源泉。其主要特点是：

①权威性

各种组织机构或从事研究开发，或从事生产经营，或从事监督管理，往往是专门开展某一方面的业务工作，因此它们所产生发布的信息相对集中有序，也比较准确可靠，具有一定的权威性，值得高度重视。

②垄断性

有些组织机构由于保守或者是竞争等方面的原因，常常把本部门所拥有的信息资源看成是自己的私有财产而不愿对外公开。如果没有完善的信息公开制度作保证，就很难进行信息采集工作。

3.1.2 信息采集原则和步骤

信息采集的原则主要有五个。

（1）可靠性原则

收集的信息必须是真实对象或环境所产生的，必须保证信息来源是可靠的，必须保证收集的信息能反映真实的状况。可靠性原则保证信息是有效的。

（2）完整性原则

收集的信息在内容上必须完整无缺，必须按照一定的标准；要反映事物全貌。完整性原则保证信息是全面的。

（3）实时性原则

能及时获取所需的信息。信息要新，反应要快，获取信息所花的时间要短。实时性原则保证信息的时效。

（4）准确性原则

收集的信息与应用需求密切相关且表达无误。准确性原则保证信息的价值。

（5）易用性原则

收集到的信息具备适当的表示形式，便于使用。

信息收集一般包括以下步骤。

（1）制订收集计划。只有制订出周密、切实可行的信息收集计划，才能指导整个信息收集工作正常地开展。

（2）设计收集提纲和表格。为了便于以后的加工、储存和传递，在进行信息收集以前，就要按照信息收集的目的和要求设计出合理的收集提纲和表格。

（3）明确信息收集的方式和方法。

（4）提供信息收集的成果。要以调查报告、资料摘编、数据图表等形式把获得的信息整理出来，并要将这些信息资料与收集计划进行对比分析，如不符合要求，还要补充收集。

3.1.3　信息采集方法

按照信息的时间特性可以将信息分为动态信息和静态信息；按照信息的保密特性可以将信息分为公开信息和非公开信息。信息采集方法依信息的类型和性质不同而有所不同，以下详细介绍几种常用的方法。

1. 调查法

调查法一般分为普查和抽样调查两大类。普查是调查有限总体中每个个体的有关指标值。抽样调查是按照一定的科学原理和方法，从事物的总体中抽取部分称为样本（sample）的个体进行调查，用所得到的调查数据推断总体。抽样调查是较常用的调查方法，也是统计学研究的主要内容。

抽样调查的关键是样本抽样方法、样本量大小的确定等。样本抽样方法，又称抽样组织的方式，决定样本集合的选择方式，直接影响信息收集的质量。抽样方法一般分为非随机抽样、随机抽样和综合抽样。详细的概念和方法请参考相关的统计学教材。

对于个体的调查，若是涉及人，则主要采用两种调查方式：访问调查法和问卷调查法。

访问调查法是通过访问信息收集对象，与之直接交谈而获得有关信息的方法。它又分为座谈采访、会议采访以及电话采访和信函采访等方式。采访需要做好充分准备，认真选择调查对象，了解调查对象，收集有关业务资料和相关的背景资料。其主要优点是可以就问题进行深入的讨论，获得高质量的信息；缺点是费用高，采访对象不可能很多，因此受访问者要具有代表性。它对采访者的语言交际素质要求较高。

问卷调查法是一种包含统计调查和定量分析的信息收集方法。这种方法主要考虑的问题是：所收集信息的内容范围和数量，所选定的调查对象的代表性和数量，问卷的精心设计，问卷的回收率控制等。具有调查面广、费用低的特点，但对调查对象无法控制，问卷回收率一般都不高，回答的质量也较差，受访者的态度具有决定性影响。

2. 观察法

观察法是通过会议、深入现场、参加生产和经营、实地采样进行现场观察并准确记录（包括测绘、录音、录像、拍照、笔录等）调研情况。主要包括两个方面：一是对人的行为的观察，二是对客观事物的观察。观察法应用很广泛，常和询问法、搜集实物结合使用，以提高所收集信息的可靠性。

3. 实验法

实验法能通过实验过程获取其他手段难以获得的信息或结论。实验者通过主动控制实验条件，包括对参与者类型的恰当限定、对信息产生条件的恰当限定和对信息产生过程的合理设计，可以获得在真实状况下用调查法或观察法无法获得的某些重要的、能客观反映事物运动表征的有效信息，还可以在一定程度上直接观察研究某些参量之间的相互关系，有利于对事物本质的研究。

实验法也有多种形式，如实验室实验、现场实验、计算机模拟实验、计算机网络环境下人机结合实验等。现代管理科学中新兴的管理实验，现代经济学中正在形成的实验经济学中的经济实验，实质上就是通过实验获取与管理或经济相关的信息。

4. 文献检索

文献检索就是从浩如烟海的文献中检索出所需的信息的过程。文献检索分为手工检索和计算机检索。

手工检索主要是通过信息服务部门收集和建立的文献目录、索引、文摘、参考指南和文献综述等来查找有关的文献信息。计算机文献检索，是文献检索的计算机实现，其特点是检索速度快、信息量大，是当前收集文献信息的主要方法。

文献检索过程一般包括三个阶段：

（1）分析研究课题和制定检索策略；

（2）利用检索工具查找文献线索；

（3）根据文献出处索取原始文献。

5. 网络信息收集

网络信息是指通过计算机网络发布、传递和存储的各种信息。收集网络信息的最终目标是给广大用户提供网络信息资源服务，整个过程经过网络信息搜索、整合、保存和服务四个步骤，其流程如图 3-1 所示。

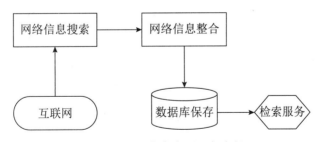

图 3-1　网络信息资源服务流程

网络信息搜索是基于网络信息收集系统自动完成的。网络信息搜索系统首先按照用户指定的信息需求或主题，调用各种搜索引擎进行网页搜索和数据挖掘，将搜索的信息经过滤等处理过程剔除无关信息，从而完成网络信息资源的"收集"；然后通过计算机自动搜索、重排等处理过程，剔除重复信息，再根据不同类别或主题自动进行信息的分类，从而完成网络信息的"整合"；分类整合后的网络信息采用元数据方案进行索引编目，并采用数据压缩及数据传输技术实现本地化的海量数据存储，从而完成网络信息的"保存"，当然要通过网络及时更新；经过索引编目组织的网络信息正式发布后，即可通过检索为读者提供网络信息资源的"服务"。

信息收集的方法还有查阅法、视听阅读法、集采法、联系法等。

查阅法是指通过查阅大量国内外文献资料获得信息。这些文献资料来源主要是各种公共出版物和内部资料，包括专利说明书、技术标准、经济期刊、报纸、经济手册、经济年鉴、企业出版物等。

视听阅读法是指通过看电视、听广播、浏览报刊、旅游访友、聊天闲谈等方式收集信息的方法。

集采法是指委托有关单位和个人收集信息，被委托方有机构和个人。机构如各地的咨询公司、信息中心、外贸公司等；个人如产品用户中的业余信息员。业余信息员分布面广且熟悉产品的使用特性，因此他们提供的有关信息既全面又具有针对性。

联系法是指通过与高等院校、科研单位和信息部门建立广泛的联系，与有关行业互通情报，特别是同行业建立经常联系和信息网络。

信息收集的方法虽然是多种多样、各有千秋，但也各有一定的局限性。因此，在制定信息收集计划时要考虑以一种方法为主，并辅之以其他的方法，使之相互配合，以获得准确、可信、可用的信息。

3.2　信息组织加工

信息组织加工是指对信息进行分析、组织、存储、提取利用等加工处理。它是在原始信息的基础上，生产出价值含量高、方便用户利用的二次信息的活动过程。这一过程将使信息增值。只有在对信息进行适当处理的基础上，才能产生新的、用以指导决策的有效信息或知识。

3.2.1　信息组织

1. 信息组织的含义

所谓组织就是使之成为一个有机的整体，为其提供有序化的结构；设计并使之形成工作顺序；对其进行排列。简而言之，组织的含义就是结构化。信息组织即信息的序化，是按照一定的科学规则和方法，通过对信息的外在特征和内容特征的描述和序化，实现无序信息向有序信息的转化。

信息的外在特征是指信息的物质载体所直接反映的特征，它们构成信息载体外在的、形式的特征，如信息的物理形态、题名、责任者、信息的类型、信息生产和流通等。信息的内容特征是对信息具体内容的规范化概括。信息组织的基本对象和依据就是信息的外在特征和内容特征。

信息组织是通过揭示信息之间内在的逻辑关系，采用各种方法和手段使信息有序化、组织化、系统化的过程，从而达到有效利用信息的目的。它是信息资源管理的基本范畴之一，是信息资源建设的中心环节，是建立信息系统的重要条件，是信息检索与咨询的基础，是开展用户服务的有力保证。

信息组织的目的可以概括为"实现无序信息向有序信息的转换"。具体地说，信息组织的目的应包括：减少社会信息流的混乱程度、提高信息产品的质量和价值、建立信息产品与用户的联系、节省社会信息活动的总成本。

通常信息组织主要包括以下几个方面的活动。

（1）按信息能够被获取的形式，识别所有类型承载信息的实体。

（2）识别被包含在那些承载信息实体内或作为它们一部分的作品。

（3）把这些承载信息的实体系统化地组织到图书馆、档案馆、博物馆、因特网通信文档和其他类似存放出处的集合中。

（4）根据预先编制的标准的引文规则制作这些承载信息实体之清单。

（5）为这些承载信息的实体提供名称、题名、主题和其他有益的检索点。

（6）提供定位每个承载信息的实体或其复本的方式。

2. 信息组织的理论基础

任何学科的发展都离不开理论的支撑，传统文献组织主要以语言学、逻辑学和知识分类作为理论基础，分类法、主题法就是在此基础上建立起来的。但随着信息概念的进一步延伸，迫切需要拓展信息组织的理论和方法，以便更好地对信息进行有效组织管理。

（1）关于知识组织的理论

知识组织是在图书馆学、情报学的分类系统和叙词表研究的基础上发展起来的，是文献组织的延续和升华。与传统的文献组织以文献加工为本位，揭示文献所载的知识内容不同，知识组织是以知识单元为加工本位，它不仅揭示文献的学科、主题内容，而且更注重揭示文献所载的知识单元。

（2）系统科学理论

系统科学的思想是 20 世纪 20 年代由奥地利学者贝塔朗菲提出来的，他把系统定义为"相互作用的诸多要素的复合体"，认为系统的定义可确定为"处于一定的相互关系中并与环境发生关系的各组成部分的总体"。系统的基本特性有整体性、内部相关性、环境相关性、层次性、有序性和目的性等。系统的整体性是指各个要素按一定的方式构成的有机整体，其要素与整体、环境以及各要素之间相互联系、相互作用，使系统整体呈现出构成部分所不具有的功能。因此，可以通过提高系统要素的基质和系统整体的组织化程度，使整体的功能大于它的部分功能之总和。系统的层次性是指系统由若干子系统有机组成，子系统可由更小的子系统构成，从而形成一种层次结构。系统的有序性表现为结构的有序性和系统运动的有序性。在信息系统中，可将系统科学理论应用到信息组织、信息开发利用以及信息资源管理中，使信息系统更加组织化、有序化，更好地发挥信息资源的作用。

（3）耗散结构理论

耗散结构理论是由比利时布鲁塞尔学派领导人普里高津教授于 1969 年在理论物理与生物学国际会议上首次提出来的，这一理论着重从"非平衡"和"开放系统"两个方面，论证了那些存在进化发展的系统有序性增加的原因。所谓耗散结构是指一个远离平衡态的开放系统，通过不断地与外界交换物质、能量，在外界条件的变化达到一定的阈值时，从原来的无序状态转变为在时间上、空间上或功能上的有序状态，这种在远离平衡情况下形成的新的有序结构，就称为耗散结构。耗散结构理论的基本思想有两点：一是系统内部非平衡，是有序之源；二是开放系统通过与外界交换物质、能量而增加、维持有序性。信息系统正是一种耗散结构系统，它是远离平衡态的开放系统，具有输入、输出、多次循环以及反馈等开放性的基本特征，因此耗散结构理论可以作为信息系统信息有序组织的理论基础。

（4）协同论

协同论是由西德科学家哈肯于1970年提出来的，是一门专门研究系统进化普遍规律的科学。它研究由许多子系统构成的系统（如电子、原子、分子、细胞、器官、生物、社会等）是如何通过协作从无序到有序演化的规律，在对系统进化规律研究的具体或普遍程度上，协同论比耗散结构理论更进了一步。而信息系统正是由许多子系统构成的，如何建立各子系统之间的协同作用机制，使信息系统由无序向有序转化是信息组织研究中的一个重要课题，因此协同论也是信息组织的理论基础之一。

（5）突变理论

突变理论是现代数学的一门新兴分支学科，是20世纪70年代由法国数学家勒内·托姆首先提出来的，他用形象而精确的数学模型来揭示和预测事物的连续性中断的质变过程。突变理论指出系统的熵可以增加也可以减少，这种熵增、熵减可以在宏观无限小的时间内突然发生。突变熵减少产生的有序性，可以抵消、战胜自然界某些自发熵增趋势，有可能造成有序性的发展，由此得出突变理论的一个重要观点：突变是产生有序性的重要源泉。因此突变理论为信息组织理论的发展与完善提供了理论基础。

（6）信息自组织理论

信息自组织理论是信息组织方法的拓展，是信息组织理论研究中的一项新课题。凡是能够不再借助与外部控制而能实现从无序到有序的转变，并维持稳定有序状态的系统，就称为自组织系统。任何自组织系统都是通过谐振、反馈和放大来完成信息增强，并保持其有序效应的。信息自组织是指作为信息系统组成要素的信息，由于人与人之间、人与系统其他要素之间存在的相关性、协同性或默契性而形成特定结构或功能的过程，也就是信息系统无须外界指令而能自行组织信息，自我走向有序化和优化的过程。近几十年来，由于信息总量的持续增长，信息技术的飞速发展，信息系统显著地具备了自组织的条件，特别是网络信息已经具有自组织系统的开放性、远离平衡和非线性相干等特征，因此研究信息自组织理论对于网络信息有序组织具有非常重要的理论意义与实践意义。

3. 信息组织的要求

信息组织的要求包括三个方面：

（1）信息特征有序化

一是要将内容或外在特征相同或者相关的信息集中在一起，把无关的信息区别开来；二是集中在一起的信息要有系统、有条理，按一定标识呈现某种秩序，并能表达某种意义；

三是相关信息单元之间的关系要明确化，并能产生某种关联性，或者能给人某种新的启示。

（2）信息流向明确化

现代管理科学的基本原理表明，信息作用力的大小取决于信息流动的方向。信息整序要做到信息流向明确化。首先，要认真研究用户的信息需求和信息行为，按照不同用户的信息活动特征确定信息的传递方向；其次，要注意根据信息环境的发展变化不断调整信息流动的方向，尽量形成信息合力。

（3）信息流速适度化

信息流速的不断加快使人们感受到巨大的信息压力，眼花缭乱的信息流可能会降低决策的效率。同时，人们面对的决策问题在不断地发展变化，信息需要也在不断地更新。为此必须适当控制信息流动速度，把握信息传递时机，提高信息的效用。

4. 信息组织的方法

信息组织可以帮助用户有效获取和利用信息，实现信息的有效流通和组合。人们提到的信息组织，更多的是针对信息的内容特征展开的。下面介绍的信息组织的两类主要方法——分类法和主题法也是依据这种方式展开的。

（1）分类法

所谓"类"，是指具有某种共同属性的一组事物的集合。分类是认识事物、区别事物，并在此基础上组织事物的一种科学方法，是根据事物的属性对其进行区分和类聚的过程。信息分类，是根据信息内容的学科属性与相关的特征，对各种类型的信息予以系统揭示和区分，并进行组织的一种方法。文献分类法主要包括三种类型：等级列举式分类法、分面组配式分类法、半分面分类法等。

①等级列举式分类法

等级列举式分类法主要是将所有的类目组成一个等级系统。从理论上说，这种分类体系可以不断递分下去直至不必再分的基本类，因此也称为穷举式分类法。等级列举式分类法的结构一般是等级式树状结构，最终形成一个比较完整的等级链。

②分面组配式分类法

在信息组织理论中，组配是将两个或两个以上的语词按照一定的逻辑关系加以组织来表述文献内容特征的方法。

分面组配式分类法是在类目之间完全采用分面结构，将文献的内容分为若干个因素，从分面寻找相应的类号，并按照一定的次序将其排列组配成一个完整的分类号。分面组配式分类法的特点主要在于将事物分面。分面又称组面，简称面，就是按某种分类标准（分类特征）产生出来的一组面类目。由于在对文献进行分类的过程中，文献所涉及的主题往往不止一个，在多主题情况下，就包括多个组面，为了明确区分不同的组面，分面组配式分类法采用不同的组面区分符号，常称为分面符号。还要注意分面组配式分类法的组配公式，它是依据分面标记时所遵循的分面固定次序对各分面进行依次排列，并赋予相应的分面组配符号而形成的。

③半分面分类法

半分面分类法又称为列举组配式分类法，是指以等级列举式的类目体系为基础，在类目拓展方面采用分面组配的方法，实现等级列举式类表与分面组配同等标引的功能。这是半分面分类法的特点。

（2）主题法

在信息组织中，"主题"是指信息所论述的主要对象，包括事物、问题、对象等。而经过选择，用来表述信息主题的词语，称为主题词。主题法是直接以表达主题内容的词语做检索标识、以字顺为主要检索途径，并通过详尽的参照系统等揭示词间关系的标引和检索方法。

从不同角度对主题法的类型进行划分可以有许多不同的分法。按照选词方法划分，主题法可分为以下几类：

①标题法。标题法是一种以标题词作为主题标识，以词表预先确定的组配方式标引和检索的主题法。所谓标题词是指经过词汇控制，用来标引文献的词或词组，通常为比较定型的事物名称。

②元词法

元词法是在文献数量剧增、文献主题日益复杂的情况下，为克服标题法的不足而发展起来的主题法。它是一种以元词为主题标识，通过字面组配的方式表达文献主题的主题法。所谓字面组配是指几个主题词的组配只着眼于形式而不考虑其概念之间关系的组配方法。元词是用来标引文献主题的、最基本的、词义上不可再分的语词，如"化学"和"经济"就属于元词，而"文献分类"则可进一步分解成"文献"和"分类"。在元词系统中，文献主题的标引和检索通过元词的组配进行。

③叙词法

叙词法是以从自然语言中精选出来的、经过严格处理的语词作为文献主题标识，通过概念组配方式表达文献主题的主题法类型。所谓概念组配，是指几个相互组配的主题词之间，在概念上必须具有交叉或限定的逻辑关系。叙词，亦称主题词，是经过规范化处理的，以基本概念为基础的表达文献主题的词和词组。

④关键词法

关键词是指出现在文献标题、文摘、正文中，对揭示、描述和表征文献主题内容具有实质意义的、起关键作用的语词。

关键词法的关键词来自原始文献中反映主题的名词、概念、术语等，它基本上是一种没有控制的自然语言检索方法。其最大优势在于用户可以任意检索，最大不足是实际操作中的查准率低。自由检索的优势使它在各种网络信息导航系统中得到广泛应用，但面对浩如烟海的现代网络信息资源，这一检索方法带来的往往是繁余冗杂的检索结果。许多网络搜索引擎采用各种措施弥补它的不足：一类是用其他的检索体系辅助检索，如分类体系等；另一类是对关键词提取作出限定，如布尔查询、截词查询、词组查询、限制查询等，这些措施基本上是从限制关键词自由程度的角度来增加检索功能，但实际上也降低了关键词检索入口的自由度（检索入口是在检索过程中可以选择的关键词的范围），削弱了关键词法的优势。

▌3.2.2　网络信息资源组织方式

　　网络已成为人们获取信息的一条的重要的渠道,但网络信息资源的数量大、分散无序、类型多样,信息的无序和过多无用信息的存在,使得用户获取有用信息的难度不断加大,因此,如何更加有效地组织网络信息资源或使网络信息资源的组织模式达到最大的优化已迫在眉睫。

　　网络信息资源的组织方法与模式是网络信息资源组织的核心内容。用科学有效的方法组织网络信息资源,有助于创造和谐、有序的信息环境,使信息资源得到充分地开发和利用。目前,对网络信息资源进行组织的方式,使用较为普遍的有以下几种。

1. 文件组织方式

　　文件方式是网上数字化信息资源的一种主要存储形式。文件方式采用主题组织法的思想,以文件名标识信息内容,用文件夹组织信息资源,并通过网络共享实现信息传播。文件服务器(FTP)即以此方式组织网络信息资源(多为非结构化信息),用户界面就是人们熟悉的文件夹窗口,浏览和下载信息操作简便。以文件系统来组织和管理网络信息资源具有以下优点:

　　(1)简单快捷,计算机有一整套文件处理的理论与技术,在组织网络信息时可以非常容易地利用这些成熟的技术和方法。

　　(2)适合图形、图像、音频、视频等各种非结构化信息组织管理。由于计算机处理的所有最终结果都能以文件的形式保存下来,因此对于图形、图表、音频、视频等非结构化信息,可以方便地利用文件系统来管理。正因为如此,以文件方式来管理信息资源在目前仍然频繁使用。

　　但随着网络信息资源利用的不断普及和信息量的不断增多,以文件为单位共享和传输信息会使网络负载越来越大。同时文件方式对结构化信息的管理则显得力不从心,文件系统只涉及信息的简单逻辑结构,当信息结构较为复杂时,就难以实现有效的控制和管理,从而降低了信息组织的效率。因此文件只能是网络信息资源管理的辅助形式或者是作为信息单位成为其他信息组织方式的管理对象。

2. 数据库组织方式

　　数据库是计算机数据管理技术的产物,具有数据结构化、低冗余度、高独立性、易扩充性以及数据共享等优点,能够高效地管理、维护海量的信息资源。

　　数据库组织方式是将相互关联的网络信息资源以固定的、结构化的记录格式予以存储,并提供一些检索入口,用户通过检索入口,就可以找到所需要的信息线索,并利用超级链接功能直接链接到相关站点或信息本身,用户可以利用关键词进行查询,获取信息线索,进而获取相应的网络信息资源。利用数据库技术组织网络信息资源优点如下:

　　(1)处理大量结构化数据的效率得到很大提高。数据库技术利用严谨的数据对信息进行规范处理,利用成熟的关系代数理论进行信息查询的优化,大大提高信息管理的灵活性和效率。

　　(2)数据库以信息项为最小存储单位,用户检索结果是不同信息项的集合,相对于文件方式而言，占用空间减小，还可以根据用户需求灵活地改变查询结果集的大小，从而大大减轻了网络数据传输的负载。

（3）以数据库技术为基础已建立了大量的信息系统，形成了一整套系统分析、设计与实施的方法，为人们建立网络信息系统提供了现成的经验和模式。所以数据库方式是当前普遍使用的网络信息资源组织方式，特别是在大数据量的环境下，其优势更加明显。

但数据库组织方式对非结构化信息的处理有一定难度，对网络环境中日益增加的多媒体信息及表格程序、大文本等非结构化信息的组织处理能力较差。同时，由于严格的数据模型规范，单个数据项缺乏行为能力，数据库组织方式也很难提供数据信息直接的知识关联。

随着网络信息资源单元结构日益复杂化，信息单元内各要素之间的关系也愈加复杂，超出了文本的范围，使得数据库组织方式无法有效处理复杂的信息单元。而且关系数据库无法直接实现对记录的存取，检索结果以记录集合的形式出现，必须由应用程序进行适当处理，才能以较直观的方式提供给用户，所以该方式也缺乏直观性和人机交互性。

3. 主题树方式

主题树方式组织信息资源的方法是将信息资源按照某种事先确定的主题分门别类地加以组织，用户通过浏览的方式层层遍历，直到找到所需的信息的线索，再链接到相应的网络信息资源。

主题树方式的优点是屏蔽了网络信息资源系统相对于用户的复杂性，提供了一个基于数浏览的简单易用的网络信息检索与利用界面。用户按照规定的范围和分类体系，逐级查看，按图索骥，目的明确，查准率高。主题树方式具有严密的系统性和良好的可扩充性。

但该方式要求事先建立一套完整的范畴体系，这对于日益庞杂的网络信息资源来说，难度很大。所以纯粹的主题索引结构不适合组织综合性的大型网络信息资源，但在建立专业性或提示性、指引性的网络信息资源体系时，效果比较明显，如搜索引擎 Yahoo 等。

4. 超媒体方式

超媒体方式是一种非线性的信息组织方式。它将文字、表格、声音、图像、视频等多种信息媒体以超文本方式组织起来，形成 Web 页面，使人们通过浏览器访问各种不同结构的信息仓库，找到所需要的任何媒体的信息。由于这种方式大量使用链接技术，所以它从内容上可以将相关信息关联起来，充分发挥信息检索的自由度，符合人们思维的联想性和跳跃性习惯，避免了检索过程的复杂性。

超媒体方式是超文本技术和多媒体技术的结合体。在搜寻过程中，可以沿着交叉链在信息海洋中自由航行，并根据需要猎取目标信息。它避开了复杂的检索语言，使信息搜寻的效率普遍提高。随着网络信息源的流动，节点结构可以任意伸缩，节点内容可以随时调整或更新，因此它具有良好的包容性和可扩充性。同时还可以方便地描述和建立各种媒体信息之间的语义关联，有利于动态地实现网络信息的整体控制和分片控制。

但是超媒体方式很难保存遍历过程中的所有记录，无法在需要时立即返回到曾经浏览过的某一节点，而且当超媒体网络过于庞大时，太大的检索自由往往会导致检索过程的失控，降低检索效率。

5. 搜索引擎方式

搜索引擎是一种浏览和快速查找检索信息的网络工具。它的特点是：由自动索引软件生成数据库，收录、加工信息的范围广、速度快，能及时地向用户提供新增信息。搜索引擎对网络信息资源的组织起了一定的作用，在一定程度上实现了对网络信息的控制，在逻辑上序化和优化了网络信息资源。

目前，网上大多数的中文搜索引擎都是单搜索引擎。网络用户在查询信息时，若在第一个搜索引擎没有找到满意的结果，于是便在第二个、第三个等搜索引擎间跳转，这种搜索引擎存在覆盖面小、对信息标引度不够、检索效果不理想等不足。

智能搜索引擎是结合了人工智能技术的新一代搜索引擎。它具有信息服务的智能化、人性化特征，与传统的搜索引擎相比，能够深入挖掘网络信息资源，更有利于知识的发现。通常提供一个统一的界面，用户只需进行一次访问，集成化搜索引擎将其适当处理以后提交给不同的搜索引擎搜索，然后将返回的搜索结果进行整理、合并、集成为一个页面或一份报告，再输出。这种搜索可大大地节省搜索时间，提高搜索的效率，搜索的结果也更为全面。

6. 元数据组织方式

元数据就是描述数据的数据，是对特定网络资源的总体管理和记录。它包含的数据元素集描述了信息对象的内容和位置，是用来揭示各类型电子文献和档案的内容和特征的工具。元数据是与对象有关的数据，使潜在用户全面了解对象的存在和特点，并支持各种操作。

为了支持分布式网络环境，必须用元数据来描述资源、方法、数据集和用户。图书馆界比较熟悉的元数据格式是都柏林核心集。其特点是将各种分散的信息资源统一汇总、加工排序并形成统一的定位、选择和检索系统。它从总体上对网上信息类型的基本特征进行记录和管理，其结果相当于图书馆的总目录，但和传统的印刷目录相比，其记录的内容要丰富得多。

它的作用是使用户快速准确地查到分布在各地的信息资源，它可以大幅度减少网上文档传输的次数，提高信息检索效率，而且它对于解决电子信息版本辨识困难、需求转换频繁、网络目录建设费用过高等问题也会有所帮助。

随着大型信息资源管理系统的复杂性逐步提高，现代网络信息资源组织方式的发展有以下两个趋势。

一方面是利用主题指南和分类法对网络资源进行组织，有助于为网络资源构造基本结构和框架，从而使信息分布有序化。由于现有的主题指南和分类法在涵盖网络信息的数量和规模上还是有限的，分类主题一体化方式在现有的基础上将不断得到完善。

另一方面数据库方式与超媒体方式的结合，使得当超媒体网络过于庞大，减少"迷航"现象，人们可通过高度链接的网络结构在各种信息库中自由航行，找到所需要的信息。

3.2.3 信息加工

1. 信息加工的内容

信息加工（Information Processing）是对收集来的信息进行去伪存真、去粗取精、由表及里、由此及彼的加工过程。信息加工首先要明白加工的目标，要解决什么问题，也就是通常所说的需求分析。需求分析考虑的问题包括：

（1）问题研究：解决此问题需要哪些信息、使用什么样的方法、采用什么样的形式来表达处理结果等。

（2）人机分工：哪些工作由机器处理比较方便，哪些工作留给人做更合适。

（3）评价标准：对加工结果进行解释，并确定如何衡量信息加工的结果。

信息加工没有固定的模式，不同的要求和不同类型的原始信息，加工的方式也各不相同。从广义来说，凡是对数据本身所施加的操作过程，统称为数据处理或信息加工。而本章所说的信息加工是狭义的，是指对数据或信息进行算术运算、逻辑推理、建立模型、求解处理等。

一般来说，信息加工的内容包括以下三个方面：

（1）信息的筛选和判别：在大量的原始信息中，不可避免地存在一些假信息和伪信息，只有通过认真地筛选和判别，才能防止鱼目混珠、真假混杂。

（2）信息的分类和排序：收集来的信息是一种初始的、零乱的和孤立的信息，只有把这些信息进行分类和排序，才能存储、检索、传递和使用。

（3）信息的分析和研究：对分类排序后的信息进行分析比较、研究计算，可以使信息更具有使用价值乃至形成新信息。

2. 信息加工过程

信息加工过程一般要经过"信息选择、预处理、数据约简与变换、信息分析与处理、评估与维护"五个环节，该过程有时是复杂的、艰难的和循环重复的。图3-2所示为典型的信息加工过程的多阶段模型。

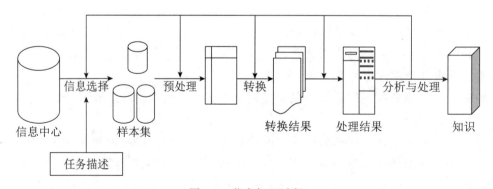

图 3-2　信息加工过程

（1）信息选择

信息选择的任务主要是从已有信息（如数据库、数据仓库中的信息）选择相关数据，创建一个目标数据集。根据实际需要，有时将数据集分为训练子集和测试子集。

（2）预处理

从不同环境收集而成的目标数据集可能存在许多不确定性内容，这些内容主要表现在三个方面：字段标记错误、有特殊语义的数据值、空值。信息加工专家必须配合领域专家对这些内容进行确认。

字段标记错误往往是操作员在数据录入时输入错误或受某种外界因素干扰产生的，这些错误数据称为"噪音"。噪音数据有时与系统中的一些小概率数据（统称为"异常数据"）难以区别，甄别异常数据、剔除噪音是预处理任务之一，也是难点之一。

在信息加工中有时会发现属性之间的关系在几乎所有的情况下均是正确的，但有几条记录却不支持期望的模式。在许多情况下，这种结果是由于某些字段的取值有特殊语义导致的。例如，门诊挂号时常用 0 或 1 表示挂号者的年龄未知。有些情况是整条记录的值有特殊语义，如药房用药统计中，序号 9990 以上表示某类用药的汇总。这些有特殊语义的数据应在信息选择时予以剔除。

还有一些数据由于录入者认为其不重要或不知道而没有输入，从而引起某些属性值未知，称此类值为空值，空值处理是预处理任务之一。

另外，数据预处理还包括数据的完整性和一致性检查、连续属性离散化以及属性泛化等操作。

（3）数据约简与变换

数据约简是通过某种方法降低算法的搜索空间，约简常分为垂直约简和水平约简。垂直约简是使用降维或变换方法减少变量（在信息系统中常以属性表示）数目，而水平约简是通过对对象的分析（包括离散化、泛化等），合并具有相同属性值的对象，减少对象数目。

不同信息分析与处理方法有不同的输入要求，数据变换就是对数据进行编码，使其成为分析和处理所要求的格式。

（4）信息分析与处理

信息分析与处理就是应用相关算法从预处理过的数据中寻找隐含的对信息利用（如预测、决策等）有价值的模式。

（5）评估与维护

信息加工的主要目的是支持预测和决策，因此确定处理结果的可信度、对结果进行必要的筛选和维护是很重要的任务。

（6）过程改进与结果整合

信息加工过程的改进并不是信息加工的一个阶段，它实际反映了信息加工是一个反复进行的复杂过程，其主要原因是领域专家对处理结果不满意，要根据反馈意见来改进信息加工。改进信息加工过程使最终结果满足领域专家的要求，可以从以下三个方面加以改进：

①重新定义数据集；

②改进信息加工方法；

③重新定义约束或算法参数。

结果整合是为应用做准备，工作内容包括：

①结果输出：把处理结果以文件、报表或其他形式呈现给用户。

②一致性检查：确信处理结果与以前的处理结果或领域知识不抵触。

信息加工过程要注意以下两点：

（1）信息加工要善于运用创造性思维，对信息内容进行定性和定量分析，从中找出本质的规律性的东西。如果只局限于情况介绍、数据罗列，这种信息加工的作用很小。

（2）在信息加工过程中，要实事求是地对信息进行加工整理，切忌主观臆断，把不同时间、不同空间、不同性质的信息硬性拼凑，造成信息失真。

3. 信息加工方式

从不同的角度，信息加工方式有各种不同的划分：

（1）按处理功能的深浅分

按处理功能的深浅，可以把信息加工分为预处理加工、业务处理加工和决策处理加工三类方式。第一类是对信息简单整理，加工出的是预信息。第二类是对信息进行分析，综合出辅助决策的信息。第三类是对信息进行统计推断，可以产生决策信息。

数据加工以后成为预信息或统计信息，统计信息再经过加工才成为对决策有用的信息。这种转换均需要时间，因而不可避免地产生时间延迟，这也是信息加工的一个重要特征——滞后性，在使用中必须注意这一点。信息的滞后性与信息的时效性是有矛盾的，信息工作者要认识信息的滞后性，尽量减少和消除滞后性对时效性的制约和影响。

（2）按处理的响应时间分

按处理的响应时间的不同，信息加工的方式又可分为两种类型：

一种是将送过来的数据立即进行处理，即时做出响应的"实时处理型"。一般实时处理系统只允许处理已确定的工作，只限于面向常规的作业业务，这是为了保证响应的及时性。

另一种是将送过来的数据存起来达到一定数量或时间后，再集中处理的"批处理型"。这种处理方式适用于以下两种统计分析业务：如果不搜集一定数量的必要数据，就没有什么处理意义和效果；没有必要急于得到处理结果。

从目前的发展来看，信息加工正从批处理形式向联机处理形式发展，从事后处理为中心向实时处理发展。

（3）按系统与用户之间的距离分

按系统与用户之间距离的远近，信息加工方式可划分为远程处理方式和局域处理方式。远程处理是指用户不必去信息中心，而通过通信线路使用远处的计算机进行处理的方式。实际上远程处理是一种远距离的联机处理方式。因为除了终端和通信控制器以外，它和批处理方式完全一样。与远程处理相反，局域处理是指在放置计算机的地方使用计算机的方式。事实上，只有在区分远程处理和局域处理的场合，才较多地使用这个概念，即在计算机网络中分布在各处的计算机各自进行处理的方式就叫作局域处理。

按企事业单位的管理和计算机配置，信息加工处理的方式可分为集中式和分布式。

集中式是将计算机放在单位机关等指定地方，由中心计算机集中承担处理功能和处理量；分布式是以统一的规划为基础，将适当规模的计算机系统安装在单位机关及其下属单位，分别承担处理功能和处理量。选择集中式还是分布式的时候，要考虑企业的各种内部条件和外部条件。

（4）按是否运用计算机分

传统的信息加工主要是通过人脑进行，随后相继出现了手工设备和计算机。也就是说，进行信息加工一般有手工加工和计算机加工两种方式。采用手工管理方式进行信息加工，不仅烦琐、容易出错，而且其加工过程需要很长时间，已经远远不能满足管理决策的需要。计算机、人工智能等技术的不断发展和应用，大大缩短了信息加工时间，满足了管理者的决策需求，同时人们也从烦琐的手工管理方式中摆脱了出来。

计算机信息加工就是利用计算机进行数据处理，而且在处理过程中，又大量采用各种数学模型。这些模型的算法往往是相当复杂的，常常包含大量的迭代和循环。不过现在已经有许多可供选择的软件包，如统计软件包、预测软件包、数学规划软件包、模拟软件包等。

以前在管理工作中，多数是靠管理者的经验来加工信息，需要的少数运算也只局限于简单的算术运算和简单的统计加工。近年来，数理统计中的许多方法、运筹学中的许多方法随着管理现代化的进展，已进入了经济管理领域。尤其现代统计学方法与信息加工的关系日益密切，作为信息加工的一个基本工具，现代统计学方法将发挥越来越重要的作用。

4. 信息加工方法

针对不同的处理目标，支持信息加工的方法很多，概括起来可分为五大类：统计学习方法、机器学习方法、不确定性理论、可视化技术和数据库技术。其中统计学习方法包括：相关分析、回归分析、主成分分析、聚类分析、时间序列分析、判别分析等；机器学习方法包括：规则归纳、案例学习方法、遗传算法、免疫算法、蚁群算法、决策树方法等；不确定性理论包括：贝叶斯网络、模糊逻辑、粗糙集理论、证据理论、灰色理论、可拓理论等；数据库/数据仓库技术包括：面向数据集方法、面向属性归纳、数据库统计、数据挖掘技术、数据仓库技术、联机分析技术等。

选择什么信息加工方法取决于问题本身，但实践证明很难判断这些方法的优劣，且处理结果对数据集的依赖程度很高。针对给定的数据集和给定的目标，到目前为止尚没有公认的标准选择恰当的信息加工方法。在实际应用中，信息加工往往是集成多种方法来实现的。

值得注意的是，统计学研究以往主要集中于预定假设的检验和数据的模型拟合上，所用方法的依据通常是概率模型。目前，统计学的焦点已逐步从模型估计转移到模型选择上来，不再只是寻找最佳的参数值，而是把模型的结构也作为搜索过程的一部分，这种趋势非常适合信息处理的目的。现代统计学方法与信息加工的关系日益密切，作为信息加工的一个基本工具，统计学方法正在发挥越来越重要的作用。

3.3 信 息 检 索

信息检索的实质是将描述特定用户所需信息的提问特征，与信息存储的检索标识进行异同的比较，从中找出与提问特征一致或基本一致的信息。

3.3.1 信息检索概论

1. 信息检索概念

检索有狭义和广义之分。狭义的检索（retrieval）是指依据一定的方法，从已经组织好的大量有关文献信息集合中，查找并获取特定的相关文献信息的过程。

广义的检索包括信息的存储（storage）和检索两个过程。信息存储的概念在前面已经介绍。而检索是指运用编制好的检索工具或检索系统，查找出满足用户要求的特定信息，完整的信息检索的实现过程一般分为两个部分。

（1）信息标引和存储过程

信息标引和存储是对大量无序的信息资源进行标引处理，使之有序化，并按科学的方法存储，形成检索工具或检索文档，即组织检索系统的过程。

（2）信息的需求分析和检索过程

信息的需求分析和检索是分析用户的信息需求，利用已组织好的检索系统，按照系统提供的方法与途径检索有关信息，即检索系统的应用过程。

信息检索与信息存储不可分割，信息检索是通过信息存取系统（即检索工具）来实现的，任何一种信息存取系统都包括信息存储子系统和信息检索子系统，它们是同一事物中既相互对立又相互联系、互为依存的两个方面。存储子系统的建设，要求根据一定的原则记录和描述信息或知识载体的内容与形式特征，然后按特征序化成各类信息集合并组织成系统。信息存储部分是揭示信息特征、整序信息和建设系统的过程。检索子系统的主要功能是根据信息用户的需求，利用一定的设备与技术查询特定信息的过程。当然，只有经过记录、描述与组织序化的知识集合，才能提供有效的信息检索。因此，信息存储是基础，信息检索是目的。

2. 信息检索类型

信息检索根据检索的目的和对象不同，可以分为书目信息检索、全文信息检索、数据信息检索和事实信息检索。

（1）书目信息检索

以标题、作者、摘要、来源出处、专利号、收藏处所等作为检索的目的和对象，检索的结果是与用户需求相关的一系列书目信息线索，即检索结果不直接解答课题用户提出的技术问题本身，只提供与之相关的线索供参考，用户通过阅读后才决定取舍。书目信息检索是一种相关性检索。例如，调查"甲壳素水解制壳聚糖"的国内外专利技术有哪些就属于书目检索的范畴。

（2）全文信息检索

以论文或专利说明书等的全文为检索的目的和对象，检索的结果是与用户需求相关的论文或专利说明书的全部文本，检索结果也不直接解答用户提出的技术问题本身，因此，全文信息检索也是一种相关性检索，它是在书目信息检索基础上更深层次的内容检索。通过对全文的阅读，可进行技术内容及技术路线的对比分析，掌握与研究课题相关的内容，为研究的创新点提供参考与借鉴。

（3）数据信息检索

以具有数量性质，并以数值形式表示的数据为检索目的和对象，检索的结果是经过测试、评价过的各种数据，可直接用于比较分析或定量分析，因此，数据信息检索是一种确定性检索。例如，查找各种物质的物理化学常数、各种统计数据和工程数据等都属于数据检索的范畴。

（4）事实信息检索

以事项为检索的目的和对象，检索的结果是有关某一事物的具体答案。事实信息检索是一种确定性检索。事实信息检索过程中所得到的事实、概念、思想、知识等非数值性信息和一些数值性信息须进行分析、推理，才能得到最终的答案，因此，要求检索系统必须有一定的逻辑推理能力和自然语言理解能力。

综上所述，书目信息检索是从存储有标题项、作者项、出版项或文摘项的检索系统中获取有关信息线索，如利用各种目录、题录和文摘检索系统；全文信息检索是从存储整篇论文、专利说明书乃至整本著作的检索系统中获取全文信息，如利用各种论文全文数据库、专利说明书全文数据库系统；数据信息检索是从存储有大量数据、图表的检索系统中获取数值性信息，如利用各种手册、年鉴、图谱、表谱等检索系统；事实信息检索是从存储有大量事实信息和数据信息的检索系统中获取某一事项的具体答案，如利用各种百科全书、年鉴和名录等检索系统。

3.3.2　信息检索语言和工具

1. 信息检索语言

信息检索的最终目标，是以作为检索结果的文献信息，来满足用户对于特定信息的需求。为实现这一目标，信息检索系统必须在文献信息与用户之间，建立起一定的对应关系。

由于文献数量浩如烟海，信息内容包罗万象，用户需求又各不相同，因而就必须依赖一种统一的交流"语言"来描述文献及信息内容的特征，同时也以此来描述用户需求的特征，以此来实现这一对应关系；这便催生了检索语言的产生。

检索语言又称标引语言、索引语言、概念标识系统等，是信息检索系统存储和检索信息时共同使用的，以达到信息存储和检索的一致性，提高检索效率的一种约定性语言。

与其他语言相比，信息检索语言的突出特点是：具有必要的语义和语法规则，能准确地表达科学技术领域中的任何标引及提问的中心内容和主题；具有表达概念的唯一性，即同一概念不允许有多种表达方式，不能模棱两可；具有检索标识及提问特征进行比较和识别的方便性；既适用于手工检索系统又适用于计算机检索系统。

信息检索语言的主要功能是沟通信息存储检索的全过程，是信息标引存储人员与信息检索人员和用户之间进行交流的媒介。检索语言按表述信息内容特征，可分为分类语言和主题语言。分类语言包括体系分类语言、组配分类语言和混合分类语言。主题语言包括标题词语言、单元词语言、叙词语言和关键词语言。在信息的标引存储和检索应用过程中，目前应用得最广的是体系分类语言、叙词语言和关键词语言。

目前，世界上的信息检索语言有几千种，依其划分方法的不同，其类型也不一样。下面叙述两种常用的检索语言划分方法及其类型。

按照标识的性质与原理划分，检索语言有分类语言、主题语言和代码语言三种。

（1）分类语言

分类语言是指以数字、字母或字母与数字结合作为基本字符，采用字符直接连接并以圆点（或其他符号）作为分隔符的书写法，以基本类目作为基本词汇，以类目的从属关系来表达复杂概念的一类检索语言。以知识属性来描述和表达信息内容的信息处理方法称为分类法。著名的分类法有《国际十进分类法》《美国国会图书馆图书分类法》《国际专利分类表》《中国图书馆图书分类法》等。

（2）主题语言

主题语言是指以自然语言的字符为字符，以名词术语为基本词汇，用一组名词术语作为检索标识的一类检索语言。以主题语言来描述和表达信息内容的信息处理方法称为主题法。主题语言又可分为：标题词、元词、叙词、关键词。

①标题词是指从自然语言中选取并经过规范化处理，表示事物概念的词、词组或短语。标题词是主题语言系统中最早的一种类型，它通过主标题词和副标题词固定组配来构成检索标识，只能选用"定型"标题词进行标引和检索，反映文献主题概念必然受到限制，不适应时代发展的需要，目前已较少使用。

②元词又称单元词，是指能够用以描述信息所论及主题的最小、最基本的词汇单位。经过规范化的能表达信息主题的元词集合构成元词语言。元词法是通过若干单元词的组配来表达复杂的主题概念的方法。元词语言多用于机械检索，适于用简单的标识和检索手段（如穿孔卡片等）来标识信息。

③叙词是指以概念为基础、经过规范化和优先处理的、具有组配功能并能显示词间语义关系的动态性的词或词组。一般来讲，选做的叙词具有概念性、描述性、组配性。经过规范化处理后，还具有语义的关联性、动态性、直观性。叙词法综合了多种信息检索语言的原理和方法，具有多种优越性，适用于计算机和手工检索系统，是目前应用较广的一种语言。CA、EI等著名检索工具都采用了叙词法进行编排。

④关键词是指出现在文献标题、文摘、正文中，对表征文献主题内容具有实质意义的语词，对揭示和描述文献主题内容是重要的、关键性的语词。关键词法主要用于计算机信息加工抽词编制索引，因而称这种索引为关键词索引。在检索中文医学文献中使用频率较高的《中文生物医学期刊数据库》（即CMCC）就是采用关键词索引方法建立的。

（3）代码语言

代码语言是指对事物的某方面特征，用某种代码系统来表示和排列事物概念，从而提供检索的检索语言。例如，根据化合物的分子式这种代码语言，可以构成分子式索引系统，允许用户从分子式出发，检索相应的化合物及其相关的文献信息。

按照表达文献的特征划分，检索语言又可分为两种：

（1）表达文献外部特征的检索语言

表达文献外部特征的检索语言主要是指文献的篇名（题目）、作者姓名、出版者、报告号、专利号等。将不同的文献按照篇名、作者名称的字序进行排列，或者按照报告号、专利号的数序进行排列，所形成的以篇名、作者及号码的检索途径来满足用户需求的检索语言。描述文献外表特征的检索语言可简要概述为如图 3-3 所示。

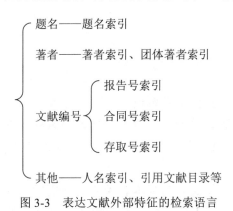

图 3-3　表达文献外部特征的检索语言

（2）表达文献内容特征的检索语言

表达文献内容特征的检索语言主要是指所论述的主题、观点、见解和结论等。描述文献内容特征的检索语言可简要概述为如图 3-4 所示。

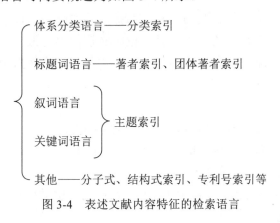

图 3-4　表述文献内容特征的检索语言

2. 信息检索工具

检索工具是人们用来报道、存储和查找各类信息的工具。包括传统的二次、三次印刷型检索工具，缩微阅读检索工具，基于计算机的光盘检索系统、联机检索系统，以及基于 Internet 的网络信息检索系统、网上工具书、搜索引擎、Archie、Wais 等各种信息检索工具和检索系统。

检索工具是随着信息检索技术的不断发展而发展的。随着时间的推移，有些检索工具曾在一定历史时期为信息检索的发展做出过重要贡献，但已经完成了历史使命而现在不再使用了，例如机械检索工具在当前信息检索利用中已经很少使用了。

按照检索手段的不同，检索工具可分为手工检索工具、机械检索工具和计算机检索系统。

手工检索工具是传统的检索工具，主要是各种类型的工具书。工具书是人们根据一定的需要，广泛收集某一范围的有关资料，按特定体例或方式编排，提供基本知识和文献线索的一种特殊类型的图书，是检索文献信息的重要工具。根据工具书的体例和功能，可分为检索类工具书，词语类工具书、资料类工具书、表谱类工具书、图录类工具书和边缘类工具书六种类型。

（1）检索类工具书

按照著录形式的不同可分为以下四种：

①目录型检索工具

目录型检索工具是记录具体出版单位、收藏单位及其他外表特征的工具。它以一个完整的出版或收藏单位为著录单元，一般著录文献的名称、著者、文献出处等。目录的种类很多，对于文献检索来说，国家书目、联合目录、馆藏目录等尤为重要。

②题录型检索工具

题录型检索工具是以单篇文献为基本著录单位来描述文献外表特征（如文献题名、著者姓名、文献出处等），无内容摘要，快速报道文献信息的一类检索工具。它与目录的主要区别是著录的对象不同。目录著录的对象是单位出版物，题录的著录对象是单篇文献。

③文摘型检索工具

文摘型检索工具是将大量分散的文献，选择重要的部分，以简练的形式做成摘要，并按一定的方法组织排列起来的检索工具。按照文摘的编写人，可分为著者文摘和非著者文摘。著者文摘是指原文著者编写的文摘；而非著者文摘是指由专门的熟悉本专业的文摘人员编写而成。

④索引型检索工具

索引型检索工具是根据一定的需要，把特定范围内的某些重要文献中的有关款目或知识单元，如书名、刊名、人名、地名、语词等，按照一定的方法编排，并指明出处，为用户提供文献线索的一种检索工具。

索引的类型是多种多样的，在检索工具中，常用的索引类型有：分类索引、主题索引、关键词索引、著者索引等。

（2）词语类工具书

词语类工具书包括各类字典、词典，主要提供字词的形、音、义和使用方法，以及学科名词术语的含义、演变和发展。字典以字为单位，按一定次序排列，说明形体、读音、意义和用法；词典，也作辞典，以词语为单位，接一定次序排列，解释词汇的概念、含义和用法。

（3）资料类工具书

资料类工具书能够为读者提供各种基本知识或某一课题的具体资料。主要包括百科全书、年鉴、手册、名录、类书、政书等。

（4）表谱类工具书

表谱类工具书是以表格或其他较为整齐的形式，记录史实、时间、地理等资料，并附以简略的文字说明，以反映史实和时间。主要包括年表、历表和专门性历史表谱三种类型。年表是接年代顺序编制，专供查考历史年代、历史纪元及历史大事的检索工具。如《中华人民共和国大事记》等。历表是一种把不同历法的日历按一定的次序汇编在一起，以相互对照的表格，提供查找和换算不同历法的年、月、日的工具书。

（5）图录类工具书

图录类工具书是以图形、图像、符号等为主体，附以简略的文字说明，以反映各种事物、人物的空间特征和形象特征的工具书。它包括地图、历史图录、文物图录、人物图录、艺术图录、科技图像等。地图是地球表面自然和社会现象在平面图上的缩影，以反映各种事物和景象的地理分布及其在空间与时间上的相互制约、内在联系和发展动态。历史图录是以图形、图像等揭示历史人物和事物的工具书。

（6）边缘类工具书

边缘类工具书主要指那些介于工具书与非工具书之间，既具有一般图书的阅读功能，又具有工具书的查检功能的文献。它主要包括资料汇编、史书、方志等。资料汇编有针对性地摘编文献信息的片段或全文，按专题或学科分类编排，提供读者阅读或查检。包括法规资料汇编、条约资料汇编、统计资料汇编等。

3.3.3　网络信息资源检索

Internet 是由分布在全球的各个计算机网络组成的一个"网际网"，它跨越了地域的界限，真正实现了全球化连接，是一个全球性的网络。其信息资源分布在世界各地的服务器上，各类信息资源通过网络互联，实现了全球范围的共享，可供检索的资源包括大量的主页、多种报纸期刊全文、各种组织机构发布的信息以及原始技术报告、各类数据库等，人们可以随时进行文献、数据、图片等资源的检索，以获取所需的信息。网络信息资源分布及服务的全球化，极大地扩展了网络信息检索的空间和范围。

一、网络信息检索系统

1. 网络信息检索系统结构

网络信息检索系统通常由计算机硬件、计算机软件、通信网络和数据库构成。

（1）计算机硬件

计算机硬件是计算机系统中各种设备的总称。计算机硬件由五个基本部分组成：运算器、控制器、存储器、输入设备和输出设备。

（2）计算机软件

计算机软件是指计算机系统中的程序及其文档。程序是计算任务的处理对象和处理规则的描述；文档是为了便于了解程序所需的阐明性资料。

（3）通信网络

通信网络是用物理链路将各个孤立的工作站或主机相连在一起，组成数据链路，从而达到资源共享和通信的目的。由于现代通信技术的发展，公共数据传输技术为信息的传递提供了保障，信息检索逐渐发展成为网络检索，通过数据传输网将各个计算机连接起来。每个计算机成为网络中的一个节点，每个节点可含一个或多个数据库，网络上的每个节点和其终端只要有授权均可对网络中的数据库进行访问，实现资源共享。

（4）数据库

数据库是依照某种数据模型组织起来并存放二级存储器中的数据集合。数据库的特点有：

- 实现数据共享。数据共享包含所有用户可同时存取数据库中的数据，也包括用户可以用各种方式通过接口使用数据库，并提供数据共享。
- 减少数据的冗余度。数据库避免了用户各自建立应用文件，减少了大量重复数据，减少了数据冗余，维护了数据的一致性。
- 数据的独立性。数据的独立性包括数据库中数据库的逻辑结构和应用程序相互独立，也包括数据物理结构的变化不影响数据的逻辑结构。
- 数据实现集中控制。利用数据库可对数据进行集中控制和管理，并通过数据模型表示各种数据的组织以及数据间的联系。

2. 网络信息检索的特点

（1）信息检索手段更加容易

随着网络和计算机的普及，信息检索用户逐渐由专业人员向个人用户转移，这就决定了大部分信息检索用户不可能像图书情报专业的专业人员那样熟练地使用主题词、分类号、逻辑组合等严格的专业查询语言来检索网上的信息资源。而互联网良好的"人—机"会话界面、强大的搜索引擎和方便的帮助支持系统，不需要用户花太多时间去学，只要掌握一些简单的检索方法和技巧就可以检索自己需要的信息，使用起来简单、方便。

（2）信息检索空间更加广阔

网络信息检索的检索空间比传统的情报检索空间大大地扩宽了。它可以检索互联网上的各类资源，而检索者不必预先知道某种资源的具体地址。检索范围覆盖了整个互联网这一全球性的网络，可以访问和获取广泛分布在世界各地的服务器和主机上大量信息资源。

（3）信息检索的途径更加灵活

网上信息种类繁多，因此用户可以根据需要从多种载体、多种角度进行检索，如可以利用搜索引擎从网站、网页等各种途径检索自己所需的信息。另外，在专门的数据库检索系统中，多提供标题、作者、机构、刊名、关键词等检索途径，用户可以根据需要灵活选择，可以大大提高检索效率。

二、网络信息检索方法

在信息时代，网络信息资源已成为人们日常工作和生活必不可缺的资源。随着计算机技术、通信技术和网络技术的普及，网络信息检索会越来越为人们所熟悉，网络信息用户需掌握一定的检索方法，以便迅速地在浩瀚无涯的海量信息中得到相关的查询结果，获得所需信息。要在网上获取信息，一般有以下几种方法。

1. 浏览

一般是对超文本文件结构的信息浏览，是 Internet 上发现信息和信息检索的最基本的方法。当没有明确的检索目的和要求是，随意查看，选择与所需信息相近的内容作为检索依据，"顺链而行"，用户利用超链接从一个网页转向其他相关网页，逐步扩大检索范围，获取相关信息。这种方式目的性不强，具有不可预见性。

2. 基于信息资源指南等分类体系检索

该方法主要是通过网页资源指南的分类体系获取相关信息。网络资源指南是专业人员基于对网络信息资源的产生、传递和利用机制的广泛了解，对网络信息资源进行采集、评价、组织、过滤和控制，从而开发出的可供用户浏览和检索的多级主题分类体系。综合性的主题分类树体系的网络资源指南 Yahoo！已有广泛影响。另外，还有许多专业性的网络资源指南，它们是针对特定学科领域的信息，对于有目的的网络信息检索具有重要的指导作用。

3. 搜索引擎

利用搜索引擎是较为常规、普遍的网络信息检索方式。由用户输入检索条件，搜索引擎在数据库中进行检索，并将检索结果提供给用户。该方法简单方便，检索速度快，范围广。

（1）搜索引擎的工作过程

①在互联中发现、搜集网页信息

发现、搜集网页信息需要有高性能的"网络蜘蛛"程序（Spider）去自动地在互联网中搜索信息。一个典型的网络蜘蛛工作的方式，是查看一个页面，并从中找到相关信息，然后它再从该页面的所有链接中出发，继续寻找相关的信息，以此类推，直至穷尽。网络蜘蛛要求能够快速、全面。网络蜘蛛为实现其快速地浏览整个互联网，通常在技术上采用抢先式多线程技术实现在网上聚集信息。通过抢先式多线程的使用，索引一个基于 URL 链接的 Web 页面，启动一个新的线程跟随每个新的 URL 链接，索引一个新的 URL 起点。

在算法上各个搜索引擎技术公司可能不尽相同，但目的都是快速浏览 Web 页和后续过程相配合。目前，国内的搜索引擎技术公司中，比如百度公司的网络蜘蛛采用了可定制、高扩展性的调度算法使得搜索器能在极短的时间内收集到最大数量的互联网信息，并把所获得的信息保存下来以备建立索引库和用户检索。

②对信息进行提取和组织建立索引库

索引库的建立关系到用户能否最迅速地找到最准确、最广泛的信息，同时索引库的建立也必须迅速，对网络蜘蛛抓来的网页信息极快地建立索引，保证信息的及时性。对网页采用基于网页内容分析和基于超链分析相结合的方法进行相关度评价，能够客观地对网页进行排序，从而极大限度地保证搜索出的结果与用户的查询串相一致。新浪搜索引擎对网站数据建立索引的过程中采取了按照关键词在网站标题、网站描述、网站 URL 等不同位置的出现或网站的质量等级等建立索引库，从而保证搜索出的结果与用户的查询串相一致。新浪搜索引擎在索引库建立的过程中，对所有数据采用多进程并行的方式，对新的信息采取增量式的方法建立索引库，从而保证能够迅速建立索引，使数据能够得到及时的更新。新浪搜索引擎在建立索引库的过程中还对用户搜索的查询串进行跟踪，并对查询频率高的查询串建立 Cache 页。

③再由检索器根据用户输入的查询关字，在索引库中快速检出文档网站优化服务，进行文档与查询的相关度评价，对将要输出的结果进行排序，并将查询结果返回给用户。

用户检索的过程是对前两个过程的检验，检验该搜索引擎能否给出最准确、最广泛的信息，检验该搜索引擎能否迅速地给出用户最想得到的信息。对于网站数据的检索，新浪搜索引擎采用 Client/Server 结构、多进程的方式在索引库中检索，大大减少了用户的等待时间，并且在用户查询高峰时服务器的负担不会过高。对于网页信息的检索，作为国内众多门户网站的网页检索技术提供商的百度公司其搜索引擎运用了先进的多线程技术，采用高效的搜索算法和稳定的 UNIX 平台，因此可大大缩短对用户搜索请求的响应时间。

（2）常用搜索引擎——百度（www.baidu.com）

百度搜索是全球领先的中文搜索引擎，2000 年 1 月由李彦宏、徐勇两人创立于北京中关村，致力于向人们提供"简单，可依赖"的信息获取方式。"百度"二字源于中国宋朝词人辛弃疾的《青玉案》诗句："众里寻他千百度"，象征着百度对中文信息检索技术的执着追求。百度以自身的核心技术"超链分析"为基础，提供的搜索服务体验赢得了广大用户的喜爱。超链分析就是通过分析链接网站的多少来评价被链接的网站质量，这保证了用户在百度搜索时，越受用户欢迎的内容排名越靠前。百度总裁李彦宏就是超链分析专利的唯一持有人，该技术已为世界各大搜索引擎普遍采用。百度对搜索引擎技术的深入研发，使百度成为掌握世界尖端科学技术的中国高科技企业，也使中国成为除美国、俄罗斯和韩国之外，拥有搜索引擎核心技术的四个国家之一。

图 3-5　百度主页

百度一直致力于倾听、挖掘与满足中国网民的需求，秉承"用户体验至上"的理念，除网页搜索外，还提供 MP3、文档、地图、传情、影视等多样化的搜索服务，率先创造了以贴吧、知道为代表的搜索社区，将无数网民头脑中的智慧融入了搜索。"百度一下"已经成为了人们进行搜索的新动词。百度还为各类企业提供软件、竞价排名以及关联广告服务。每个月，有超过 5 千家的企业通过百度获得商机，5 万家企业使用百度竞价排名服务，超过 300 家大型企业使用百度搜索广告服务。百度搜索于 2017 年 11 月推出惊雷算法，严厉打击通过刷点击，提升网站搜索排序的作弊行为，以此保证搜索用户体验，促进搜索内容生态良性发展。2018 年 5 月，百度搜索对惊雷算法进行升级，推出惊雷算法 2.0，针对"恶意制造作弊超链"和"恶意刷点击"的作弊行为，惊雷算法 2.0 将对作弊的网站限制搜索展现、清洗作弊链接、清洗点击，并会将站点作弊行为计入站点历史，严重者将永久封禁。

百度搜索中文相对 Google 有一定的优势。百度拥有现今世界上最大的中文信息库，为用户提供最精确、最具有时效性的中文信息。它还运用多线程技术、高效的搜索算法、稳定的 UNIX 平台和本地化的服务器，保证了最快的响应速度。百度搜索引擎在中国境内提供搜索服务，可大大缩短检索的响应时间（一个检索的平均响应时间小于 0.5 秒）。

百度的基本搜索规则简单方便，仅需输入查询内容并敲一下回车键（Enter），即可得到相关资料，或者输入查询内容后，用鼠标点击"百度搜索"按钮，也可得到相关资料。输入的查询内容可以是一个词语、多个词语或一句话等，输入多个词语搜索（不同字词之间需要用一个空格隔开），可以获得更精确的搜索结果。但百度搜索引擎具有严谨性，要求一字不差，否则会得到不同的结果。百度也可以进行高级搜索，例如搜索指定的网站、指定的文件和指定的标题等等，且百度可以通过设置选择高级搜索功能，简单方便。百度的另一个强大之处是相关搜索。如果无法确定输入什么词语才能找到满意的资料，或者填写的词无法所搜到需要寻找的资料时，那么可以使用百度的相关检索。使用者可以先输入一个简单词语进行搜索。然后，百度搜索引擎会为提供"其它用户搜索过的相关搜索词语"作参考，此时点击其中一个相关搜索词，就能得到与搜索词相关的搜索结果，极大拓展了使用者的搜索范围，使查询更精确快捷。

总之，网络环境下计算机信息检索途径较为丰富。随着计算机的普及，以及计算机技术、网络技术及数字化技术的发展，网络信息检索将越来越受到广大用户的青睐及广泛应用，这也就决定了智能化将是网络信息检索发展的主要方向。智能检索是基于自然语言的检索形式，机器根据用户所提供的以自然语言表述的检索要求进行分析，而后形成检索策略进行搜索。可以采用诸如语义网络、框架等各种知识方法来充分体现各个主题概念和标识之间的关系，还可进一步在知识层面或者概念层面上辅助查询，通过主题词典、上下位词典、相关同级词典形成一个知识体系或概念网络，给予用户智能知识提示。另外，智能检索还包括歧义信息的检索处理，甚至还能体会用户的言外之意，最终帮助用户获得最佳的检索结果。

智能信息检索是人工智能技术与检索技术的高度融合。Internet 上的人工智能产品越来越多，如：智能搜索引擎、智能浏览器、学习智能体、知识共享智能体等已经走出实验室进入市场。现有智能检索技术的重点是让用户获得信息源方面的研究，即对用户的查询计划、意图、兴趣等进行推理和预测，为用户提供有效的答案。

3.4 信息资源开发

在人类社会已进入信息时代的今天，信息资源在经济社会发展中扮演着日益重要的角色。开发利用信息资源的意义在于：通过不断采用现代信息技术装备国民经济各部门和社会各领域，可以有效减少物质与能量的消耗，扩大物质与能量的作用，从而极大地提高社会劳动生产率，有利于实现国民经济的可持续发展。

▌ 3.4.1 信息资源开发论

所谓信息资源的开发和利用，是指对已掌握的信息作深度的思维加工、改造和重组，使之能产生新的信息或者说通过思维加工能进一步发现信息的社会功能，开拓其在经济社会发展中更加广阔的用途，使信息的潜在力量能充分发挥，价值得到实现。

信息的开发利用分为显性开发利用和隐性开发利用。信息的显性开发利用是对信息的来源即信息源和信息渠道的挖掘，它以获得更多信息为目的，以信息技术手段为工具，通常表述为开发；而隐性开发利用，则着眼于对已掌握的信息作深度的思维加工或重组，不断地发现信息的社会功能，开拓信息在经济、政治、社会发展过程中的广阔用途，从而能更好地掌握和利用信息的潜在力量为社会服务，以定性分析和定量分析的方法为工具，常表述为利用。

近年来，我国信息化建设急速发展，但真正的信息共享、电子政务、电子商务还没有做到，特别是在信息开发和信息应用过程中，还有许多问题亟待解决。关于信息化建设的全球信息发展趋势，可分为三个阶段：

（1）各个国家主要搞大规模基础设施建设，注重技术开发，技术和应用是分开的，各自为政。

（2）政府开始制定统一的政策目标，把分散的技术应用整合，这时候信息资源开发利用更为迫切。

（3）政府通过制定统一的政策目标，通过深入地整合各个领域的应用，最后可能会引起整个社会结构、组织结构的重大变化。

我国在信息资源开发和利用方面的现状，目前仍处在第一以及第二阶段，正在大规模的进行信息基础设施建设，许多本土厂商以及国家机构，通过与国外厂商的合作，正在逐步完善我国的信息基础环境。

3.4.2 信息资源开发策略

我们先了解发达国家的信息资源开发战略，然后分析其对我国信息资源开发策略的借鉴意义。

1. 美国政府的信息资源开发战略

美国历来重视科学技术的发展，尤其是信息技术和信息产业的发展。美国政府把信息资源的开发和利用作为发展信息产业的基础和核心，作为国家信息化建设的关键和重点。20 世纪 80 年代以来，通过计算机化、数据库化和网络化的发展，传统的、以手工为主的信息资源逐步过渡到现代的、以电子为主的信息资源。他们把信息资源的管理，尤其是电子化信息的生产、传播、获取和利用，作为美国政府的一项基本国策来加以推广和实施。下面举一些例子：1985 年 12 月，美国颁布了《美国联邦信息资源管理政策》，即 A130 号文件；1987 年 8 月，美国发表了《电子信息收集的政策指南》；1990 年，美国全国图书馆与信息科学委员会发表了《公共信息准则》；1993 年 9 月，克林顿政府制定、颁布了 NII 计划，并于随后提出了 NJII 行政计划，这两个计划的宣布和实施，标志着信息资源的战略地位在美国全面确立，同时也宣告了信息资源的开发和利用进入一个新的历史发展时期。

在新世纪，美国政府的信息资源开发战略则包括以下内容：

（1）政府和私营企业密切合作，保证资金的投入。

（2）重点建设数据库资源，促进网络信息资源的开发，美国目前经过注册的数据库大概有 3 万多个，而且它们有共同的特点——规模大、信息容量大、功能齐全、更新较快，商业化程度较高。

（3）加强信息政策法规研究，创造信息资源开发的良好环境。这一点是非常重要的，因为随着信息交流范围的扩大，信息活动中出现了一系列新的矛盾，例如信息安全、信息保密、信息犯罪、信息污染、信息经济利益等问题，这些问题都严重影响着信息资源的有效开发与合理利用，它们不能单凭技术手段来解决，必须辅之以政府的管理和法规的约束来共同创造一个开发和利用信息资源的良好环境。

（4）重视信息人才的开发，吸引外国有关科研人员，美国政府为此制定了一系列的政策，对发展中国家的人才有很大的吸引力，比如普及计算机技术、网络技术教育，培养高层次的信息技术人才，强化信息资源管理，设立首席信息主管（CIO）等专门职位，培养精通业务的信息经济人和信息管理者队伍，在大学里为一些贫困大学生每年提供无息贷款，而且要求各大公司拿出利润的 5% 用于对在职人员、技术人员的培训等。

2. 欧盟及英国的信息资源开发战略

（1）法国

法国政府一直奉行信息自主的独立政策，重视数据库和信息网络建立以及信息的传播和利用，避免过分依赖别国的信息资源，同时注意保护本国文化和国家主权。在方针政策上，20 世纪 80 年代初，法国政府就提出了《电子技术 5 年计划》和《全民信息计划》。1986 年，法国政府与信息有关的 8 个专业组织了 8 个专业化组织，提出了关于国家文献政策的一系列建议，在组织体制上先后建立了国家科技信息研究所、科技文献与信息共济协调联会，以及各种类型的科技信息服务部门。同时，法国还参与了有关信息政策和法规的制定。

（2）德国

德国早在 1974 年就批准了第一个"四年发展计划"，是联邦政府促进信息与文献工作计划。1986 年，又批准了《1985—1988 年联邦政府专业信息规划》。1994 年 8 月，又公布了第三个信息发展计划——《1990—1994 年联邦政府专业信息计划》，其核心内容包括以下五个方面的政策：①加强和改善电子信息系统，建立高质量的数据库；②改善技术信息环境和经济发展条件，提高德国产品的新技术含量和国际竞争力；③加强信息科学人才的培养；④加强信息领域的国际交流与合作；⑤增强信息政策和法律的指导、调节功能。该计划确定这一时期的工作重点是：1990—1994 年直至 2000 年，国家重点资助专业信息机构和科技图书馆，提高公众利用科技信息的水平，改进数据库的生产和供应以及文献提供服务。1996 年 2 月，德国政府通过了《信息 2000 年》，为信息社会制定了新的法律框架，德国的信息与服务规范化随之出台。这个法案具体规定了服务提供者的权利和责任，定向服务中的个人数据保护法，传播有害信息的法律责任，数据库著作权保护，信息服务的界定等。其中信息服务的界定值得我们目前研究，比如根据什么来制定它的价格指标、价格体系怎么来确立？

（3）英国

英国的国家信息政策的制定和实施，其国家图书馆起了一定的作用。英国国家图书馆研究与发展部主持了一个大的项目——"英国信息 2000 年预测与政策研究"，邀请英国国内专家共同探讨、预测 21 世纪信息生产、处理、存储和利用方式的发展趋势。英国政府还提出了电子政府的计划。

（4）欧洲共同体

由西欧部分国家组成的欧洲共同体（以下简称"欧共体"）在规划和实施信息资源开发利用方面做出了巨大的努力。20 世纪 80 年代以来，欧共体（现欧盟）提出并实施了多项重大计划。例如"欧洲信息技术研究与发展战略计划""欧共体环境信息协调计划"。还提出了很多重要方案，例如欧共体关于数据库著作权的方案、关于数据库保护的指令、关于服务法律责任的指令等。1995 年 2 月，欧共体委员会共同主持了西方七国信息社会会议，目的在于研究和确保发达国家平稳地从工业化社会逐步过渡到信息化社会。这次会议欧共体国家共同开发了三个信息资源开发项目：电子图书馆计划、多媒体计划和网上政府项目。

3. 日本

日本信息资源开发战略主要体现在数据库产业方面。日本的数据库服务业开始于 20 世纪 70 年代的初期，大约比美国晚 10 年。1972 年，日本科技情报中心和日本特属情报中心先后推出了科技信息磁带数据库和相应的服务。20 世纪 70 年代中期，随着公用数据库网的建立和汉字终端的普及，为日本数据库产业提供了良好的技术环境。为了振兴日本的数据库产业，日本数据库产业协会提出了很多的方案。其中，1996 年提出的《日本国数据库准备出境方案》内容包括 9 点：促进公共数据库的公开和流通；税收方面实行优惠待遇；官方和民间共同承担建设数据库的任务；提高数据库利用技术和培养技术的人才；明确数据库著作权权利；促进数据库的国际流通；推进技术开发工作；按行业建设不同类型的数据库；促进地方数据库产业的发展。

从以上各国的介绍可以看出，各发达国家在开发信息资源方面都把数据库产业作为一个重点加以发展，具体经验总结如下：

（1）政府高度重视和支持。表现在投入方面，特别是在数据库开发初期作为政府投入，而且要根据需要加大投入。美国政府从 20 世纪 50 年代开始，通过国家科学基金会下设的科学信息服务处对自然科学基础学科的二次文献给予了重点扶持；在 20 世纪 60 年代，资助的经费达到 1000 万美元，资助的目的即发展二次文献加工的自动化，建立大规模的机读目录等。在美国政府的大力支持下，美国的信息资源得到了较快的发展，得到了较为有效的开发和利用，而且为数据库产业和电子信息服务业的发展奠定了信息储备和用户基础，在国际市场上具有相当强的竞争力。1994 年，美国国家科学基金会拨款各地研究项目机构和美国航空航天局，资助六个数字图书馆的研究项目，资助共计达到 2440 万美元。这种支持使美国在网络化、数字化时代，在全球开始保持竞争力的优势。

（2）政府应采取政策，鼓励私人企业参与国家信息系统的建设。我国也在做，而且做得越来越好。

（3）信息资源开发要以用户需求为导向，对公益性的信息服务要给予优惠，同时扩大对商业用户的服务。如果我国省馆或其他类型的专业图书馆承担了有关部门开发数据库的任务，就一定要给予资助。

（4）政府对信息资源开发采取优惠政策。以美国和欧洲所采取的政策作比较，二者在信息服务业的国际竞争中美国始终保持优势，其中一个重要原因即服务业的增值税问题。美国对信息服务业的增值税一般是 5% 到 7%，欧洲则高达 17%，商家通过产品和服务将这部分税收加到消费者的身上，欧洲的消费者必须同时为使用联机服务和远程通信支付 17.5% 的附加税，其结果是欧洲用户不愿意使用本国的产品，本国的企业也不愿在这一领域投资，这对电子信息资源的开发和电子信息服务业的发展是十分不利的。

（5）国家的电信政策应该有利于信息资源的开发利用。在对网络信息利用的过程中，政府应制定相应的电信资费政策，使国家的信息基础设施得到充分利用。各国的实践证明，电信资费过高和电信垄断将直接影响国家信息化进程，也影响到信息市场规模的扩大和信息资源的共享，垄断的结果是低效、价高、服务水平低。美国和新加坡引进了竞争机制，降低了电信资费，使信息网络进入了平常百姓家，使普通人能够享受到远程教育，共享信息社会。

以上五条经验对我国有以下指导意义：

（1）信息资源作为国家和企业的发展战略资源，它的开发速度应该与信息基础设施的建设保持同步，与信息资源增长的速度和用户需求的变化保持同步。

（2）信息产品的开发利用具有很强的用户导向性，用户将决定信息产品和服务的命运。信息资源的价值是根据信息资源的利用情况来决定的，用户的评价又是决定信息价值的主要因素。因此，在设计、开发一种新的信息产品时，应该经常进行用户需求和市场调查，明确产品的市场定位。

（3）加强对电子信息资源开发的宏观调控，避免重复劳动。小规模的运作或自产自销的生产方式是没有出路的。

（4）信息资源开发与服务的重点应该以国内市场及科技、经济和政府部门为主，以工薪阶层可以承受的价格来培育电子信息产品市场，要采取综合和多样的营销策略，单一营销的方式已很难发挥作用。

（5）在网络环境下，信息资源开发和增值作为无形资产具有越来越大的生存空间和发展潜力，而且将成为新的经济增长点。这既是理论问题，又是实践问题，是我们应该研究的课题，更主要的还是实践问题。

（6）国际市场上网络信息服务企业和产品的品牌将具有越来越重要的地位，具有高附加值的品牌信息产品将具有更大的优势，甚至能够实现面向全球市场。所以，信息产品的品牌非常重要。牌子进入国际市场，产品就会得到大家的公认，企业就可能发展壮大，否则就可能陷入困境，甚至失败。

对于以上经验，我国信息资源开发的具体策略是：

（1）发布和实施与国家信息资源开发利用相关的法规，制定相应的规划，加强信息资源开发利用的统筹管理，规范信息服务市场行为，促进信息资源共享。

（2）积极开展试点示范工程，在国民经济和社会各领域广泛利用信息资源，促进信息资源转化为社会生产力。

（3）建设若干个国家级数据交换服务中心和一批国家级大型数据库，形成支撑政府决策和社会服务的基础资源。

（4）加大中文信息资源的开发力度，鼓励上网应用服务，鼓励信息资源的共享。

（5）协调信息资源开发利用标准的制订工作。

总之，我们应该以信息为中心，以信息服务为导向，应用建设是以服务的形式构建，完善用户的信息基础架构，提供一系列产品、服务和最佳实践的组合，用以实现信息的存储、保护、优化和利用，使人们充分开发信息价值，创造业务优势；同时，避免在信息管理过程中遇到的潜在风险，大大降低成本。

本 章 小 结

信息采集是指从信息使用者的需要出发，通过各种渠道和形式获取相关信息的过程。采集及时、准确、全面的信息是信息管理的基本前提，同时也是管理者决策的参考依据。信息采集的方法包括五大类。

信息组织加工是指对信息进行分析、组织、存储、提取利用等加工处理。它是在原始信息的基础上，生产出价值含量高、方便用户利用的二次信息的活动过程。

信息存储是指工作人员将大量无序的信息集中起来，根据信息源的外表特征和内容特征，经过整理、分类、浓缩、标引等处理，使其系统化、有序化，并按一定的技术要求建成一个具有检索功能的工具或检索系统供人们检索和利用。而检索是指运用编制好的检索工具或检索系统，查找出满足用户要求的特定信息。

所谓信息资源的开发和利用，是指对已掌握的信息作深度的思维加工、改造和重组，使之能产生新的信息或者说通过思维加工能进一步发现信息的社会功能，开拓其在经济社会发展中更加广阔的用途，使信息的潜在力量能充分发挥，价值得到实现。西方发达国家的信息资源开发经验对我国信息资源开发有很好的借鉴经验。

思 考 题

1. 什么是信息采集？
2. 信息采集的基本原则是什么？
3. 信息采集的主要方法有哪些？
4. 请分析各类信息源特点。
5. 简要阐述信息加工的内容。

案 例 分 析

德邦的信息搜集和发布收到好效果

江苏德邦化学工业集团有限公司（原连云港化肥厂），于1998年建立了MIS系统（管理信息系统），其核心为财务管理局域网，公司还建立了自己的网站（www.jsdebang.com），除了网上信息的搜集外，通过网站将公司最新的动态及时在网上发布，同时还在主要贸易网站发布求购信息、招聘信息等等，这些都收到了很好的效果。

以财务管理为核心的局域网，连接销售部门、供应部门、仓储部门，针对企业销售、供应、库存等情况建立数据库。在数据库中，从供应商到用户都建立了完善的客户档案，工作人员可以随时查询供应商的发货情况、欠款、价格变化情况，还可以分析用户对产品的需求，分析需求趋势，预测产品的需求量，从而调整生产。在系统中，可以对各种数据建立简单的历史变化曲线，使得管理人员可以在曲线中发现一些规律，及时调整策略。例如，在1999年下半年，公司根据纯碱销售的变化规律以及其他有利因素，果断地提高了纯碱销售价格。随后几个月内，其他的碱厂也纷纷提高出厂价，纯碱市场至此全面启动。这个事实让公司更加深切地体会到信息管理为公司决策带来的好处。

在信息搜集和发布方面，公司于1996年就开始在网上进行信息的搜集和发布。公司建立的网上信息搜集系统，可以自动在网上搜集公司需要的信息，并汇总成报告形式，反馈给公司高层领导，为公司领导决策提供参考。例如，2002年6月，工作人员在网上频繁发现国内煤炭市场升温的信息，作为公司生产的主要原料，煤炭价格的上涨将直接影响生产成本，针对这一情况，在对煤炭市场进行了实地调查后，公司预先储备了足够的煤炭，避免了煤炭价格上涨给公司生产带来的影响。

资料来源：江苏德邦化学工业集团有限公司.企业信息化是现代企业管理的必然选择——企业信息化应用总结.中国国家企业网（http://www.chinabbc.com.cn/）

讨论下列问题：

1. 德邦公司通过网站，除了为顾客提供方便快捷的服务方面外，还从网上信息的采集中得到了什么好处？

2. 系统自动在网上搜集公司需要的信息，反馈给公司高层领导，这对公司领导决策起到了什么作用？

信息资源安全管理

本章关键词

信息安全（information security）

信息加密（information encryption）

认证技术（authentication technology）

入侵检测技术（intrusion detection technology）

本章要点▶▶

21世纪由网络技术计算机技术的迅猛发展而带来的信息化影响着世界经济的发展。信息化给世界经济带来的是一次机遇，是一场革命，是经济发展的新平台。由于信息化与经济的关系越来越密切，因此信息安全管理具有重要意义。

本章主要阐述信息安全的体系结构，探讨信息加密技术、认证技术、防火墙技术、入侵检测技术等安全技术，分析信息安全管理的方法。

4.1 信息安全管理概述

随着人们对信息资源依赖程度的不断加深以及信息技术的发展，信息安全得到越来越多的重视。

▌4.1.1 信息安全内涵

1. 信息安全的定义

信息安全是一门涉及计算机科学、网络技术、通信技术、密码技术、信息安全技术、应用数学、数论、信息论等多种学科的综合性学科。

信息安全的概念是随着信息技术的发展而不断扩展和深化的，从广义上讲，表示一个国家的社会信息化状态和信息技术体系不受威胁和侵害；从狭义上讲，是指信息资产不受偶然的或故意的原因，被非授权泄露、更改、破坏，或信息内容不被非法系统辨识、控制。

信息安全的实现目标包括：

- **真实性**：对信息的来源进行判断，能对伪造来源的信息予以鉴别。
- **保密性**：信息不泄露给非授权的用户、实体或者过程。
- **完整性**：数据未经授权不能进行改变，信息在存储或传输过程中保持不被修改、不被破坏和丢失。
- **可用性**：保证合法用户对信息和资源的使用不会被不正当的拒绝。
- **不可抵赖性**：证实行为或事件已经发生，以保证事件或行为不能抵赖。
- **可控制性**：对信息的传播及内容具有控制能力，访问控制属于可控性。
- **可审查性**：对出现的信息安全问题提供调查的依据和手段。

2. 信息安全保护机制

信息安全的保护机制包括电磁辐射、环境安全、计算机技术、网络技术等技术因素，还包括信息安全管理（含系统安全管理、安全服务管理和安全机制管理）、法律和心理因素等机制。国际信息系统安全认证组织（International Information Systems Security Certification Consortium，ISC2）将信息安全划分为五重屏障，共10大领域并给出了它们涵盖的知识结构，如图4-1所示。

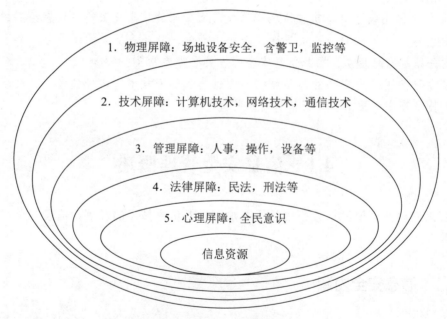

图4-1　信息安全多重保护机制

其中，物理屏障层主要研究场地、设备与线路的物理实体安全性，系统容灾与恢复技术。技术屏障层主要研究网络、系统与内容等方面相关的安全技术。网络安全技术研究加密与认证、防火墙、入侵检测与防御、VPN和系统隔离等技术；系统与内容安全则研究访问控制、审计、计算机病毒防范及其他基于内容的安全防护技术。管理屏障层主要研究操作安全、安全管理实践两大领域，包含安全政策、人事管理、督察、审计等。法律屏障层主要研究法律、取证和道德领域，讨论计算机犯罪和适用的法律、条例以及计算机犯罪的调查、取证、证据保管。心理屏障层主要研究提供全民信息安全意识的策略。

3. 信息安全体系框架

依据信息安全的多重保护机制，信息安全的总需求是物理安全、网络安全、信息内容安全、应用系统安全的总和，安全的最终目标是确保信息的机密性、完整性、可用性、可控性和抗抵赖性，以及信息系统主体对信息资源的控制。

完整的信息安全体系框架由技术体系，组织机构体系和管理体系共同构建。体系结构框架如图 4-2 所示。

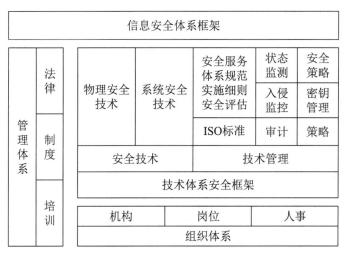

图 4-2　信息安全体系框架

技术体系

技术体系是全面提供信息系统安全保护的技术保障系统。该体系由物理安全技术和系统安全技术两类构成。根据信息系统构成单元，技术体系可用图 4-3 所示的三维图来表示。

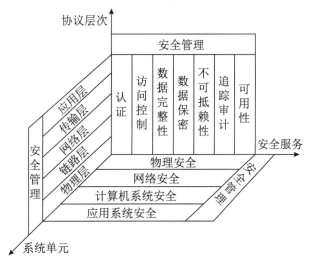

图 4-3　安全技术体系

组织机构体系是信息系统安全的组织保障系统，由机构、岗位和人事三个模块构成一个体系。机构分为领导决策层、日常管理层和具体执行层。

岗位是信息系统安全管理机关根据系统安全需要设定的负责某一个或某几个安全事务的职位。人事机构是根据管理机构设定的岗位，对岗位上在职、待职和离职的雇员进行素质教育、业绩考核和安全监管的机构。

管理体系由法律管理、制度管理和培训管理三个部分组成。

4.1.2　信息安全管理体系

信息安全管理是组织为实现信息安全目标而进行的管理活动，是组织完整的管理体系中的一个重要组成部分，是为保护信息资产安全，指导和控制组织的关于信息安全风险的相互协调的活动。信息安全管理是通过维护信息的机密性、完整性和可用性等，来管理和保护组织所有信息资产的一系列活动。

信息安全管理体系是基于业务风险方法来建立、实施、运行、监视、评审和改进信息安全的一套管理体系，包括组织、结构、策略、规划、职责、实施、程序等。

BS7799 是国际上具有代表性的信息安全管理体系标准，其第二部分《信息安全管理体系规范》，是组织评价信息安全管理体系有效性、符合性的依据。BS7799-2 引入了 PDCA（Plan-Do-Check-Action）模型，作为建立、实施信息安全管理体系并持续改进其有效性的方法。

PDCA 过程模式被 ISO 9001、ISO 14001 等国际管理体系标准广泛采用，是保证管理体系持续改进的有效模式。依据 BS7799-2：2002 建立信息安全管理体系时，过程方法鼓励其用户强调下列内容的重要性：

- 理解组织的信息安全要求，以及为信息安全建立方针和目标的需求；
- 在管理组织整体业务风险背景下实施和运行控制；
- 监控并评审信息安全管理体系的业绩和有效性；
- 在目标测量的基础上持续改进。

1. BS 7799-2：2002 的 PDCA 过程模式

BS 7799-2：2002 所采用的过程模式包括"策划—实施—检查—措施"，这四个步骤可以应用于所有过程。

- 策划：依照组织整个方针和目标，建立与控制风险、提高信息安全有关的安全方针、目标、指标、过程和程序。
- 实施：实施和运作方针（过程和程序）。
- 检查：依据方针、目标和实际经验测量，评估过程业绩，并向决策者报告结果。
- 措施：采取纠正和预防措施进一步提高过程业绩。

四个步骤成为一个闭环，通过这个环的不断运转，使信息安全管理体系得到持续改进，使信息安全绩效螺旋上升。

2. 应用 PDCA 建立、保持信息安全管理体系

（1）P（策划）——建立信息安全管理体系环境（context）& 风险评估

设计策划阶段是为了确保正确建立信息安全管理体系的范围和详略程度，识别并评估所有的信息安全风险，为这些风险制定适当的处理计划。策划阶段的所有重要活动都要被文件化，以备将来追溯和控制更改情况。

①确定范围和方针

信息安全管理体系可以覆盖组织的全部或者部分。信息安全管理体系范围文件涵盖：

● 确立信息安全管理体系范围和体系环境所需的过程；

● 战略性和组织化的信息安全管理环境；

● 组织的信息安全风险管理方法；

● 信息安全风险评价标准以及所要求的保证程度；

● 信息资产识别的范围。

②定义风险评估的系统性方法

确定信息安全风险评估方法，并确定风险等级准则。组织需要建立风险评估文件，解释所选择的风险评估方法、说明为什么该方法适合组织的安全要求和业务环境，介绍所采用的技术和工具，以及使用这些技术和工具的原因。

③识别风险

识别信息安全管理体系控制范围内的信息资产；识别对这些资产的威胁；识别可能被威胁利用的薄弱点；识别保密性、完整性和可用性丢失对这些资产的潜在影响。

④评估风险

根据资产保密性、完整性或可用性丢失的潜在影响，评估由于安全失败（failure）可能引起的商业影响；根据与资产相关的主要威胁、薄弱点及其影响，以及目前实施的控制，评估此类失败发生的现实可能性；根据既定的风险等级准则，确定风险等级。

⑤识别并评价风险处理的方法

对于所识别的信息安全风险，组织需要加以分析，区别对待。如果风险满足组织的风险接受方针和准则，那么就有意的、客观的接受风险；对于不可接受的风险组织可以考虑避免风险或者将转移风险；对于不可避免也不可转移的风险应该采取适当的安全控制，将其降低到可接受的水平。

⑥为风险的处理选择控制目标与控制方式

选择并文件化控制目标和控制方式，以将风险降低到可接受的等级。

⑦获得最高管理者的授权批准

剩余风险（residual risks）的建议应该获得批准，开始实施和运作信息安全管理体系需要获得最高管理者的授权。

（2）D（实施）——实施并运行信息安全管理体系

PDCA 循环中这个阶段的任务是以适当的优先权进行管理运作，执行所选择的控制，以管理策划阶段所识别的信息安全风险。

对于那些被评估认为是可接受的风险，不需要采取进一步的措施。对于不可接受风险，需要实施所选择的控制，这应该与策划活动中准备的风险处理计划同步进行。在不可接受的风险被降低或转移之后，还会有一部分剩余风险。应对这部分风险进行控制，确保不期望的影响和破坏被快速识别并得到适当管理。

（3）C（检查）——监视并评审信息安全管理体系

检查阶段是 PDCA 循环的关键阶段，是信息安全管理体系要分析运行效果，寻求改进机会的阶段。如果发现一个控制措施不合理、不充分，就要采取纠正措施，以防止信息系统处于不可接受风险状态。

（4）A（措施）——改进信息安全管理体系

经过了策划、实施、检查之后，组织在措施阶段必须对所策划的方案给以结论，是应该继续执行，还是应该放弃重新进行新的策划？当然该循环给管理体系带来明显的业绩提升，组织可以考虑是否将成果扩大到其他的部门或领域，这就开始了新一轮的 PDCA 循环。

4.2 信息安全管理技术

4.2.1 信息加密技术

研究信息加密和解密变换的学科称为密码学，密码学是信息保密技术的核心。随着计算机网络，特别是互联网的普及，密码学得到了广泛的应用，如今密码技术不仅服务于信息的加密和解密，还是身份认证、访问控制、数字签名等多种安全机制的基础。

密码技术，也称为加密技术，包括密码算法设计、密码分析、安全协议、身份认证、消息确认、数字签名、密钥管理、密钥托管等技术，是保护大型网络传输信息安全的实现手段，是保障信息安全的核心技术。它以很小的代价，为信息提供一种强有力的安全保护。

1. 加密原理

加密技术的基本思想就是伪装信息，使非法接入者无法理解信息的真正含义。这里，伪装就是对信息进行一组可逆的数学变换。伪装前的原始信息称作明文，经伪装的信息称作密文，伪装的过程称作加密。其中，加密在加密密钥的控制下进行，用于对信息进行加密的一组数学变换称为加密算法。发信端将明文数据加密成为密文，然后将密文数据通过数据通信网传送给收信端或归档保存。授权的接收者收到密文数据后，进行与加密相逆的变换操作，解除密文信息的伪装恢复出明文，这一过程称为解密。同样，解密也是在解密密钥控制下进行，用于解密的一组数学变换称为解密算法。

借助加密手段，信息以密文的方式归档存储在计算机中，或通过数据通信网进行传输，因此即使发生非法截取数据或因系统故障和操作人员误操作而造成数据泄露，未授权者也不能理解数据的真正含义，从而达到了信息保密的目的。同理，未授权者也不能伪造合理的密文数据达到篡改信息的目的，进而确保了数据的真实性。

加密算法就其发展而言，共经历了对称密钥密码（单钥密码体制）、公开密钥密码（双钥密码体制）发展阶段。这些算法按密钥管理的方式可以分为对称密钥密码体制和非对称密钥密码体制。

2. 对称密钥密码体制

对称密钥密码体制是从传统的简单替换发展而来的。传统密码体制所用的加密密钥和解密密钥相同，或实质上等同（即从一个可以推出另外一个），称其为对称密钥、私钥或单钥密码体制。对称密钥密码体制不仅可用于数据加密，也可用于消息认证。

按加密模式来分，对称算法又可分为序列密码和分组密码两大类。序列密码每次加密一位或一字节的明文，称为流密码。序列密码是手工和机械密码时代的主流方式。分组密码将明文分成固定长度的组，用同一密钥和算法对每一块加密，输出也是固定长度的密文。

（1）对称密钥加密过程

①在发送方和接受方之间首先产生一个密钥 K。这个密钥只有发送方和接收方知道，并且双方都为此密钥保密。

②发送方有消息要传递给接收方。我们把要传递的这个原始消息称为明文。发送方用密钥 K 对此明文进行加密，加密之后的消息称为密文，然后再将这个密文传输到网络中去。因为没有任何第三人知道密钥，因此，即便这个密文在网络传输的过程中被监听、窃取，攻击者也会因为没有密钥而得不到明文的内容。

③接收方得到这个密文后，同样用密钥 K 进行解密，得到明文。

（2）对称密钥加密的特点

- 对称密钥提供了一种加密数据信息的方法。
- 对称密钥技术的最大优势在于无论是加密还是解密，它的运算速度都非常快对大数据量进行加密。
- 对称密钥技术要求通信双方事先交换或产生密钥。
- 当系统多用户的时候，例如在网上购物的环境中，带需要与成千上万的购物者进行交易，若采用对称密钥加密技术，则商户需要管理成千上万的密钥分别与不同的对象通信。除了存储开销外，密钥的管理和分发是一个几乎不可能解决的问题。

3. 非对称密钥密码体制

在密码学方面的一个巨大进步是非对称密钥加密（又被称为公开密钥加密）系统的出现。非对称密钥加密是指使用一对密钥来分别完成加密和解密的操作。一个密钥公开发布，可以让所有人都知道，称之为公开密钥，另外一个由用户自己保管，称为私有密钥（简称私钥）。数据发送者用公开密钥去加密，而数据接收者则用私有密钥去解密。通过数学手段保证加密过程是一个不可逆过程，即用公钥加密的信息只能是用与该公钥配套的私钥才能解密。

（1）非对称加密过程

1975 年 Whitefield Diffe 和 Marti Hellman 提出了公开的密钥密码技术的概念，被称为 Diffie Hellman 技术。从此公钥加密算法便产生了。非对称密钥加密和解密的过程如图 4-4 所示（假设要传输数据的双方为 A 和 B）。

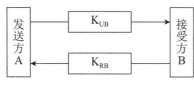

图 4-4　非对称加密流程

- B 生成密钥对（公钥 K_{UB} 和私钥 K_{RB}）。
- B 将公钥 K_{UB} 通过某种传递机制，对外公布。
- A 有消息要传递给 B。
- A 用 B 对外公开的公钥 K_{UB} 对信息进行加密，然后将密文传递给 B。
- B 接到 A 传递过来的密文后，用自己的私钥 K_{RB} 解密，得到明文。在网络中传输密文的时候，即便有攻击者进行了监听和窃取，但因为没有 B 的私钥而得不到明文。

（2）非对称密钥加密算法

自非对称密钥加密问世以来，学者们提出了许多种加密方法，它们的安全性都是基于复杂的数学难题。根据所基于的数学难题来分类，有以下三类系统目前被认为是安全和有效的：大整数因子分解系统、椭圆曲线离散对数系统和离散对数系统。

RSA 算法是由罗纳多·瑞维斯特（Rivet）、艾迪·夏弥尔（Shamir）和里奥纳多·艾德拉曼（Adelman）联合推出的。它的安全性是基于大整数素因子分解的困难性，而大整数因子分解问题是数学上的著名难题，因此可以确保 RSA 算法的安全性。RSA 系统是公钥系统的最具有典型意义的方法，大多数使用公钥密码进行加密和数字签名的产品和标准使用的都是 RSA 算法。

（3）公开密钥加密技术的特点

- 公开密钥（一对相关的私钥和公钥）的生成非常简单。
- 知道公钥的任何人不可能计算出私钥。
- 知道公钥和密文的任何人不可能计算出原始消息。
- 两种相对应的密钥中的任何一个都可以用来加密，另一个则用来解密。
- 用公开密钥算法对明文进行加密和解密的运算速度非常慢，不适合用来对大量数据进行加密。
- 公开密钥算法解决了密钥的发布和管理问题。

从对称密钥加密和公开密钥加密的特点可以看出，这两种加密方法在加密的数据量和加密的运算速度上分别有明显的不足，单独使用任何一种加密技术都不尽如人意。因此，这两种加密技术常常组合起来使用。

4.2.2　认证技术

数据加密是密码技术应用的重要领域，在认证技术中，密码技术也同样发挥出色，但它们的应用目的不同。加密是为了隐蔽消息的内容，而认证的目的有三个：一是消息完整性认证，即验证信息在传送或存储过程中是否被篡改；二是身份认证，即验证消息的收发者是否持有正确的身份认证符，如口令或密钥等；三是消息的序号和操作时间（时间性）等的认证，其目的是防止消息重放或延迟等攻击。认证技术是防止不法分子对信息系统进行主动攻击的一种重要技术。

1. 数字签名技术

数字签名就是信息发送者使用公开密钥算法技术，产生别人无法伪造的一段数字串。发送者用自己的私有密钥加密数据传给接收者，接收者用发送者的公钥解开数据后，就可以确定消息来自于谁，同时也是对发送者发送信息的真实性的一个证明。发送者对所发信息不能抵赖。

数字签名有以下功能：可验证，签字是可以被确认的；防抵赖，发送者事后不承认发送报文并签名；防假冒，攻击者冒充发送者向收方发送文件；防篡改，收方对收到的文件进行篡改；防伪造，收方伪造对报文的签名。

2. 身份认证技术

身份认证，是指被认证方在没有泄露自己身份信息的前提下，能够以电子的方式来证明自己的身份，其本质就是被认证方拥有一些秘密信息，除被认证方自己外，任何第三方无法伪造，被认证方能够使认证方相信他确实拥有那些秘密，则他的身份就得到了认证。这里要做到：在被认证方向认证方证明自己的身份的过程中，网络监听者当时或以后无法冒充被认证方；认证方以后也不能冒充。

身份认证的目的是验证信息收发方是否持有合法的身份认证符（口令、密钥和实物证件等）。身份认证常用的方式主要有通行字方式，持证方式和生物特征认证方式。通行字方式是使用最广泛的一种身份认证方式，即人们熟悉的"用户名＋口令"方式。持证方式是一种实物认证方式。持证是一种个人持有物，它的作用类似于钥匙，用于启动电子设备。生物特征认证方式是指采用每个人独一无二的生物特征来验证用户身份的技术。常见的有指纹识别、虹膜识别，人脸识别等。从理论上说，生物特征认证是最可靠的身份认证方式，因为它直接使用人的物理特征来表示每一个人的数字身份，不同的人具有相同生物特征的可能性可以忽略不计，因此几乎不可能被仿冒。

目前身份认证协议大多数为询问一应答式协议，它们的基本工作过程是：认证者提出问题（通常是随机选择一些随机数，称作口令），由被认证者回答，然后认证者验证其身份的真实性。

3. 信息认证技术

信息认证是指通过对信息或相关信息进行加密或签名变换进行的认证，目的是为防止传输和存储的信息被有意或无意地篡改，包括信息完整性认证、源和宿的认证及信息的序号和操作时间认证等。它在票据防伪中具有重要应用。

信息认证所用的摘要算法与一般的对称或非对称加密算法不同，它并不用于防止信息被窃取。而是用于证明原文的完整性和准确性。也就是说，信息认证主要用于防止信息被篡改。

信息内容认证常用HASH函数（也称杂凑函数）。HASH函数是将任意长的数字串M映射成一个较短的定长输出的数字串H的函数，以h表示函数名，h（M）易于计算，称H=h（M）为M的杂凑值。H又称为输入M的数字指纹（digital finger）或消息摘要（message digest）。h是多对一映射，因此不能从H求原来的M，但可以验证任意给定序列M，是否与M有相同的杂凑值。

用于消息认证的杂凑函数都是单向杂凑函数。有密钥控制的单向杂凑函数，要满足各种安全要求，其杂凑值不仅与输入有关，而且与密钥有关，只有持此密钥的人才能计算出相应的杂凑值，因此具有身份验证功能，如消息认证码MAC。

杂凑函数在实际中有广泛的应用，在密码学和数据安全技术中，它是实现有效、安全可靠数字签名和认证的重要工具，是安全认证协议中的重要模块。

消息内容认证常用的方法是：消息发送者在消息中加入一个鉴别码（MAC、MDC等）并经加密后发送给接收者（有时只需加密鉴别码即可）。接收者利用约定的算法对解密后的消息进行鉴别运算，将得到的鉴别码与收到的鉴别码进行比较，若二者相等，则接收，否则拒绝接收。

4. 数字水印技术

随着数字技术和因特网的发展，各种形式的数字作品（电子书籍、图像、视频、音频等）纷纷以网络形式发表，其版权保护成为一个迫切需要解决的问题。而数字水印是实现版权保护的有效办法，它逐渐成为数字产品信息安全研究领域的一个热点。它通过在数字秘中嵌入秘密信息——水印（watermarking）来证实该数字产品的所有权。这种被嵌入的水印可以是一段文字、标识、序列号等。水印通常是不可见或不可察觉的，它与数字产品紧密结合并隐藏其中，成为源数据不可分离的一部分，并可以经历一些不破坏源数据使用价值或商用价值的操作而保存下来。

数字水印技术就是一种可以通过一组特定的算法将某些能证明版权归属或跟踪侵权行为的信息，如产品的序列号、公司标志、文字、图像标志等，永久地嵌入到数字产品（如电子书籍、图像、声音、视频节目等）中的技术，它在嵌入的过程中对载体进行尽量小的修改，不影响原内容的可观性和完整性，并且在嵌入水印后数字产品即使受到攻击仍然可以恢复水印或者检测出水印的存在。

数字水印的实现主要由两部分组成：水印的嵌入和水印的提取（或水印的检测）。其算法模型如图4-5、图4-6、图4-7所示。

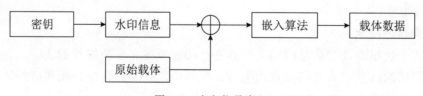

图4-5　水印信号嵌入

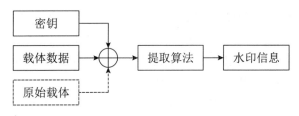

图 4-6 水印信号提取

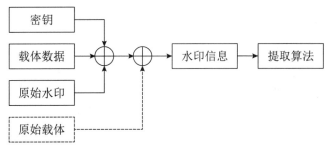

图 4-7 水印信号检测

4.2.3 防火墙技术

1. 防火墙的工作原理

如果一个内部网络连接了英特网，用户就可以同外部网络进行通信；同样，外部网络也可以访问内部网络并与之交互。为安全考虑，一般在内部网络和英特网之间放入一个中介系统，竖起一道安全屏障，用来阻止外部的非法访问和侵入，使所有的外流和内流信息都通过这道屏障的审核，这种中介系统就叫作"防火墙"。

防火墙按照事先规定好的配置和规则，监测并过滤所有通向外部网和从外部网传来的信息，只允许授权的数据通过，防火墙还应该能够记录有关的连接来源、服务器提供的通信量以及试图闯入者的任何企图，以方便管理员的监测和跟踪，并且防火墙本身也必须能免于渗透。

2. 防火墙类型

防火墙主要有三种类型：包过滤防火墙、代理服务器防火墙和应用层网关防火墙。

（1）包过滤防火墙

包过滤防火墙主要有两种实现方式：基于路由器的防火墙和基于独立运行软件的防火墙。对于路由器的防火墙，包是网络上信息流动的单位。在网上传输的文件一般在发出端被划分成一串数据包，网上的中间站点，最终传到目的地，然后这些包中的数据又重新组成原来的文件。每个包有两个部分：数据部分和包头。包头中含有源地址和目标地址的信息。包过滤防火墙通过设定某些规则来允许和拒绝数据包的通过，它的作用相当于一个过关。

包过滤路由器首先检查要通过的数据包是否符合其设定的某条过滤规则。过滤规则可以提供给 IP 转发过程的包头信息。包头信息中包括 IP 源地址、IP 目的地址、协议（TCP、UDP、ICMP 或 IP Tunnel）、TCP/UDP 目的端口、ICMP 消息类型、数据包输入 / 输出接口等。如果规则允许该数据包通过，且数据包的出入接口相匹配，则该数据包通过，并根据路由表中的信息被转发。如果规则拒绝该数据包，则即便出入接口匹配，则该数据包也会被丢弃。如果没有匹配规则，则包过滤路由器根据用户配置的缺省参数决定是转发还是丢弃该数据包。

（2）代理服务器（proxy server）防火墙

在 Internet 网络和 Intranet 互连时，广泛采用一种称为代理服务的工作方式，使Internet 用户在访问 Intranet 的同时，提供的是一种类似网关的代理服务器型防火墙。

代理服务的客户端使用客户程序与特定的中间点相连（该中间点一般是代理服务器），然后中间点再与客户请求的服务器进行实际连接。这样，在客户使用外层服务器提供的服务的同时，外部网络与内部网络不进行直接的连接。所以，即使代理服务器防火墙出现问题，外部网络也无法同内部网络连接，从而保证了内部网络资源的安全性。

在使用代理服务器网关防火墙的情况下，不允许外部客户程序直接访问服务器，必须通过代理服务器的验证，并且每一种代理服务（如 Telnet、FTP 等）都可在代理防火墙中独立设置，且可以限制代理客户使用的命令集和可访问的内部主机数目。

代理服务可提供详细的日志和审计记录，提高了网络的安全性和可管理性，但代理服务器防火墙一般不能处理高负荷通信量，且对用户的透明性不好。

（3）应用层网关防火墙

应用层网关防火墙可使网络管理员实现比包过滤路由器防火墙更严格的安全策略。应用层网关不使用包过滤工具来限制 Internet 服务进出防火墙系统，而是采用为每种所需服务在网关上安装专用程序代码，否则该服务就不被支持且不能通过防火墙来转发。另外，应用网关也可以通过配置专用程序代码来支持应用程序的特定服务。应用网关防火墙允许用户访问代码服务，但绝对不能允许让用户登录到该网关上，否则该用户就有可能获得 Root 权限，从而通过安装特洛伊木马来截获登录口令，并修改防火墙的安全配置，直接攻击防火墙。

使用应用层网关防火墙时，必须为每一个服务编制专用程序代码，过程复杂；另外，它的费用也比较高，包括购买硬件、编制专用程序等。由于其透明性差、限制严格，可能给用户的使用带来不便。但应用层网关防火墙由于采用了应用层网关，网络的安全性比较高。

4.2.4　入侵检测技术

入侵检测是继防火墙之后的又一道防线。防火墙只能对黑客的攻击实施被动防御，一旦黑客攻入系统内部，则没有切实的防护策略，而入侵检测系统则是针对这种情况而提出的又一道防线。

随着网络技术的发展，网络环境变得越来越复杂，对于网络安全来说，单纯的防火墙技术暴露出明显的不足和弱点，如无法解决安全后门问题；不能阻止网络内部攻击，而调查发现，50%以上的攻击都来自内部；不能提供实时入侵检测能力；对于病毒束手无策等。因此很多组织致力于提出更多更强大的主动策略和方案来增强网络的安全性，其中一个有效的解决途径就是入侵检测。入侵检测系统可以弥补防火墙的不足，为网络安全提供实时的入侵检测并采取相应的防护手段，如记录证据、跟踪入侵、恢复或断开网络连接等。这引发了人们对入侵检测技术研究和开发的热情。

1. 入侵检测原理

入侵检测（intrusion detection）技术是一种主动保护自己免受攻击的一种网络安全技术。作为防火墙的合理补充，入侵检测技术能够帮助系统对付网络攻击，扩展了系统管理员的安全管理能力（包括安全审计、监视、攻击识别和响应），提高了信息安全基础结构的完整性。

一般把用于入侵检测的软件、硬件合称为入侵检测系统（intrusion detection system，IDS）。入侵检测系统主要执行如下任务：

- 监视、分析用户及系统活动；
- 系统构造和弱点的审计；
- 识别反映已知进攻的活动模式并向相关人士报警；
- 异常行为模式的统计分析；
- 评估重要系统和数据文件的完整性；
- 操作系统的审计跟踪管理，并识别用户违反安全策略的行为。

一个成功的入侵检测系统，不仅可使系统管理员时刻了解网络系统（包括程序、文件和硬件设备等）的任何变更，还能给网络安全策略的制订提供依据。它应该管理配置简单，使非专业人员非常容易地获得网络安全信息。入侵检测系统在发现入侵后，会及时作出响应，包括切断网络连接、记录时间和报警等。

入侵检测系统被认为是防火墙之后的第二道安全闸门，在不影响网络性能的情况下能对网络进行监测。它可以防止或减轻上述的网络威胁。

2. 入侵检测系统的分类

入侵检测系统按其输入数据的来源来看，可以分为以下三种。

（1）基于主机的入侵检测系统

其输入数据来源于系统的审计日志，一般只能检测该主机上发生的入侵。主机型入侵检测系统往往以系统日志、应用程序日志等作为数据源，当然也可以通过其他手段（如监督系统调用）从所在的主机收集信息进行分析。主机型入侵检测系统保护的一般是所在的系统。

尽管主机型 IDS 的缺点显而易见：必须为不同平台开发不同的程序、增加系统负荷、所需安装软件数量众多等，但是内在结构却没有任何束缚，同时可以利用操作系统本身提供的功能，并结合异常分析，更准确地报告攻击行为。

（2）基于网络的入侵检测系统

其数据来源于网络的信息流，能够检测该网段上发生的网络入侵。网络型入侵检测系统的数据源则是网络上的数据包。往往将一台机器的网卡设于混杂模式，监听本网段内所有的数据包并进行判断。一般网络型入侵检测系统担负着保护整个网段的任务。

网络型 IDS 的优点主要是简便：一个网段上只需安装一个或几个这样的系统，便可以监测整个网段的情况。且由于往往分出单独的计算机做这种应用，不会给运行关键业务的主机增加负载。但由于现在的网络日趋复杂，以及高速网络的普及，网络型 IDS 正受到越来越大的挑战。一个典型的例子便是交换式以太网。

（3）采用上述两种数据来源的分布式入侵检测系统

能够同时分析来自主机系统审计日志和网络数据流的入侵检测系统，一般为分布式结构，由多个部件组成。

分布式入侵检测系统的几个部件往往位于不同的主机上。系统中的部件是具有特定功能的独立的应用程序、小型的系统或者仅仅是一个非独立的应用程序的功能模块。在部署时，这些部件可能在同一台计算机上，也可以各自分布在一个大型网络的不同地点。总之，部件能够完成某一特定的功能，并且是分布式入侵检测系统的一部分。部件之间通过统一的网络接口进行信息交换，这样既简化了部件之间的数据交换的复杂性，使得部件非常容易地分布在不同主机上，也给系统提供了一个扩展的接口。

▌ 4.2.5　计算机病毒防治技术

1. 计算机病毒的定义

计算机病毒（computer virus）在《中华人民共和国计算机信息系统安全保护条例》中被明确定义为："指编制或者在计算机程序中插入的破坏计算机功能或者破坏数据，影响计算机使用并且能够自我复制的一组计算机指令或者程序代码"。

2. 计算机病毒的特征

（1）传染性

计算机病毒计算机病毒是一段人为编制的计算机程序代码，这段程序代码一旦进入计算机并得以执行，它会搜寻其他符合其传染条件的程序或存储介质，确定目标后再将自身代码插入其中，达到自我繁殖的目的。计算机病毒通过各种渠道从已被感染的计算机扩散到未被感染的计算机，在某些情况下造成被感染的计算机工作失常甚至瘫痪。

（2）未经授权而执行

一般正常的程序是由用户调用，再由系统分配资源，完成用户交给的任务。其目的对用户来说是可见的、透明的。而病毒具有正常程序的一切特性，它隐藏在正常程序中，当用户调用正常程序时它窃取到系统的控制权，先于正常程序执行。病毒的动作、目的对用户来说是未知的，是未经用户允许的。

（3）隐蔽性

病毒一般是具有很高编程技巧、短小精悍的程序。通常附在正常程序中或磁盘较隐蔽的地方，也有个别的以隐含文件形式出现，其目的是不让用户发现它的存在。计算机病毒程序取得系统控制权后，它可以在很短的时间里传染大量程序。正是由于隐蔽性，计算机病毒得以在用户没有察觉的情况下扩散到上百万台计算机中。

（4）潜伏性

大部分的病毒感染系统之后一般不会马上发作，它可长期隐藏在系统中，只有在满足其特定条件时才启动其破坏模块。

（5）破坏性

任何病毒只要侵入系统，都会对系统及应用程序产生程度不同的影响。轻者会降低计算机工作效率，占用系统资源，重者可导致系统崩溃。

（6）不可预见性

从对病毒的检测方面来看，病毒还有不可预见性。不同种类的病毒，它们的代码千差万别。

3. 病毒的清除

（1）计算机病毒的检测方法

在与病毒的对抗中，及早发现病毒很重要。早发现，早处理，可以减少损失。检测病毒方法有特征代码法、校验和法、行为监测法和软件模拟法，这些方法依据的原理不同，实现时所需开销不同，检测范围不同，各有所长。

①特征代码法：是使用最为普遍的病毒检测方法，国外专家认为特征代码法是检测已知病毒的最简单、开销最小的方法。

特征码查毒就是检查文件中是否含有病毒数据库中的病毒特征代码。采用病毒特征代码法的检测工具，必须不断更新版本，否则检测工具便会老化，逐渐失去实用价值。病毒特征代码法对从未见过的新病毒，无法检测。

②校验和法：将正常文件的内容，计算其校验和，写入文件中保存。定期检查文件的校验和与原来保存的校验和是否一致，可以发现文件是否感染病毒，这种方法叫校验和法，它既可发现已知病毒，又可发现未知病毒。

校验和法的优点是方法简单能发现未知病毒，被查文件的细微变化也能发现。其缺点是对文件内容的变化过于敏感、会误报警、不能识别病毒名称、不能对付隐蔽型病毒。

③行为监测法：利用病毒的特有行为特征性来监测病毒的方法，称为行为监测法。通过对病毒多年的观察、研究，有一些行为是病毒的共同行为。而且比较特殊。当程序运行时，监视其行为，如果发现了病毒行为，立即报警。

行为监测法的长处是可发现未知病毒，可相当准确地预报未知的多数病毒。行为监测法的短处是可能误报警、不能识别病毒名称、实现时有一定难度。

④软件模拟法：后来演绎为虚拟机查毒、启发式查毒技术，是相对成熟的技术。

（2）计算机病毒的清除原则

①清除病毒之前，一定要备份所有重要数据，以防万一。

②清除病毒时，一定要用洁净的系统引导机器，保证整个消毒过程在无毒的环境下进行。否则，病毒会重新感染已消毒的文件。

③做好备用的保存磁盘引导扇区的文件，在文件名上要反映出该盘的型号（软盘、硬盘）、容量和版本。因不同的磁盘的分区表不同。引导记录的 BPB（磁盘基数表）也不同，一旦恢复时不对应，被恢复的磁盘将无法读写。

④操作中应谨慎处理，对所读写的数据应进行多次检查核对，确认无误后再进行有关操作。

（3）计算机病毒的清除方法

①用保存主引导扇区信息恢复的方法。对于感染主引导型病毒的机器可采用事先备份的该硬盘的主引导扇区文件进行恢复。

②程序覆盖方法。这种方法主要适用于文件型病毒，一旦发现文件被感染。可将事先保留的无毒备份重新复制到系统即可。

③低级格式化或格式化磁盘。这种方法轻易不要使用，它会破坏磁盘所有数据，并且低级格式对硬盘亦有损害。在万不得已情况下，才使用这一方法。使用这种方法必须保证系统无病毒，否则也将前功尽弃。

④手工清除方法。利用杀毒软件隔离或删除被感染的病毒文件。

4.2.6　访问控制技术

访问控制就是用户对信息资源的访问，要经过申请、审查、批准、授权、事后审计等控制环节，使得合法的用户能够在批准的权限内对资源进行访问，防止非法用户使用系统资源或对资源进行破坏和盗窃，从而保证网络系统的安全。常见的访问控制技术有身份识别技术、访问操作控制、审计跟踪等。

（1）身份识别。目前已有许多身份识别技术，如可以通过指纹、掌纹等确认身份，也可以通过 IC 智能卡加上密码的输入确认身份，或者是单独输入账号、密码来确认身份，也可以将上述方法进行搭配，形成综合的身份识别方法。常用的身份识别方法是密码输入方法，较重要的情况可混合其他方法。

（2）访问操作控制。为安全考虑，系统中的资源一般都限制使用。系统管理软件能够控制用户在自己的权限内进行访问，超越权限的访问被禁止。

（3）审计跟踪。审计跟踪是对用户访问操作过程进行完整的记录，包括用户使用的系统资源情况、使用的时间、执行的操作等，这些记录将用来审查系统安全性。如发现某一组公共数据被删除，造成系统不能正常运行，就要根据访问记录查看是哪个用户删除的、是在什么时间进行的操作，进一步可以约谈该用户，查清问题原因，杜绝类似事件发生。

4.3　信息安全管理手段

4.3.1　信息安全风险评估

信息安全风险评估是信息安全管理最核心的方法，信息安全风险评估的对象是信息系统或组织。

　　信息系统安全风险，是指由于系统存在的脆弱性，人为或自然的威胁导致安全事件发生的可能性及其造成的影响。信息安全风险评估，则是指依据国家有关信息安全技术标准，对信息系统及其处理、传输和存储信息的保密性、完整性和可用性等安全属性进行科学评价的过程，它要评估信息系统的脆弱性、信息系统面临的威胁以及脆弱性被威胁利用后所产生的实际负面影响，并根据安全事件发生的可能性和负面影响的程度来识别信息系统的安全风险。

1. 风险要素相互间的关系

　　信息安全风险评估各要素之间的关系如图 4-8 所示。

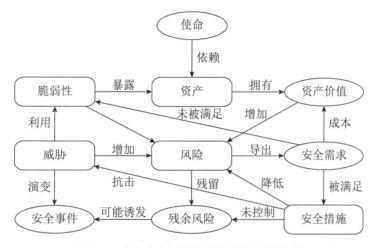

图 4-8　信息安全风险评估各要素及其关系

　　使命是一个单位通过信息化要实现的工作任务，使命依赖于资产去完成；资产拥有价值，单位的使命越重要，对资产的依赖度越高，资产的价值则就越大；资产的价值越大则风险越大；风险是由威胁发起的，威胁越大则风险越大，并可能演变成安全事件；威胁都要利用脆弱性，脆弱性越大则风险越大；脆弱性使资产暴露，威胁要通过利用脆弱性来危害资产，从而形成风险；资产的重要性和对风险的意识会导出安全需求；安全需求要通过安全措施来得以满足，且是有成本的；安全措施可以抗击威胁，降低风险，减弱安全事件的影响；风险不可能也没有必要降为零，在实施了安全措施后还会有残留风险，其中，一部分残余风险来自于安全措施可能不当或无效，在以后需要继续控制这部分风险，另一部分残余风险则是在综合考虑了安全的成本与资产价值后，有意未去控制的风险，这部分风险是可以被接受的；残余风险应受到密切监视，因为它可能会在将来诱发新的安全事件。

2. 信息安全风险评估的形式

　　信息安全风险评估主要有自评估和检查评估两种形式。自评估是指信息系统拥有、运营或使用单位发起的对本单位信息系统进行的风险评估。其优点是可方便地进行经常性的评估，及时采取对策降低安全风险，是一种"自查自纠"的方式。这种方式是在一个机构内部进行，因此一般不会引入评估带来的新的风险，缺点是专业性和客观性稍较差。

　　检查评估是指信息系统上级管理部门或有关职能部门组织的信息安全风险评估。其优点是专业性、公正性、客观性较强，一般也不会引入评估带来的新的风险。

自评估和检查评估可依托自身技术力量进行，也可委托具有相应资质的第三方机构提供技术支持。但由于信息安全风险评估工作敏感性强，涉及系统的关键资产和核心信息，参与风险评估工作的单位及其有关人员均应遵守国家有关保密法规，对风险评估工作中涉及的保密事项，应采取相应保密措施，签订具有法律约束力的保密协议，并承担相应责任。国内已经出现过由于委托第三方机构进行信息安全风险评估而带来新的风险的情况。

3. 信息安全风险评估的工具

风险评估的进行离不开风险评估工具，自动化的风险评估工具不仅可以将分析人员从繁重的手工劳动中解脱出来，最主要的是它能够将专家知识进行集中，使专家的经验知识被广泛的应用。目前对风险评估工具的分类还没有一个业界普遍认可的标准，有些技术人员把漏洞扫描工具称为风险评估工具，在信息安全风险评估过程中，漏洞扫描工具确实是基础性工具，通过漏洞扫描工具可以发现系统存在的漏洞，根据漏洞扫描结果提供的线索，可以利用渗透性测试来确认系统存在的高风险漏洞，但信息安全风险评估是技术和管理相结合的综合评估，因此，风险评估工具至少应包括安全管理评估工具、脆弱性分析和渗透性测试工具、风险评估辅助工具。

4. 信息安全风险评估的实施流程

信息安全风险评估的实施流程如图 4-9 所示，主要包括风险评估的准备、资产识别、威胁识别、脆弱性识别、已有安全措施的确认和风险计算分析等阶段。

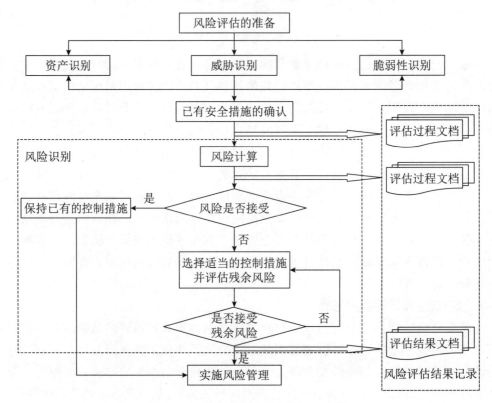

图 4-9　信息安全风险评估的实施流程

4.3.2　信息安全事件管理

信息安全事件管理是在明确组织面临的各类信息安全风险的基础上，对可能发生的信息安全事件，制定结构化的、严禁的事件管理机制，将信息安全事件引发的影响或灾难控制在一定的范围内，尤其是在保证关键业务连续性和关键数据的完整性及可用性上。

信息安全事件管理的主要内容包括：信息安全事件管理过程、信息安全事件分类定级、信息安全应急响应以及信息安全灾难恢复等多方面内容。

1. 信息安全事件管理过程

信息安全事件管理必须通过结构化的安全事件管理流程来实现，结构化的工作流程是保证信息安全事件得到及时有效处理的过程保障。我国国家标准 GB/Z20985-2007《信息安全事件管理指南》指出，信息安全事件管理由四个不同的过程组成：

（1）规划和准备

● 制定信息安全事件管理策略，获得高级管理层的承诺；

● 制定信息安全事件管理方案；

● 对公司及系统、服务和网络的信息安全进行风险分析和管理，更新策略；

● 确定一个适当的信息安全事件管理的组织结构，即信息安全事件响应组，给可调用的、能够对已知的信息安全事件类型作出充分响应的人员指派明确的角色和责任；

● 发布信息安全事件管理意识简报并开展培训；

● 全面测试信息安全事件管理方案。

（2）使用

● 检测并报告信息安全事态；

● 收集与信息安全事态相关的信息，通过评估这些信息并决定是否将事态归类为信息安全事件；

● 对信息安全事件做出响应，其中包括进行法律取证分析。

（3）评审

● 进一步进行法律取证分析；

● 总结信息安全事件中的经验教训；

● 确定信息安全防护措施实施方面的改进；

● 从信息安全事件管理方案质量保证评审中吸取经验教训，确定对整个信息安全事件管理方案的改进。

（4）改进

● 改进安全风险分析和管理评审的结果；

● 启动对安全的改进；

● 改进信息安全事件管理方案。

2. 信息安全事件分类分级

对信息安全事件进行合理分类分级，能为信息安全事件的防范和处置提供指导。

（1）信息安全事件分类

我国国家标准 GB/Z20986-2007《信息安全事件分类分级指南》对信息安全事件分为以下七个基本类型：

- 有害程序事件：蓄意制造、传播有害程序，或是因受到有害程序的影响而导致的信息安全事件；
- 网络攻击事件：通过网络或其他技术手段，利用信息系统的配置缺陷、协议缺陷、程序缺陷或使用暴力攻击对信息系统实施攻击，并造成信息系统异常或对信息系统当前运行造成潜在危害的信息安全事件；
- 信息破坏事件：通过网络或其他技术手段，造成信息系统中的信息被篡改、假冒、泄露、窃取等而导致的信息安全事件；
- 信息内容安全事件：利用信息网络发布、传播危害国家安全、社会稳定和公共利益的内容的安全事件；
- 设备设施故障：由于信息系统自身故障或外围故障设施保障而导致的信息安全事件，以及人为的使用非技术手段有意或无意地造成信息系统破坏而导致的信息安全事件；
- 灾害性事件：由于不可抗力对信息系统造成物理破坏而导致的信息安全事件；
- 其他信息安全事件：不能归为以上六个基本分类的信息安全事件。

（2）事件分级规范

我国国家标准 GB/Z20986-2007 根据将信息安全事件划分为以下四个级别：

- 特别重大事件（Ⅰ级）：指能够导致特别严重影响或破坏的信息安全事件，包括：会使特别重要信息系统遭受特别严重的系统损失；以及产生特别重大的社会影响。
- 重大事件（Ⅱ级）：能够导致严重影响或破坏的信息安全事件，包括：会使特别重要信息系统遭受严重的系统损失，或使重要信息系统遭受特别严重的系统损失；以及产生特别重大的社会影响。
- 较大事件（Ⅲ级）：能够导致较严重影响或破坏的信息安全事件，包括：会使特别重要信息系统遭受较大的系统损失，或使重要信息系统遭受严重的系统损失、一般信息系统遭受特别严重的系统损失；以及产生较大的社会影响。
- 一般事件（Ⅳ级）：是指不满足以上条件的信息安全事件，包括：会使特别重要信息系统遭受较小的系统损失，或使重要信息系统遭受较大的系统损失、一般信息系统遭受严重或严重以下级别的系统损失；以及产生一般的社会影响。

3. 信息安全应急响应

应急响应指信息安全事件发生后采取的措施和行动，这些行动措施通常是阻止和减小事件带来的影响。这些行动可能来自于人，也可能来自于计算机系统。应急响应的一个发展方向是使用自动的应急响应机制。

信息安全应急响应是信息安全事件管理的重要内容，在事件合理分类分级的基础上，建立适当的应急响应机制是减少事件带来的影响和损失，保证业务连续性的有效手段。

应急响应需制定周密的计划和流程，并加强预案的演练、落实和管理。

4. 信息安全灾难恢复

灾难恢复是为了将信息系统从灾难造成的故障或瘫痪状态恢复到可正常运行状态，并将其支持的业务功能从灾难造成的不正常状态恢复到可接受状态，而设计的活动和流程。无论系统的防范措施多么完善，无论系统多么健壮，由于不可抗力或其他原因，由于信息安全事件而引发的灾难总可能会发生，必须准备相应的措施将灾难影响降低到可接受的范围。

4.3.3　信息安全认证与工程管理

1. 信息安全测评认证

信息安全测评是依据标准对信息技术产品、系统、服务提供商和人员进行测试与评估，检验其是否符合测评的标准。信息安全认证是对信息技术领域内产品、系统、服务提供商和人员的资质、能力符合规范及安全标准要求的一种确认活动，即检验评估过程是否正确，并保证评估结果的正确性和权威性。信息安全测评认证过程包括四个阶段：认证准备阶段、评估阶段、认证决定阶段和获证后监督及维持阶段。信息安全测试评估包括渗透性测试、代码分析和日志分析。

（1）渗透性测试

渗透测试是指安全工程师尽可能完整地模拟黑客使用的漏洞发现技术和攻击手段，对目标网络 / 系统 / 主机 / 应用的安全性进行深入探测，发现系统最脆弱环节的过程。因此渗透性测试就是在测试目标预期使用环境下进行的测试，以确定测试目标中潜在脆弱性的可利用程度。

渗透测试分为以下三类：

- 黑盒测试：测试人员在对目标系统一无所知的状态下进行测试，信息依靠测试人员自行发掘。
- 白盒测试：在测试之前，测试人员就已获得目标系统的初始信息。常用来发现管理机制漏洞及检验社交工程攻击。
- 隐秘测试：对于被测机构来说测试处于保密状态，为特定管理部分雇用了外部团队来进行内部调查。

渗透测试可以协助管理者发现自己网络所面临的问题以及可能造成的影响，以便采取必要的防范措施。

（2）代码和日志分析

①静态代码分析

在软件开发过程中存在着许多安全问题，如代码中存在缓冲区溢出，程序设计存在安全漏洞，软件自身的问题，包括访问验证、随机数、口令等。静态的安全性分析方法可分为：模型检验，携带代码验证，词法扫描，简单语义分析，基于信息流的安全性分析等。

- 模型检验：列举一个系统能够处于的所有可能状态，检查每个状态是否违反由用户制定的规则和条件，并根据分析结果报告导致不合法状态的步骤。

- 携带验证代码：为代码定义一组安全策略，代码提供者在编制程序时必须遵守这些安全策略，并在程序源代码中加入验证的代码以证明源程序的代码遵守了这些安全策略，最后由代码使用者确认这些代码的安全性。
- 词法扫描：将一个或多个源代码文件作为输入，并将每个文件分解为词法记号流，比较记号流中的标识符和预先定义的安全性漏洞字典。
- 简单语义分析：以语法分析和语义规则为基础，同时加入简单的控制流分析和数据流分析。
- 信息流分析：通过建立安全信息流验证的格模型，提出一种验证机制来确保程序中信息流的安全性。

②动态代码分析

动态分析是分析被测程序逻辑中每个语句的执行次数。利用动态分析工具向代码生成的可执行文件中插入一些监测代码，用来统计程序运行时的数据，其中动态分析工具要求被测系统实际运行。

③日志分析

首先设置恰当的日志选项，收集数据。当安全事件发生时，查看日志数据可以确定事件发生的时间。日志数据能够帮助管理者提前发现和避开灾难，并找到安全事件的根本原因。

2. 信息安全工程管理

信息安全工程管理是指建设安全的信息系统工程的方法。利用系统安全工程能力成熟模型 SSE—CMM（System Security Engineering Capability Maturity Model）可以评价信息安全系统工程，SSE—CMM 模型是目前针对信息系统安全问题而提供的具有较高可靠性的解决方法。

SSE—CMM 将安全工程划分为三个基本的过程区域：风险、工程、保证。

（1）风险过程

安全工程的一个主要目标是降低风险。风险就是有害事件发生的可能性。风险管理是调查和量化风险的过程，并建立了组织对风险的承受级别。它是安全管理的一个重要部分。安全措施的实施可以减轻风险。安全措施可针对威胁、脆弱性、影响和风险自身。

SSE—CMM 过程区包括实施组织对威胁、脆弱性、影响和相关风险进行分析的活动保证。

（2）工程过程

安全工程是一个包括概念、设计、实现、测试、部署、运行、维护、退出的完整过程。SSE—CMM 强调安全工程师是一个大的项目队伍中的一部分，需要与其他科目工程师的活动相互协调。这会有助于保证安全成为一个大的项目过程中的一个整体部分。在生命期后面的阶段，安全工程师根据意识到的风险来适当地配置系统以确保新的风险不会造成系统运行的不安全状态。

（3）保证过程

保证是指安全需要得到满足的信任程度。它是安全工程非常重要的产品。SSE—

CMM 的信任程度来自于安全工程过程可重复性的结果质量。

本 章 小 结

　　信息安全是指在信息的采集、传输、加工、存储和利用的整个过程中，防止未经授权者或偶然因素对信息资源的破坏、更动、非法利用或恶意泄露，以实现信息的保密性、完整性与可用性的要求。

　　信息安全管理策略是组织对信息和信息处理设施进行管理、保护和分配的准则和规划，以及使信息系统免遭入侵和破坏而必须采取的措施。信息安全管理技术主要有信息加密技术、认证技术、入侵检测技术、计算机病毒防范技术，访问控制等技术。信息安全管理方法有信息安全风险评估、信息安全事件管理、信息安全测评认证和信息安全工程管理。

思 考 题

1. 什么是信息资源安全？
2. 如何应用 PDCA 建立、保持信息安全管理体系？
3. 信息安全管理有哪些技术？
4. 什么是信息安全管理？

案 例 分 析

案例一：信息泄露

材料一：

　　"王先生，您需要看房吗？我们最近有个适合您的三居室。"律师王鸿儒最近很郁闷：自从他卖了一套房，打算置换新居后，这类骚扰电话就接二连三找上门来。对方不仅开口能叫出他的全名，甚至手机号、职业、家庭住址、"购房需求"都一清二楚。

　　"太可怕了，还有什么是他们不知道的？"王鸿儒略加分析后坚信：他的个人信息被中介泄露了。而自己，不过是数以亿计的"被泄密"大军中的一员。

材料二：

　　"个人信息被泄露，已呈现出测密渠道多、范围广、程度深，且形成黑色产业链的特点。对被泄露者而言，不仅危害巨大，还普遍'维权难'。"对此，北京邮电大学信息产业政策与发展研究所阚凯力教授对中国青年报记者说，"一句话：对信息被泄，普通老百姓几乎是'刀俎下的鱼肉'。"

材料三：

北京大学信息管理系教授、北京大学文化产业研究院研究员周庆山表示，很多机构过度收集个人信息，但并不是每个机构都有能力保护这个庞大而宝贵的"隐私库"。

讨论下列问题：

1.请简要分析个人信息泄露的原因。

2.结合实际情况，谈谈如何加强信息保护，减少个人信息泄露。

案例二：计算机网络安全

某公司是一家从事太阳能、电力、石油、化工、相关销售等项目等的公司。公司总部设在上海，有200名员工，并在北京拥有1家分公司，员工约100人。公司内部设有行政部、人力资源部、公共关系部、固定资产部、采购部、销售部、市场部、IT总部。由于太多的日常维护工作而忽略了系统策略及安全政策的制订及执行不力，管理员的日常维护工作又没有标准可循，系统及数据备份也是没有考虑到灾难恢复，经常会有一些系统安全问题暴露出来。该公司网站使用 Windows 2000 上的 IIS 作为对外的 WEB 服务器，该网站 WEB 服务器负责公司的信息提供和电子商务。在外网上部署了硬件防火墙，只允许到服务器 TCP80 端口的访问。但是在某月某日上午，一个客户发邮件通知公司网站管理员，说该公司网站的首页被人修改，同时被发布到国内的某黑客论坛，介绍入侵的时间和内容。管理员立刻查看网站服务器，除了网站首页被更改，而且发现任务列表中存在未知可疑进程，并且不能杀死。同时发现网站数据库服务器有人正在拷贝数据。管理员及时断开数据服务器，利用备份程序及时恢复网站服务器内容，但是没有过了半小时，又出现类似情况，于是紧急通知系统管理人员，告知该情况，并向某安全公司求助。最后在安全公司的帮助下终于解决了问题，但是给公司造成了巨大的经济损失，泄露了大量财务信息和交易信息。针对此次出现的问题，公司召开了紧急会议。首席信息官（CIO）明确提出需要严密的系统和严格的策略来保证业务系统的稳定性和可用性的要求。IT服务中心将面临更大的技术挑战，提高解决突发事件的应变能力和解决问题的效率，并且在日常工作中加强安全防范，各部门在该问题上密切配合商讨对策，最后决定出台了一些预防措施。公司总裁（CEO）作出决定，一定要找出系统的安全漏洞和隐患，彻查问题的根源，制定解决问题的方案。

之后，CIO 和安全事件响应小组整理了所有的记录资料，以确定针对此事件完成了哪些任务、每项任务所用的时间，以及是谁执行的任务。此信息发送给财务部门，用以根据"公认会计原则"来计算计算机损失的代价。紧急响应小组负责人 Z 将确保让公司管理层了解到了该事件的损失，事件发生的原因，以及防止此类事件再次发生的计划。这也是让管理层认识到企业安全策略，以及类似于紧急安全响应小组存在的价值。小组中适当的成员检查总结了全部的记录资料、得到的经验教训，以及遵守和未遵守的策略，作为档案保存。采取的相关法律行动的记录资料和步骤通过了公司法律顾问、安全事件响应小组负责人和公司管理层的审查。

（一）对系统安全和网络进行诊断，发现存在以下问题：

（1）邮件服务器没有防病毒扫描模块；

（2）客户端有 W32/Mydoom@MM 邮件病毒问题；

（3）路由器密码缺省没有修改过，非常容易被人攻击；

（4）网站服务器系统没有安装最新微软补丁；

（5）没有移除不需要的功能组件；

（6）数据库系统 SQL 2000 SA 用户缺省没有设置密码；

（7）数据库系统 SQL 2000 没有安装任何补丁程序；

（8）用户访问没有设置复杂密码验证，利用字典攻击，非常容易猜出用户名和密码，同时分厂员工对于网站访问只使用了简单密码验证，容易被人嗅听到密码。

（二）公司目前的事件响应机制存在如下问题：

（1）显然缺乏安全响应机制，也没有时间响应团队；

（2）在未经授权的情况下向外部人员求助；

（3）在未经授权的情况下允许外部人员进行安全扫描；

（4）没有在第一时间记录并通报安全事件的发生；

（5）没有进行证据保留等。

讨论下列问题：

针对上述案例所存在的问题，叙述企业信息资源安全管理解决方案。

第 5 章
信息资源配置

本章关键词

信息资源配置（information resource allocation）
信息福利（information and benefits）
信息资源共享（information resource sharing）
信息资源配置效益（efficiency of information resource allocation）
网络信息资源（network information resources）

本章要点 ▶▶

信息资源的优化配置是信息资源管理的重要内容。信息作为一种资源的运作是对信息管理实质性的推进，也是信息管理发展到 IRM 阶段的重要标志之一。本章主要阐述信息配置的相关理论，探讨信息资源配置机制，分析信息资源配置效益，了解网络信息资源配置。

5.1　信息资源配置相关理论

信息化使社会经济的发展步入一个以信息或知识的占有、配置、生产、使用为基本要素的经济时代，信息化发展水平已经成为衡量一个国家或地区综合国力与竞争力的重要标志。然而，中国信息化发展水平与发达国家相比还有相当大的距离，中国各地区间的信息化水平差异也广泛存在。随着信息化在国民经济和社会发展中发挥着越来越重要的作用，如何解决我国在信息资源分配上存在的问题，促使信息资源达到合理配置，成为政府决策者们不得不面对的课题。本节将介绍信息资源配置的概念与目的、相关经济理论、信息福利、信息资源配置与共享。

▌5.1.1　信息资源配置的概念

信息资源配置是指信息资源在时间、空间和数量三个方面的合理配置。时间上的配置是指信息资源在过去、现在和将来三种时态上的配置；信息资源的空间配置是指信息资源在不同部门（产业部门、行为部门以及行政部门等）和不同地区之间的分布；信息资源数量上的配置包括存量配置与增量配置两个方面。信息资源配置包括两层含义：一是广义的信息资源配置，指将有用的信息及与信息活动有关的信息设施、信息人员、信息系统、信息网络等资源在数量、时间、空间范围内进行匹配、流动和重组；二是狭义的信息资源配置，指将有用的信息在不同的时间和不同地区、不同行业、不同部门进行分配、流动和重组。习惯上，信息资源的配置有时指其广义，有时指其狭义，有时混合使用，并没有进行严格的区分。但我们认为，广义的信息资源配置仅适合于信息产业内部，在信息产业之外，信息设施、信息人员等的配置属于一般性的资源配置。狭义的信息资源配置，既适合于信息产业，也适应于其他产业。

信息资源在时间、空间和数量上相互结合后配置的结果，就形成各种各样的结构，信息资源结构合理与否取决于信息资源的配置是否合理，而这又最终影响着信息资源的共享状况。

信息资源配置包括层次性、动态性和渐进性三个特性。

（1）层次性

它包括内容上和载体上的层次性两个方面。内容上的层次性是指信息资源开发的程度有深有浅；载体上的层次性也就是指不同性质的载体形式，比如，印刷、网络、光盘等。

（2）动态性

动态性是指信息资源配置可能是不断发展变化的。这种动态性受信息资源供给能力的动态性、信息资源本身的动态性、信息资源需求的动态性、信息资源价格的动态性以及信息资源购买者经济实力的动态性等因素的影响。

（3）渐进性

信息资源配置是一个从不合理逐步趋向合理的过程，实现信息资源在社会各行业中的均衡合理配置，达到社会经济福利的最大化。所谓均衡合理配置，是指在兼顾公平和效率的前提下，权衡国家、地区、部门、组织和个体用户的信息需求，有先后、有缓急、有侧重、有倾斜、有计划地合理地配置信息资源。

5.1.2 资源配置的经济理论

在资源的优化配置中，西方经济学被划分为实证经济学和规范经济学。实证经济学研究的是实际经济体系的运行，它对经济行为作出相关的假设，根据假设分析和陈述经济行为及其后果，并试图对经济进行检验；实证经济学简单说就是"是什么，为什么，会如何"的问题，但是除此之外，西方经济学家还应该回答"应当是什么"之类的问题，即他们试图从一定的社会价值判断标准出发，根据这些标准，对一个经济体系的运行进行评价，并进一步说明一个经济体系应当怎样运行，以及为此提出相应的经济政策，这就是规范经济学的内容。福利经济学就是一种规范经济学。具体地说，福利经济学就是在一定的社会价值判断标准下，研究整个经济的资源配置和个人福利的关系，特别是市场经济体系的资源配置与福利的关系，以及与此相关的各种政策问题，换句话说，福利经济学研究要素在不同厂商之间的最优配置以及产品在不同家户之间的最优分配，即资源的最优配置。如何判断各种不同的资源配置的优劣，以及确定所有可能的资源配置中的最优资源配置呢？在这个问题面前，经济学上接受了帕累托相关原理。

1. 帕累托最优

帕累托最优（Pareto Optimality），也称为帕累托效率（Pareto efficiency），是指资源分配的一种理想状态。假定固有的一群人和可分配的资源，从一种分配状态到另一种状态的变化中，在没有使任何人境况变坏的前提下，使得至少一个人变得更好，这就是帕累托改进或帕累托最优化。帕累托最优状态就是不可能再有更多的帕累托改进的余地；换句话说，帕累托改进是达到帕累托最优的路径和方法。帕累托最优是公平与效率的"理想王国"。这个概念是以意大利经济学家维弗雷多·帕累托的名字命名的，他在关于经济效率和收入分配的研究中最早使用了这个概念。

帕累托改进基于帕累托最优基础之上，是指在不减少一方福利时，通过改变现有的资源配置而提高另一方的福利。帕累托改进可以在资源闲置或市场失效的情况下实现。在资源闲置的情况下，一些人可以生产更多并从中受益，但又不会损害另外一些人的利益。在市场失效的情况下，一项正确的措施可以消减福利损失而使整个社会受益。

帕累托最优和帕累托改进是微观经济学，特别是福利经济学常用的概念。

2. 帕累托法则

帕累托法则最初只限定于经济学领域，后来这一法则也被推广到社会生活的各个领域，且深为人们所认同。帕累托法则是指在任何大系统中，约 80% 的结果是由该系统中约 20% 的变量产生的。例如，在企业中，通常 80% 的利润来自于 20% 的项目或重要客户；经济学家认为，20% 的人掌握着 80% 的财富；心理学家认为，20% 的人身上集中了 80% 的智慧等。具体到时间管理领域是指大约 20% 的重要项目能带来整个工作成果的 80%，并且在很多情况下，工作的前 20% 时间会带来所有效益的 80%。帕累托法则对我们的启示是：大智有所不虑，大巧有所不为。工作中应避免将时间花在琐碎的多数问题上，因为就算你花了 80% 的时间，你也只能取得 20% 的成效，出色地完成无关紧要的工作是最浪费时间的。你应该将时间花于重要的少数问题上，因为掌握了这些重要的少数问题，你只花 20% 的时间，即可取得 80% 的成效。工作中我们要学会"不钓小鱼钓鲸鱼"，如果你抓了 100 条小鱼，你所拥有的不过是满满一桶鱼，但如果你抓住了一条鲸鱼，你就不枉此行了。

80/20 思想如果运用到日常生活中，它能帮助你改变行为并把注意力集中到最重要的 20% 的事情上。80/20 思想的行动结果就是使你以少获多。使用 80/20 思想，你必须不断自问：20% 凭什么因素能导致 80%？不要想当然地认为是你知道的答案，还是用点时间好好想想。一份真正的深刻领悟需要上百份的知觉和感觉上的理解。

3. 福利经济学第一定理

福利经济学第一定理是指经济主体的偏好被良好定义的条件下，带有再分配的价格均衡都是帕累托最优的。而作为其中的特例，任意的市场竞争均衡都是帕累托最优的。这个定理包括三个方面的含义：完全竞争的市场经济的一般均衡都是帕累托最优的；自由市场在均衡时，是帕累托有效的；第一定理是讲如果企业都追求利润，每个个人都追求自己的效益最大化，市场自然就可以达到一个社会最优的资源配置。

福利经济学第一定理保证了竞争市场可以使贸易利益达到最大，即一组竞争市场所达到的均衡分配必定是帕累托有效配置。在完全竞争条件下，市场竞争能够通过价格有效率的协调经济活动，从而配置有限的稀缺资源。

根据美国经济学家斯蒂格利茨的分析，要使经济是帕累托有效的，必须满足三个条件：

（1）交换效率：商品必须以一种不可能从进一步交换中获得收益的方式在个人之间进行分配。交换的最优条件是任何两种产品的边际替代率对所有的消费者都相等。

（2）生产效率：经济必须处于生产可能性曲线上。生产的最优条件是任何两种要素的边际技术替代率对于生产者都相等。也就是说，在不减少一些商品时生产的情况下，不可能多生产另一些商品。

（3）产品组合效率：经济必须生产反映消费者偏好的商品组合。生产和交换的最优条件是任何两种商品其边际转换率都等于其边际替换率。

4. 帕累托最优与信息资源

按照庇古福利经济学的观点，信息资源作为人类的财富，应当不受任何限制地流通，从而最大限度地实现其价值和效益。但是对于信息的生产者和所有者而言，这种无限制的信息流动损害了他们的利益，从而打击了其创造的热情，最终是不利于创新进而影响了社会的进步。出于这方面的考虑，有相应的法律制度协调信息生产者、所有者与用户之间的利益平衡。帕累托对庇古福利经济学进行了批判，提出了帕累托最优。帕累托最优状态是指这样一种状态，任何改变都不可能使任何一个人的境况变得更好而不使别人的境况变坏。按照这一规定，一项改变如果使每个人的福利都减少了，或者一些人福利增加而另一些人福利减少，这种改变就不利，这种情况称为帕累托无效。如果使每个人的福利都增进了，或者一些人福利增进而其他的人福利不减少，这种改变就有利，这种情况称为帕累托改进。

5.1.3　信息福利

信息资源配置的目的，是提高信息福利水平。信息福利如何理解呢？根据经济福利，我们认为信息福利包含两层含义：

（1）在直接意义上，个体信息福利取决于它消费信息产品和信息服务的数量。像物质资源的消费一样，总量有限的商品和劳务在不同的个体之间分配形成不同的组合，这种不同组合的效率水平是不同的，考虑到信息资源的非消耗性和共享性，信息资源在整个社会范围内最大限度的共享就意味着最大的社会收益，也就是最佳的福利水平。如图 5-1 所示，信息福利边界不是一组集合形成的曲线，而是一个表示社会现有信息资源总量的点 E。对于信息资源，由于其具有使用的非消耗性和非排他性，任何个人增加对信息产品和信息服务的消费或"占有"并不会减少其他人的信息福利，因而，整个社会最大限度的信息资源共享就意味着信息资源的最优配置。换言之，信息资源共享程度的提高就意味着信息资源配置效率的改进。

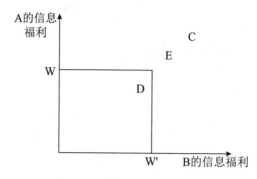

图 5-1 信息福利边界

（2）在间接意义上，信息产品和信息服务在很多时候并不是最终消费品，而是一种"体系性活动"，它通过增加物质产品的产出使得既有的福利边界向上移动。由此而引起的福利水平提高在广义上同样可以视为信息福利。这种福利的作用方式可能是渐进的，也可能是整体突变的。

在网络时代，网络配置环境下的社会信息福利是指通过网络获取和利用的信息总量及其在区域及信息主体间的分配，而个体信息福利则是个体消费的信息商品及服务的质与量。目前，从社会拥有网络信息总量上看已达到一个较高水平，但这一总量在区域和信息主体之间的分配处于失衡状态，信息个体消费的信息商品及服务的质与量的差异性也较大，因此信息福利呈现区域性、人群性差别，整个社会的信息福利水平和个体信息福利水平均有待提高。

鉴于信息资源具有的共享性特征形成的公共物品特性，目前，增加"信息贫困"者的信息资源分配以增加其信息福利。并不减少"信息富裕"者对信息资源的分配利益；相反，根据梅特卡夫"网络的价值等于网络节点数的平方"的定律，信息的共享程度越高，其价值实现的程度也越高，由此得到的一国或地区的信息福利水平也越高。因此应尽力提高一国或地区的"信息贫困"者的信息福利水平，才能在解决"信息贫困"和"信息富裕"两极分化现象的同时，达到整个国家和地区的总体信息福利水平和个体信息福利水平的提高，实现信息资源的最优化配置。

1. 网络化配置环境下信息福利的实现原则

（1）效率优先原则。目前，正处于信息社会总福利快速增长阶段，只有在保障社会总福利增加的前提下，才能保障个体信息福利的增加。因此，在信息资源网络化配置的现阶段应坚持信息资源配置效率优先原则。

（2）信息公平原则。在强调增加社会信息总福利的前提下，也要考虑这一总量在个人之间的分配问题，因为增加社会信息总福利的目的是为每个信息主体的信息福利水平的提高。信息作为信息社会的基础性资源，其分配应当体现社会公平原则，以保证信息面前人人平等，避免因为信息的缺失而导致的权利剥夺、尊严丧失和利益受损。

（3）市场化配置为主、政府调控为辅原则。市场机制下配置实现效率优先原则，以实现提升社会信息福利总水平；政府调控实现分配公平原则，以解决信息总量在个体间的公平分配，增加个体信息福利。

（4）资源公共服务均等化原则。信息资源公共服务均等化不是平均配置，而是实现的信息资源利用机会、权利的均等化，其实现的前提是信息主体获取和利用信息能力和条件的公平性。

（5）需求信息再配置原则。实现信息福利性配置的信息定位为人群需求性信息，以满足信息配置缺失区域和人群的信息需求，同时实现信息福利应具备的功能和实际发挥的作用。

2. 网络化配置环境下信息福利的实施内容

（1）提升信息主体信息素质；

（2）培养信息主体的信息需求；

（3）信息贫困地区提供适应性信息基础设施建设和低成本信息设备；

（4）组织提供人群需求性信息产品；

（5）建立信息福利制度体系；

（6）信息福利相关法规政策的建立和完善。

3. 网络化配置环境下信息福利的实施措施

（1）建立健全信息福利法律法规体系。法律法规的建立可以从法律方面保障信息主体信息权利和信息利益的实现。健全的信息福利法律法规可以促进信息福利制度体系的建立和完善，促进信息资源建设与分配的效率和公平的实现。

（2）信息基础设施建设。充分发挥市场机制作用，市场机制条件下能够更有利于发展的项目以市场化方式解决；某些具有公共物品性质但能以市场化操作的基础设施建设部分由政府政策性调控以市场化方式进行；市场机制不能发挥作用的区域和公共物品性质较显著的项目由政府出资实施，以实现市场化效率优先基础上的兼顾公平原则。

（3）信息资源建设与应用。按照《政府信息公开法》等一系列法规、政策，加速网络信息资源的组织开发，以提高社会整体信息福利水平，同时可利用信息资源的价值和使用价值实现整个社会经济的发展。

（4）建立和完善信息福利保障制度体系。

①公共图书馆网络信息服务制度。公共图书馆及准公共图书馆具备网络信息公共服务功能，其信息基础设施和设备及信息资源建设较完备，对信息福利的实现可以提供客观保障。

②信息素质培训制度。制定相应政策和规划并配合专项投入，为需要实施信息福利的地区和人群提供成本价或福利性信息素质培训，包括类别人群、类别内容的信息主体的信息意识、信息能力和相关信息知识的培训，以促进信息贫困人口对信息产品的实际获取和利用，以达到个人信息福利的实现，同时促进信息主体信息需求的不断增长。

③地域网络信息员制度，对于某些信息需求相对集中的地域，如农村地区，可聘请网络信息员并建立网络信息服务点，信息员可以针对地域信息主体的信息需求集中从网络获取信息，以非在线的形式低成本提供给信息主体以实现网络信息利用。

④信息扶贫制度，对一定时期内无能力、无经济实力获取信息的信息主体，实施信息免费提供政策。

5.1.4 信息资源共享

信息资源共享实质上是一种信息资源配置的思想。它的目的是让每个组织和个人都能够在一定范围内最大限度地利用信息资源，使社会信息福利最大化。它主要通过设定统一的制度和标准实现，是一种政府或机构配置机制。信息资源共享的概念最早来自于图书馆界。它是指对有限的图书信息资源在不同时效、地域、部门上进行合理分布，使各空间内图书用户的需求都得到最大限度的满足，使图书的价值得到最大的发挥。

信息资源的有限性和不均衡性使信息资源的有效利用必须最大限度地实现信息资源共享。这正是信息资源共享的意义之所在。

所谓共享包含免费共享和有条件共享免费共享和有条件（或者付费）共享。免费共享指用户不用为其中的内容付费，只要付交易费用（手续费）和低廉的边际成本（印刷费、邮递费）。这类信息资源具有严格的公共物品特性，如公共图书馆、公共电视频道、股市通报等。有条件共享一般要求资源使用者必须接受资源提供者的某种"协议"，这类信息资源有共享软件、会员制网站的特定文章等。

共享的层次至少可以分两层：资源接入渠道的共享和资源内容的共享。

传统意义上的信息资源共享一般是指资源内容的共享，但应该明确信息与信息传播渠道是密不可分的，特别是今天信息已经和网络连成了一体。因此，从资源接入渠道的角度来看，共享的效率就是要在一定的渠道限制条件下使尽可能多的人获得解除资源的机会，但要保证联合收益最大就要求我们在接入人数和个人收益间取得一定的平衡，例如接入互联网的人数的增加会加大每个使用者的时间延迟，从而增加使用者的边际成本，这就要求我们通过某种手段确定合适的接入人数，保证联合受益最大。

内容的共享又可以从宽度、长度、深度三个角度分析，共享宽度限定了共享的空间范围；共享长度限定了共享的时间范围；共享深度限定了共享的权利大小。以网络信息资源为例：并不是所有网站都可以无限制接入的，网关可以屏蔽一定的网络地址，如从国内就无法访问一些国外的新闻网站；网站的历史数据一般是不会在网站上发布的，在新闻网站上就很难查询到 1999 年的某些新闻信息；某些网站限定了"访客"的查询深度，只有注册为会员或交费才可以查看某些重要网页。以上分析只从共享行为本身出发，阐明了共享行为的某些特征，并没有说明共享行为的保障。事实上，为提高共享的效率还要研究很多问题，如共享的立法保障、共享的安全保障、共享的技术选择，等等。

信息资源共享的经济实质主要表现在三个方面：第一，私有信息通过信息资源共享进入公共领域，成为公共信息；第二，信息资源的共享是一个信息产权租让的过程；第三，信息资源共享是一个潜在的信息生产过程。比如，图书馆间的馆际互借，电子图书、网上多媒体以及数字图书馆，网络共享共建等网络信息资源共享模式，甚至包括信息咨询、信息租赁等有偿共享都是不同形式的信息资源共享形式。可以说，信息资源共享的多样性是它与一般经济问题的根本区别，也是信息资源共享效率分析的瓶颈。虽然梅耶森和沙特威托无效率定理（Mayersen，Satterhwaite，1983）证实不存在一个同时满足参与约束、激励相容约束和预算平衡约束的完美机制使得信息不充分条件下所有有效率的交易机会都被利用，但是，我们可以通过信息资源共享的分析得出一些约束条件，改善目前的共享行为。

　　图书馆界的信息资源共享解决方案最早是 20 世纪初的馆际互借方案（Interlibrary Loan，ILL）。20 世纪 80 年代我国提出了图书馆的三种资源共享模式：垂直型共享、水平型共享和网络型共享。这三种共享模式在实际应用中已经取得了一定的经济效益。在这一时期，信息资源共享的特点是：以图书馆为背景，其实质是馆际互借，以及图书资源在不同成员馆之间的合理布局和分配。到了 20 世纪 90 年代，信息技术突飞猛进、互联网也开始形成规模，数字信息资源和网络信息资源就成了非常重要的资源类型。利用互联网建立国家级数字文献共建共享网络就成了这个时期的重点。而这个时期信息资源共享的特征也变成了进一步利用网络优势加强文献信息资源共享力度，以及更大范围的信息资源共享研究（主要是网络环境下的数字信息资源共享），信息资源的意义和共享的意义都有所扩展。基于互联网的资源共享研究已经超出了图书馆学和情报学研究的领域，正逐渐和信息技术领域、经济学领域以及管理学领域交叉渗透。

5.2　信息资源配置机制

　　研究信息资源配置，对于有效、合理、科学地利用信息资源，促使信息资源效用最大化，进而促进信息产业可持续发展都有着非常重要的意义。优化信息资源配置是市场经济的基本要求。本节主要从信息资源配置的类型、基本要求、方式和层次四个方面讲述信息资源配置机制。

▌5.2.1　信息资源配置类型

　　信息资源的配置形式有多种，可以分为数量配置、时间配置、空间配置等类型。

　　（1）信息资源的数量配置

　　信息资源的数量配置包括信息的存量配置和增量配置，总量配置和个量配置。信息资源存储量应当达到一定规模才能满足信息需求，同时要根据新信息的巨量增长和信息需求的不断变化，及时组织储存新的信息。无论是存量还是增量，都要保证信息资源的足够种类。种类也并非越多越好，而是以满足不同类型信息需求为依据，这需要研究总量和个量的关系。一般来说，信息资源无论是实现存量配置还是增量配置，总量配置还是个量配置，都有相当大的难度，这是因为任何个人或机构都可能既是信息的利用者也是信息的生产者，这容易导致所需要的信息千差万别，无所不包。

　　（2）信息资源的时间配置

　　信息资源的时间配置是指在过去、现在和将来三种时态上的配置，既对不同时段上的信息进行储存，又满足用户对不同时段上的信息需求。不同类型的信息时效差别较大，一般来说，科学技术信息相对稳定，其效用随着时间推移逐渐过时，表现为一种老化；商务信息的时效性很强，一条价值连城的信息可能在一夜之间变得分文不值。因此，在不同的时态上对不同种类的信息资源进行配置是保证信息资源结构具有合理时效分布的重要指标，也是满足用户信息需求的前提。

（3）信息资源的空间配置

信息资源的空间配置是指信息资源在不同地区、不同行业部门之间的分布，实质上是在不同使用方向上的分配。信息资源的地域分配存在严重的不均衡性，各地域、各行业并不能依靠信息需求和使用方向合理使用信息资源。这主要是因为信息资源在不同行业、地理区域的信息量分布和信息基础结构存在着很大的差距。信息资源在空间优化配置的先决条件是构建先进的信息基础结构。

无论是从时间上，还是从空间上、数量上，信息资源的配置都是以已有的资源条件为基础。无论是"硬"资源，还是"软"资源，相对于一定时期内信息用户的需要和国家信息系统的具体目标而言，都是有数量与质量上的相对盈余和相对亏负这两个特点。这就要求通过信息资源配置过程，将信息资源的相对盈余和相对亏负进行合理调节和利用。

▎5.2.2 信息资源配置的基本要求

信息资源配置必须遵循下列基本要求：

（1）要以社会信息需求为依据。

信息资源配置必须符合社会的信息需求状况，只有这样才能实现信息商品生产的目的，用户对信息的需求和利用是信息资源配置的最基本的依据。人类的信息需求是一种复杂的社会需求，影响因素多种多样，需求千差万别，信息资源尽管量大面广，但对于用户在特定时间、特定空间的特定需求来说，总是有限的。配置信息资源的结果，都体现在对社会信息需求的满足程度上。满足社会信息需求的程度越高，信息资源优化配置的程度就越高；反之，满足社会信息需求的程度越低，信息资源优化配置的程度就越低。如果社会信息需求仅仅表现为追求数量上的满足，信息资源的有效配置就是提供尽可能丰富的信息商品与信息服务以满足需要；如果社会信息需求同时或主要表现为追求信息商品的质量，信息资源的有效配置就应当包括信息商品与信息服务质量的提高以至把它当作一个主要的方向。否则，不能满足社会对信息商品与信息服务的质量需要，信息资源配置就不可能有效和优化。

信息资源不论是在时间、空间矢量上的配置，还是品种、数量上的配置，其依据都是用户对信息资源的需求性。因此，合理配置信息资源，使之最大限度地满足社会各阶层人们的不同信息需要，这是有效配置的出发点和归宿。

（2）利用性原则。

信息资源有效配置的落脚点是用户有效的利用。因此，应对信息服务工作的特点及时进行适应性调查，积极探索信息服务的新模式，使信息资源得到有效的利用。

（3）要尽可能降低信息资源配置成本。

信息资源配置成本是指信息资源配置中的资源耗费，即信息资源所需付出的代价。信息资源配置的目的是创造更多财富，配置成本高就必然会降低信息资源配置的效率。因此，尽可能减少信息资源配置成本是信息资源配置的基本要求。信息资源的特性决定了信息资源配置成本不能再用固定成本和可变成本来衡量，而可分为信息资源配置的存量成本和增量成本。信息资源存量配置成本是指已完成配置过程的信息资源体系分布所耗费的社会财富以及保持现有信息资源结构所耗费的社会财富之和。信息资源增量配置成本是指增加信息资源配置时所耗费的社会财富总和。显而易见，社会拥有的信息基础设施，包括通信网络、计算机网络和信息网络，以及拥有的实用型商业数据或公众数据库的数目影响着信息资源配置时增量配置的成本大小。

（4）要有利于信息资源共享。

这是信息资源配置的特有要求，也是由信息资源本身的特性所决定的。信息资源共享是信息社会的基本要求，信息资源有效配置就是寻求适合科技、经济和社会发展需要的、功能多、效率高、结构合理的信息资源体系，以达到信息资源共享的目的。信息资源配置必须打破传统的信息资源部门所有以及自我封闭、各自为政的小生产模式，形成重点突出、协调互补的信息资源联合配置格局。

5.2.3　信息资源配置的方式

信息资源是战略性社会资源，其有效配置受社会信息结构的约束，并且通过信息的分散和集中来实现对信息资源的配置。信息资源配置方式有市场配置、计划配置和市场与计划双重配置三种。

1. 信息资源的市场配置

信息资源的市场配置是由信息资源供需双方以市场价格和市场供求变化等分散信息为主要依据，自由作出选择。从某种意义上来说，市场就是一种价值规律自行调节的经济体制和经济运作方式，与"计划"或"国家调节"相对应。

信息资源的市场配置是基于信息不完全和非对称的市场条件的，市场配置信息资源是通过经济信息或市场信号来消除或减少信息市场活动中的不确定性，从而实现信息资源的配置。由于市场信息本身的特性、市场分割、信息传播系统和人类的"有限性"等因素的限制，市场活动的参加者所需的信息资源并不能全部无偿的获得；另一方面，市场活动的参加者中总有某些个人掌握着其他市场参加者不了解但需要的信息资源，这些信息在某些情况下可能被掌握者所垄断而不能得到传播，但在某些情况下，掌握信息的市场活动的参加者却希望自身掌握的信息能够有效地提供给其他社会成员。然而，掌握信息的个人不愿无偿地向其他未获得信息的个人提供信息，与此相反，在某些情况下提供信息还需要掌握信息的个人付出成本。对于供求双方而言，通过市场价格信息可以实现自动调节供求关系，完成信息资源的买卖交易，从而围绕价格机制、供求机制和竞争机制等市场机制，以价格信息、供求信息、竞争信息等市场机制要素信息的交互作用来实现信息资源的市场配置最优。实践证明，市场机制能根据近期信息资源消费者的需求来开发和分配信息资源，通过市场价格信息和市场供求信息的变化，直接约束信息资源的流向和流速，从而有利于缓解用有限的相对稀缺的信息资源满足无限多样化的需要这对矛盾，对信息资源的短期有效配置起着良好的引导作用。

在实际的经济活动中，特别是发展中国家，市场体系发育都还不够成熟，市场机制本身还存在着一些缺陷，市场中的资源不能完全自由地流动，而且地区间和行业间存在许多障碍，价格信号经常不能及时和真实地反映资源的稀缺程度，因而市场机制常常无法有效地自动配置资源，从而使得放任的自由市场会偏离最佳状态，而信息市场的组织机制也同样存在着这些问题，它对信息资源的市场配置存在着一些自身无法克服的缺陷，它主要表现在以下几个方面：

（1）信息市场本身并不能保证一个最有利于信息生产的市场结构；

（2）市场不能自动创造一个良好的外部环境，制定与信息活动有关的法律、政策；

（3）现实的市场信息并非完全透明。市场信息有已知的"白色信息"，半知的"灰色信息"和未知的"黑色信息"。这种情况的存在，加上市场体系和市场机制也不可能尽善尽美，信息资源供需双方均只能根据现期价格信息和市场供求信息的状况，对下期行为作出预测和判定，这就使得信息市场上的经济活动带有随意性和盲目性。也就是说，市场信息传递虽然迅速敏捷，但市场调节天然存有事后调节的滞后性，从而决定了市场调节速度的相对缓慢性。另外，市场调节主要是根据市场信息的变化进行的，因此，市场调节还易造成市场调节目标偏差和市场调节成本偏高。

（4）信息产品和信息生产具有的一些特殊属性和规律，与一般市场相比，信息市场的资源配置功能相对要弱一些，原因突出地表现在以下几个方面：

第一，信息具有外部效应。信息商品和信息服务既有正的外部效应，又有负的外部效应。当其具有正的外部效应时，信息生产的边际收益小于边际社会收益，生产者掌握着信息却并不愿意投入信息生产，从而导致信息生产不足，信息资源配置无效；当其具有负的外部效应时，将会把成本强加给市场上并不直接消费信息商品和信息服务的消费者或其他生产者，从而使信息市场偏离均衡，信息资源配置也是无效的。

第二，信息的公共物品属性。信息资源的这种属性，即信息消费的非排他性、非消耗性所导致的"搭便车"问题，使得信息生产者的成本无法通过市场机制自动的得到有效的补偿，从而导致生产不足。

第三，信息商品的垄断性。信息商品和信息服务的垄断表现在两个方面：一是信息商品和信息服务的初始成本很高，因其可以几乎没有成本的大量复制，即边际成本很低，并且边际收益呈现递增的态势，使最先的研制开发者在生产上形成垄断地位。而信息产品的连带消费，会对消费者形成"锁定"效应，这又进一步强化了市场领先者的垄断地位；二是信息的生产都具有创造性，保护其合法权益需要用法律来排除信息商品的共享性而形成垄断。这个时候就会形成垄断价格，使市场价格高于边际成本，导致信息资源的市场配置无效。

第四，还有一类信息活动是不直接面向市场的，是非营利性的。教育和基础性研究这类基础性信息活动的开展，并不是出于商业目的，所以市场机制无法对其进行自行调节。

所以，信息资源的市场配置更擅长于短期配置，更容易在市场信息通道非常畅通、信息获取、信息交互成本很低的情况下实现信息资源配置优化。但是，在信息不完全的现实经济环境中，特别是在具有不利选择和败德行为的条件下，市场机制对信息资源的配置难以达到最优。

2. 信息资源的计划配置

信息资源无限丰富，但是相对人们对信息资源的现时需求和专业需求，信息资源的供给显得明显不足，信息资源的供给并不能完全按照供求比例的变化调整其价格。而且，现实生活中信息系统并不健全，信息资源的供需双方，在市场上并不能及时得到自己所需要的有用信息。也即市场调节过程是在信息不完全的情况下进行的。市场机制的作用是有限的，因此，信息资源的配置完全有必要寻找一种新的配置方式。计划配置信息资源就能克服市场配置的弱点，发挥其优势。

信息资源的计划配置就是指政府运用经济、法律、行政、劝导等手段，按照信息经济发展总体目标分配现有信息资源和信息资源获取权限、信息资源开发与使用权限等。信息资源的计划配置必然要求国家有一个诸如信息资源管理委员会之类的权力机构，规范信息分类，规定信息交互渠道、保护信息资源的正常开发、使用等。

政府对信息资源的计划配置主要依靠三个工具：

（1）财政工具。通过对教育、科研和信息基础设施建设的直接投入，推动信息产业的发展，从而带动整个国民经济的增长；

（2）税收工具。对技术创新活动和高新技术企业减免税收以鼓励创新活动；

（3）产业政策工具。政府可以通过产业政策引导和促进产业结构升级，刺激和推动知识密集型产业的发展。

通过这些工具，政府能够在宏观上把握，调节整个社会的信息资源的合理分配和利用。

计划配置信息资源有其明显的优势。通过政府的计划配置，信息资源可以达到信息经济宏观制衡、信息产业内部结构协调、保护市场竞争、优化信息经济整体效益等目的。

首先，影响社会信息总供给与社会信息总需求的因素很多，因此，要实现信息经济的高速、持续发展，就必须由政府根据信息资源总供求信息、物价信息等，采用政府行为，配置信息资源。

其次，信息产业包括通信产业、数据库产业、信息咨询业等，其内部结构是否合理，发展比例是否协调，取决于政府的宏观调控，信息资源的计划配置可以实现这种调节。

最后，社会、经济高速化进程以及高度发达的现代信息技术的支撑使得信息资源共享的范围越来越广，但是信息保密现象、信息壁垒也越来越多。在信息化社会中，拥有大量信息资源的企业、机构或部门，往往以某种形式联合起来，形成部门垄断、地区垄断或"自然垄断"。不同的垄断形式，其作用是不同的。有些垄断是一种认为约定，如版权，旨在帮助信息商品价值的实现，从而促进信息商品的生产与供给。某种信息商品的价值若不能实现，其再生产和同类产品的生产必将受到影响，供给会相对不足。有些垄断则是厂商为达到自身利益的最大化而刻意造成的，旨在限制信息资源的共享。面对不同形式的垄断信息资源的行为，政府可以采取措施，对有利的垄断进行保护，对不利的垄断加以限制，而这恰恰是计划配置信息资源的优势。

此外，信息经济的发展追求整体效益优化，经济效益并不仅是开发、利用信息资源部门的问题，而应包括整个社会的信息经济效益。政府采用计划配置信息资源就可以减少信息资源消费者的非理性行为，避免地区寻求本位主义利益，避免少数经济组织使用信息资源产生外部负效应。

采用计划配置信息资源，一方面，可以克服市场配置信息资源的不足，避免市场配置的滞后性、盲目性，减少信息资源的浪费；另一方面，也是信息产业发展的客观要求。在国民经济中，信息产业是新兴产业、主导产业，主导产业的发展对国民经济的促进作用很大，但其发展的社会经济环境相对较差，需要政府的投入、扶植和引导。对我国来说，采用计划方式配置资源的意义尤为重大。我国经济发展的起点低，工业化的水平不高，而又要完成工业化、信息化的双重任务。在这种经济发展水平和战略任务下，信息产业的发展面临更差的社会经济环境，诸如生产力水平低、技术落后、信息观念淡薄等，信息产业超前于我国经济发展的实际水平。因此，采用计划方式配置信息资源有利于加快我国信息化步伐，加快国民经济的发展步伐。

信息资源的计划配置也有不足之处。政府在配置信息资源时，政府难于做到掌握充分的市场信息，对私人市场反应的控制也非常有限；即使政府拥有充分的信息，但在不同方案之间作出选择时仍会遇到很多困难，政府的决策影响的是很多人，但是作出决策的却只是一少部分人，不论这少数决策者处于什么样的情况之下，在作出配置决策时总容易抹上主观偏好的色彩，诸如偏好高投资、高速度，相对忽视经济效益、经济稳定和信息产业内部结构；偏好行政方法，相对忽视经济手段和法律手段；偏好直接控制，相对忽视间接控制。由于计划调节过程中，可供决策的信息贫乏，决策过程过于烦琐，决策机制不完善，可能造成政府行为迟钝或决策失误，从而影响信息资源配置的优化程度。

3. 信息资源的双重配置

现在已经很少有人相信纯粹的计划经济或者完全放任的自由市场能够单独承担起配置资源功能了。各国经济发展的实践证明，在大多数时候，市场能够以更低的成本配置资源，但同时市场如果失灵也要求政府必须进行适度的干预，即采用市场与计划相结合的方式来配置信息资源。

市场配置与计划配置之间存在着对立统一的辩证关系，二者的结合在功能上具有互补性，在效应上具有协调性。因此，采用市场与计划混合配置信息资源，既可以避免在信息不完全的现实经济环境中，特别是在具有不利选择和败德行为的条件下，市场配置效率的低下，也可以避免在信息不完全的条件下，计划配置资源出现更多、更严重的信息贫乏问题。事实上，如果充分考虑信息资源配置中的各种信息问题，那么，我们很容易得出结论，无论是以市场为主导还是以计划为主导的双重配置方式，其资源配置效率均高于单纯的市场配置或单纯的计划配置。至于以市场配置为主还是以计划配置为主，则应视具体的经济环境和信息资源配置的具体要求而定。

5.2.4　信息资源配置的层次

信息资源配置有宏观配置和微观配置两个层次。信息资源配置的层次不同,配置方法、配置目标、配置重点也不同。信息资源的宏观配置主要面向一个国家或地区,强调总量配置效果,而信息资源的微观配置主要面向各信息机构、信息企业,强调个量配置效果。

1. 信息资源的宏观配置

信息资源的宏观配置是指国家或地区政府运用经济手段、法律手段、行政手段对其拥有的信息资源加以调节,从而实现国家或地区信息资源优化配置的目标,以达到满足整个社会不断增长和日益深化的信息需求的目的。具体来说,国家或地区政府主要通过政策法规、管理条例、投资方向调节、发展纲要、系统规划和标准化来指导、组织、协调和促进信息资源在国家或地区范围的最佳分布。为了国家或地区信息系统的长远、健康发展,为了实现国家或地区信息积累的需要,政府总是比信息机构、信息企业更关心整个国家或地区的信息资源结构与匹配状况,更重视国家或地区信息资源的合理配置和有效利用。

一个国家和地区在利益关系上总是存在着整体利益与局部利益,集体利益与个人利益的矛盾;在经济发展水平上、资源分布上总是存在着不平衡性。因此,有必要加强信息资源的宏观配置。从信息产业发展历程考察,对信息活动中的各种资源进行宏观配置,是信息产业发展的客观要求。信息产业产生于规模经济大发展、经济开放度高的时代。它从产生时起就以规模经济为起点,要求市场具有广域性;同时,信息产业是一个技术含量高、产品及生产要素更新快的产业,如果不对信息资源进行宏观配置,既必然导致在地方利益约束下的经济封锁,从而阻碍信息资源与信息商品的共享;也必然导致信息资源的重复配置和低级低效配置,不能发挥信息产业作为国民经济主导产业的作用。

一般来说,信息资源的宏观配置通过如下过程来实现:

计划(或称国家或地区信息资源配置计划)→财政拨款→获得信息资源→配置于信息活动过程。

这种配置过程虽然较易实现,但它却割断了信息商品生产者与信息市场之间的内在联系,各种信息资源很难通过市场进行选择和重新组合,它比较有利于实现信息资源的"数量"配置。不过,谁也无法抹杀信息资源宏观配置对信息经济发展的功劳。第二次世界大战以后,很多国家或地区抓住社会信息化不断加速的机遇,通过立法确保信息资源优先利用。这对信息资源的宏观配置起着积极作用,也发挥了信息资源在社会、经济发展中的重要作用。

2. 信息资源的微观配置

信息资源的微观配置是指各个机构对信息资源进行多种形式的组合,从而形成合理的信息资源体系。随着社会信息化程度的提高,非信息企业内部开始出现自立的信息服务部门,他们的主要目的是挖掘内部信息资源,服务于生产、管理、销售等环节。这些部门更清楚自己单位内部蕴涵的信息资源和单位内部各部门、各级各类人员的信息需求,虽然他们的信息活动与生产、管理密不可分,但他们作为一个部门或系统充当是信息企业必须完成的信息功能，但他们没有成为独立的企业，无论企业内的一个部门，还是企业自身建立的信息管理系统，这种对企业内部信息资源的匹配、组织都属于微观信息资源配置。据国外企业大量信息工作实践所作的统计分析表明，企业信息资源有 85% 蕴藏在企业内部。如何实现这些资源的有效配置，成为企业家的突破口。非信息企业信息资源的配置要以促进本企业的生产、经营与管理为宗旨，以满足企业生产、经营与管理需要为原则。由于市场竞争的激烈，企业越来越重视技术信息、产品开发信息、市场信息、竞争信息等。西方越来越多国家的企业开始重视这些信息资源的有效配置和合理使用，他们往往在自己的企业内部设立首席信息经理（Chief Information Officer，CIO）来负责组织、协调企业内部信息资源的合理分布，指导对信息资源的合理开发利用。

信息企业信息资源的配置，是信息资源微观配置的重要内容。对信息企业而言，信息资源配置旨在能利用经过配置而形成的合理的信息资源体系，生产出有形和无形的信息商品，以满足社会信息需求，从而获取利润。从投入来看，信息生产设备、通信设备、信息人才相当于物质商品生产企业投入的机器、劳动力，有用的信息则相当于特质商品的生产企业的原材料。原材料的配置以信息商品的市场供求关系和价格所反映的市场信号为导向，兼顾自身的生产能力。生产出的信息商品既可以是最终消费品，也可以是中间产品。前者进入消费领域，而后者进入生产领域，成为其他企业的生产要素。

5.3 信息资源配置效益

信息资源配置效益的优化是信息资源合理化配置追求的目标之一。因此，信息资源配置效益问题是信息资源配置理论研究中不可忽视的重要课题。对效益问题的讨论可以从多个不同的角度来展开。本节从用户效益、信息机构效益、国家信息效益和社会效益几个方面去考虑信息资源配置效益。

5.3.1 信息资源配置效益内涵

信息资源配置的效益既有经济效益，也有社会效益；既有直接效益，也有间接效益；既有当前效益，也有潜在效益。同时，在信息资源配置中由于涉及各类主体的利益关系，这就决定了我们对信息资源配置效益的理解也是有层次的。由于信息资源配置的实际启动首先取决于各类利益主体对其效益目标的追求，因此我们对信息资源配置效益内涵的理解也就首先选择这种"层次性"的视角。

（1）用户效益

用户的效益对应于用户信息资源消费需求的满足。由于用户的工作背景、知识背景、经济能力等存在很大的差别，这就使用户的信息消费需求类型和信息消费层次也各不相同。

（2）机构效益

信息机构追求目标的任何程度的实现，称为信息机构的效益。信息机构的目标是二元目标，即信息机构价值增值目标与满足用户信息需要目标。两者并不对立，是一种协调一致的关系。信息机构追求价值增值目标的实现，必须建立在以科学配置信息资源并满足用户信息需要的基础上；而满足用户的信息需要，也必须考虑信息机构的经济参数，信息资源配置的费用消耗指标（即经济参数）也是评价信息机构的重要依据。

（3）国家效益

国家信息系统对全社会的信息资源配置进行规划、干预或引导的时候，其所追求的效益目标也是多方面、多层次的。首先是通过信息资源配置，最大限度地满足用户日益增长与经常变化的信息消费需要；其次是通过信息资源科学合理化配置，努力减少国家信息系统在各类信息资源要素配置中可能出现的重复和系统内耗，使有限的信息资源在使用中获得最大的经济效益。

（4）社会效益

社会效益是信息资源配置所表征的公平效应和导向效应。在信息资源配置中要兼顾信息资源配置的经济效益与社会效益，要兼顾效率与公平的原则，从而实现信息资源在全社会范围内的相对均衡配置。具体是指：①经济社会效益，如不同地区间的信息资源分布是否协调，社会是否出现信息资源地区分布上的严重的信息资源富余与信息资源贫乏和信息资源流动中的"马太效应"。②信息环境社会效益，信息资源的配置不能以牺牲信息环境作为代价。③文化社会效益，信息资源的重要功能之一是陶冶人的情操并推动社会科技水平与文明程度的提高，同时，信息资源对改变人的观念也有潜在的影响。

5.3.2　信息资源配置的经济效益

各种层次的效益在多种情况下常常是彼此矛盾的。个别信息机构有效益，不等于整个国家整体信息系统有效益。经济效益和社会效益有时也是矛盾的。在信息资源成为经济发展的主要动力资源的背景下，为了追求某一地区的经济发展高速度和信息资源配置本身的效率，通常要求信息资源向经济效益较高的地区或部门流动，这就可能带来信息资源在某些地区或部门的聚集，从而产生信息资源流动中的进一步失衡。因此，在信息资源配置中我们很难同时实现各个层次和各种类型效益的最大化，而只能结合信息资源配置的实际状态和现实问题，在各层次和各类型的效益之间进行协调和权衡，去追求一种综合的效益。在此本书侧重研究信息资源配置的经济效益。经济效益问题是当前我国信息资源配置中的核心问题。这是因为中华人民共和国成立以来，围绕着信息资源配置，特别是对文献信息资源的共享问题研究虽然已经取得了较为系统的研究成果，并运用这些成果对全国范围内的文献信息资源共享实践的指导也已经进行了若干年，但从现在取得的实际效果和实际效益来看，并不让人十分满意。这其中一个较为关键性的因素是对信息资源配置的经济效益问题未引起高度注意，特别是信息资源配置的质量效益较差。

对于经济效益的含义，经济理论界有多种不同的表述方法，但基本上都理解为劳动成果与劳动消耗或占用的关系，或者投入与产出、费用与效用的关系。在上述这些理解中，我们认为，应突出经济效益的两层含义。一是投入与产出的关系，即在信息资源配置中，以一定量的投入取得最大的产出。这里的投入不仅包括劳动耗费（物化劳动耗费和活劳动耗费），而且包括劳动占用（即固定资产的占用）；这里的产出主要是指一定质量的信息资源数量。这一层含义实质上是强调了投入后的产出效果，但这种效果并不一定能够实现其社会使用价值。二是信息资源配置中的产出要符合社会需要。这是指配置后的信息资源数量、结构和信息资源质量符合社会需要，既有信息资源数量与结构的问题，也有信息资源质量的问题。由此可见，信息资源配置经济效益的提高，既要改善信息资源结构以符合社会信息消费需要的程度，又要提高信息资源质量以符合社会信息消费需要的程度。上述经济效益的两层含义是相互关联的。在信息资源配置过程中，没有一定投入基础上的一定质量的信息资源数量产出，也就没有符合社会需要的信息资源结构和信息资源质量产出。但从信息资源配置的最终目标和经济效益的实现来看，经济效益的第二层含义更具有决定意义。因为，经济效益的第二层含义即产出符合社会信息消费需要的问题反映了信息资源配置的社会性质，反映了信息资源配置与用户信息需求的关系。以用户信息资源需要为导向的信息资源配置才是真正有效益的。这一点可以从我国已有的文献信息资源配置实践的效果与效益差异中得到证明。据不完全统计，从20世纪80年代初期开始，我国公共图书馆部门的文献信息资源数量一般每年以3%～6%的比例增长。这种增长是文献资源价格在不断增长的条件下通过不断追加投入才取得的。但伴随着文献信息资源数量的增长，我国文献呆滞率达到50%～80%，其中外文文献呆滞率达到90%，且这种现象仍有不断扩大的趋势。对公共图书馆而言，其藏书量越多，利用率就越低，且反比悬殊。例如，我国国家图书馆信息资源的利用率一般为10%，省级图书馆信息资源的利用率一般为30%，地市级图书馆信息资源利用率一般为70%，县级图书馆信息资源利用率一般为120%。这种信息资源利用率差异的形成与多种因素有关，既有各级图书馆在信息资源配置中投入与产出的经济效果差异，同时也有各级图书馆在信息资源配置策略上的差异。不管产生这种差异的原因是什么，实质上就是一种文献信息资源配置效益的差异。

5.3.3　信息资源配置的市场失灵

在网络经济条件下，信息作为经济发展的主导资源，同样也需要进行合理的配置，以使信息能得到充分利用，产生出最大的效用。然而，由于信息资源的特殊性，如果单纯依赖于市场的调节作用，并不能使信息资源的配置自动达到均衡，实现帕累托效率。这就是"信息市场失灵"。信息资源配置的市场失灵主要有垄断、外部效应、公共物品和不完全信息四种原因，而解决信息资源配置市场失灵的问题，可以采用政府的法律、行政、税收等手段的干预。

1. 信息资源配置的市场失灵

根据经济学的定义，市场失灵是指市场上存在着不能用需求和供给曲线来表示的成本与收益，因而也就无法自动达到所谓的竞争市场均衡。当产出的社会效率水平偏离竞争市场均衡时，市场失灵就出现了。现代经济学将市场失灵的原因归结为四个方面：

（1）垄断

完全竞争是实现帕累托最优的必要条件，而现实中的市场竞争却是不完全的。垄断的存在削弱了市场的竞争性，使价格机制无法有效地产生作用，其结果将直接导致市场失灵。

（2）外部效应

某种经济活动对当事人以外的其他人可能产生影响，使他人产生额外的成本或收益，这种现象称为外部效应。由于外部效应的存在，私人的成本或收益与社会成本或收益出现偏差，有可能导致市场失灵。

（3）公共物品

公共物品是供公众消费的物品，由于公共物品的消费具有非竞争性和非排他性，因此无法将成本与收益落实到每个消费者身上，它也可能导致市场失灵。

（4）不完全信息

完全的信息是生产者或消费者作出正确决策的条件。在信息不完全的情况下，生产者或消费者有可能对商品或服务的价值作出不恰当的判断，使产出不能达到社会效率水平，进而导致市场失灵。

2. 改善信息资源配置效率的政策选择

信息市场失灵将导致信息资源配置的无效率，为对信息市场失灵进行矫正，则需要政府调节，通过政府干预实现信息资源的有效配置。

（1）法律途径

法律是市场"游戏规则"，它可以规范经济主体的行为，保障市场的公平竞争和有效运行。政府可以通过法律，间接地干预信息资源的有效配置。

（2）行政途径

行政途径是政府实施行政的直接干预手段。政府通过强制手段来规范经济活动主体的行为，以保障社会及公众利益，实现社会整体目标。比如，实行信息、网络市场准入制度；对信息、网络的内容及行为实行管制；国家制定信息产业规划。

（3）市场途径

市场途径不是政府直接干预经济活动主体的行为，而是通过经济手段来改变微观主体的成本与收益结构，进而达到改变其行为的目的。比如，税收和补贴等。

但是，政府调节也有缺陷和不足。如果市场过分依赖政府调节，也可能导致"政府失灵"。因此，在绝大多数情况下，信息资源配置应以市场配置为主，以政府调节为辅。

5.4　网络信息资源配置

人们对网络信息资源的需求性是高速信息网络存在和迅速发展的前提，同时也使信息资源有效配置成为必要。本节将介绍网络信息资源配置，其中涉及网络信息资源的特点与发展趋势，网络信息资源配置环境分析与分布状况，网络信息资源配置应该遵循的原则，网络信息资源配置的方法及评价等。

5.4.1 网络信息资源的特点与发展趋势

1. 网络信息资源的特点

网络信息资源是一种全新的资源，它与传统信息资源的相比有一些特殊性：

（1）来源广泛与发布自由

在网络环境下，信息来源愈来愈广泛，不再局限于传统意义上的某些传媒或特定机构，任何机构个人都可能成为网络上的信息源，发布点。

（2）信息量大，传播广

由于信息源的增多，信息发布没有限制，网上信息量呈爆炸性增长。因特网上的数据库不计其数。随着信息技术的普及，传播范围还将扩大。

（3）内容丰富，形式多样

信息来源的广泛与形式各异决定了网络信息资源具有丰富的内容，涵盖了不同学科、不同领域、不同语言的信息，可谓包罗万象。而且其形式有文本、声音、图像等多种媒体的综合。

（4）交互性与参与性

与传统的媒介相比，交互性与参与性是网络信息传播的一大特点，这体现在它的主动性、参与性、交谈性和操作性等方面。网络信息资源要求人们主动到网上数据库、电子图书馆中查找自己所需的信息，向信息高速公路输送信息或通过电子邮箱交流信息。

2. 网络信息资源发展的趋势

在网络环境下，信息资源可能会呈现出新的特征，信息资源配置可能会出现一些新的变化和趋势：

（1）载体形式与传递方式的增加

随着信息技术的不断发展，印刷型文献信息一统天下的局面被打破，出现了各种形式的电子出版物，因此，信息以纸张为载体、用邮寄方式传递的局面也随之被打破，增加了磁盘、光盘等载体形式和电话、传真、网络等传递方式。目前，以印刷型信息资源、光盘型信息资源、网络型信息资源为主且这三种信息资源并存的格局已经形成，而且，印刷型信息资源的比例逐渐减少，而光盘型信息资源和网络型信息资源的数量日益扩大。

（2）内容的拓展与数量的增大

由于信息技术的应用，信息生产周期缩短，信息资源数量迅速增长；以前难以生产的信息内容现在能容易地生产出来，以前无用的信息现在能成为有用的信息，以前无法利用的信息现在可成为能够方便地利用的信息，从而使信息资源的内容更加丰富。例如，网络型信息资源包括网络上的非正式信息交流，如电子邮件、电子布告牌、网络专题小组讨论、网络会议，其信息内容涉及科学技术、经济管理、文化教育、政策法规、求职求学、房产物价、股市利率、娱乐消遣、医疗保健、旅游观光等方面。

（3）分布的分散且不均衡

如今，信息资源的社会分布异常分散，数量众多的信息资源广泛地分布在各类社会机构、社会组织以及大部分家庭中。信息服务部门的信息除了来源于出版社、报刊编辑部、新华书店和图书进出口公司外，还可以来自于计算机硬件和软件公司、数据库开发公司、科研机构、高等学校、专业学会、行业协会、政府部门、各类企业和其他信息服务机构，甚至某些个人也利用信息网络传播自己的研究成果和其他信息，成为信息服务机构的信息来源之一。信息资源在不同国家之间分布的不均衡性也随之加大。

5.4.2 网络信息资源配置的原则

为实现网络信息资源配置最优化，我们应遵循一些基本的原则。

（1）社会经济福利最大化原则

资源有效配置强调整个社会经济福利最大化。根据"帕累托最优"或"帕累托有效"原理，信息网络要使信息配置最为有效，就必然涉及高速信息网络中经济利益主体之间以及网络系统和系统环境之间的经济利益分配关系。因此对信息网络进行配置时，不能仅从某一方面或某一个体入手，而必须从全局出发，综合考虑网络系统中各经济主体间的关系，以社会经济福利最大化为原则，将信息资源的生产、传输、消费等过程有效结合，使"最优生产，最优消费"。

（2）需求导向原则

信息网络有效配置的目的是最大限度地满足用户的需要。只有尽可能地使用户都满意，才有可能达到社会福利最大化。网络中用户人数众多，而受教育程度、个人偏好、自身上网水平、收入高低等都不尽相同。因此，个人需求的方式、方法、习惯、要求也各有不同。信息服务机构及其主管部门必须根据用户的需求，确定信息资源配置的内容、载体形式与配置模式，并根据用户的需求变化，不断调整信息资源配置的结构与模式。

（3）公平原则

信息网络在地区间和国家间发展不平衡，资源配置模式的不同，都会对用户需求满足度产生很大的影响。因而，有必要强调公平原则。公平是指在资源配置时能否公平地对待不同的国家和地区、不同组织、不同行业，能否合理地均衡分配资源（不是平均），做到真正满足每一个用户的需要，实现社会经济福利最大化。

（4）市场主导与政府辅助原则

市场是资源配置的主要调节手段。价格变化反映了市场信息资源的供求变化，也引导市场信息资源配置变化。尽管市场是资源配置调节的有效手段，但市场不是万能的，因此市场的运作过程离不开政府的宏观调控。政府手段是为了规范高速信息网络的社会行为，最终实现社会经济福利最大化。

（5）系统性原则

信息资源配置是一项复杂的系统工程，并非单个信息服务机构的独立活动。既然是一个系统，就应该从系统的角度考虑问题。一般需要从时间、空间、数量三个方面，尽可能保持整个网络中信息资源的全面性、完整性，以满足用户多方面的信息需求。

（6）一致性原则

信息资源的开发、加工、存储，服务的过程中，统一化和标准化是非常重要的，这是信息资源最终能得以共享的根本保证。如果不能在网络信息资源配置中实现自始至终的一致和统一，人与人的交流将会遇到障碍。

（7）合作与协调共享观

以前我国的信息资源配置中普遍存在着"大而全""小而全"的思想，信息主管部门重信息的拥有权、轻信息的使用权。传统思想观念的束缚和条块分割、各自为政的管理体制的制约，限制了信息资源共享和信息资源配置的分工协作。信息技术的发展为信息的远距离传递、大范围协调共享提供了条件，目前急需解决的主要问题就是改革信息管理体制，转变思想观念，建立全国统一的信息行政管理体系，克服条块分割、各自为政的现象，对信息资源的配置进行宏观调控，实现全国范围内信息资源配置的协调和共享。

（8）虚实结合观

以前，图书馆、档案馆在配置信息资源时，基本上都是采用现实配置方式。信息技术的发展与应用使信息资源虚拟配置成为可能，通过信息网络，不仅网络型信息资源可以实行虚拟配置，光盘型信息资源也可以采用虚拟配置方式。各信息服务机构可将信息资源的现实配置与虚拟配置结合起来，根据机构的性质和任务以及用户的结构、需求和利用信息的习惯等，确定现实配置与虚拟配置的主次。

（9）动态发展观

信息技术是不断发展的，用户的信息需求具有动态性。随着光盘型、网络型信息资源的数量不断增加，信息网络不断扩大和完善，用户信息需求会出现新的内容，用户获取和利用信息也会出现新的方式。因此，信息资源配置应树立动态发展的观念，在信息资源配置中，立足当前，兼顾未来，合理规划，分步到位。

5.4.3　网络信息资源配置的方法

网络信息资源配置的方法很多，可以从时间、空间和数量三方面考虑。

1. 时间配置

网络信息资源种类繁多，各类信息资源自身的特点决定了其时效性差别较大，而不同的使用者对信息资源的时间要求又各有不同。目前对网上信息的更新周期并没有明确的规定，更没有完整的体系结构，大部分是由各信息源自行操作。这就必然带来信息老化、质量不高等问题，离网络化之后资源实现有效、即时共享的初衷还有较大距离。因此，有必要对网上不同种类的信息按不同的时间段进行合理的配置，才能保证网络资源结构合理，最大限度地满足用户的需要。

2. 空间配置

由于世界上不同国家、不同地区、不同行业间高速信息网络的发展极不平衡，使不同地区用户无法公平地利用信息。网络信息资源空间有效配置就是找出一种较为合理的排列组合方式。它取决于许多因素，如信息源的自身素质、网络系统的技术条件、地区的网络发展情况、用户的个人素质及收入、行业的信息效用、市场成熟程度，等等。这些因素会在很大程度上影响信息资源的开发和利用。只有在基础设施和上层建筑上双管齐下，建设出高效的高速信息网络，使网络结构合理化、用户整体水平提高，才能有助于信息资源确立最佳的空间配置模式，使网络按需求和使用方向合理配置信息资源。

3. 数量配置

由于高速信息网络开放性极强，任何人都可以在网上自由地发布信息，因此网上的信息数量和种类非常多。如此使用户的选择余地大大增加，但同时却造成信息冗余，形成网上信息污染。网络用户千差万别，但对于某一用户而言，他在特定时间特定条件下的信息需求却是有限的。怎样快速查询到他所需要的信息对网络信息资源数量配置是一个考验。如果将庞大的信息量堆放在用户面前只可能造成用户的选择困难和不便。这就是所谓的信息冗余。当这种冗余大到用户不能容忍的程度时，这样的网络信息资源将没有意义。因此，网络信息资源需要在数量上进行合理配置。

5.4.4　网络信息资源配置评价

互联网信息来源渠道多种多样，纷乱繁杂，人们在寻找高质量的网络信息时真伪难辨，困难重重。要对网络信息资源进行有效配置，其中的重要一步就是对网络信息资源进行科学合理的评价和判断。开展网络信息资源评价，有利于指导信息用户方便、快捷、充分有效地获得所需信息，从而为信息用户节省宝贵的时间，间接产生无法估量的社会和经济效益。

1. 评价主体

评价主体是对客体价值作出判断的人。目前，对因特网信息资源进行评价的人员和机构主要有以下几类：

（1）政府

政府主要建立具有意识形态的检查制度，以及对色情、暴力信息的过滤，如防火墙技术。对于一个主权国家而言，这样做是无可厚非的。信息主权意识是主权的重要组成部分。政府机构仅提供一个宏观的信息资源环境，提供一个评价背景与大框架。

（2）学术领域的专业人员

某一学术领域的专家由于熟知本专业的研究方向，他们对网络信息根据因特网信息资源产生、组织、传递与使用的独特性，因特网信息资源的评价具有相当的权威性。例如，某些由来自大学或专业研究机构的各个学科领域的专家组成的专业性网络资源评价机构。

（3）因特网站点或搜索引擎

因特网站点或搜索引擎，尤其是一些流行搜索引擎，大多设有因特网信息资源评价指南等项目，如许多网络站点推出的"站点精选""信息资源荟萃"等栏目。

（4）数据库开发商或图书馆员

与一般的因特网站点不同，数据库开发商和图书馆员创建的站点在评价、选择因特网信息资源时，更注重站点的内容与质量，其评价与选择的标准，是学术图书馆及其用户。

（5）网络用户

用户所提供的网站评价服务大多以推荐站点为目的，通常一些网络管理机构会定期通过调查问卷的方式，组织网络用户投票评选"用户推荐优秀站点排行榜"。这些排行榜在一定程度上反映了一些网站在用户中的影响力的大小。

（6）进行网上资源评价的出版物

一些传统出版商经常根据读者的需要出版一些因特网信息资源指南工具书，如 *Internet International Directory*、*Library Journal* 等介绍、评论因特网的信息资源。

2. 网络信息资源评价指标

网络信息资源的评价指标主要包括网页内容指标和网站相关指标。

（1）内容评价指标

信息内容是对网络信息资源评价最重要的指标。主要包括如下几个方面：

① 权威性

权威性是指网络信息资源的影响程度，判断信息的权威性可以根据信息来源或提供商的可靠性。一般来说，可以通过信息发布者的身份或学术地位可以在一定程度上反映其所传播的信息的质量。另外，还可看网站标注的主办者、提供者和维护者的专业程度是否具有可信度；信息是否被其他权威站点或媒体引用、评价或者链接等。

② 适用性

适用性是指网络信息资源是否和网络信息用户的实际需要相符合，包括信息资源是针对专业研究人员还是普通大众；是面向大多数网络信息用户还是极少数网络信息用户；信息用户在多大程度上满意自己使用的信息资源，等等。

③ 全面性

全面性是指信息资源全面地表达一个或几个主题观点的特性；包括在特定主题观点下，信息资源收录范围是否涵盖、概括整个网络信息资源中的相关事实；信息资源语言的种类，是否只局限于本国语言，或包括多国多种语言；如果是学术信息资源是否标出引用文献的来源，供使用者通过引用文献的指引，更加全面地利用该方面的信息资源。

④ 客观性

信息的客观性越强，其可信程度就越高，对于很多销售网站或者商业服务性质的网站则要注意其客观程度，看其内容是否具有倾向性，作者的观点是否明确，有没有广告等。

⑤ 独特性

网页内容是否具有自己的特色，选题是否有针对性，主体的切入角度、内容的筛选和组织是否有的放矢。

⑥ 新颖性

有些资源需要经常更新，日期与新颖性关系密切，对评价资源价值非常重要。它包括：一是具体信息内容的新颖性，信息内容涉及的主题、作者表达的思想观点及过程中所运用的方法是否新颖独特；二是网站所提供的信息在自己的范围、形式、手段等方面是否有独到、创新之处。

⑦ 安全性

安全性对于网站信息来说非常重要，网站是否安全影响到网站的影响力，信息传播的质量和效率。看一个网站信息的安全性主要看它的防病毒能力。

（2）网站相关评价指标

①设计指标

一是考虑网站的框架是否清晰；一个好的站点应该有良好的结构，使访问者容易找到自己需要的信息；信息资源分类是否科学、合理；各部分所包含的信息是否均衡；网页是否包含菜单、表格、标题、图形框等；是否保持网站里每个网页在设计上具有一致性。

二是考虑网站的用户界面是否友好；是否有网站地图、使用指南等帮助信息；是否可以让用户明确自己所在的位置，并能迅速返回主页；信息是否可以下载或打印等。

三是考虑网站是否提供多种交互界面，如数据库查询；是否有留言板，方便用户交流；用户的操作能否得到及时的回应。

四是考虑网站的检索功能，能否能够实现检索；检索方式是否单一；是否可以按多种途径检索，如题名、作者等；对文献类型、出版时间、形式等能否进行选择和限定。

②链接

链接直接影响到用户对网络信息资源的获取，网站所在的地址是否稳定，将影响用户能否顺利地利用该网站。此外，网站是否提供全天服务，也影响用户是否能正常链接该网站，网站的维护人员是否定期地检查网站链接的信息是否有变动；如果有变动，是否根据实际情况对其及时更新。

③传输速度与质量

随着网络用户的不断增加，网络的整体速度会越来越慢，一个网页如果传输的速度太慢，往往会使用户难于利用，从而使得网站上的信息变得没有价值。因此网站需要考虑等待和响应的时间，下载网页是否需要很长时间，是否经常有超载或者脱机的现象等。另外每个点选或按键动作回应时间长短也是影响传输质量的指标。

④成本

成本包括技术支持成本、连通成本、信息服务收费。技术支持成本要考虑软硬件和网络条件等要求；连通成本要考虑通信费、信息流量费、连通是否快捷，网站图像是否多；信息服务收费指信息提供商向用户收取的费用。

⑤稳定性

稳定性指网站相关信息资源的某些性能和指标保持不变的特性，如：网站的网址是否稳定易记，用户是否能顺利找到该网站；网站是否有专人维护，网站是否提供全天候服务。如果一个网站各项性能均较为稳定，能为网络信息用户提供不间断的网络信息服务，则用户可以得到较系统全面的信息。

⑥目的

网站的目的和目标用户决定了网站信息的定位，也决定了用户能否获取自己需要的服务。信息资源的有用性是与用户需求紧密相关的，相同的信息其价值对不同的用户是不同的。用户可以根据网站的定位可以迅速判断是否与自己的需求相吻合。

3. 网络信息资源评价方法

如何评价网络信息资源，为用户提供具有较高可信度的网络信息资源评价服务，建立科学、合理的网络信息资源评价的方法体系，越来越受到研究者的重视。

对网络信息资源配置进行评价需要使用一定的方法，主要有定性方法、定量方法以及综合评价方法。

（1）定性评价方法

定性评价方法是指根据评价标准和指标体系对网络信息资源进行评价的方法。它的基本步骤是：由评价工作的目的和服务对象的需求，依据一定的准则，研究确立评价标准，建立相关的评价指标体系对评价对象进行评价。

定性方法的优点是可以对评价对象进行全面、细致的分析，可以从多种思路、多种视角来考察网络信息资源的质量。它的局限性有主观性较大，有时可操作性较差，合理性和可信性可能会引起争议，规范性、准确性和科学性有待进一步研究提高，时效性不强等。

使用定性评价指标进行评价，一般采用问答法、网上或网下问答调查法和专家评议法。问答法用于网络用户个人选择网站或网页。用户个人可通过回答各项定性指标的多个具体问题来确定某个网站的优劣。问卷调查法和专家评价法是由进行网站评价的部门或机构在网上或网下列出各项定性指标的多个具体问题。由评价人员根据问题回答来给定每个问题的等级，或者回答"是"或"否"，根据"是"的数量的多少确定网络信息资源的质量。

（2）定量评价方法

定量评价方法是指按照数量分析方法，利用网络自动搜集和整理网站信息的评估工具，从客观量化角度对网站信息资源进行的优选与评价。定量评价方法提供了一个系统、客观、规范、科学的数量分析方法，与定性分析方法相比，得出的结论更为直观和精确，有着较高的可信度。它的缺点在于量化的标准过于简单化和表面化，往往无法对信息资源进行深层次的剖析和考察。

定量评价方式主要是利用网络技术实现网站的访问量统计和链接情况统计。

1）网站访问量统计

统计网站的点击数一般有两种方法：用户行为监测法和网站服务器登录日志分析法。服务器登录日志分析法是对被访问的服务器的访问数字进行统计分析，以此对网站排序。网站被链接次数的统计及排序，由于数字巨大，通常是通过搜索引擎完成。当需要统计的数字较小时，也可以采用人工统计的方式对网站进行定量评价。

2）链接情况统计

网站被链接次数的统计，可以通过搜索引擎的检索功能进行，或用服务器登录日志分析法统计网站的被点击量。目前有链接分析法、网络计量法等方法。

①链接分析法

如果一个网站建立了与另一个网页网站的链接，可以认为两者之间存在某种联系或关联。其中，主动实施链接的网页，称为施链网页；另一个称为被链接网页。利用链接方法来评价网络信息资源的步骤为：首先，选择合适的搜索工具；其次，从不同的角度统计链接，并计算出 Web 影响因子；最后，分析站外链接的类型及特征。

链接分析法可利用搜索引擎查找指定网页的被链情况，结果为一客观数字，可重复验证，易于操作，可以弥补定性方法的缺陷。

②网络计量法

为了克服定性评价的主观性，根据计量学的思想，有专家提出了网络计量法，为人们提供了一个系统、客观的数量分析方法，具有方便、快速、客观公正、评价范围广等优点。有的专家是通过计算机用资源被检索或引用的次数来测定网络资源的重要性，也有通过引文分析法来评价网络信息资源，还有利用软件系统发现特定主题领域中的优秀网站。

（3）网络信息资源的综合评价方法

由于定性方法和定量方法都存在一定的局限性，所以将二者有机地结合起来、相辅相成，既能发挥定性方法全面、细致、深入的优势，又能具备定量方法系统、客观、科学的长处，从而达到综合完整地评价网络信息资源的目的。

1）层次分析法（AHP）

层次分析法是美国著名运筹学家托马斯·萨蒂（Thomas L. Saaty）于 20 世纪 70 年代提出来的，是一种定性和定量分析相结合的系统分析方法，它综合人的主观判断来分析复杂的定性问题的拟定量方法，把总体现象中的各种影响因素通过划分相互联系的有序层次使之条理化。层次分析法的基本步骤如下：

①将复杂问题概念化，找出研究对象所涉及的主要因素；

②分析各因素的关联、隶属关系，构建有序的阶梯层次结构模型；

③对同一层次的各因素对于上一层次中某一准则的相对重要性进行两两比较，建立判断矩阵；

④由判断矩阵计算被比较因素对上一层该准则的相对权重，并进行一致性检验；

⑤计算各层次相对于系统总目标合成权重，进行层次总排序。

层次分析法的局限性主要表现在结果只针对准则层中评价因素，人的主观判断对于结果的影响较大。在进行网络信息资源评价中应该注意不同的主题、不同性质的网站之间具有不可比性。因此这种方法的可移植性比较差，不能普遍用于网络信息的评价中。层次分析法的步骤比较复杂，运用其进行网络信息评价的结果有一定滞后性，不适用于更新频繁的信息的评价。

2）评价性元数据方法。

利用评价性元数据开展网络信息资源评价是一种新的模式。元数据是网络信息资源管理的重要工具，元数据包括描述性元数据和评价性元数据两类，描述性元数据用于网络资源的描述和定位，如都柏林核心集等，而评价性元数据则用于网络资源的发现与评价。以元数据为基础的网络信息资源评价，实质上是对网络信息资源进行认证的一个过程。在很大程度上，其成功依赖于信息提供者能主动参与认证和用户对认证机构、评价标准、认证结果的信赖程度。

3）加权平均法

加权平均法用"调查求重"的方法求得各指标的权重，然后利用加权平均的思想得出网络信息评价。指标体系既有定性指标，也有定量指标；既考虑到网络信息资源的外部特征，又考虑到其内部特征，即信息的内容属性。同时，这个指标体系还考虑到各项指标的适用对象或范围。

加权平均法虽然在一定程度上避免了评价者的主观性，但也无可避免地存在以下一些缺点：网络信息的易变性和动态性使得网络信息资源的评价标准的制定和评价工作往往滞后于实际情况的变化；即使评价标准的设置考虑到用户的个性化特征与特定信息需求状况，但由于网络信息资源用户的广泛性，无法满足用户的个性化与特殊化的信息需求，由此导致评价结果的适用性问题。

4）模糊综合评价法

1965年，美国控制论专家Zadeh教授创立了模糊数学。作为一门新兴的数学分支，模糊数学的发展十分迅猛，广泛地应用于工程技术和社会科学研究的各个领域。

由于网络信息资源评价是一个综合评价的过程，需要考虑多种因素的影响作用，而且这些因素往往带有一定程度的模糊性。而模糊数学中的隶属规律可以对一大类模糊现象进行客观的数量刻画。故而可以应用以模糊集论为基础的模糊数学理论与方法对同络信息资源进行研究和评价。事实上模糊数学的方法也可以与层次分析法结合使用，确定指标集合中的模糊权重，就可以用AHP法来测定。可以利用基于模糊数学的方法构建网络信息资源多层次综合评判体系，对专业网站进行综合评判。

5）网站排行榜评价模式

除了以上学术界提出的网络信息资源的评价方法以外，因特网上已经出现了一些用户经常使用的和基本认同的网站排行榜评价模式。这种排行榜所采用的评价标准、评价方法、评价结果等都与学术界评价方法存在着较大的差异，不同的网站使用的评价模式也存在着比较大的差别。

目前的网站排行榜依据的评价模式有三种：网站流量指标排名模式、专家评比模式和问卷调查模式。

①网站流量指标排名模式

不少著名的国外咨询调查机构，如Media Metrix、PC Data、Nielsen Ⅱ Net Ratings等都采用独立用户访问量指标来确定网站流量，并根据这个标准来发布网站排名。国内有影响的网站访问量统计机构，如中国互联网络信息中心（CNNIC）的第三方网站流量认证系统。

通常许多网站公布的访问量都是指网页浏览次数或印象，但由于每个访问者可制造出许多网页浏览次数，而独立用户刷新网页也会使印象数增加，所以网页浏览次数和印象都不能精确地反映网站的访问人数。目前，关于网站流量指标的定义并不一致，并且对独立用户的认识也存在差异，因此在一定程度上影响了这种评价方法的权威性和准确性。而且，国外对网站流量的咨询机构采用的是实际监测的手段，而国内主要采用在被测网站加入代码的方式，并且对于是否参与排名、是否公开排名结果完全出于自愿，这样，网站访问量排名的真实性、全面性等无法保证。

②专家评比模式

美国《个人电脑杂志》曾经根据个人的对网络资源的了解和主观认识将网站分为20类，每类选出5个网站，共评出了本年度排名前100位的全美知名网站。CTC中国竞赛在线也曾举办了中国优秀网站评选活动，将网站分类，先由公众在网上投票并发表意见，最终结果则由评选委员会根据综合因素评定。这两次评选活动都使用专家评比模式进行网站排名。

这种专家评比模式有如下局限性：专家组人数有限，代表性不够全面；部分专家的意见存在一定的倾向性；个别权威人物或其言语有可能左右到评论的结果；有些专家碍于情感的因素，不便当面提出自己的意见。

③问卷调查模式

问卷调查是一种常用的调查方式，通常有抽样调查和在线调查等形式。由于问卷调查结果的可信水平与问卷的设计、抽样方法、样本数量、样本分布、系统误差、调查费用等多种因素有关，问卷调查的结果也只能在一定程度上反映出网站在人们心目中的"形象"。问卷调查法的代表性和公正性也难以得到有效的保证。

综合评价方法结合了定性方法与定量方法的长处，较好地克服了定性方法主观性强、不够客观、可操作性差和定量方法过于简单化和片面化的弱点，从而取得了较好的评价效果。但综合评价方法的研究开展的时间还不长，构建的指标体系并不健全与成熟，对网络信息资源各方面因素的考察也并非很完整，将来可以有更多的定量方法被引入到综合评价体系中来。

本 章 小 结

随着通信技术、计算机技术的快速发展，随着社会信息化进程的加快，一个网络化、数字化的信息环境正在加速形成，一个不受国别、时间、空间和经济制约而共享全球信息资源的电子信息时代已经到来。信息资源已经成为现代社会最重要的资源之一，而信息资源的开发利用水平是衡量一个国家综合国力的重要标志。

在社会活动中，人们发现信息资源与物质资源、能源资源等有形资源不仅具有相似性，还有明显的区别。相似性是指它们都具有稀缺性，就是说有效的信息资源对于需求者来说总是不足或者有限的。这种资源的稀缺性使得资源合理配置成了社会性问题。区别在于信息资源具有其他资源所没有的共享性，即在排除人为约束条件下，某些人对信息资源的控制和享用并不以减少其他人减少或失去该信息资源的控制和享用为前提。由于信息资源的这两种特性，因此我们可以利用经济学的方法理论，诸如帕累托法则、福利经济学第一定理等来研究其优化配置。

广义的信息资源配置，指将有用的信息及其与信息活动有关的信息设施、信息人员、信息系统、信息网络等资源在数量、时间、空间范围内进行匹配、流动和重组。狭义的信息资源配置，指将有用的信息在不同的时间和不同地区、不同行业、不同部门进行分配、流动和重组。习惯上，信息资源的配置有时指其广义，有时指其狭义，有时混合使用，并没有进行严格的区分。但我们认为，广义的信息资源配置仅适合于信息产业内部，在信息产业之外，信息设施、信息人员等的配置属于一般性的资源配置；狭义的信息资源配置，既适合于信息产业，也适应于其他产业。信息资源配置的问题应分析信息资源配置机制，包括信息资源配置的类型、基本要求、方式和层次四个方面。

信息资源配置的目标之一是信息资源效益的优化。信息资源配置的效益既有经济效益，也有社会效益；既有直接效益，也有间接效益；既有当前效益，也有潜在效益。同时，在信息资源配置中还涉及各类主体的利益，可以从用户效益、信息机构效益、国家信息效益和社会效益几个方面考虑信息资源配置效益。但是，需要引起注意的是，由于信息资源的特殊性，如果单纯依赖市场的调节作用，并不能使信息资源的配置自动达到均衡，这就是"信息市场失灵"。

在网络时代，实现了信息资源的网络化、全球化再配置。网络信息资源是指借助于网络环境可以利用的各种信息资源的总和，它包括信息内容本身、记录信息的载体、信息的表达方式、信息组织的结构以及信息传播的手段等要素。网络信息资源必须经过专业人员组织才能有序、高效地为用户服务。对网络信息资源进行评价需要使用一定的方法，包括定性方法、定量方法以及综合评价方法。定性方法的优点是可以对评价对象进行全面、细致的分析。定量评价方法提供了一个系统、客观、规范、科学的数量分析方法，与定性分析方法相比，得出的结论更为直观和精确，有着较高的可信度。综合评价方法将二者有机地结合起来、具有定性方法与定量方法的长处，从而达到综合完整地评价网络信息资源的目的。

即测即练

扫 码 测 练

思 考 题

1. 请解释帕累托最优。
2. 什么是福利边界。
3. 简述信息资源配置的内容。
4. 简述信息资源配置效益的内涵。
5. 试分析网络信息资源的发展趋势。

案 例 分 析

生机缘于网络

目前位居全球十大汽车零件制造商的 Valeo，产品范围从离合器系统到车窗雨刷一应俱全。他们在 1999 年中期开始关注并相信网络工具对公司经营方面的作用，进行了网络配，并取得了初步效果，特别是一个称为 "e-procurement @ supplier-integration" 也称（"e@si" 计划）的方案。最特别的是 Valeo 的经营文化也由此开始出现变化，网络的使用在公司内部引起了部门之间的良性竞争。例如该公司目前有20 条生产线，当其中一条取得技术上的进步时，所有的相关资料马上可以通过网络流传到各部门。

据该公司的研究分析发现，在一个产品结构复杂的公司组织中，网络确实有着非常大的应用潜力。例如该公司生产的零件范围非常广泛，从后车灯等单一零件，到后车厢这种需要结合多种零件（车灯、电子设备、雨刷和安全系统）的组合式大型零件。不论哪种零件，他们都必须与客户（汽车制造商）密切合作，而且零件愈复杂，合作的要求愈大，该公司对汽车制造过程初期的涉入也就愈深，而且对汽车的制造经常具有决定性的影响。因此他们必须清楚汽车的所有细节，才能精确地提供所需的零件。精确性的要求往往超乎人们的想象，而要达到这种精度，该公司就必须持续与汽车制造商交换信息，而这种工作通过网络进行是非常简单的。

与客户通过网络沟通的需求由此愈来愈强，这不仅因为汽车制造商有把成本转移到零件制造商的趋势，而汽车零件厂商要想成为大车厂的策略伙伴，只能追随这种趋势。使用网络的另一个好处是，公司可以更有效地应用研发资金。

Valeo 公司在全球设有 180 个生产部门，并有 100 个以上的业务分部。整个分布是非常传统的中心化布局——由一个总部来支持各个独立的部门。但先前各部门间的沟通效率很低，各分部门的主管并没有互相沟通配合的整体运营观念。

这种状态自该公司的网络配置完成后就有了大幅度的改变。其中最大的成就是用七个新的主要"领域"来取代旧的部门布局，而七个领域的划分是以汽车结构为依据的，包括"内部空调""电子能源控制""汽车安全系统"等。通过整合旧的部门分配，新的领域划分具有促进团队合作的效果，同时这种划分对客户来说更有吸引力，因为他们可以非常容易地找到特定的部门。

讨论下列问题：

1. Valeo 公司实施"e@si"计划后，对公司的信息资源配置产生了怎样的影响？

2. 实施"e@si"计划后，导致了 Valeo 公司与客户之间怎样的一种关系？

3. 为什么说 Valeo 公司的生计缘于网络？基于"e@si"计划对管理的影响，Valeo 公司应该如何推进其下一步的"e@si"计划？

第6章
信息系统资源管理

本章关键词

信息系统（information system）
价值管理（value management）
信息系统绩效（information system performance）

本章要点 ▶▶

21世纪，知识经济时代的快速发展进步，信息和知识已经被企业和国家看作作为重要的发展资源，企业管理的各个办理环节都离不开信息资源的支撑，可以说，企业管理的自身就是个信息资源的开发和使用的过程。信息对于企业发展的作用被越来越多的企业所重视，信息系统的管理成为各个企业提升自身市场竞争力的一个重要手段。

通过本章学习，理解信息系统的概念及其信息资源获取和应用的关系；掌握信息系统规划管理、建设管理、运行维护管理／信息系统安全管理，信息系统的评价及价值管理的作用、方法和工具。

6.1 信息系统概述

▍6.1.1 信息系统的概念

信息系统（information system，IS）一般泛指收集、存储、处理和传播各种信息的具有完整功能的集合体。现代信息系统指以计算机为信息处理工具，以网络为信息传输手段的系统。

我们可以从不同角度来认识信息系统。

从数据处理的角度看，一个完整的信息系统通常都具有数据的输入、传输、存储、加工处理和输出等功能，这些功能可根据具体情况，分别由计算机和人工过程承担。

从用户的角度来看，用户关心的是系统的功能，在他们看来信息系统是为了实现某一个功能存在的，因此不同的功能就对应着不同的信息系统。具体地说，从用户所属组织的类型来看，信息系统可分为政府信息系统、企业信息系统、军队信息系统等；从用户所属部门的职能来看，可分为财务会计信息系统、人力资源信息系统、生产制造信息系统、市场销售信息系统等；从用户所在层级的角度可分为战略层信息系统、管理层信息系统、知识层信息系统、操作层信息系统。

从系统的角度来看，信息系统就要分析信息系统的输入元素、处理元素、输出元素和控制元素及其相互关系。

从技术角度看，信息系统是收集、处理、储存和传递来自组织外部环境和内部经营的信息，通过输入、处理、输出、反馈等基本活动以支持组织决策和经营管理的一种相互关联的集合体。

从经营管理角度看，信息系统是组织和管理上针对环境带来的挑战而作出的基于信息技术的解决方案。这说明，信息系统不只是一个技术系统，而且还是一个管理系统、社会系统。信息系统是一种组织和管理的手段，它建立在信息技术基础之上，用以应付商业环境带来的挑战。

信息系统的应用可以大致分为六种，如表 6-1 所示：

表 6-1　六种主要的信息系统

组织层次	系统类型	典型功能
战略层	战略支持系统	长期销售趋势预测　长期预算计划　人力资源计划
管理层	决策支持系统	成本分析　定价分析　投资分析
	管理信息系统	销售管理　库存控制
知识层	办公自动化系统	文字处理　电子邮件　电子日历
	知识工作系统	计算机辅助设计　虚拟现实
操作层	事务处理系统	物流管理　现金管理　设备管理　订单管理

事务处理系统（TPS）是进行日常业务处理、记录、汇总、综合、分类系统；知识工作系统（KWS）对专业知识工作提供支持；办公自动化系统（OA）对文书处理、公文流转等任务提供支持；管理信息系统（MIS）帮助管理人员对整个组织的运行进行全面的管理，其重要特点是利用定量化的科学管理方法，通过预测、计划、优化、跟踪、调节和控制等手段来支持管理；决策支持系统（DSS）是综合应用模型和分析技术，对管理决策提供信息支持的系统，其目的在于帮助管理者解决非结构化的决策问题，强调灵活性相适应性；战略支持系统（ESS）是面向高层管理人员的系统，提供高度综合的组织信息，并支持智能化、多角度的查询分析，为战略层面的决策和管理提供信息支持。

6.1.2　信息系统的发展轨迹

信息系统的发展与管理科学和计算机的发展密切相关，其发展大致经历了三个阶段。从信息使用的角度看，每个阶段的信息系统解决了不同的信息管理问题。正确理解信息系统的发展历程是正确评价信息系统作用的基础，从而更好地推动信息系统的发展。

（1）电子数据处理阶段

电子数据处理阶段的主要特征是用计算机代替以往人工进行事务性数据处理的系统，所以也有人称其为事务处理系统（TPS）。TPS 是信息系统最初级的形式，也是最基本的形式，面对的是高度结构化的管理问题。它是以提高效率为目的，为计算机在信息管理领域的应用奠定了基础，是企业其他类型信息系统的信息产生器。

电子数据处理主要目标是提高管理人员处理日常例行事务工作的效率，但它很快便不能满足现代管理对信息处理的需要了。一个重要的原因是它将各项管理信息分开处理，但现代企业的各种管理活动是一个统一的整体，因此，企业必须从整体目标出发，系统地、综合地处理各种管理信息。

（2）信息处理阶段

如果说事务处理系统是面向数据，以数据处理为核心，那么，信息管理系统则是面向信息，以生成有用信息为核心。如果说事务处理系统是针对某一种职能，那么信息管理系统涉及各个职能部门，涉及综合职能。这个时期代表性的信息系统有：管理信息系统（MIS）、决策支持系统（DSS）、基于人工智能原理的专家管理系统（EI）、支持主管高效率工作与决策的经理信息系统（EIS）、办公自动化系统（OAS）和战略信息系统（SIS）。

这个时期的主要特点是：管理信息系统的研究发生了很大变化。一是研究范围逐步扩展，研究内容包括组织特征、目标、结构、文化等对管理信息系统的作用与影响；二是研究方法由早期的纯技术方法转变为社会技术方法，强调对信息系统进行综合管理；三是管理信息系统面向的对象由信息系统开发人员转变为组织各级管理人员，特别是面向组织高级管理人员，侧重研究如何利用管理信息系统对组织战略的支持，探索战略信息系统对组织获得竞争优势的作用；四是管理信息系统的研究者转而研究信息资源管理，国外主流信息资源管理的研究者多来自于信息系统领域。

（3）企业间信息系统阶段

随着企业面临市场环境的变化，为了谋求生存和发展，企业必须具有快速响应市场变化的能力，既要能及时提供适应市场需要的且质量高、价格低、服务好的产品和服务。为了能快速响应市场，一方面从管理角度来看，企业必须加强与其合作伙伴之间的协作；另一方面从信息角度来看，必须及时、准确、完整地收集、分析、处理和传递大量的企业内部和外部信息。因此，信息系统技术在企业中的应用不仅要解决企业内部各部门之间的信息快速、准确传递和信息资源共享问题，更为重要的是实现企业和其合作伙伴之间的信息快速、准确传递和资源共享。在这种企业内部需求的拉动下，在迅猛发展的计算机网络技术的推动下，20 世纪 90 年代初出现了一种新型的计算机信息系统，即企业间信息系统。

一个组织的管理信息系统的建设有一个从局部到全局、从初级到高级的发展过程。一个组织在发展过程中，按不同的发展阶段和管理与业务工作的实际需要，其信息系统在某个时期可能侧重于支持某一两个层次的管理决策或业务运作。事务处理系统、管理信息系统、决策支持系统和高层支持系统解决的是企业和组织内部的信息收集、分析、处理、传递和信息资源共享问题。这些系统的建立为企业和组织内部的各级管理和决策人员提供信息和决策支持，提高企业的经营管理水平，发挥了极其重要的作用。这些系统的应用极大地提高了企业的工作效率和经济效益。

前述的 EDPS/TPS、MIS 和 DSS 都是分别针对企业的不同的管理层的需求独立开发的或相对独立开发的，20 世纪 90 年代以后，随着网络技术的发展和应用，整合企业内部三个层面信息系统以及企业与外界信息的条件逐渐成熟，为此企业资源计划（ERP）应运而生。ERP 对企业业务的支持也是全方位的。ERP 系统不仅实现了企业各职能领域的集成管理，而且实现了全流程的动态作业管理。也就是说，一方面，ERP 从纵向上整合了企业的 EDPS/TPS、MIS 和 DSS，缩短了企业决策层和操作层的距离，促进了企业组织的"扁平化"变革；另一方面，从横向上整合了企业的生产控制、物流管理、财务管理和人力资源管理等功能模块，带动了企业业务流程重组，从而实现了职能部门内部的信息资源集成管理和消除了传统管理信息系统造成的"信息孤岛"。而且，通过与供应链管理（SCM）和客户关系管理（CRM）系统的整合，ERP 还能够集成企业上游的供应商和下游的分销商与消费者的信息资源。这三者的集成，加上电子商贸系统就可以开展真正的电子商务。

总的来说，信息系统作为现代社会组织的一部分，其目的是为了实现组织的整体目标，对与管理活动有关的信息进行系统、综合管理，以支持组织中各级管理决策活动。它既是一个组织的信息资源的有序组合，又是开发利用信息资源以支持组织目标的战略手段。

6.1.3　信息系统与组织

组织与信息系统之间是一种双向的相互影响、相互作用关系。一方面，信息系统必须适应组织，给组织中的各个群体提供他们所必需的信息；另一方面，为了从新技术中获利，组织必须意识到且主动接受信息系统带来的影响。

1. 组织对信息系统的影响

组织对信息系统的影响主要是通过组织在信息系统应用过程中一系列重要问题上的决策而产生的，组织通过在如何使用技术，以及技术在组织中将起什么作用等问题上的决策而对信息技术产生直接的影响。随着计算机技术的发展，组织使用技术的方法不断变化，进而引起系统作用的不断变化。目前，信息系统已成为集成的、联机的交互式工具，并且深深地结合到大型组织决策和基本经营当中，偶尔的系统故障可能影响到组织的生存。

组织影响信息系统技术的第二种方式是通过决定由谁来设计、由谁来建立、由谁来管理和操作组织中的信息技术。这方面的决策直接决定了技术服务的实现方式。

信息系统可用来提高效率或带来效益，但对越来越多的组织来说，信息系统将成为其生存的一种必须，甚至成为组织竞争优势的源泉。但实际中信息系统的应用往往不是出于单方面的因素，甚至有时信息系统的应用并不是从效率、效益或竞争优势角度考虑的。

有些组织在信息系统的引进上并没有考虑直接经济效益，而是由于组织的创新意识，一种不断利用环境中的新技术、新知识来适应环境变化的一种组织文化。有些组织信息系统的建设是出于某些群体的目标，如：满足不断提高的客户需求；协调分散在组织中的各个小组；从严控制人事和消费等。还有时是由于环境的变化需要利用信息系统响应变化，如政府环境、竞争对手、成本等环境因素的变化。

2. 信息系统对组织的影响

关于信息系统对组织的影响，可以从经济学和行为学两个方面进行分析：

（1）经济学角度

首先，把信息技术看作是可用来代替资金和劳动力的一种生产要素。信息系统技术的成本不断降低，而劳动力成本却在不断升高，利用信息系统技术实现手工操作的自动化、流线化或对原来的工作流程进行重新设计。信息系统的应用改变了企业的生产函数，使生产函数向内移，也就是对于给定的输出需要更少的资金和劳动力，且企业的扩展更多依赖于资金，更少依赖于劳动力，信息系统技术的应用可带来中层管理人员和工作人员的减少。

其次，信息技术可以帮助公司降低市场参与成本（交易成本），使公司值得与外部供应商签订合同而不用内部供货。即使公司要使收入增长，其规模可能会不变或缩减。当交易成本减少，公司规模应该缩小，这是由于公司在市场上为购买东西和服务的合同签订变得容易和便宜，而不在其内部生产产品和服务。

最后，将企业看作是具有个体利益之间的一种契约连接。而不是将企业看作是联合的、利益最大化的实体。负责人（雇主）雇用"代理人"代表他完成工作，并将一些决策权授予代理人。一方面代理人需要经常性的监督和管理，否则，他们就有可能去谋私利，这就有了管理和协调费用；另一方面雇主又必须付给这些代理人监督和管理员工的代理费。随着公司规模和经营范围的扩大，雇主必须花费越来越多的精力监控代理人，管理费用随之增加，同时雇主又必须把更多的决策权授予代理人，这就意味着代理费用也随之增加。

信息系统的应用可减少获取和分析信息的成本，这样一方面使企业降低总的管理成本；另一方面，信息的有效获取使得每个管理人员可管理更多的员工，企业在增加收入的同时可减少中层管理人员，降低代理成本。

（2）行为学角度

经济学理论是从大多数企业共性的市场行为角度出发，对信息系统给组织带来的影响进行分析研究；而起源于社会学、心理学和政治学的行为理论在描述各个企业的个体行为方面更有用。虽然组织中信息系统的应用在某种程度上能够实现高层管理人员预先所确定的目标，但行为理论的研究发现，信息系统应用所带来的组织变化并不是自动发生的。

行为研究发现组织中信息技术的使用可以降低信息获取的成本、扩大信息传播的范围，进而改变组织的决策层次。信息技术可将组织运行层的信息直接传递给高层管理人员，这样就会减少中层管理人员，以及相关的支持工作人员。通过使用网络通信系统，高层管理人员可直接与较低层员工接触，以减少管理过程中的中间媒介。另一方面，信息技术可将信息直接传送给组织中较低层的工作人员，使他们不再需要管理干预即可利用自己的知识和所获得的信息进行决策。有些研究人员甚至提出，由于计算机化增加了中层管理人员的信息量，可赋予他们更大的决策权，进行更重要的决策，进而可减少较低层次的员工。

社会学家的观点是，信息技术在转变组织的作用上不具有独立的力量。当信息技术帮助组织中各下属单位的管理者或部门的利益时，管理者则欢迎和接纳信息技术。管理者总是在寻找更好的办法来实施现行的规章和标准工作程序。久而久之，信息技术本身又变成了另一套标准工作程序，要对其改变的难度同改变其他标准工作程序一样难。信息技术无助于公司的生存能力，在相当的一段时间内，大多数组织都失败了。变化的出现是因为对应于新技术有新的组织形成，新组织把新技术结合到它们的标准工作程序中。经过一段时间，这些新组织变老、变得官僚、变得易毁，最后寿终正寝。社会学观点强调对系统作用的控制，人和组织的力量、组织内重要的团体有意或无意地决定组织中将发生何种变化。组织采用技术是因为技术适合于组织中关键的下属单位、部门、管理者的权益。组织能够决定分散权力还是集中权力。

近年来，许多组织把权威从总部中移出，缩减办公人事，把更多的权力交给分支机构的经理们。但是也有许多组织仍旧特意地从下属经营部门中收集更多的信息，仍旧寻求建立大型的公司管理机构来做计划和经营控制。经理们作这类决策的原则是他们自身的利益。

在后工业社会中，权力越来越依赖于个人的知识和能力，而不是取决于其在组织中所处的位置，专业化员工的自治管理导致组织结构趋于扁平化。随着知识和信息越来越广泛的传播，决策越来越分散。信息技术促进任务为中心的网络化组织的发展，这类组织是由一组专家为完成某项特定的项目而组成的，他们之间通过面对面或电子邮件的方式进行信息变换，一旦项目完成，个人可能会参与到其他项目中。在不久的将来，更多的组织也许会虚拟化地运作，工作的完成将不再受地理位置的限制。

视频 6.1

扫 码 观 看

6.2　信息系统规划管理

组织信息系统战略的制定对于其获得和持续保持竞争优势有至关重要的作用。信息系统的建设是个投资巨大、历时很长的工程项目，信息系统的规划摆到重要的战略位置上。信息系统规划是信息系统实践中的主要问题，也是现在管理信息系统研究的主要课题之一。

▌6.2.1　信息系统规划概述

自 20 世纪 60 年代电子计算机在企业中得到广泛应用以来，信息系统在企业中的应用极大地改变了企业的生产经营模式和外部环境，具有了明显的战略意义，成为企业系统中不可或缺的重要组成部分。IT/IS 被提升到了影响企业战略，获取竞争力的战略角度来认识。于是，信息系统战略及其规划受到了企业界和理论界的广泛关注。

信息系统战略是指导企业应用信息技术，开发满足企业需要的信息系统，并通过 IT/IS 的应用使企业获得战略优势的指导思想，它包含狭义的信息技术（IT）战略、信息系统（IS）战略和信息管理（IM）战略三个层次。狭义上的 IT 战略是指关于 IT 的技术政策，关心信息技术的应用对企业目标的长期支持，例如如何处理系统结构、安全等一系列问题；IS 战略是关于 IS 开发如何满足企业当前和未来需求方面的考虑，要求通过信息系统应用使企业获得战略优势；IM 战略是关于开展信息化活动的管理框架。

为了能够有效地实施信息战略，就必须进行信息系统规划。信息系统规划（Information System Planning，ISP）是从组织的宗旨、目标和战略出发，对企业内、外信息资源进行统一规划、管理与应用，从而规范组织内部管理，提高工作效率和顾客满意度，最终为企业获取竞争优势，实现企业的长远发展。从作用上讲，信息系统规划更多地被理解成：为了指导组织应用信息技术，建设满足组织需要的信息系统，并通过有效的信息系统应用和管理帮助组织获得战略优势的总体性设计。

我们可以从静态的结果和动态的过程来更好地理解信息系统规划：从静止的状态来看，ISP 是一系列与 IT/IS 相关的战略管理活动的结果（输出），这一结果描述了组织未来的信息系统应用模式和信息系统应用组合，以及达成这一目标的行动路线和管理架构；从动态的过程角度看，ISP 是一个制定企业未来 IT/IS 应用蓝图和实现这一蓝图的管理过程。它是识别企业的以 IT 为基础的信息系统应用组合，以支持企业执行其企业规划，进而达成企业目标的过程。因此，ISP 同样既是明确满足企业需要的信息技术和信息系统"是什么？应该是什么？为什么？"这一因果关系问题，同时更要注重"如何去知道""如何去做"这一方法论方面的问题。

6.2.2 信息系统规划内容

企业的战略规划是识别企业总目标、目标、优先级以及制定计划实现目标的过程，信息系统规划是企业战略规划的一个重要组成部分，信息系统规划的内容很广，主要包括如下方面：

（1）组织的战略目标、政策和约束、计划和指标的分析；

（2）信息系统的目标、约束以及计划指标的分析；

（3）应用系统或系统的功能结构、信息系统的组织、人员、管理和运行；

（4）信息系统的效益分析和实施计划。

信息系统规划过程是由一系列将从企业计划、外部资源、信息系统用户那里获取的信息输入转化成信息系统建设计划的活动集合，其主要内容包括企业规划和信息系统规划战略一致性研究的内部环境分析、外部环境分析及信息技术分析。从宏观上而言，各种规划方法都遵循一定的步骤，包括上述规划活动，即所谓的"一般过程"，经过对规划、过程及规划活动的分析，建立了信息系统战略规划的过程框架模型，该框架模型分为三个层次：企业战略规划层、信息系统战略规划层和规划实施层。如图 6-1 所示，其中，企业战略规划层和规划实施层是信息系统战略规划的相关环境，这样能更加清晰地反映信息系统战略规划所处的位置与关联因素，以便于进一步分析信息系统战略规划方法的特性及在信息系统战略规划过程框架中的适用范围。

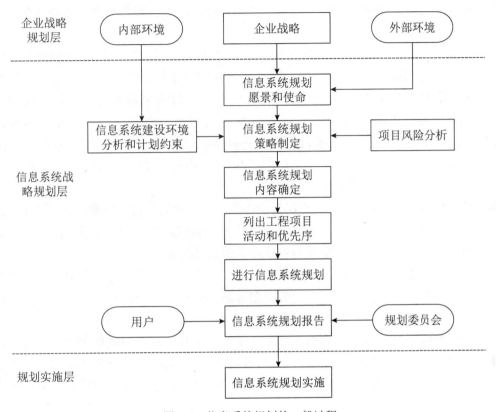

图 6-1　信息系统规划的一般过程

企业战略规划层一般包括企业的使命及目标、企业的内外部环境分析、企业的战略制定、战略的实施与评估等几个方面。在某种意义上，信息系统战略规划是企业战略集合的一个组成部分，它们之间有着密切联系。

信息系统战略规划层一般包括信息系统战略规划使命、目标与战略的分析，环境及风险分析，规划策略，规划内容关系分析及优化和撰写信息系统战略规划报告等活动，尽管战略规划方法千差万别，但大部分都能用这几个活动来归纳。

规划实施层就是按照信息系统战略规划的结果进行信息系统的建设，具体内容包括信息系统基础设施的建设、信息系统开发或外购等。

▎6.2.3　信息系统规划方法

信息系统规划理论的发展大致可划分为四个发展阶段：数据处理阶段的 ISP、管理信息系统阶段的 ISP、战略管理阶段的 ISP 和全球网络系统阶段的 ISP 理论。

（1）数据处理阶段的信息系统规划

虽然计算机在20世纪50年代早期在企业中就有少量应用，但其应用推广却是从20世纪60年代中后期开始的。20世纪六七十年代强调计算机软硬件技术，当时主要是主机和小型机，成本昂贵，信息系统（大部分是数据处理系统）的主要职能则是数据处理，通过过程信息的自动化来提高操作效率，这也是该阶段ISP理论与实践所要达到的主要目标。

严格地说，这一阶段还没有信息系统"规划"，使用信息系统"计划"可能更加切合实际，但可以将这一时期视为ISP发展的萌芽阶段，许多ISP的前期理论就产生于这一阶段。在这一时期，ISP方法论体系也有了一定的发展，比较有影响的有：企业系统规划法（Business System Planning，BSP）、战略集合转移法（Strategy Set Transformation，SST）、关键成功因素法（Critical Success Factors，CSF）、企业信息特征法（Business Information Characterization Study，BICS）和信息分析与集成技术（Business Information Analysis and Integration Technique，BIAIT）。

BSP、BICS和BI AIT均是以数据为中心，结合企业的过程及职能，进行信息系统战略规划。特别是BSP法，系统地阐述了信息系统战略规划的过程和实施方法，为规划方法的实践应用开了先河。战略集合转移法和关键成功因素法，则以决策信息为中心，考虑企业战略与关键成功因素进行信息系统规划，其中战略集合转移法的实施过程与企业系统规划法相似。可以说，这一时期的规划方法为今后方法论的研究与应用奠定了坚实的基础。

由于这一时期对信息系统和信息技术认识的局限性，这一时期的ISP理论与实践必然存在一些弱点：以数据处理为中心，强调运营层工作效率及数据处理效率，缺乏系统观念以及对决策的支持，规划局限于未来较短的时期内，缺乏长远的观点，对信息资源的利用程度较低，等等。

（2）管理信息系统阶段的信息系统规划

从20世纪70年代末到80年代中后期，微型计算机的普及与应用有着惊人的发展，计算机硬件成本大大降低，操作系统和数据库技术有了很大发展，企业的计算环境得到大大改善，信息系统在组织中的应用越来越受到重视，进入管理信息系统以及决策支持系统时代，信息系统的主要目标也从提高数据处理效率逐步转移到满足对信息的需求、支持决策、提高管理效率，满足职业群体的需求，从而实现组织的目标。在这一时期，ISP理论得到了进一步的丰富和发展。在ISP方法论体系的研究方面也取得了一些成果：应用系统组合法（Application Portfolio Approach，APA）、信息工程法（Information Engineering，IE）、假设推断法（Assumption Surfacing，AS）、战略格法（Strategic Grid，SG）、信息质量分析法（Information Quality Analysis，IQA）。

这些方法对前期的信息系统战略规划方法做了有益的补充和修正，如应用系统组合法就提供了对战略规划实施项目的风险评估，信息质量分析法就是企业系统规划法自动化的结果，假设推断法与关键成功因素法（CSF）有着异曲同工之妙。这一时期更加着重规划的实施与应用，如信息工程法从技术工程实施角度出发的信息系统规划方法。但是，由于这一时期组织高层领导对信息系统的认识高度不足，导致信息系统战略规划存在一些应用问题，如在信息系统的目标定位上是"被动"地服务于组织战略。总之，这一时期的 ISP 的理论，虽然提出了与组织战略相集成的观点，但很少得到高层管理者的关注，主要还是在组织内部应用，很少考虑组织外部环境的影响，未能主动地为组织创造战略竞争优势。

（3）战略信息系统阶段的信息系统规划

从 20 世纪 80 年代末期至今，由于微电子技术革命的结果，由计算机、自动化和通信技术组成的信息技术高速发展，信息系统在企业和组织中得到了非常广泛的应用，并且发展日趋成熟，信息系统在企业和组织中已经是不可或缺，于是人们越来越强调信息系统目标与组织目标的集成，甚至将 ISP 纳入到组织战略之中，并能为组织发展提供战略支持，为组织创造战略竞争优势。在这一时期，ISP 方法论体系和 ISP 实施方法在吸收前期方法优点的基础上，强调信息系统目标与组织目标的集成，以及如何为组织创造战略竞争优势，主要包括：客户资源生命周期法（Customer Resource Life Circle，CRLC）、扩展的应用系统组合法（Extended Application Portfolio Model，EAPM）、价值链分析法（Value Chain Analysis，VCA）、战略系统规划法（Strategic Systems Planning，SSP）。

这一时期的 ISP 最重要的特点就是将组织外部环境作为一个要件加以考虑，如客户资源生命周期法就是以客户为中心进行规划，价值链分析法就是以企业的价值链为核心，综合考虑企业内外部环境进行信息系统规划，以期利用信息技术获取战略竞争优势。但由于企业外部环境的多样性和复杂性，目前还没有一种很好的解决方法来分析企业外部环境对企业的影响，特别是战略的制定，现有的方法多为参考式和模糊式启发方法。

（4）全球网络系统阶段的信息系统规划

20 世纪 90 年代以来，以互联网和网络技术为核心的信息技术又有了惊人的发展，电子商务的浪潮开始席卷全球，信息系统继续在企业和组织中扮演重要角色，并且战略地位也日趋明显。随着网络的高速发展，企业和组织的外部环境越来越不稳定，市场变幻莫测，客户需求难以捕捉，企业面临着日益严峻的竞争压力。信息系统关注的焦点也从企业内部环境逐渐转向企业外部环境，信息系统的结构开始转向分布式和全球网络化，信息系统战略与企业战略的集成此时备受重视。这一时期，许多研究者在原有 ISP 方法体系基础上，针对原有 ISP 理论和方法的固有缺陷以及在新的网络时代的不适应，提出了补充和改进的方案，主要包括：约当系统方法（Yourdon System Method，YSM）、对象与过程统一的信息系统规划方法（Object United Process Information System Planning，OUPISP）、信息系统混沌规划方法（Information System Chaotic Planning Method，ISCPM）。

以上这些方法研究了传统的信息系统规划方法在新环境下的不适应性，从不同的角度对传统方法进行了改进和补充。如约当系统方法重点强调通过建立企业基本模型，界定整个企业管理的"战略地图"和企业各部门之间的关系；对象与过程统一的信息系统规划方法吸取了面向对象方法的优点，通过建立对象与过程的转换机制将传统规划方法的面向过程的企业建模转换成而向对象的企业建模，从而克服了传统信息系统规划与先进的系统分析和设计方法脱钩的缺点，并在一定程度上克服了传统方法在网络时代的不适应性；信息系统规划的混沌规划方法主要通过研究信息系统中的混沌现象，利用混沌理论，设计了信息系统的混沌控制方法，帮助企业有效地预测混沌和控制混沌。但这些方法在解决如何将信息系统规划和企业战略规划一致性的问题上，还有待进一步探索，对于企业组织模式、过程模式的变革趋势，信息系统规划方法也需要考虑如何与之适应，而在全球网络环境下，也并没有针对企业应付信息技术挑战的完整的信息系统规划方法，来帮助企业实施信息化的战略转型。

信息技术的迅猛发展和竞争环境的急剧变化要求必须有新的信息系统规划方法出现来满足当前需求。有学者指出，将来的信息系统战略规划方法应该具备三个特征：第一，规划过程迅速快捷，尽量压缩规划时间；第二，规划结果简单明了，不能太复杂；第三，规划输出结构化，好处是框架清晰，便于在环境变化时作出动态调整。以上三条描绘了未来信息系统战略规划方法的基本框架，但由于每个企业在组织结构、企业文化、企业IT 经验、信息资源可用性方面的不同，因此很难构造出一种通用的、最好的信息技术战略规划方法。对于企业来说，重要的是具体情况具体分析，选择各种方法中可取的思想，加以灵活应用。

6.3 信息系统建设管理

信息系统建设是在信息系统规划的指导下，分析、设计、实现一个信息系统的过程。这是一个庞大的系统工程，它涉及组织的内部结构、管理模式、生产经营管理的过程、数据的搜集和处理的过程、计算机系统的管理和开发等各个方面。

▎6.3.1 信息系统建设概述

信息系统属社会系统，是自然和人类社会所存在的复杂系统之一，信息系统建设具有一般工程项目建设的共性，但也存在其独特性。

信息系统的建设和发展有其内在的规律。20 世纪 80 年代以来，部分专家学者通过对信息系统建设的失败教训和成功经验的总结，不断地研究和探讨信息系统建设的内在规律。信息系统建设的特点决定了信息系统建设要做大量复杂和细致的工作。信息系统建设主要包括信息系统规划、信息系统开发、信息系统维护和信息系统管理四方面的工作。

（1）信息系统规划

信息系统规划是根据信息系统建设的设想，通过对企业经营管理和目标的分析，提出符合企业发展目标的信息系统建设规划，并由这个规划指导整个信息系统的建设工作，信息系统的规划是信息系统建设过程中一项特别重要的工作，对于它的管理，上一节已有阐述。

（2）信息系统开发

信息系统开发（information system development）是根据信息系统规划所确定的近期目标和任务，由用户和技术人员组成开发队伍，通过业务分析、需求分析、系统分析、系统设计、实现、测试等环节的反复，构建能够满足用户要求的信息系统的过程。

（3）信息系统维护

信息系统维护（information system maintenance）是在信息系统投入运行之后，因为企业目标、环境、管理的变化，用户对信息系统需求发生变化，信息系统的技术和手段的变化，以及信息系统在运行过程中暴露出的隐患问题，由技术人员对信息系统所进行的修改和完善性工作。信息系统一旦投入运行，维护工作就将开始，并一直持续到信息系统生存周期的结束。

（4）信息系统管理

信息系统管理（information system management）是由管理者在信息系统生存周期各个阶段，通过有效地组织和控制参与信息系统建设的相关资源，使之有效地达到该阶段的预期目标的综合过程。根据信息系统建设的任务划分，可以分为信息系统开发管理、维护管理、运行管理；根据信息系统管理的对象划分，可以分为信息系统人员管理、信息资源管理、项目管理、网络管理等。

▎6.3.2 信息系统开发管理

信息系统开发过程是在信息系统规划的基础上，研制信息系统的全过程。信息系统开发过程是信息系统生存周期中最重要的一个过程。经过开发过程，将把信息系统开发的初步设想，通过多个阶段、多方面细致的工作，转变成为实际可以交付用户使用的信息系统。

信息系统的开发可分为系统规划、系统分析、系统设计、系统实施、系统维护和评价五个阶段，各阶段的主要工作概要说明如下。

（1）系统规划阶段

系统规划阶段的任务是：在对原系统进行初步调查的基础上提出开发新系统的要求，根据需要和可能，给出新系统的总体方案，并对这些方案进行可行性分析，产生系统开发计划和可行性研究报告两份文档。

（2）系统分析阶段

系统分析阶段的任务是根据系统开发计划所确定的范围，对现行系统进行详细调查，描述现行系统的业务流程，指出现行系统的局限性和不足之处，确定新系统的基本目标和逻辑模型，这个阶段又称为逻辑设计阶段。

系统分析阶段的工作成果体现在"系统分析说明书"中，它是提交给用户的文档，也是下一阶段的工作依据，因此，系统分析说明书要通俗易懂，用户通过它可以了解新系统的功能，判断是否所需的系统。系统分析说明书一旦评审通过，就是系统设计的依据，也是系统最终验收的依据。

（3）系统设计阶段

系统分析阶段回答了新系统"做什么"的问题，而系统设计阶段的任务就是回答"怎么做"的问题，即根据系统分析说明书中规定的功能要求，考虑实际条件，具体设计实现逻辑模型的技术方案，也即设计新系统的物理模型。所以这个阶段又称为物理设计阶段。它又分为总体设计和详细设计两个阶段，产生的技术文档是"系统设计说明书"。

（4）系统实施阶段

系统实施阶段的任务包括计算机等硬件设备的购置、安装和调试，应用程序的编制和调试，人员培训，数据文件转换，系统调试与转换等。系统实施是按实施计划分阶段完成的，每个阶段应写出"实施进度报告"。系统测试之后写出"系统测试报告"。

（5）系统维护和评价阶段

系统投入运行后，需要经常进行维护，记录系统运行情况，根据一定的程序对系统进行必要的修改，评价系统的工作质量和经济效益。

信息系统开发需要做大量复杂的工作，主要有业务分析、需求分析、系统分析、系统设计、系统实现和测试等六方面的工作。除此之外，还包括项目管理、系统支持等。这些工作一般需要交叉并行进行。信息系统开发又是在一定的时间范围中进行，从某一时间开始，到另一时间结束。按照时间顺序，以及信息系统开发工作的综合特征，可以把信息开发过程划分成为开始、细化、构建和移交四个阶段。这样，信息系统开发过程就呈现为所要从事的六方面的主要工作，而在四个开发阶段中进行的过程，便表现为以时间和工作为两个维度的二维结构，如图6-2所示。

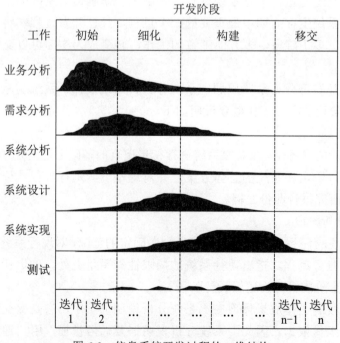

图6-2　信息系统开发过程的二维结构

从图6-2可以看出，在信息系统开发的四个工作阶段中，通过多方面的工作的进行，来完成信息系统的开发任务。每一项工作都要经过一个或几个阶段，像业务分析要经历初始、细化和构建三个阶段，而系统实现要经历四个阶段。在每一个工作阶段中，又需要经过多次迭代过程，下面主要介绍这六方面的工作。

（1）业务分析

业务分析（business analysis）是对企业现行业务的分析。由开发人员和用户对企业系统的目标、组织机构、职能作用、业务流程、企业实体等进行深入分析，以全面了解企业现行系统的运行机制和业务过程，建立起能够反映企业实际的业务模型，为信息系统开发打下基础。业务分析主要做的工作有：现行企业系统调查，企业目标分析，机构和职能分析，业务分析，企业实体分析，管理模型分析，建立业务模型等。

（2）需求分析

需求分析（requirements analysis）是对所开发的信息系统应该具有的功能、性能和作用的分析。由分析人员通过对用户的需求调查，并结合企业的目标、业务现状、企业实力和目前的技术水平，通过深入分析，确定出合理可行的信息系统需求。需求分析主要工作包括需求调查、需求分析、需求描述和需求验证等。

（3）系统分析

需求分析着眼于信息系统应具有的功能、性能和作用等信息系统的外在特性。系统分析（system analysis）工作则要考虑为满足需求分析所规定的功能和作用，它是从信息系统的内部来分析信息系统的构成要素及其结构。系统分析包括结构分析、用例分析和概念类分析等工作。

（4）系统设计

系统设计（system design）的任务是确定信息系统的设计模型。设计模型是对分析模型的深入和细化，并且考虑到系统的实现环境。系统设计包括系统平台设计、计算模式设计、软件结构设计、详细设计、界面设计和数据库设计等工作。最后通过设计模型来描述系统的设计结果。

（5）系统实现

系统实现（system implement）的任务是通过一系列迭代过程，把信息系统的设计模型转变成为可以交付测试的信息系统实物。系统实现的工作包括确定实现结构、子系统、类和接口的实现、单元测试和系统集成。

（6）测试

测试（test）是对所实现的信息系统进行的测试。这些测试主要包括集成测试、系统测试和验收测试。完成测试后，最终才能得出可以交付运行的信息系统。系统测试的工作包括编制测试计划、构造测试用例、实施测试等。

▎6.3.3　信息系统项目管理

英国建造学会《项目管理实施规则》中将项目管理定义为"为一个建设项目进行从概念到完成的全方位的计划、控制与协调，以满足委托人的要求，使项目得以在所要求的质量标准的基础上，在规定的时间内，在批准的费用预算内完成"。简言之，项目管理就是追求投入产出比最大化。

项目管理将抽象的需求规格进行归纳、裁减和整理，形成一个可实施的、可验证的、可度量的过程，并通过一系列的活动实现预定的结果。专业目标（功能、质量、生产能力等）、工期（时间）目标和费用（成本、投资）目标共同构成了项目管理的目标体系。一般来说，目标、成本、进度三者是互相制约的。当进度要求不变时，质量要求越高或任务要求越多，则成本越高；当不考虑成本时，质量要求越高或任务要求越多，一般进度越慢；当质量和任务的要求都不变时，进度过快或过慢都会导致成本的增加。项目管理的目的是谋求（任务）多、（进度）快、（质量）好、（成本）省的有机统一。

信息系统项目管理与一般项目管理有所不用，其具有以下特点：

（1）信息系统项目的目标是不精确的，任务的边界是模糊的，质量要求更多是项目团队来定义的。

（2）信息系统项目进行过程中，客户的需求会不断被激发，被不断地进一步明确，导致项目的进度、费用等计划不断地被更改。

（3）信息系统项目是智力密集、劳动密集型的项目，受人力资源影响较大，项目成员的结构、责任心、能力和稳定性对信息系统项目的质量以及是否成功起决定性作用。

信息系统开发技术与信息系统项目管理是信息系统建设成功的两个重要支柱。信息系统开发技术是考虑选用何种数据库、何种开发环境和工具、何种网络结构、何种开发方式等系统建设的技术问题，而信息系统项目管理则是考虑如何组织人力、如何安排进度、如何控制成本和质量、如何达到客户满意度等系统建设的管理问题。以上两个支柱是信息系统项目建设成功的重要保证，偏废了哪一方都可能会导致项目的失败。

6.4 信息系统运行管理与维护管理

从企业验收并启用信息系统开始，对系统进行管理和维护就成了企业信息化管理工作的主要任务。信息系统运行管理的目标就是对信息系统的运行进行实时控制，记录其运行状态，进行必要的修改与扩充，使信息系统真正符合企业需要，为管理决策提供足够的信息支持，为企业功能运行的信息化提供保障。

6.4.1 信息系统运行管理

信息系统的日常运行管理是为了保证系统能够长期有效地正常运转而进行的活动。它包括系统运行情况的记录、系统运行的日常维护及系统的适应性维护等工作。

1. 系统运行情况的记录

系统的运行情况如何对系统管理、评价是十分重要。信息系统的管理人员应该从系统运行的一开始就注意积累系统运行情况的详细材料。在信息系统的运行过程中，需要收集和积累的资料包括以下五个方面：

（1）系统的工作数量信息

例如：开机的时间，每天（周、月）提供的报表的数量、每天（周、月）录入数据的数量、系统中积累的数据量、修改程序的数量、数据使用的频率、满足用户临时要求的数量等反映系统的工作负担、所提供的信息服务的规模以及计算机应用系统功能的最基本的数据。

（2）系统的工作效率

系统的工作效率即系统为了完成所设计规定的信息处理工作，耗费的人、物力及时间情况。此外，对用户的临时查询，系统给出正确数据的响应时间；系统在日常运行中，例行的操作所花费的人力是多少，消耗性材料的使用情况如何等。

（3）系统所提供的信息服务的质量

信息服务和其他服务一样，应保质保量。包括信息用户对所提供信息结果的精确程度，提供的方式是否满意，是否符合要求，信息提供得是否及时，临时提出的信息需求能否得到满足等，都在信息服务的质量范围之内。

（4）系统的维护修改情况

系统中的数据、软件和硬件都有一定的更新、维护和检修的工作规程。这些工作都要有详细的及时的记载，包括维护工作的内容、情况、时间、执行人等。这不仅是为了保证系统的安全和正常运行，而且有利于系统的评价及进一步扩充。

（5）系统的故障情况

信息系统运行过程中出现故障，需要及时地记录以下内容：故障的发生时间、故障的现象、故障发生时的工作环境、处理的方法、处理的结果、处理人员、善后措施、原因分析。这里要注意的是，我们所说的故障不只是指计算机本身的故障，而是对整个信息系统来说的。例如，由于数据收集不及时，使年报表的生成未能按期完成，这是整个信息系统的故障，但并不是计算机的故障。同样，收集来的原始数据有错，这也不是计算机的故障，然而这些错误的类型、数量等统计数据是非常有用的资料，其中包含了许多有益的信息，对于整个系统的扩充与发展具有重要的意义。

2. 系统运行日常维护

系统维护根据其目的可分为日常维护与适应性维护。日常维护是定时、定内容地重复进行的有关数据与硬件的维护，以及突发事件的处理等。在数据或信息方面，须给日常加以维护的内容建立备份、存档、整理及初始化等。大部分的日常维护应该由专门的软件来处理，但处理功能的选择与控制一般还是由使用人员或专业人员来完成。为安全考虑，每天操作完毕后，都要对改动过的或新增加的数据做备份。数据正本与备份应分别存于不同的磁盘上或其他存储介质上。

在硬件方面，对其日常维护主要有各种设备的保养与安全管理、简易故障的诊断与排除、易耗品的更换与安装等。硬件的维护应由专人负责。

对于系统运行中的突发性事件，应由信息管理机构的专业人员处理，有时要由原系统开发人员或软硬件供应商来解决。对发生的现象、造成的损失、引发的原因及解决的方法等必须作详细的记录。

3. 系统的适应性维护

信息系统维护的好坏将直接影响到系统的运行质量、适应性及生命周期。系统的适应性维护是一项长期的有计划的工作，并以系统运行情况记录与日常维护记录为基础。其内容主要有以下几方面：系统发展规划的研究、制定与调整；系统缺陷的记录、分析与解决方案的设计；系统结构的调整、更新与扩充；系统功能的增设、修改；系统数据结构的调整与扩充；各工作站点应用系统的功能重组；系统硬件的维护、更新与添置；系统维护的记录与维护手册的修订。

6.4.2 信息系统维护管理

信息系统的维护处于信息系统生命周期的最后一个阶段，也是相对比较长的一个阶段，通常它伴随着信息系统的整个使用过程。

信息系统维护是保证系统正常工作，应付系统内外环境和其他因素的变化而采取的有关活动，包括纠正错误和改进功能两大方面的内容。

导致信息系统维护的原因有：国家有关政策和法规的改变——国家的政策和法规是企业运行的重要外部环境，环境的改变必然导致运行逻辑的改变；组织管理方法、方式的改变；信息系统业务处理过程的变化；用户需求的增加；运行平台的变化和升级；原设计中存在的问题。

根据系统需要维护的原因的不同，维护工作可分为下面四类：

（1）改正性维护

在软件交付使用后，因开发时测试的不彻底、不完全，必然会有部分隐藏的错误遗留到运行阶段。这些隐藏下来的错误在某些特定的使用环境下就会暴露出来。为了识别和纠正软件错误、改正软件性能上的缺陷、排除实施中的错误使用，应当进行的诊断和改正错误的过程就叫作改正性维护。

（2）适应性维护

在使用过程中，外部环境（新的硬、软件配置）、数据环境（数据库、数据格式、数据输入/输出方式、数据存储介质）可能发生变化。为使软件适应这种变化而去修改软件的过程就叫作适应性维护。

（3）完善性维护

在软件的使用过程中，用户往往会对软件提出新的功能与性能要求。为了满足这些要求，需要修改或再开发软件，以扩充软件功能、增强软件性能、改进加工效率、提高软件的可维护性。这种情况下进行的维护活动叫作完善性维护。

（4）预防性维护

预防性维护是为了提高软件的可维护性、可靠性等，为以后进一步改进软件打下良好基础。预防性维护定义为：采用先进的软件工程方法对需要维护的软件或软件中的某一部分（重新）进行设计、编制和测试。

实践表明，在几种维护活动中，完善性维护所占的比重最大。即大部分维护工作是改变和加强软件，而不是纠错。事实证明，来自用户的要求扩充、加强软件功能、性能的维护活动约占整个维护工作的 50%。

在整个软件维护阶段所花费的全部工作量中，完善性维护占了几乎一半的工作量。软件维护活动所花费的工作占整个生存期工作量的 70% 以上，这是由于在漫长的软件运行过程中需要不断对软件进行修改，以改正新发现的错误、适应新的环境和用户新的要求，这些修改需要花费很多精力和时间，而且有时会引入新的错误。

信息系统维护的主要内容有：硬件维护，定期预防性维护，突发性故障的维护，软件维护（任务最重），正确性维护，适应性维护，完善性维护，预防性维护，数据维护，数据项的增减，数据库文件的分解、合并。

6.5　信息系统价值管理

信息系统带来的主要挑战之一是确信它们能提供真正的商业价值，在这一节，首先介绍信息系统价值和价值管理的含义，再分析信息系统如何实现其应有的价值，最后才给出信息系统价值管理的方法和工具。

6.5.1　信息系统价值概述

价值是一个有多重含义的概念，每一个含义都可以在某种特定的或者独特的环境下适用。从经济学的角度看价值，价值是与其有用性或者说是效用相关的，是对某事物有用性衡量的标准；从政治学角度看，价值是个人的价值体系 / 道德规范；从企业管理看，价值又取决于企业外部环境的性质和程度，例如：竞争性、个人利益等，以及与企业有关的因素，如信息系统文化、经营模式、员工素质等，很多时候对一个物品价值的正确衡量需要把这多个方面相结合，才能更加接近其实际价值。同时价值又是相对的，某物品的价值主要取决于要使用该物品的人员或组织机构的需要。因此衡量任何物品带给公司的价值时，有必要寻找一个参照点作为衡量的基础，在运营良好的公司中，一个尤其重要的参照点就是公司未来的远景目标，及其实现目标的战略，这对于确定什么是信息系统价值至关重要。

信息系统价值是信息系统应用的整体商业价值的简称，主要起源于 20 世纪 80 年代的信息系统效用理论，在 90 年代中与信息系统评价一起，在理论研究上得到了进一步的发展。信息系统价值并不是某个特定的信息系统所产生的局部范围的短期影响，其重心正渐渐向企业层面和持续能力方面转移，即信息系统价值是从整个企业的角度出发，考虑到所需要的资源耗费后，信息系统为企业创造的持续价值。强调从整个企业的角度来定义信息系统价值，在一个较高的层次上看某一信息系统项目所带来的价值与企业战略，以及企业原有的信息化基础进行匹配之后所带来的综合价值。这样一个概念可以克服不同利益部门对信息系统价值的片面理解，同时也反映了信息系统在企业中的综合地位。

所有信息系统投资，无论是项目还是基础设施，均以两种形式为组织带来价值。最明显的价值贡献在于改善组织的现有流程，以提高组织的运作效率。信息系统还可以用于改进决策、加快决策的速度和提高决策的正确性。

信息系统也能以提高组织战略竞争优势的方式来创造价值。组织的价值可能不是投资后便立即得到回报，而是长期的回收，这是由在行业中较好的战略地位决定的。信息系统可以帮助实现差异化和持续优势，如加强顾客和供应商的联系，实现产品和服务的差异化，增加长期的灵活性和适应性。

价值管理是指以价值创造和价值实现为中心对企业的活动特别是决策活动进行管理的过程。在这一过程中只有把"以价值为导向"这一宗旨贯彻到具体的管理活动中才能发挥价值管理的影响力，因此，与其说价值管理是一种方法或手段，更不如说是一种管理理念和管理思想。比如具体到企业管理，价值管理可以实现：

（1）准确估计企业价值，确保企业价值不被低估；

（2）便于企业相关人员就企业问题进行统一导向的沟通，更好地解决观点的冲突；

（3）鼓励那些能创造价值的投资，加大资本的投资回报率；

（4）资源配置效果的最大化，帮助管理部门探索、权衡、平衡各个部门的资本投入、收入和费用，作出方案的抉择；

（5）为计划、责任、激励等设立更有效的目标，增加客观性和公正性；

（6）价值最大化同时包含短期的财务和长期的战略潜力两层意思，价值管理可以进行有效的平衡；

（7）为决策提供标准，把决策和价值的影响联系在一起，优化决策制定，使决策过程趋向合理化，增加企业的目标、战略和取得的成就之间的信息沟通，增强内部战略之间的联系。

由于信息系统的目的是帮助组织进行管理和决策，以上的目标也是信息系统价值管理的目标。下面讨论信息系统到底是如何帮助企业实现战略目标、产生商业价值的。有两种观点：市场驱动观和资源基础观。这两种观点建立在不同的假设之上，市场驱动观源自传统产业企业理论（结构—行为—绩效范式）基础上的竞争理论，认为市场的力量决定一切，而产业的结构是企业战略和绩效的首要原因，这为利用信息系统获取竞争优势的研究和企业信息技术的战略投资提供了理论基础；资源基础观源自战略研究，强调企业能力是企业战略和绩效的最重要原因，其决定了企业的生存和发展，因此企业的中心任务是创造与众不同的能力。在市场驱动观中，占主导理论的Porter竞争战略框架认为行业结构决定竞争规则，继而影响那些与企业信息相关的各种战略，在Porter的观点中，资源只有在适应了行业结构和支持一种特定的战略才会显示其价值；相对应的，资源基础观认为资源本身就是有价值的，且企业最核心的资源决定了企业的战略。针对这两种观点，下面首先简要介绍它们的理论基础；然后根据前人的研究例举说明两种不同的观点对信息系统实现价值途径不同的理解；最后分析两种观点的优缺点以及整合它们的可能性。

Porter 的竞争战略框架是市场驱动观中最有代表性的理论,其识别了五种行业力量:行业内部竞争、新入者的威胁、替代品的威胁、供应商的讨价还价能力和顾客的讨价还价能力,这些力量决定了一个行业潜在的收益和划分(因此 Porter 的竞争战略框架也被称为五力模型)。在这种假设下,企业只有从这五个方面的分析入手为自己寻找适当的位置,保护自己或影响他人,提高自己的竞争力。而提高自己竞争位置的办法就是提高准入者门槛,让自己保持竞争优势。具体地,Porter 指出了企业可以通过三种战略在本行业取得竞争优势:成本战略、差异化战略和聚焦战略。

根据 Porter 的竞争优势理论,大量的研究者研究了信息系统对企业绩效的影响方式和途径,在 20 世纪 80 年代,信息系统被视为支持经营战略、获取竞争优势的关键因素。如 Ives 和 Learmonth 的研究证明信息系统加强了企业和顾客的联系,利用"顾客资源生命周期"作为工具,他们列举了很多例子说明信息系统如何支持顾客资源生命周期中的各种活动,试图证明信息系统可以增强企业的竞争力。还有学者研究了企业目标与信息系统的关系,识别了信息系统帮助实现企业目标、实现价值的四种类型:①专注运作型,即信息系统帮助企业提高操作效率和效力;②专注市场型,即信息系统帮助企业扩展市场,获得更多商业机会;③复合型,即以上两者兼有;④无所专注型,即企业的信息系统应用不专注于某一方面。

然而,竞争优势理论没有考虑竞争者的反应和企业资源的异质性。虽然许多企业借助信息系统寻求竞争优势,但成功者却寥寥无几。

进入 20 世纪 90 年代,企业资源基础理论逐步确立了其在战略管理领域的主流地位,该理论否定传统产业企业理论关于资源同质和流动的假设,为信息系统投资的研究提供了新的基础。早在 1959 年,Penrose 就提出企业可以看成是资源的集合体,而企业的生存和发展受企业管理者如何有效利用已有资源的影响。1991 年,Barney 对这种思想提供了具体化的刻画,认为企业的资源包括资产、能力、过程、知识、品质等,这些资源决定了企业的竞争战略。资源基础观基于两个基本的假设:第一是企业掌握的资源和能力是不同的,即资源的异质性;第二是这种不同是可以长久保持的,即资源具有稳定性。如果企业资源缺乏异质性,即自己拥有的资源竞争对手也有,则不具备竞争优势;而竞争对手若要拥有自己特有的资源和能力,必须付出昂贵的成本,因此资源的稳定性也是保证竞争优势的前提条件。

与许多研究利用市场驱动观来解释信息系统实现价值的途径相似,也有不少的研究运用资源基础观来研究信息系统与商业价值的联系。如 Mata 等认为专有的信息系统及信息系统能力都不可能成为持续竞争优势的来源,只有管理信息系统的能力才可能为企业带来持续的竞争优势,而我们理解这种管理信息系统的能力即是企业的资源。根据 Mata 的观点,企业的信息系统能力本身就是一种特有的资源,而且这种资源还可以帮助企业获得其他的企业能力,通过对不同企业是实证结果比较发现,拥有更高信息系统能力的企业的绩效比其他的企业好。

进一步地,我们可以识别了八种信息系统资源并将它们分为三类:(1)外在内驱类,用于外在关系管理和市场响应,包括建立与商业伙伴的关系、了解市场需求和竞争对手;

（2）内在外驱类，包括加强信息系统技能、信息系统基础设施、信息系统构建等，用以响应外在的市场需求。（3）跨越前两类的资源，如信息系统计划、信息系统变更管理等。企业在这些资源上拥有优势则会有更好的绩效表现。

利用资源基础观来分析信息系统与企业绩效关联性也受到一些研究的质疑，如有人认为其"假定资源总是被最好的利用，而在如何利用好资源方面讨论甚少"；还有人认为信息系统资源不能单独提供竞争优势，而提高业务与人力资源的融合则可以为企业提供竞争优势。

在较长的时间里，人们把上面的两种观点看作是对立的观点，然而，在战略研究中，人们热衷于认为这两种观点其实是互补的，很多作者提出了若干分析框架，把这两种看似对立的观点有效地进行了融合。一般而言，信息系统创造竞争优势的途径可以是：通过"战略信息系统"的应用，操纵和控制一个产业的结构参数；充分开发和利用企业已掌握的、与信息系统互补的人力和经营资源；改善并促进企业的多种创新活动。然而，信息系统本身并不能为企业带来持续竞争优势，要建立基于信息系统的持续竞争优势，就需要将其用于开发和利用企业所特有的、与信息系统资源互补的各种无形资源。

纵观两种理论对信息系统实现价值途径的研究，我们可以看到以往的理论研究不仅区分了企业中信息系统作为"优势产生器"与"战略必需品"的两种不同性质的战略作用，考察了从优势产生到战略必需的转化过程，也识别了运用信息系统创造竞争优势的可能途径。融合市场驱动观和资源基础观这两种观点，有助于我们全面地认识信息系统帮助企业实现价值的途径，有助于我们使用恰当的信息系统项目投资决策方法，有助于我们选择正确的信息系统项目进行投资。

6.5.2 信息系统审计

信息系统审计是进行信息系统价值管理的一个有用的手段和工具，下面从五个大的方面来理解信息系统审计：

1. 信息系统审计的来源

信息系统审计的出处源自20世纪60年代IBM出版的 *Audit encounters Electronic Data Processing* 等有关在EDI环境下进行审核和组织的论述。不久后有关该方面的研究结果不断涌现，信息系统审计的雏形初步形成。但是由于信息系统在社会上尚未得到较为广泛的应用，因此信息系统审计并未在社会上形成意识。

20世纪70年代中后期到80年代初由于计算机在发达国家的企业初步普及，利用计算机犯罪和计算机系统失效的事件频频出现，使得信息系统审计日益得到社会重视，美国、日本先后成立了信息系统审计方面的协会组织。从事对信息系统审计规则的制定和实施指导。值得注意的是1985年日本政府出台了《信息系统审计标准》并根据美国劳工部的Skill Start和Northwest Center for Emerging Technologies（NCET）对IT信息人员的从业技能的要求制订了信息系统审计师（系统监察员）的技能标准并以之作为新的"信息系统审计师（系统监察员）"级别考试的参考标准。

20 世纪 90 年代是信息系统审计的普及期，随着全球信息化和审计理论的发展，信息系统审计引起人们的强烈关注。这主要归功于互联网的普及，互联网的普及是利用计算机犯罪的人员温床，此外日益严重的软件项目失败问题引发了是否要对信息系统的投资和开发进行审计的深思。信息系统审计得到了前所未有的重视。

2. 信息系统审计定义

国际上对信息系统审计还没有固定、统一的定义。国际信息系统审计委员会（ISACA）定义为"信息系统审计是一个获取并评价证据，以判断计算机系统是否能够保证资产的安全、数据的完整以及有效率利用组织的资源并有效果地实现组织目标的过程"；1996 年，日本通产省情报处理开发协会信息系统审计委员会对信息系统审计定义为"为了信息系统的安全、可靠与有效，由独立于审计对象的信息系统审计师，以第三方的客观立场对以计算机为核心的信息系统进行综合的检查与评价，向信息系统审计对象的最高领导层，提出问题与建议的一连串的活动"。在我国，信息系统审计也被称为 IT 审计。

从这些定义可以看出，信息系统审计所关注的内容不单纯是对电子数据的处理，也不仅仅是财务信息，而是对企业整个信息系统的可靠性、安全性进行了解和评价，是一项通过审查与评价信息系统的规划、开发、实施、运行和维护等一系列活动，以确定信息系统运行是否安全、可靠、有效，信息系统得出的数据是否可靠准确以及数据是否能有效的存储的过程。

3. 信息系统审计内容与特征

国际信息系统审计协会（ISACA）规定了信息系统审计的主要内容。

（1）信息系统审计程序。依据信息系统审计标准、准则和最佳实务等提供信息系统审计服务，以帮助组织确保其信息技术和运营系统得到保护并受控；

（2）IT 治理。确保组织拥有适当的结构、政策、工作职责、运营管理机制和监督实务，以达到公司治理中对 IT 方面的要求；

（3）系统和基础建设生命周期管理。系统的开发、采购、测试、实施（交付）、维护和（配置）使用，与基础框架，确保实现组织的目标；

（4）IT 服务的交付与支持。IT 服务管理可确保提供所要求的等级、类别的服务，来满足组织的目标；

（5）信息资产的保护。通过适当的安全体系（如，安全政策、标准和控制），保证信息资产的机密性、完整性和有效性；

（6）灾难恢复和业务连续性计划。一旦连续的业务被（意外）中断（或破坏），灾难恢复计划确保（灾难）对业务影响最小化的同时，及时恢复（中断的）IT 服务。

信息系统审计的几个特征：一是独立性，为了确保信息系统审计的公正性与有效性，信息系统审计师必须以第三方的客观立场对以计算机为核心的信息系统进行综合的检查与评价；二是综合性，信息系统审计不仅包括审计信息系统运行的有形设施，还包括运行环境以及内部控制；三是管理特征，信息系统审计通过对信息系统安全、可靠与有效性的评价，促使企业有效率地利用组织的资源并有效果地实现组织的目标。

实施信息系统审计的人员称为信息系统审计师（IS Auditor），我国也称为 IT 审计师。

ISACA 是国际上唯一可授权信息系统审计师的权威机构，通过考试可获得注册信息系统审计师（CISA）证书，该证书被世界各国广泛认可。

4. 信息系统审计的作用

信息系统审计的作用包括：

（1）鉴证作用。信息系统审计的鉴证价值是指通过审计，合理地保证被审计单位信息系统及其处理、产生的信息的真实性、完整性与可靠性，政策遵循的一贯性。在市场经济条件下，被审计单位输出的信息数据对该单位的存在与发展及其业务经营活动非常重要，对一些利益相关者而言也非常重要。例如，在电子商务中，交易双方在虚拟空间进行交易活动，信息的真实性、可靠性、完整性以及双方声明的商业政策能否一贯的遵循，直接影响到交易是否顺利实现或公平实现。这种情况下，不仅被审计单位自己关注其信息系统对信息资产的安全、完整、真实的作用，同时交易的另一方也非常关心。由于技术、商业机密以及距离上的限制，信息的使用者不可能亲自对信息的质量作出审查，因此需要一个可信赖的一方为此提供鉴证。信息系统审计师以其独立的身份，对被审计单位的信息系统及其输出的信息进行审计，查出各种错误与舞弊，是合理地保证被审计单位信息系统及其处理、产生的信息的真实性、完整性、可靠性以及商业政策遵循的一贯性的重要环节，是维护电子商务时代正常经济秩序必不可少的重要手段。

（2）促进作用。促进价值体现在两个方面，一是指信息系统审计可以促进被审计单位更有效地融入社会经济生活中；二是指审计可以促进被审计单位改进内部控制，加强管理，提高信息系统实现组织目标的效率、效果。

①从第一个方面来看，信息系统审计师在完成审计后，出具审计证明，即审计报告，以证明被审计单位信息的真实、完整、可靠。审计师的证明可以增强人们对其信息的信任程度。随着网络技术的普及，商业信息的在线和实时披露都是不可扭转的必然趋势。信息系统审计师能够以在线、实时的信息为基础提供鉴证，对使用信息的所有相关体而言是具有巨大价值的。当然，对投资大众而言将更有意义。这样会给被审计单位带来更多的资金、更多的业务及合作伙伴。同时，信息的使用者也可以借助这些信息，加强被审计单位的管理决策，提高其经济效益。

②从第二个方面来看，信息系统审计在审计过程中发现的控制缺陷或漏洞，可通过审计报告、管理建议书等形式报告给委托人或被审计单位管理当局，并提出解决问题的建议，从而促进被审计单位提高管理水平，提高经济效益。信息系统审计的一个出发点在于从外部对被审计单位信息系统进行全面的审视，可以发现从内部看不到的问题。信息系统审计师提供的外部审视的价值既表现在用新的思维方式、新的观点去观察企业，分析其存在的问题及原因，也表现在以科学的态度和创新精神，去设计解决问题的方案。

（3）咨询作用。信息技术的发展为组织的管理变革提供了技术手段，组织扁平化、工作丰富化等管理变革都要通过信息技术来实现，信息化已是大势所趋，但正如前文中提到的种种信息系统失败原因，信息系统建设是有风险的。为减少风险，信息系统审计师可凭借其专门知识和实践经验，受托或主动服务于被审计单位的管理者或其业务人员，在企业信息化过程中，帮助企业建立健全内部控制制度，进行系统诊断，根据企业需要，确定信息化的目标和内容，选择合适的软件产品，帮助企业调整现有的管理架构和流程或修改软件产品使其更好地服务于管理的需要。

5. 信息系统审计与传统审计

信息系统审计是传统审计的一部分，是以传统审计理论为理论基础的，两者之间有紧密的联系，也存在一定的区别。两者的联系是：信息系统审计继承了传统审计的基本理论与方法，与传统的审计一样。在立场上，要求信息系统审计师站在独立的立场上，通过选择特定的审计对象，采用询问、检查、分析、模拟、测试等方法获得客观的审计证据，来判断其与既定标准的符合程度。在程序上，信息系统审计一般也要经过审计计划、符合性测试与实质性测试、审计报告等主要阶段来进行审计工作，实现审计目标；两者的区别也比较明显，主要表现在：

首先，信息系统的审计对象不同于传统审计的财务领域，而是信息系统，包括基础设施，软硬件管理、信息安全、网络管理合通信等；

其次，信息系统审计提出了更多的审计法与审计程序，这都是传统审计所不具备的，比如对某软件进行审计时，要采用技术含量相当高的测试，对网络安全审计时要采用穿透性测试（模拟成黑客进行各种攻击以验证其安全性）；

再次，信息系统审计不光是事后审计，主要关注系统的运行现状，在某种情况下，直接参与项目的开发或变更过程，以保证足够的控制得以顺利实施；

最后，信息系统审计的咨询价值显得更高，信息化的风险很高，信息系统审计师可凭借其专门知识和实践经验，受托或主动服务于被审计单位的管理者或其业务人员，在企业信息化过程中，帮助企业建立健全内部控制制度，进行系统诊断，根据企业需求，确定信息化的目标和内容，选择合适的信息系统。

6. IT 审计与信息系统监理

20 世纪 90 年代以来，从中央到地方，从政府到企业，纷纷投入了大量的资金从事信息系统的建设，但这其中真正按进度、质量要求、投资预算完成且用户（业主）满意的，只占极少数，不足 20%，主要问题：如项目可行性论证不充分；用户需求不全面、不准确；用户要求一变再变、项目进度一拖再拖；甲乙双方的合同书条文不规范，缺乏可执行性，或存在二义性，出现争执时，双方各执一词、争执不下；缺少设备、系统监理评测验收；项目结束后，承包方没有提交与项目有关的文档资料，严重影响了项目的连续性、继承性、可扩展性等。严重地影响了信息系统项目的质量和进度，损害了合同签约双方（建设单位和承建单位）的利益。为保障信息系统工程签约双方的利益，确保信息化产业更加健康、有序地发展，"信息系统工程监理"就应运而生了。

与信息系统审计不同，信息系统工程监理的作用主要包括：

第一，监督控制作用。信息系统工程监理可以帮助业主单位更合理地保证工程的质量、进度、投资，并合理、客观地处理好它们之间的关系。在项目建设全过程中，监理单位依据国家有关法律和相关技术标准，遵循守法、公平、公正、独立的原则，对信息系统建设的过程进行监督和控制，确保质量、安全和有效性的前提下，合理地安排进度和投资。

监理单位是帮助业主单位对工程有关方面控制的再控制，就是对承建单位项目控制过程的监督管理。

第二，合理地协调业主单位和建设单位之间的关系，这是监理的一项主要工作。在信息系统工程建设中，很多时候业主单位和承建单位在许多问题上存在争议，业主单位和承建单位都希望由第三方在工程的立项、设计、实施、验收、维护等的各个阶段的效果都给予公正、恰当、权威的评价，这就需要监理单位来协调和保障这些工作的顺利进行。另外，还需要协调系统内部关系以及系统外部关系中的非合同因素等，保证项目顺利实施。

信息系统工程监理和信息系统审计虽然都有一定的监督作用，但两者业务范围和目的均有所差别。

首先，信息系统工程监理是具有信息系统工程监理资质的单位，接受建设单位的委托，依据国家和本市有关规定、信息系统工程建设标准和工程承建、监理合同，对信息系统工程的质量、进度和投资方面实施监督。主要应用在信息化工程建设阶段。而信息系统审计是一个获取并评价证据，以判断信息系统是否能够保证资产的安全、数据的完整以及有效率地利用组织的资源并有效果地实现组织目标的过程。它是立足于组织的战略目标，为有效地实现组织战略目标而采取的一切活动过程都在审计师的业务之内。

其次，信息系统工程监理的目的是保证工程建设质量、进度和投资额满足建设要求。监理活动随着工程的完成而结束。监理关注的是项目建设的质量、成本和进度。信息系统审计的目的是合理保证信息系统能够保护资产的安全、数据的完整、系统有效地实现组织目标并有效率的利用组织资源，其关注的核心是资产保护与信息系统的效率、效果。不仅包括对建设过程的审计，更重要的是对信息系统的运营审计，向公众出具审计报告，鉴证信息系统能否保护企业资产安全，其产生、传递的信息是否完整，整个系统是否有效地实现组织目标并有效率地利用组织资源。只要信息系统在运行，审计活动一直存在。另外，信息系统工程监理的过程是可见的，即对项目成本、进度和质量与目标出现的偏差是可见的，及时纠正也方便。但信息系统审计对信息系统的安全性、可靠性与有效性的认定具有不可见性，这也正是信息系统比工程项目复杂的主要原因。

信息系统审计与信息系统监理除了以上的区别，还有以下不同：

（1）服务对象不同

从审计定义我们可以知道审计鉴证服务是鉴证人、信息使用者和信息提供者的三方合约，即由鉴证人接受委托或授权，对信息提供者进行审计，并就其提供的信息质量向信息使用人提供鉴证报告。因此审计服务的对象是所有的信息使用者，包括被审计单位的股东、债权人、管理当局、政府机构和一般社会公众。

监理服务于建设合同的双方。建设单位与承建单位签署建设合同后，两者之间的关系是等价交换关系，即承建单位要按时交付既定质量等级的工程、开发实物，建设单位要按时支付等价的工程款。监理单位接受建设单位委托后，作为工程承包合同的洽商者，它所执行的原则是使工程承包合同成为"平等条约"，作为工程承包合同管理和工程款支付的签认者，它所执行的原则是等价交换。因此，监理单位是为双方的利益服务的，而不仅仅为委托方——建设单位服务。

（2）工作主体不同

信息系统审计主体包括内部审计主体与外部审计主体。当审计人员是被审计单位的组成部分时，称为内部审计，其职责主要是搜集证据，判断系统的有效性以及利用资源的效率。当审计人员独立于被审计单位时，称为外部审计，其职责重要是关注被审计单位信息资产的安全、真实、完整。而监理主体只能独立于建设单位和承建单位，作为外部独立的第三方参与项目建设。

（3）方法不同

审计的方法主要是搜集证据的方法，包括检查、观察、分析性复合、查询及函证等方法，并利用统计技术、计算机技术完成证据的搜集与评价（特别地，信息系统审计方法见前文）。而监理主要是利用项目管理技术，包括成本核算控制、网络图及质量控制方法等实施对工程项目的管理方法。

▌6.5.3　信息系统绩效管理

对信息系统绩效进行管理是确保信息系统实现其价值的另一个有效方法，而对信息系统绩效进行有效管理又分为两类方法：绩效评估和绩效审计。

1. 信息系统绩效评估

信息系统的投资是信息化经济时代企业竞争的利器，尽管企业信息系统各方面已经取得了显著的成效，但是仍然面临着诸多问题，导致信息化呈现出各种"病症"。实际信息系统的应用与企业的预期之间的巨大落差也促使人们不得不重新审视和评价信息系统的绩效与价值。

企业绩效评价通常都是从财务角度对企业的经营业绩进行衡量的，经济指标是最重要的评价标准。然而这些常用的方法在评价信息系统的绩效时存在明显的缺陷和不足。而对信息系统的评价从一开始就是仅仅关注信息系统技术的因素，把所有注意力投向信息系统的技术先进性，硬件的高级程度，功能的多样性，仅仅把信息系统当作一个技术系统，而忽略了信息系统的真正的目的是为企业盈利和发展服务的。信息系统更是一个战略的系统，管理的工具，人的因素在信息系统中占据更加重要的地位。下面介绍三种信息系统绩效评估方法。

（1）金融财务方法

传统的费用效益方法。传统的费用效益方法建立在资金的时间价值理论基础之上，它以一定折现率对 IT 项目在整个生命周期内的投资、维护费用和收益等现金流进行折现，计算其净现值（Net Present Value，NPV）或内部收益率（Internal Rate of Return，IRR）、投资回报率（Return On Investment，ROI）等，然后根据相应的评价准则，对其进行衡量判断以揭示 IT 项目投资价值的大小。

传统的费用效益法在信息系统绩效评估中的使用非常广泛，本节将不更多地列举，原因在于它有很多明显的不足，如其假设所有的 IT 支出和收益可以准确地用金融的方法表示，但忽略了 IT 产生的无形价值和给企业带来的竞争优势；另外，由于 IT 的飞速变化，传统的费用效益法不足以应对 IT 项目的高风险和高不确定性；还有学者指出传统的信息系统绩效评估评估实践囿于拷问 IT 的"价格"，而不是 IT 对企业的"价值"，如未考虑到企业在 IT 方面学习、培训的费用，也未考虑到 IT 产生的社会效应。

针对这些不足，在金融财务方法的范围内，许多研究改进了传统的费用效益法，其中最重要的成果如实物期权（Real Option，RO）方法。实物期权理论脱胎于金融期权定价理论，期权是投资者支付一定费用获得不必强制执行的选择权，它的魅力在于让投资者付出少许代价，在控制或有损失的基础上扩大获利空间。

实物期权如同金融业中的期权，企业面对不确定作出的初始资源投资，不仅给企业直接带来现金流，而且赋予企业对有价值的"增长机会"进一步投资的权利。因为初始投资带来的增长机会是不确定的，传统净现值理论在计算投资价值时忽略了这部分价值。不确定条件下的初始投资可以视同购买了一个看涨期权，期权拥有者因此拥有了等待未来增长机会的权利。这样，企业就可以在控制下界风险的前提下，利用不确定获得上界收益。如果"增长机会"没有出现，企业的下界风险仅为初始投资，这部分可以视为沉没成本，可以视为期权的购买成本；如果"增长机会"来临，企业进一步投资，新的投资可以视为期权的执行，期权的执行价格就是企业进一步投资的金额。这样，企业内存在两种不同资产：一是实物资产，其市场价值独立于企业投资战略；二是实物期权，实物期权指在合适时机购买实物资产的机会。

1973 年 Black、Scholes 和 Merton 发表了第一篇相关论文，在这篇论文中，作者构建了一个期权定价的公式，称为 Black-Scholes 期权定价公式。在 Black-Scholes 定价模型中，期权由标的资产与无风险资产动态复制而得，它的价值波动能够完全"映射"在标的资产的价格波动上。该模型暗含这样的推论，即期权价值不依赖于标的资产的期望收益，也不依赖于投资者的风险偏好，仅仅取决于给定的外生变量。受此启发，Cox 和 Ross 于 1976 年提出风险中性原理并建立了著名的二叉树期权定价模型。

实物期权也可以仿照类似金融期权的方法使用期权定价模型，实物期权的定价模型可以分为离散模型的和连续模型两大类。离散模型主要是多项式模型，连续模型主要由解析式、随机微分方程以及蒙特卡罗模拟构成。从决策制定的角度来看，标的资产是连续还是离散的假定并不对期权价值有显著影响，但在运用上，两者各有所长，如表6-2所示。

表 6-2　实物期权的两类定价模型

模型特征	建模思路	模型优势	模型不足
离散	多项式网格	容易应用，后向求解	计算工作量大
连续	解析解	简化计算，前向求解	假设严格，应用局限
	随机差分方程	精确，建模灵活	复杂，近似求解
	模拟	应用领域广泛	研究尚不足

1977 年，Stewart Myers 首次把期权的概念拓展到企业资产的投资并称之为实物期权，他指出当投资对象是高度不确定的项目时，传统净现值理论低估了实际投资。企业面对不确定作出的初始资源投资不仅给企业直接带来现金流，而且赋予企业对有价值的"增

长机会"进一步投资的权利。因为初始投资带来的增长机会是不确定的，传统净现值理论在计算投资价值时忽略了这部分价值。

（2）多目标法

由于 IT 投资带给企业的不仅有财务上的收益，还有非财务形式的收益，而多目标法可以为每一项 IT 项目投资提供一个共同的评估标准和平台。随着 Parker 等"信息经济"方法的流行，多目标法受到了广泛的关注，事实上，多目标法是信息系统绩效评估中非财务方法中使用最广泛的方法。在"信息经济"方法中，Parker 等把对 IT 项目投资的评估分为三个大的指标域：广义的投资回报率（Enhanced ROI）、业务域（business domain）及技术域（technology domain），每一个域里又分别含有若干个指标，囊括了现金流收入、附加现金流收入（由于成本、时间的节约及效率提高带来的收入）、竞争优势、战略适配、IT 架构、技术不确定性及风险（包括技术风险和企业风险）等要素。

对于多目标法的研究主要集中在两个方面，一方面是对评估指标即评估标准的研究。对于评估标准的研究虽无本质的不同，但各有强调，有些研究强调战略竞争优势，有些强调风险，有的强调 IT 与企业目标的战略对应，指标数量则从十个到数十个不等；另一方面，对指标分析方法的研究。在评估指标建立以后，针对每一个指标，或直接打分，或两两比较，最后把对每一个指标的评价合成起来，使得每一个投资项目得到相应的评估结果可以区分优劣。比较典型的有以下方法或这些方法的扩展方法及综合起来的方法：德尔菲（Delphi）法、层次分析（Analytic Hierarchy Process，AHP）法、模糊集（Fuzzy Set）法等，其中 Delphi 法早在 20 世纪 60 年代被 O.Helmer 和 N.Dalkey 引入，目的是为了解决决策中个人偏见的影响，使得决策中可以体现专家群的意见，是信息系统绩效评估的一个有用的工具；AHP 法是实际中评估 IT 项目投资使用最广泛的方法之一，是由 T.L.Saaty 提出的一种定性与定量分析相结合的多目标决策分析方法，其通过构建多目标决策框架和两两比较矩阵来确定目标的重要程度。

（3）比率方法

在一些常用的信息系统绩效评估方法中，比率方法也有一定的影响。在经济学的研究中，各种比率的计算被用来比较企业运作、管理的效率，而其中的一些方法被用于信息系统绩效评估的评估。狭义上的，从金融财务的角度，如用 IT 花费除以营业额、在 IT 上所有的投入除以总收益；广义上的，IT 花费可以被刻画为投入的人力、时间，收益可以被刻画为得到的产品或服务。在比率法中，有两种方法影响较大。

管理回报法（Return on Management）。管理回报法的前提假设是在现代信息经济社会，管理已成为了一种稀缺的资源，有关管理回报的定义为：

$$ROM = \frac{收益-运作成本}{总成本-运作成本} = \frac{管理增加的价值}{管理总的成本} = 1 + \frac{税前经济收益}{管理总的成本}$$

ROM 方法的分析有一个包含 300 多家数据的数据库支持，但这个数据库不是公用的，即使如此，ROM 方法在 20 世纪 90 年代受到一定的重视。另外，有研究设计了一个称为"IT 评估"的方法，从战略的角度分析各种财务和非财务的比率以评估 IT 项目投资效益，这些比率将与数据库种的标杆数据比较，设计者试图通过这种比较，用历史的 IT 项目投资数据来指导新的 IT 项目投资。

以上介绍的绩效评估方法各有不同，下面我们通过四个方面对以上介绍的方法进行比较：评估标准、方法使用的过程以及评估结果的形式，如表 6-3 所示，表中的"否"表示某模型方法未涉及的内容。

表 6-3　各种信息系统绩效评估理性模型方法的比较

金融财务方法	评估标准				方法的使用过程	评估结果形式
	财务收益	非财务收益	战略成长	风险		
传统方法	定量化	否	否	定量化	使用简单，无需先前信息，但不适合刻画 IT 项目	数值
实物期权方法	定量化	否	定量化	定量化	假设苛刻，计算复杂，不易理解	数值
多目标方法	定量化	定量化	定量化	定量化	易理解，但对人的主观依赖大，操作复杂	数值
比率方法	定量化	否	否	否	易理解，但需要项目信息数据库支持	数值

从表中我们可以看到，每一种方法都有优势和劣势，事实上，我们不可能得到每一个企业在任何情况任何时候都适用的决策方法，在先进的决策思想的指导下，根据实际操作中的情景，有效融合方法中的有益部分，才是进行信息系统绩效评估的正确途径。

2. 信息系统绩效审计

绩效审计是当今国际审计的主流，是审计发展的高级阶段，目的是改善组织的资源管理、提高企业绩效管理质量，具体到信息系统的建设与应用，由于绩效是信息系统审计关注的一部分，为了对强调对信息系统绩效的管理，便逐步形成了信息系统绩效审计的概念。

绩效审计是经济（economy）审计、效率（efficiency）审计和效果（effectiveness）审计的合称，因为三者的第一个英文字母均为 E，故称三 E 审计，国外一般称之为 VFM Audit（Value For Money Audit）。它是指由独立的审计机构或人员，依据有关法规和标准，运用审计程序和方法，对被审单位或项目的经济活动的合理性、经济性、有效性进行监督、评价和鉴证，提出改进建议，促进其管理、提高效益的一种独立性的监督活动。绩效审计是审计发展的高级阶段，是当前国际审计的主流，在发达国家中，绩效审计工作量占整个审计工作量很大的比例，已发展成为收托责任、风险管理等的有效手段。

绩效审计按审计时间分类可以分为事前绩效审计、事中绩效审计和事后绩效审计。

（1）事前绩效审计包括计划、预算、建设项目的可行性研究、成本预测等内容。通过事前审计可以防患于未然，对于计划、预算以及投资项目实施可能出现的问题和不利因素，能在事前及时纠正和剔除，避免因预测不准或计划不周而造成经济损失或效益不高。

（2）事中审计是把项目实施情况与实施前的预测、预算、计划和标准等进行分析比较，从中找出差距和存在的问题，及时采取有效措施加以纠正，并根据实际情况的变化，调整和修改计划、预算，使之更加符合客观实际，更加合理。它是一种动态审计。

（3）事后审计是一种总结性审计，主要是对已完成的活动的经济效益、效果、效率进行分析与评价，找出问题的原因，发掘进一步提高的途径。

信息系统绩效审计正是信息系统审计与绩效审计相结合的产物，是对一个组织利用信息系统经济性、效率性和效果性的综合评价，其可帮助提高组织信息资源投入产生更高价值。信息系统绩效审计主要有五个方面的目标：改进受审方实施信息系统战略的能力；改进受审方的信息系统项目建设的管理能力；改进信息系统应用服务能力并提高信息系统绩效；受审方需要说明信息系统建设过程中的资源损耗和浪费情况。

信息系统绩效审计工作主要包括四个方面的内容：

（1）构件组织的业务模型。即了解组织的业务流程，包括组织目标、组织信息系统战略、组织架构以及其与业务流程之间的关系；

（2）确定对于组织而言关键的、依赖程度高的、投入成本大的信息系统项目；

（3）分析信息系统项目中存在问题，并寻找证据（注意这是审计与监理一个很大不同的地方），主要从三个方面着手：①进度。项目是否延期？为什么会延期？②成本。项目成本是否超过了预算？③质量。最终提交的系统是否是可靠的、令用户满意的系统？

（4）找出问题原因并做解释说明，给出合理建议。如是否存在一系列针对信息系统项目的内部管理控制体制？是否有适当的信息系统项目管理标准？组织信息系统内部开发或外包能力如何？

6.6 信息系统的评价

▌ 6.6.1 信息系统的评价指标

（1）信息系统质量评价

质量是指系统在特定的工作环境下提供信息的好坏。质量评价的关键是要定出评价质量的标准和指标体系。关于质量评价的指标有：用户对系统及业务需求的满意程度；系统的开发过程是否规范；系统所提供信息的质量和实用程度；对信息资源利用率的提高程度；对管理模式、管理方法的改变和提高；系统自身的投入产出比；系统运行结果的有效性和可行性等。

（2）信息系统运行评价

信息系统投入运行后，要对运行情况不断地评价，以此作为系统维护、更新以及进一步改进的依据。

系统运行一般从以下几个方面进行评价。

①系统开发预定目标完成情况。包括对比系统开发目标与实现目标，各级管理人员对系统的满意程度，系统为完成任务是否多支付了成本，系统开发过程和文档是否规范

齐全，系统功能和成本是否在预计范围内，系统的可维护性、可扩充性、可移植性如何，各种资源利用情况如何等。

②系统的实用性。包括系统运行是否稳定可靠、系统安全保密措施是否齐全、用户满意程度如何、系统的容错能力如何、恢复能力如何、系统运行结果是否支持管理活动等。

③系统运行的效率。包括硬件利用率如何、数据处理与传输是否匹配、各工作站负荷是否均衡等。

（3）信息系统经济效益评价

信息系统的经济效益评价主要是指对系统所产生的直接经济效益和间接经济效益的评价。信息系统所产生的直接经济效益一般较之所产生的间接经济效益来说很小，这部分效益可以借用一般工程投资项目的经济效益计算方法很容易计算出来。信息系统所产生的经济效益通常主要体现在其运行结果所产生的间接经济效益方面。而信息系统所带来的间接效益尽管在信息系统经济学、软件工程评估方法中已有一些估算模型，但迄今为止，最主要的评价方法还是一些定性的指标。

6.6.2　信息系统的评价方法

（1）多因素加权平均法。

多因素加权平均法利用系统评价理论中关联矩阵法的思想，把各项评价指标列成表格，请专家对每个指标按照其重要性打一个权重，范围为 0～1，各权重之和为 1，再请专家分别对被评价系统的各个指标打分，分值范围为 0～100。专家数越多，评价越接近实际。综合评分越高，说明系统越好。

（2）层次分析。

层次分析法是一种实用的多准则决策方法，用于解决难以用其他定量方法进行决策的复杂系统问题。它将定量与定性相结合，充分重视决策者和专家的经验与判断，将决策者的主观判断用数量形式表达和处理，大大提高决策的有效性、可靠性和可行性。因此层次分析法适用于信息系统的评价，尤其适合多个信息系统的比较。

（3）数据包络分析法。

数据包络分析法是处理具有多个输入和多个输出的多目标决策问题的方法。在企业管理信息系统的评价中，可以根据投资项目的输入数据和投资后管理信息系统的输出数据来评价。

（4）经济效果评价法。

建立企业管理信息系统的目的在于提供完整、准确的信息，提高管理工作效率和决策水平，减少管理中的失误，使生产经营活动达到最佳经济效益。评价其应用的经济效果，可以从直接经济效果和间接经济效果两方面分析。

①直接经济效果。直接经济效果是可以计量的，它取决于应用计算机管理后，由于合理利用现有设备能力、原材料、能量，使产品产量或提供的服务增长，生产或服务的成本降低。

②间接经济效果。间接经济效果反映在企业管理水平的提高，主要表现在以下两个方面：管理体制合理化，管理效果最优化，基础数据完整、统一；管理人员摆脱繁杂的事务性工作，真正把主要精力放在信息的分析和决策等创造型的工作，提高了企业管理的现代化水平。

本 章 小 结

信息系统是指收集、存储、处理和传播各种信息的具有完整功能的集合体。信息系统可以帮助组织进行有效的管理和决策。

信息系统规划是从组织的宗旨、目标和战略出发，对企业资源进行统一规划，从而为企业获取竞争优势，实现企业的长远发展。信息系统规划过程是由一系列将从企业计划、外部资源、信息系统用户那里获取的信息输入转化成信息系统建设计划的活动集合，其主要内容包括企业规划和信息系统规划战略一致性研究的内部环境分析、外部环境分析及信息技术分析。

信息系统的建设是在信息系统规划的指导下，分析、设计、实现一个信息系统的过程。信息系统建设管理主要包括开发管理和项目管理。当信息系统投入应用以后，我们还需要进行运行维护、安全管理以及系统评价。

使信息系统实现其应有的价值是进行信息系统投资和建设的根本目的，信息系统审计和信息系统绩效管理是帮助组织实现信息系统价值的两个重要手段。

思 考 题

1.什么是信息系统？信息系统的基本功能有哪些？

2.信息系统开发经常会失败，你认为失败的原因有哪些？

3.信息系统的日常运行管理包括哪些主要内容？如何保证信息系统的运行质量？

4.信息系统绩效审计分类有哪些？

案 例 分 析

案例一：伦敦股票交易所项目的崩溃

历史上最昂贵的信息系统项目的失败，是发生在 1993 年的英国伦敦。3 月 12 日那天，伦敦股票交易所首席主管彼得·劳林斯公布了一个令人震惊的消息：伦敦股票交易所的金牛座项目被终止。估计损失为1亿美元，交易所的顾客还另外损失了5亿美元，尽管这个数字后来被减到4亿美元，伦敦金融界的总损失还是高达5亿美元。然而这些数字仅仅反映了资金方面的损失，这个将近十年期的项目，其真正的损失远非如此。350多个职员和顾问丢掉了工作，这个交易所现代化的进程延缓了将近十年的时间。这些机会成本——换句话说，也就是时间、资源、资金，如果用在伦敦金融界上，那么很可能已经带来了不可估量的收益。

可能最大的代价，也是最难估算的代价，就是给伦敦股票交易所的声誉造成的损害。面对来自法兰克福和米兰金融市场的竞争，设计金牛座项目的战略目标本来是要提高交易所作为世界金融网络领先者的声誉。这个失败的项目却恰恰相反，无论是国内方面还是国际方面都给交易所的声誉造成严重的损害。伦敦股票交易所公关部的负责人曾说过："很清楚，它已经在对我们的信任方面产生了负面的影响。"据一些报道，伦敦股票交易所已经在一些小酒店中成了人们谈论的笑料。

劳林斯是在这个项目被多次拖期以后被迫宣布终止金牛座项目的。当这个项目的预计完成期从1989年10月拖到1992年10月，再拖到1994年春天的时候，伦敦股票交易所请安德森咨询公司做了一份项目评估书，这个评估的结果很令人沮丧。由伦敦股票交易所财政主管委托另一个评估机构作的评估结果也是如此。评估公司甚至推断：成本还在继续增长，而且肯定还要继续拖期，同时这个项目目前存在很多问题，仅仅把这些问题整理出来就可能还需要15个月的时间。当伦敦股票交易所董事会知道这些结果以后，他们立刻命令终止这个项目。劳林斯宣布金牛座项目告终的同时，很自然地，他也宣布了自己的辞职。

金牛座项目的起源要追溯到1986年实施的"BigBang"计划，伦敦股票交易所在这个计划中转变成一个由英格兰银行监管的自律性组织，许多规章制度被制定出来，开始允许经纪人自由地设定他们的佣金，同时这个公开喊价的市场也被电子交易系统所代替。BigBang计划实施的结果，使伦敦股票交易所的交易量有了很大的增长，部分原因是解除了对经纪人的管制以后导致经纪人的竞争加剧造成的。与流行的观念相反，BigBang计划没有能完成技术上的革命。那时伦敦股票交易所使用的是一个叫作Talisman的成批交易系统，结算一笔交易需要3～6周的时间，而在美国交易结算只需要3～5天就可以完成，在日本，仅需要2天的时间就足够了。伦敦方面的问题是，这个仍然使用纸制票据的系统的效率太低，而且不灵活。金牛座这个新系统项目，就是企图将整个过程自动化。包括登记、转让、对英国股票的清算。这个系统将基于一个通过高速、高可靠性的网络，遍布伦敦的金融中心，与许多经纪人、银行家、投资者和登记公司（负责登记股东交易的清算银行）的数据库相连，他们都将是这个系统的使用者。这个系统将整个交易数据处理电子化，把清算时间削减到了3天。这个项目还包括使用电子票证来代替纸制的股权凭证，这样随着股票所有权的变动，资金立刻就会发生转移。

讨论下列问题：

1. 分析金牛座项目存在的问题。指出是哪些管理、组织和技术因素导致了这些问题的发生。

2. 劳林斯辞职以来承担对这个项目失败应负的责任这样合适吗？为什么？

3. 你认为在这个项目的开头能够或者应该采取一些什么不同的措失来防止失败的发生？

案例二：质量检测的纷争

某系统集成公司 A 中标某信息中心 IT 运维平台开发项目，公司 A 任命小李为项目经理。小李在项目启动阶段确定了项目团队和项目组织架构，项目团队分为三个小组：研发组、测试组和产品组。各组成员分别来自研发部、测试部以及产品管理部。

小李制定了项目整体进度计划，将项目分为需求分析、设计、编码、试运行和验收五个阶段。为保证项目质量，小李请有着多年的编码、测试工作经历的测试组组长张工兼任项目的质量保证人员。

在项目启动会上，小李对张工进行了口头授权，并要求张工在项目的重要阶段（如完成需求分析、完成总体设计、完成单元编码和测试等）必须对项目交付物进行质量检查。在检查时，张工可以根据自己的经验提出要求，对于不满足要求的工作，必须立即进行返工。项目在实施过程中，遇到一些问题，具体如下：

在项目组完成编码与单元测试工作，准备进行系统集成前，张工按照项目经理小李的要求进行了质量检查。在检查过程中，张工凭借多年开发经验，认为某位开发人员负责的一个模块代码存在响应时间长的问题，并对其开具了不符合项报告。但这位开发人员认为自己是严格按照公司编码规范编写的，响应时间长不是自己的问题。经过争吵，张工未能说服该开发人员，同时考虑到该模块对整体项目影响不大，张工没有再追究此事，该代码也没有修改。在项目上线前，信息中心领导组织技术专家到项目现场进行调研和考察。专家组对已完成的编码进行了审查，发现很多模块不能满足甲方的质量要求。

讨论下列问题：

1. 请指出该项目在质量管理方面可能存在哪些问题？

2. 请指出张工在质量检查中可能存在的问题。

3. 针对上述问题，如果你是项目经理，你会采取哪些措施？

企业信息资源管理

本章关键词

企业信息资源管理（information resource management）
竞争情报（competitive intelligence）
企业知识管理（enterprise knowledge management）
工业 4.0（industry 4.0）

本章要点 ▶▶

　　企业信息资源是企业在信息活动中积累起来的以信息为核心的各类信息活动要素的集合。通过本章的学习，掌握企业信息资源管理的定义、特点、地位和作用，了解企业信息资源管理与竞争情报联系和区别，了解企业信息资源管理的组织框架，了解企业信息资源管理系统的功能，重点掌握企业知识管理的模型与方法，重点掌握企业知识管理的机制，了解信息资源管理的新领域——工业 4.0。

7.1　企业信息资源管理概述

▍7.1.1　企业信息资源管理的含义

1. 企业信息资源管理定义

　　企业信息资源管理属于微观层次的信息资源管理的范畴，指企业为达到预定的目标运用现代的管理方法和手段对与企业相关的信息资源和信息活动进行组织、规划、协调和控制，以实现对企业信息资源的合理开发和有效利用。

　　企业信息资源是企业在信息活动中积累起来的，以信息为核心的各类信息活动要素（信息技术、设备、信息生产者等）的集合。企业信息资源管理的任务是有效地搜集、获取和处理企业内外信息，最大限度地提高企业信息资源的质量、可用性和价值，并使企业各部分能够共享这些信息资源。由于企业是以利润最大化为目标的经济组织，其信息资源管理的主要目的在于发挥信息的经济效益和潜在的增值功能，以完成企业的生产、经营、销售工作，提高企业的经济效益，同时也提高社会效益。一般而言，企业信息资源管理工作的内容主要包括：对信息资源的管理、对人的管理和对相关信息工作的管理。

2. 企业信息资源管理的特点

信息管理发展到 20 世纪 70 年代末发生新的转折，由于信息资源论的提出并很快被人们所接受，为了提高决策水平，就必须最大限度地利用信息资源。如果说 20 世纪 80 年代以前信息管理模式是面向技术的话，那么 20 世纪 70 年代末 80 年代初由美国学者小霍顿和戴波德等人提出的信息资源管理，就是面向竞争的信息管理模式。

强调信息资源的技术因素和人文因素的集成管理与利用，重视信息资源的开放性和共享性，是一种新的管理手段。企业信息资源管理的特点，是由企业的特征所决定的，主要有以下几点。

（1）企业信息资源管理的时效性

对企业来说，重要的信息在意义、及时性、范围和权威性方面各不相同。企业信息资源有生命周期。在生命周期内，信息资源有效，否则信息资源无效。时效性特征要求信息资源尽可能快地得到和被使用。因此，企业在收集、处理和利用信息资源时，必须保证信息传递通道的畅通和快速。当大量的无用的信息保留在检索系统中，它们是系统的"噪音"，妨碍了重要信息的有效检索。

（2）企业信息资源管理的用户导向性

企业信息管理服务的对象主要在企业内部用户，主要是满足企业内部各生产、管理层次的信息需求，为企业的盈利目标服务。企业信息资源管理项目主要依据企业经营的改变而改变。企业信息管理要以最少的成本得到对本企业最有用的信息，其最大的特点就是实用性和有效性。不同层次的信息需要不同的结构和存取方式，比方说，需要快速地通知市场决策的信息应该连续地通过一个友好的、非技术性的接口存入计算机系统；而金融信息很可能需要由一个相当有效的和保密的信息系统保存，以保证它的保密性、及时性和正确性。

（3）企业信息资源管理的综合性

企业管理活动具有很强的综合性。而企业信息资源管理是为企业管理服务的，因此也具有综合性。企业信息资源管理，一般由信息系统、信息过程、信息活动三个层面上的管理活动构成，每个层次的信息管理活动都有它自己的特殊功能。信息系统主要重结构，信息过程主要重手段，而信息活动主要重结果。只有充分发挥这三个层次上的功能才能充分发挥信息管理工作的综合性功能，才能更好地为企业管理活动服务。

（4）企业信息资源管理和企业的生存息息相关性

一个不能对市场变化做出反应，不能有效地处理和传播信息，或是不能充分挖掘信息资源价值的企业会发现自己处于竞争的不利地位。信息工作失败也会导致企业的倒闭。当一个企业不能找到所需要的信息或是在那些错误或过时的信息基础上工作，或为检索重要的信息花费过量的精力时，它就要受到经济上的损失。

（5）企业信息资源管理是一个创造性劳动过程

不同的企业其信息资源管理的过程必然存在一定差异。企业信息资源需求千差万别，无法用一种固定模式去实现，因此，任何企业的信息资源管理都需要创造性的劳动。在企业信息资源管理的每一个环节，都可蕴藏着管理方式的创新。

3. 企业信息资源管理的作用

企业信息资源管理是企业整个管理工作的重要组成部分，也是实现企业信息化的关键，在全球经济信息化的今天，加强企业信息资源管理对企业发展具有非常重要的作用。

（1）企业信息资源管理是增强企业竞争力的基础和手段

当今社会信息资源已成为企业的重要战略资源，它同物质、能源一起成为推动企业发展的支柱。加强企业信息资源的管理，使企业及时、准确地收集、掌握信息，开发、利用信息，为企业发展注入新鲜血液。这一方面为企业作出迅速灵敏的决策提供了依据；另一方面使企业在激烈的市场竞争中找准了自己的发展方向，抢先开拓市场、占有市场，及时有效地制定竞争措施，从而增强企业竞争力。

（2）企业信息资源管理是实现企业信息化的关键

随着全球经济一体化和市场经济体制的建立以及现代信息技术的突飞猛进，企业生存和竞争的内外环境发生了根本的变化，企业信息化和信息管理也要和国际接轨。企业信息化是全方位的，不只是信息技术的延伸，更重要的是企业管理和组织的延伸。企业信息化的实质就是在信息技术的支持下，管理者及时利用信息资源，把握市场机会，及时进行决策。因而，企业信息化不但要重视技术研究，更要重视信息资源的集成管理，避免信息资源的重复、分散、浪费和综合效率低下，从而实现资源的共享。因而，企业信息资源的开发和利用是企业信息化建设的核心，也是企业信息化的出发点和归宿。

（3）企业信息资源管理是提高企业经济效益的根本措施和保障

提高经济效益是企业生产经营的目的。企业之间除了在生产资料、生产技术、产品价格的竞争外，更重要的是对信息的竞争。谁抢先占有信息，谁就能把握市场动向，优先占有市场，提高企业经济效益。因而占有和利用信息的能力已成为衡量一个企业是否具有市场能力的关键指标。美国苹果公司就是一个把市场销售、产品研究开发、生产联结在一起的信息网络。该公司根据当天遍及全球各地千万个销售商的销售情况进行汇总、分析，修订第二天的生产销售计划，然后把计划传送给全球150多个生产厂家。生产厂家按计划生产，各地的销售商就按时、按量收到所需要的订货，这种管理模式给公司带来了丰厚的利润。由此可见，信息资源管理对企业管理的作用。

7.1.2 企业信息资源管理的途径

1. 提高企业各级管理人员对信息资源的认识

企业经营的基础在管理，重心在经营，经营的核心在决策。决策的正确与否是关系到企业生存和发展的大事，而决策的正确性是建立在准确预测的基础之上的，准确的预测又是建立在及时把握信息的基础之上。所以说"控制信息就是控制企业的命运，失去信息就失去一切"。我国企业各级人员，特别是管理人员要充分认识到信息资源在企业发展中的重要地位和作用，高层领导要从战略高度来重视信息资源的开发与运用，加大对信息资源管理的力度，提高企业的竞争力。

2. 提高企业信息资源管理人员的素质

管理水平的高低取决于管理人员的能力和素质。企业要加强对信息资源管理的力度，首先要注重信息资源管理人才的培养、引进和任用。培养、任用具有经营头脑、良好信息素养、有较强专业技术能力、创新能力、市场运作及应变能力的复合型高级管理人才。

3. 加强企业信息资源管理的基础工作

首先，企业应用先进的管理理论和方法加强企业生产经营管理，规范管理手段和方法，建立完善的规章制度，构建高效益的业务流程和信息流程。

其次，是要建立一套标准、规范的企业信息资源库，使企业信息资源的获取、传递、处理、储存、控制建立在全面、系统、科学的基础之上，保证信息的完整、准确和时效。

4. 改革企业现有管理体制，建立健全企业信息资源管理机构

为了加强对企业信息资源的管理，必须调整旧的不适应信息资源管理的体制和组织机构。

首先，企业应按照信息化和现代化企业管理要求设置信息管理机构，建立信息中心，确定信息主管，统一管理和协调企业信息资源的开发、收集和使用。信息中心是企业的独立机构，直接由最高层领导并为企业最高管理者提供服务。其主要职能是处理信息，确定信息处理的方向，用先进的信息技术提高业务管理水平，建立业务部门期望的信息系统和网络并预测未来的信息系统和网络，培养信息资源的管理人员等。

其次，加快推行 CIO 体制。由于信息资源是企业生存和发展的战略资源，信息资源管理必然要实行 CIO 体制。为此，我国政府应在体制和激励机制上，企业应在管理制度上，个人应在能力和素质养成上下功夫。

5. 企业信息资源的集成管理

集成管理是一种全新的管理理念和方法。集成管理作为高科技时代的管理创新，正在逐渐渗透和应用到社会经济的各个领域。集成管理是企业信息资源管理的主要内容之一。实行企业信息资源集成的前提是对企业历史上形成的企业信息功能的集成，其核心是对企业内外信息流的集成，其实施的基础是各种信息手段的集成。通过集成管理实现企业信息系统各要素的优化组合，使信息系统各要素之间形成强大的协同作用，从而最大限度地放大企业信息的功能，实现企业可持续发展的目的。

7.1.3　企业信息资源管理的组织结构

1. 信息资源管理与组织结构的相关性

从系统工程的观点来看，组织就是一个系统，具有由其构成要素组成的结构层次，要素之间有内在的联系，并且与周围环境相互作用。信息贯穿于组织活动的全过程，它将组织中的各分支机构、人员和各种活动连结起来，使组织形成一个有特定目的的系统。通过信息交流，组织内部保持相对稳定和有序，并不断根据外界环境的变化调整自身，实现组织目标。组织系统本身就是一个大的信息系统，其中的每个机构同时充当着信息源、

信息处理、信息传递和信息利用的角色，整个组织的结构关系就是纵横交错的信道。

因此，组织结构在很大程度上决定了组织内部的信息流及其中信息资源的种类，组织结构与信息结构具有密切的相关性。

另一方面，企业信息资源管理在实际推行中，由于信息资源对组织的巨大影响，尤其是更有效地支持组织战略决策的需要，建立新的"信息构架"（information architecture）变得不容回避，由此又要要求组织从结构上进行必要的调整。一个理想的信息构架要能够在最高层次的数据模型和事实数据库的设计两方面建立起精确的联系，在组织各层次对信息进行管理和综合应用。因此，建立新的容纳机构，对组织进行相应的变革就成为必要和必需的了。

企业信息资源管理的结构与企业自身的组织结构具有密切关系，其建构与运行要保证企业信息管理各项任务的实现。企业信息资源管理体制的确立就是二者相互联系、相互作用的结果。

2. 企业信息资源管理的组织结构模式

在企业内部，由于企业信息系统的组织结构不同，企业信息流的传播机制存在着较大的差异。一般存在着集中、分散和集中—分散三种组织结构模式。

（1）在集中型结构模式中，由企业信息中心负责各种信息的收集、加工、检索、传递等工作，各个不同层次机构及职能部门所需要的信息，统一由信息中心筛选、提供。在这种模式中，企业信息流的传播机制是"信息中心—职能部门"。企业信息中心实际担任了一个"信息守门人"的角色。因此，这种模式对企业信息人员的素质要求很高，而且只适合规模较小的中小型企业。

（2）分散型结构模式是在企业不设信息中心，在各车间和职能部门设专、兼职信息员，定期或不定期组织信息交流活动。企业信息流的传播是从车间的职能部门到车间的职能部门。这种结构适应环境能力强，但由于车间的职能部门之间的约束力弱，因此易发生信息传递障碍。

（3）在集中—分散结构模式中，企业有独立的信息中心，负责信息收集、加工、整理和传递，同时各职能部门或车间存在必要的信息联系，与其他两种模式相比，集中—分散结构模式比较灵活，值得推崇。因为这种模式中，信息流不仅发达且畅通，在企业内部既有自上而下的纵向信息流动，还有各职能部门之间横向的信息流动。因此，这种模式有利于企业的信息交流，也是企业信息交流模式发展的方向。

▌ 7.1.4　企业信息资源管理体制

1. 企业信息管理体制概述

企业信息管理系统能否正常运行，不仅取决于信息工作人员的力量、素质和先进的工作手段，而且还取决于健全的激励机制和约束机制以及各部门的信息利用意识。企业信息管理体制是指关于企业信息管理结构的设置及其管理权限划分的制度。

在大型或特大型企业宜采用分散—集中的管理体制，根据企业组织机构设置情况建立不同层次的信息管理机构，最终由企业的信息管理中心进行统一管理。可以依托企业综合管理部门，成立独立的信息管理中心，充分利用综合管理部门的研究力量和协调功能开展工作。一般应在首席执行官下设企业信息主管 CIO。信息主管的职责是全面管理公司所属企业的信息资源开发和利用，包括更新企业信息技术、完善企业信息系统、培训和管理企业信息人员、最大限度地实现内部信息资源共享，为决策层提供信息服务，沟通经理层与部门之间的联系、协调和组织企业内外信息资源的交流。在信息主管下设信息中心或信息部。在信息中心或信息部还要设有信息收集、信息分析、管理策划等部门。一般部长 1 人，直接对信息主管负责。信息部内各部门可各设负责人 1 名，由信息部长统一领导。信息部的工作人员最少十几人，最多可达上百人。

2. CIO 体制

企业首席信息主管（CIO）体制的要点是：由组织机构中最高经营决策层全面统筹负责本公司信息资源管理，下设专门的办事机构（信息部、秘书处等）负责信息资源的管理、共享、协调等日常业务，信息系统开发、软硬件安装维护由信息技术部门承担，信息交流利用和咨询服务则由信息咨询服务机构提供，各分支机构视信息业务量大小设立专门机构或专人负责本部门的信息资源管理。

公司 CIO 的主要职责是全面负责包括人员、技术、设备、资金、机构和信息本身在内的所有信息资源的管理、开发和利用。具体包括：负责制定公司信息政策和规划；建设公司信息系统；开发公司信息技术，确定公司信息标准规范；促进公司内部信息共享，加强公司与外界的信息交流，提高信息利用效率；管理公司信息人员，沟通公司最高经营决策者与信息技术管理层之间的联系；直接参与公司的重大经营决策。

CIO 的职责决定了对其素质的要求是多方面的，参照美国信息产业协会对信息管理人员的职业标准，起码需具备以下几点：

- 具备广博的、多学科和交叉领域的职业技能，能运用信息科学的理论基础为各级管理人员和用户服务。
- 具备一种或几种信息技术专长。
- 具备经济基本知识，能对信息密集、资本密集和劳动密集产品进行规划预算，具有对竞争性资源加以权衡的能力。

此外，还必须全面了解掌握本公司经营决策的基本情况和背景知识。显然，CIO 的素质要求是一个文理兼容、集经营管理专家与信息技术专家于一身的高级复合型人才。

3. CKO 体制

企业首席知识官（Chief Knowledge Officer，CKO）是知识经济时代企业发展过程中产生的一种新型职位。随着信息化步伐的不断加速，CIO 的数量在急剧增加，CIO 的地位也在不断提升，甚至产生了夸大的现象。许多企业把 CKO 的职责范围也划给了 CIO，让 CIO 兼做 CKO，这显然是不合理的。原因很简单，信息和知识之间并非是等同的关系，只有对企业或者个人发展有利的信息才能称得上知识。由 CIO 兼做 CKO 可能会产生两种不良的影响：一是企业内部知识共享会向信息技术发生偏移，从而忽视业务知识的共享，大大降低知识管理工作的效率；二是容易混淆企业员工的认识，在目前企业员工对信息化认识参差不齐的情况下，员工会降低对知识管理，甚至信息化工作的信心。

CKO 的主要工作内容可大致归纳为以下几点，基本上可代表现阶段企业在知识管理工作的内涵。

- 建立一个有利于组织知识发展的良好环境，包括各项配套的软硬件设施。
- 扮演企业知识的守门员，适时引进组织所需要的各项知识，或促进组织与外部的知识交流。
- 促进组织内知识的分享与交流，协助个人与企业的知识创新活动。
- 指导组织知识创新的方向，有系统地整合与发展知识，强化组织的核心技术能力。
- 应用知识以提升技术创新、产品与服务创新的绩效，提升组织整体对外的竞争力，扩大知识对于企业的贡献。
- 形成有利于知识创新的企业文化与价值观，提升成员获取知识的效率，提升个体与整体的知识学习能力，增加组织整体知识的存量与价值。

7.2 企业信息资源管理系统

7.2.1 企业信息资源管理系统概述

信息技术是企业信息资源管理系统的基础。

1. 信息技术对企业信息资源管理的作用

电子计算机、通信、网络等高科技的广泛使用，为企业在更大范围内寻求可利用的信息资源提供了可能，提高了企业的信息获取能力，拓展了企业的信息获取渠道，并大大提高了企业的快速应变能力。目前，Internet 强大的功能扩大了世界经济舞台的规模，加快了世界经济活动的节奏，为企业进行跨国、跨地区的技术和商业合作提供了手段，为企业开创了全新的组织模式、经营服务方式和技术引进、购买、人才与知识交流手段。

在 21 世纪，企业要想在竞争中获胜，新产品投放市场的速度是关键。而推出新产品最快的方法是以信息网络为依托，跨越了空间的界限，能在足够多的被选组织中精选出合作伙伴，选用不同公司的资源，把具有不同优势的企业综合成单一的靠电子手段联系的经营实体。

目前，企业的信息网络化方式主要有 EDI、Internet、Intranet、Extranet 等。EDI 是利用电子计算机和数据通信网络，在贸易伙伴间传输具有一定结构特征的标准商业文件，达到交易目的的电子数据交换系统，它具有交易自动化、时间短、错误率低、效率高等特点。Internet 是覆盖全球的计算机互联网，可以用来进行企业间通信，更主要的是获取外界的大量信息资源。Intranet 是企业内部网，它可以通过接入的方式成为 Internet 的一部分，也可以自成体系，主要是用于企业内部的信息交流和进行虚拟会议、项目交流等。Extranet 则将 Intranet 的各项功能延续、扩展到企业之间，可以连接企业的合作伙伴以及客户。

企业信息资源管理的技术是保证企业内、外部信息在企业中准确、快捷地流动，为决策提供依据。主要分为两大方面的技术：后台技术和前台技术。后台技术是指以企业资源规划（Enterprise Resources Planning，ERP）系统和制造资源计划（MRP）为代表的企业内部信息管理系统软件，又称后台管理系统，包括财务管理、采购管理、库存管理、生产管理、人力资源管理、项目管理等。它主要用于管理企业内部运营的所有业务环节，并将各业务环节的信息化孤岛连接起来，使各种业务的信息能够实现集成与共享。

前台技术是指客户关系管理（Customer Relationship Management，CRM）系统，它实施于企业的市场、销售、技术支持等与客户有关的工作部门。由于其管理范围和功能直接面向市场，位于企业运营的最前端，故又称为前台系统。

2. 企业信息资源管理系统

企业信息资源管理系统就是采用系统论方法建立起来的系统。也就是从系统的整体出发，通过对系统与要素、要素与要素、系统与环境等内外各种关系的辩证分析，揭示对象的系统规律，从而达到问题最佳处理的一种方法。

企业信息资源管理系统是指人、规程、数据（信息）、硬件设备和软件设备的有机集合体。它实际上是为操作者的事务处理提供信息数据的收集、处理、存储和传输的功能，为企业管理决策层提供信息支持的人机结合系统。

用系统论方法构建信息资源管理系统应遵从系统方法的三项基本原则。三项基本原则即整体性原则、最优化原则和动态性原则。整体性原则是系统方法的首要原则。从系统论的观点看，企业信息资源管理系统的根本目的就在于发挥系统的整体效应，使系统的功能大于各子系统功能之和，使分散的各信息子系统无法满足的用户信息需求得到满足。

最优化原则是指系统在内外因素的作用下在某个方面最大限度地适合某一特定的客观标准，是系统方法所要达到的目标。最优化原则要求在研究、解决问题时，统筹兼顾、大力协同、趋利避害，选择最佳结构和最佳运行方案，以达到最佳效果。在构建企业信息资源管理系统时，要通过系统的统筹规划，各要素、各部分的优化组合、协调互补来达到信息资源消耗的最小化和利用的最大化，使有限的信息资源产生最大的效益，最大限度地满足用户的信息需求。

动态性原则是指企业信息资源管理系统的变化性，系统无时不在与其各要素之间、与环境之间进行着物质、能量和信息的交换，任何系统都是不断发展变化的。首先，用户的信息需求是不断变化的，人们对信息质和量的要求都越来越高，也越来越多样化，信息源的构成也日益丰富，来源越来越广；其次，信息服务提供的手段和方式越来越先进和多样化；因此，在构建企业信息资源管理系统时，不能拘泥于一时一地，应充分考虑其灵活性和兼容性，使其能适应各种变化，不断得到调整和升级，随时保持最优化状态。

▌7.2.2　企业信息资源管理系统的功能

企业信息资源管理系统相当于企业的神经系统，渗透到企业组织的每一个部门。它的作用关系到企业组织的整体协调和一致，因而企业信息资源管理系统的运行情况与企业运行效率及经济效益密切相关。企业信息资源管理系统的功能主要是指它对企业所具有的功能，对信息资源进行系统管理的功能。企业信息资源管理系统涉及的范围很广，包含的内容很多。这些信息大多以零星、片段、不一致、不系统的形态存在于企业内部和外部。企业信息资源管理系统可以根据信息运动的规律和信息的内在联系，将相对独立的、普遍存在于社会之中的零散信息流组成一个系统，并按照系统原理，对零星、孤立的信息资源进行系统处理，综合利用、减少信息流失，提高信息的有用性能，并从企业系统的整体效益出发，合理输入和输出信息。具体说来，它有如下的功能。

1. 对企业的经营管理进行协调和控制的功能

企业信息资源管理系统可以不受企业各层次的职能机构限制，且可以依照信息的内容和信息的流向将企业信息资源管理系统划分为若干个子系统，如市场预测信息子系统、企业资金信息子系统、产品销售信息子系统等。这些子系统有的可能跨越几个职能部门，也有的一个职能部门可能涉及几个子系统。它们可以通过部门间的纵横交错的信息流动来调节各职能部门的活动，约束、控制不合理行为；也可以在部门内充分挖掘信息资源，避免信息流失。同时，企业信息资源管理系统的信息反馈可以及时发现企业活动中的各种偏差和问题，督促管理者制定措施，采取新鲜的对策，进行纠偏，以保证企业目标实现。

2. 优化决策的功能

企业的生产经营决策是企业生存与发展过程中的一个最重要的环节。决策的正确与否，不仅取决于企业家的智慧、胆略和才能，更需要以及时、准确、有价值的决策信息为依据。由于企业信息资源管理系统能对信息进行综合处理、去粗取精、提炼开发，生产出具有利用价值的信息，能适时地提供给决策者及时、有效的信息。因此，企业家通过对信息的使用，能够更为迅速、准确地作出决策，并且能够使方案最优化，从而提高企业经营的效益。

3. 信息资源整合的功能

信息整合是协调企业各个体、各要素间关系，使其成为一个整体的凝聚剂。信息资源整合的最终目的是将信息以一定的形式公开，使信息源以外的机构能够获取信息。信息共享与信息自由都建立在信息的整合的基础上。信息整合是企业与外部环境之间建立广泛联系的纽带。信息整合是领导者鼓励创新者，实现其职能的基本途径。企业信息资源管理系统可以将企业的内部信息资源与外部信息资源加以整合，为信息资源的使用者提供便捷的服务。

7.2.3 企业资源管理应用系统

1. 制造资源计划（MRP II）系统

制造资源计划（MRP II）的管理思想和处理逻辑的雏形早在 20 世纪 40 年代就已经有人提出，后来，随着计算机技术及整个信息处理技术发展，MRP 系统经历了单向应用、闭环 MRP 和 MRP II 三个时代的改造，才形成现在的制造资源计划的形式。

（1）物料需求计划（MRP）

1957 年，美国生产与库存控制协会（APICS）成立，开始进行生产与库存控制方面的研究与理论传播。随着 20 世纪 60 年代计算机的商业化应用开始，第一套物料需求计划（Material Requirements Planning，MRP）软件面世，主要用于订货管理和库存控制。

MRP 是在产品结构的基础上，应用网络计划原理，根据产品结构各层次物料的从属和数量关系，以每一个物料为计划对象，以完工日期为时间基准倒排计划，按提前长短区别各个物料下达计划时间的先后顺序，从最终产品的生产计划导出相关物料（原材料、零部件等）的需求量和需求时间，并根据物料的需求时间和生产（订货）周期来确定其开始生产（订货）的时间。MRP 作为一种库存订货计划，只说明了需求的优先顺序，没有说明是否有可能实现，它是 MRP Ⅱ发展的初级阶段，也是 MRPI 的基本核心。

（2）闭环物料需求计划

为了能及时调整需求和计划，对能力约束状况及时进行分析，人们把生产能力作业计划，车间作业计划和采购作业计划纳入 MRP 中。同时在计划执行过程中，加入来自车间、供应商和计划人员的反馈信息，并利用这些信息进行计划的平衡调整，从而围绕着物料需求计划，使生产的全过程形成一个统一的闭环系统，采用计划—执行—反馈的执行过程，对资源、生产、采购进行规划和控制。闭环 MRP 就成为一个完整的生产计划与控制系统。它括主生产计划、资源需求计划、能力需求计划、现场作业控制等。

（3）制造资源计划

制造资源计划（MRPI）的基本思想是基于企业经营目标制定生产计划，围绕物料转化组织制造资源，实现按需要按时进行生产。

MRPI Ⅱ主要技术环节涉及经营规划、销售与运作计划、主生产计划、物料清单与物料需求计划、能力需求计划、车间作业管理、物料管理（库存管理与采购管理）、产品成本管理、财务管理等。从一定意义上讲，MRP Ⅱ系统实现了物流、信息流与资金流在企业管理方面的集成。

由于 MRP Ⅱ系统能为企业生产经营提供一个完整而详尽的计划，可使企业内各部门的活动协调一致，形成一个整体，它能提高企业的整体效率和效益。MRP Ⅱ从整体最优的角度出发，通过运用科学方法对企业各种制造资源和产、供、销、财各个环节进行有效地计划、组织和控制，使他们得以协调发展，并充分地发挥作用，能够有效地对企业各种有限制造资源进行周密计划，合理利用，提高企业的竞争力。

2. 企业资源计划（ERP）系统

ERP 是将企业所有资源进行整合集成管理，简单说是将企业的三大流：物流、资金流、信息流进行全面一体化管理的管理信息系统。ERP 的基本思想是将企业内部业务单元划分成若干个相互协同作业的系统，将业务流程看作是一个紧密连接的供应链，对供应链上的所有环节有效地进行管理，比如订单、采购、库存、计划、生产制造、质量控制、分销发货、财务管理、投资管理、经营风险管理、决策管理、获利分析、人事管理、实验室管理、项目管理和配方管理等，为企业提供了丰富的管理功能和工具。在理论上，ERP 允许开发商为企业建立部门之间的信息交换，并最终将企业所有事务处理实现电子化。

在某种意义上说，ERP 承诺建立跨越企业各个部门、各种生产要素和环境的单一数据库、单一的应用集成统一的界面。这种集成包括人力资源、财务、销售、制造、任务分派和企业供应链等各项管理业务的集成。ERP 系统的管理对象就是企业的软硬件资源，并通过 ERP，使企业的生产过程能及时、高质地完成客户的订单，最大限度地发挥这些资源的作用，并根据客户订单及生产状况作出调整资源的决策。

3. 客户关系管理（CRM）系统

客户关系管理（CRM）是以客户为中心的商业模式。客户关系管理就是企业利用信息技术，通过对客户的跟踪、管理和服务，留住老客户；吸引新客户的手段和方法。CRM 是联系企业内、外信息的桥梁，通过建立良好的客户关系，可以提升客户的满意度，获得最新的客户需求，真正实现"以客户为中心"的经营目标。

CRM 系统构架通常有三个层次，第一个层次是部门级需求。在一个企业市场部、销售部和服务部三个部门与客户联系紧密，CRM 必须首先满足这三个部门的信息需求，在市场决策、销售的统一管理、客户服务质量等方面起到辅助作用；第二个层次是协同级。客户关系管理将企业的市场、销售和服务协同起来，建立起它们之间的沟通渠道，从而使企业能够在电子商务时代充分把握市场机会，也就是满足企业部门协同级的需求；第三个层次是企业级。通过收集企业的经营信息，并以客户为中心优化生产过程，满足企业级的管理信息需求。CRM 通常是一个系统的工程，只有软硬件的结合才能造就完整的CRM 系统。CRM 系统一般都提供电子商务接口，还全面开展电子商务，支持电子商务销售方式，就是以电子流的方式进行销售活动的商业模式，如网上购物、网上支付等。

企业 CRM 系统通常包括市场管理、销售管理、客户服务和技术支持四个方面的功能。

7.3　企业知识管理

▍7.3.1　企业知识管理的演变

数据（Data）是未处理过的文字、数字等，在计算机科学和管理科学中，数据一般被看作是以某种形式出现并且可以加以处理的事件或实体。而信息是有脉络的资料整理（raw fact+context），是从被操纵、再现和阐释的数据中产生出来的，它可以被用来减少不确定性或无知，提高人们的洞察力和决策能力。知识是信息再加上经验（information+experience），它分为科学、判断和经验三个层次。一般地，经验知识的获得要求行动和记忆，判断知识的学习要求通过大量的分析和感知，而科学知识的取得要求采用公式化与一致性的形式。一些知识通过记录的形式表现出来并不见得完全有用，因为情境过于复杂，而且现实中有默契（非理性的）的存在，所以在运作时需要靠个人

视频 7.1
企业信息管理系统

扫　码　观　看

的感觉,这种感觉虽然无法书面化,却很重要。智能(wisdom)是一种直觉性知识(intuitive knowledge),即能有效率、效能地把知识应用于某方面。

互联网为学习者的学习提供了令人难以置信的丰富的教育信息来源。如何准确、有效、迅速地对大量的教育信息进行科学、有效和富有个性化特点的加工,处理、组织,创造,以挖掘隐藏在信息背后的知识已经成为一个不容忽视的问题。也就是说,仅限于发布、传送等作用的信息管理的内涵已经不适应知识经济时代和信息化社会的需求,学习者渴望借助于某种技术将信息转化为知识,进而上升为智慧。因此,知识管理应运而生,知识管理是信息管理在知识经济时代和信息社会的延伸与发展。知识管理强调新知识的创造、知识的创新、隐性知识的显性化和共享化。知识管理视知识为最重要的资源,在整个管理过程中力图最大限度地调动和使用知识资源,以做到将最恰当的知识,在最恰当的时间,传递给恰当的人,使他们能够作出最恰当的决策。简言之,知识管理旨在系统性地利用信息和知识,提高人的工作效率和技能素质,提升团体的创新、响应能力。

信息和知识已经成为组织中最重要的资源和可持续竞争优势的源泉,随着知识经济的到来,竞争优势将会来源于知识的有效管理。企业信息资源管理正在朝着知识化的方向演变。企业管理的知识化演进主要体现在以下三个方面。

1. 知识管理成为企业战略的核心

知识成为企业的核心资产,企业拥有的专利、许可证、品牌、商标、研发机制、客户关系、企业经销网络等专有知识成为企业的核心资产。这种资源重心的转移,导致企业的投资结构的变化,知识是企业最大的投资方向和投资主体。通过对这些资源的持续投资、组合、保护和更新,使其成为企业利润的增长点,并借此保持企业的竞争优势,使企业的无形资产价值最大化,使企业的知识优势成为支撑产品优势和资本优势的基础力量。知识管理是成为企业战略的核心,知识资本是企业竞争力的核心,是企业产品和服务的基础。企业输出产品的价值也发生了转移,产品价值组成结构中,知识成分的比例增大了,物化劳动价值比例将减少。

2. 强调以客户为中心、利用网络平台传播和共享知识

客户是企业生存的基础,以客户为中心的知识管理的主要目标是提高客户满意度、增强客户的忠诚度或者通过利用以往的经验达到降低销售成本、拓展市场并提供个性化服务的目的。企业应该有意识、有目的、有系统地积累、组织、存储和重组企业的知识,强化企业记忆,建立共享和开发知识的激励机制。例如,美国 Chevron 公司通过共享最佳实践经验,使海外建点速度提高了一倍;休斯公司在经费削减、市场疲软的情况下,通过知识管理将隐性知识变成技术文件,帮助工程设计人员缩短产品开发时间,从而达到了降低成本的目的。

3. 强调以知识创新为中心的知识管理

知识创新的主体是人,但现代企业知识创新主体已经由以前的技术工人、工程师转移到企业的研究与开发(R&D)人员。同时,在创新的组织建设上,现代企业通过形成以项目或目标为核心的创新团队运作机制,使企业专有知识的创造过程有众人参与,这种方法既有利于培养人才,传播创新火种,又可以避免由于少数人垄断专有知识而给企

业带来损失。在创新的文化建设上，企业除了要建立良好的知识跟踪和分析系统外，还要有一种"激励创新，包容失败"的企业文化。

▌ 7.3.2 企业知识的存在形式

一般来说，企业知识的存在形式可以从时间和空间两个维度来进行讨论。

1. 从时间维度上可以将企业的知识看作一种过程

在这个过程中，知识不断地转变、融合、合并。知识既是静态的实体，同时又是动态的过程，是"实体"和"过程"的统一体。当对于知识进行分类和测度的时候，要考虑知识的实体性，而考虑知识的创造、传播、学习和应用时，所涉及的是知识的过程。可以引入知识的存量和知识的流量（知识流）这一概念，就知识作为创造价值的关键而言，更需要关注动态的知识流。对应于任何一个时点，知识的存量和结构又具有某种特点，而当我们讨论组织知识的积累和知识的创新等时，无疑涉及组织的知识流，当知识流产生时，知识存量和知识结构就都必然会改变。

知识的产生可以是外生的（专业化），也可以是内生的（干中生）。所谓知识可以是"外生的"，即任何个人、组织、国家都可以通过有目的、有组织的科学研究、技术发明、技术开发等活动，来创造与积累知识；也可以通过接受他人知识的传播、接受他人知识的外溢效应，来获取知识和积累知识。

所谓知识可以是"内生的"，即任何个人、组织、国家都可以在自己的实践活动中积累经验，进而将感性的经验积累上升为理性化的知识，并通过这类过程不断的进行知识积累。从知识的内生可以看出，知识是"干中生"的。

2. 从空间维度来看，知识可以有内隐知识和外显知识两种存在形式

内隐知识为个人主观的经验性、模拟性、具有个别情境特殊性的知识，通常无法直接辨认，保存于人身上、制程、关系等形式中，所以难以透过文字、程序或图形具体调列规划之形式向外传递，此类知识之传递较为费时。外显知识为客观的理性知识、顺序性知识与数字知识，可以清楚地辨认，保存于产品、程序、手册等之具体形态中，且可以透过正式形式及系统性语言传递的知识。结构性资本指不依附于员工个人而存在的企业结构的全部知识技能，包括组织结构、规章制度、企业文化、营销流程、商誉和发展战略等知识资产和经营性资产。人们所拥有的知识有一部分是从自己所有的经验中体会出来的，那种可以用确切语言表达出来的知识只占其整个知识体系的一小部分，只能算是冰山一角，正所谓"我们所知道的远比能够说出来的要多"。

内隐知识与外显知识并不是完全孤立的，它们相互补充，处在一个共同体内，在人们的创造性活动中相互作用、相互转化。这种转化是一种社会化的过程，即在人与人之间，而不仅仅限于某个人自身。知识创新也就是内隐知识和外显知识之间一种转化的过程。知识加工是一个连续的、动态的过程，需要内隐知识与外显知识交互作用，这种交互作用体现在不同的知识转化模式的轮换过程中。创新过程是复杂的，是由多种条件促成的，但它又不是随意的、完全非理性的。

▍7.3.3　企业知识管理的方法

根据企业知识的空间存在维度，企业知识管理在方法上有所不同。对于显性知识，可以采用企业知识库的方式进行管理；对隐性知识可以采用知识图的方式进行管理。

1. 企业知识库

企业知识库主要用于对企业显性知识管理，它由以下的一些知识组成：企业基本信息，包括公共关系信息、年度报告、出版物和企业总体介绍等；企业组织结构信息，包括地址、代理商、分公司、服务中心等的信息产品和服务的信息，包括技术专长、服务特点等；基本流程的信息；关于专利、商标、版权，使用其他企业技术、方法许可证的信息；顾客信息等。为了达到知识管理的目的，对知识库有一些最基本的要求如下：

（1）组织数据库并让其有效。如果想让知识库成为学习的工具，那么它必须被很好地组织和更新，易于进入或查询。如果员工在数据库中很难找到他们需要的东西，他们或者通过其他途径更有效地去寻找，那么，数据库的存在的必要就会存疑了。

（2）保证数据库中知识的精确性。有一些数据库中，数据一经输入，它们即使已经过时或能被更精确的数据替代，而仍未被更新。让员工确信他们从数据库中得到的信息是精确、及时、可靠的。如果员工怀疑数据的精确性，未来，他将不再使用知识库。

（3）能让所有员工直接进入知识库。特殊的部分可能因为数据的敏感性而需要口令或其他安全措施。每一个员工不必经过同意就可进入他工作中所需的知识库中去，否则就和及时学习原则相背离。

2. 知识图

企业知识图主要用于对企业隐性知识管理，一幅知识图可以指出知识的位置；但并不包括知识，知识图可以是真正的地图、知识"黄页"或者是巧妙构造的数据库，它是一个向导而非知识库。开发知识地图包括找出组织中的重要知识，然后以清单或图片的方式公布它们，并显示在哪儿可以找到它们。知识图的特点是它指出拥有知识的人，并指出记录知识的文件和数据库。

知识图的基本目的是告诉组织中的人们，当他们需要专门知识时到哪里去找。公司如果拥有一幅好的知识图，员工们就可以方便地找到知识源。因此，知识图可以作为一种工具，用来评价公司的知识存货，展示可以利用的力量以及所需填补的空白。

知识图与组织结构图是相区别的，一幅好的知识图往往超出了常规的部门界限。值得注意的是，公司组织结构图并不能代替公司的知识图，虽然在某些情况下，工作的名称可能代表了知识。有效率的知识搜寻者常常要跨越部门界限以获取他们所需的东西。专长并不反映在人的头衔上，对工作的描述也并不在组织结构图上显示出来。

创建知识图所需的信息通常已在组织中存在，但它们往往以分散的、未成文的形式存在。每个雇员的头脑中都有一小块地图，知道他自己的专长以及到哪里去获得特定问题的答案。创建组织的地图就是把这些个人的"迷你地图"结合在一起。开发知识图的组织经常采用调查的方法，即询问员工使用有什么样的知识以及在工作中他们从什么地方能获得所需的知识。通过对这些问题的答案进行分析，并把它们结合在一起，于是就把一些私人的地图组装成公共地图。地图的绘制者也应采用"雪球样本"，即追寻介绍的轨迹。通过与被推荐的知识源谈话，然后追寻他们提到的人，然后再追寻由这些人所推荐的人，这样就能最终获得任何你所需要的信息，无论这些信息是多么的专业化或距你多么遥远。

▌ 7.3.4 企业知识管理的实施

随着信息化建设的深入，IT不仅成为企业运营的基础平台，而且在ERP、CRM、OA等信息系统内沉淀了大量的知识，成为企业创新的知识源泉，于是知识管理逐渐提上了大中企业信息化建设的议事日程。实施企业知识管理应遵循以下五个步骤。

1. 认知

认知是企业实施知识管理的第一步，主要任务是统一企业对知识管理的认知，梳理知识管理对企业管理的意义，评估企业的知识管理现状。帮助企业认识是否需要知识管理，并确定知识管理实施的正确方向。

认知阶段的主要工作包括：全面完整的认识知识管理，对企业中高层进行知识管理认知培训，特别是让企业高层认识知识管理；利用知识管理成熟度模型等评价工具多方位评估企业知识管理现状及通过调研分析企业管理的主要问题；评估知识管理为企业带来的长、短期效果；从而为是否推进知识管理实践提供决策支持；制定知识管理战略和推进方向等。

该阶段是企业接触知识管理的第一步，因此需要特别注意三点。一是，企业文化和管理模式对知识管理采用何种实施方法有着决定性的作用，因此应特别注意不要忽略企业文化和管理现状；二是，知识管理的推广需要企业流程、组织、绩效等管理机制的配合，同时也需要深入企业业务层，且必须得到高层重视，并将知识管理提升到战略高度，才能保证知识管理在企业中顺利推进；三是，由于知识管理需要长期的推进，需要对知识管理的效益进行准确量化评估，才能转化为长期发展的动力。

认知阶段时，多数企业会邀请外部的一些培训、咨询公司参与，关键在于了解业界标杆企业的做法和选择合适自己现状的解决方案。

2. 规划

知识管理的推进是一套系统工程，在充分认知企业需求的基础上，详细规划也是确保知识管理实施效果的重要环节。这个环节主要是通过对知识管理现状、知识类型的详细分析，并结合业务流程等多角度，进行知识管理规划。在规划中，切记知识管理只是过程，而不能为了知识管理而进行知识管理，把知识管理充分融入企业管理之中，才能充分发挥知识管理的实施效果。

规划阶段的主要工作包括：从战略、业务流程及岗位来进行知识管理规划；企业管理现状与知识管理发展的真实性分析；制订知识管理相关战略目标和实施策略，并对流程进行合理化改造；知识管理落地的需求分析及规划；在企业全面建立知识管理的理论基础。

规划阶段的难点主要包括：知识管理和企业战略目标与流程的结合；知识管理与其他管理制度如人力资源管理的结合及管理思想的转变；以知识管理思想为基础的业务流程的改造；知识管理的文化氛围的建立；知识管理规划与企业实际情况结合，建立适合企业自身特点的实践形式。本阶段建议由咨询公司和企业中高层统一认识共同来参与规划，确定知识管理实施的解决方案。

3. 试点

此阶段是第二阶段的延续和实践，按照规划选取适当的部门和流程依照规划基础进行知识管理实践。并从短期效果来评估知识管理规划，同时结合试点中出现的问题进行修正。

试点阶段的主要工作内容包括：每个企业都有不同的业务体系，包括：生产、研发、销售等，各不同业务体系的任务特性均不相同，其完成任务所需要的知识亦有不同，因此需要根据不同业务体系的任务特性和知识应用特点，拟订最合适、成本最低的知识管理方法，这称为知识管理模式分析KMPA。另外，考虑到一种业务体系下有多方面的知识，如何识别关键知识，并判断关键知识的现状，进而在 KM 模式的指导下采取有针对性的提升行为，这可以称为知识管理策略规划 KSP。

所以，此阶段的重点是结合企业业务模式进行知识体系梳理，并对知识梳理结果进行分析，以确定知识管理具体策略和提升行为。

本阶段是知识管理从战略规划到落地实施的阶段，根据对企业试点部门的知识管理现状、需求和提升计划的分析，应该考虑引入支撑知识管理落地的知识管理 IT 系统。根据前几个阶段的规划和分析，选择适合企业现状的 IT 落地方法，如带知识管理功能的办公协同系统、知识管理系统、知识门户落地，等等。可以说，本阶段在知识管理系统实施中难度最大，需要建立强有力的项目保障团队，做好业务部门、咨询公司、系统开发商等多方面协调工作。

试点阶段的难点包括选择合适的部门进行试点；知识体系的建立及知识管理模式和策略分析；针对性的提升行动计划。

4. 推广和支持

在试点阶段不断修正知识管理规划的基础上，知识管理将大规模在企业推广，以全面实现其价值。

本阶段的推广内容包括：知识管理试点部门的实践，在企业中其他部门的复制；知识管理全面的融入企业业务流程和价值链；知识管理制度初步建立；知识管理系统的全面运用；实现社区，学习型组织、头脑风暴等知识管理提升计划的全面运行，并将其制度化。

推广和支持阶段的难点包括对全面推广造成的混乱进行控制和对知识管理实施全局的把握；知识管理融入业务流程和日常工作；文化、管理、技术的协调发展；知识管理对战略目标的支持；对诸如思想观念转变等人为因素的控制以及利益再分配；建立知识管理的有效激励机制和绩效体系。

5. 制度化

制度化阶段既是知识管理项目实施的结束，又是企业知识管理的一个新开端，同时也是一个自我完善的过程。要完成这一阶段，企业必须重新定义战略，并进行组织构架及业务流程的重组，准确评估知识管理在企业中实现的价值。

这一阶段，企业开始意识到知识管理是企业运作的一种战略，而且有必要成为综合企业运作机制的一部分，从而把知识管理全面融入企业战略、流程、组织、绩效等管理体系。在此基础上，知识管理将逐渐演变企业核心竞争力的一部分，促进企业每一位员工的全面发展。

本阶段的重点包括知识管理深入业务体系；知识管理的广义推广；知识管理提供战略支持；知识管理新实践的创新。

制度化阶段的难点包括知识管理深入业务体系的流程调整；知识管理思想推广到其他管理体系中；知识管理文化氛围的建立；知识管理新实践和方法的创新。

纵观国外知识管理的发展轨迹，结合国内知识管理的应用现状，可以说，知识管理将成长为一种管理思想，进而形成一种管理标准，如同质量管理、流程管理一样，将成为体现组织核心能力的关键要素。因此，企业成功实施知识管理对企业核心竞争的增强和企业的长久发展将具有重大的意义。

然而，知识管理从知到行，绝不是简单的、盲目的，涉及多个层面的综合解决方案，企业在推进知识管理过程中，只有透查现状、明确问题，才能合理设计实施路径，发挥出知识管理的真正价值。

7.4 企业信息资源管理新领域——工业 4.0

7.4.1 工业4.0简介

1. 工业 4.0 的源起

工业 4.0 源于 2011 年汉诺威工业博览会，最初的想法只是通过物联网等媒介来提高德国制造业水平。在 2013 年的汉诺威工业博览会上，由"产官学"组成的德国"工业 4.0工作组"发表了题为《保障德国制造业的未来：关于实施"工业 4.0"战略的建议》的报告，正式提出"工业 4.0"战略，强调了以物联网和制造业服务化为核心的第四次工业革命，物联网和制造业服务化宣告着第四次工业革命到来。

德国"工业 4.0"是德国面向未来竞争的总体战略方案。在全球信息技术领域中，德国强大的机械和装备制造业占据了显著地位。德国提出并推动"工业 4.0"战略，是想通过打造智能制造的新标准来巩固全球制造业的龙头地位。工业 4.0 项目由德国联邦教研部与联邦经济技术部联手资助，在德国工程院、弗劳恩霍夫协会、西门子公司等德国学术界和产业界的建议和推动下形成，并已上升为国家级战略。

2014 年 10 月 10 日，中德双方发表《中德合作行动纲要：共塑创新》，宣布两国将开展"工业 4.0"合作，包括推进两国在移动互联网、物联网、云计算、大数据等领域的合作。这标志着中国工业从 3.0 自动化时代向 4.0 智能化时代迈进的号角已经吹响。

2. 工业 4.0 的主要内容

德国"工业 4.0"战略的本质是以机械化、自动化和信息化为基础，建立智能化的新型生产模式与产业结构。其主要内容概括为"一个核心""两重战略""三大集成""八项举措"。

（1）"智能＋网络化"是德国"工业 4.0"的核心，它通过信息物理系统（Cyber-Physical System，CPS）建立智能工厂，实现智能制造目的。

（2）基于 CPS 系统，德国"工业 4.0"利用"领先的供应商战略"和"领先的市场战略"来增强制造业的竞争力。

（3）在具体实施过程中起支撑作用的三大集成分别是：关注产品的生产过程，在智能工厂内建成生产的纵向集成；关注产品在整个生命周期不同阶段的信息，使其信息共享，以实现工程数字化集成；关注全社会价值网络的实现，达成德国制造业的横向集成。

（4）采取的八项措施分别是：实现技术标准化和开放标准的参考体系；建立模型来管理复杂的系统；提供一套综合的工业宽带基础设施；建立安全保障机制；创新工作的组织和设计方式；注重培训和持续的职业发展；健全规章制度；提升资源效率。

7.4.2　工业4.0的战略层面

1. 工业 4.0 和互联网

从互联网发展的角度看，工业 4.0 是互联网从"虚"的服务业大规模进入"实"的制造业的开始，即 CPS 体系的实现。未来的制造业将与服务产业一样，建立在互联网这一"共同的底盘"之上，人与人、人与机器、机器与机器之间将对话协同，工厂生产由"高度自动化"转向"智能"生产。由此，也可以说工业 4.0 之后，整个社会都将变得智能工厂变成智能工厂，家居变成智能家居。智能物流、智能电网、智能穿戴、智能城市、智能汽车、智能医疗将成为我们生活的重要组成部分。

移动互联网、大数据、云计算、社会媒体和内存数据库技术的到来无疑快速推动了实体和虚拟世界的结合，这些技术的发展为改变产品销售方式、提高增值服务和商业模式创新提供了空前的可能。今天，传感器的成本和互联网的连接成本已大幅度降低，而带宽的飞速发展实现了基本的网络全覆盖。随着技术的进步，例如云计算与大数据，各种商业标准软件实施费用得以大幅下降。此外，智能手机提供了随时随地和互联网链接的可能以及良好的用户体验。新数据库技术（如列存储、内存计算）产生给智能工业带来了无尽的想象空间。因此，工业 4.0 时代已经悄然到来，它的潮流来势迅猛。

2. 中国两化融合和工业 4.0 的比较

从全球角度来看，发达国家善于利用技术趋势推动和开发物联网，例如德国和美国已经制定了未来工业发展战略。美国制定了"未来制造"计划，而德国提出了工业 4.0 的战略。实际应用方面，物联网应用在过去几年稳定发展，主要表现在 M2M（Machine to Machine，机器对机器）方面。2017 年全球 M2M 设备连接数达到 14.7 亿，到 2023 年，全球 M2M 设备连接数将达到 30 亿。在中国，物联网的发展处在初始阶段。尽管中国各个地区对物联网有一些试点探索和示范项目例如智能电网、智能交通、智能物流、智能家居、工业自动化、智能农业和卫生保健解决方案，但是和美国以及德国相比，中国仍有很大的差距。中国制定的两化融合——信息化和工业化高层次的深度结合为工业 4.0 打下了扎实的基础。

具体而言，两化融合主要聚焦在以下四个方面。

（1）工业技术和信息技术的整合：指企业利用工业技术和信息技术的有效整合加快新技术的出现和刺激技术创新整合。例如，通过整合汽车制造技术和电子技术而衍生出的汽车电子技术以及一体化工业控制技术。

（2）产品整合：指电子信息技术或电子元件以嵌入方式包含在产品中。例如，传统机床和数控系统整合后出现数控机床；智能技术应用到传统家电开发而产生智能家电，从而使这些产品通过信息技术含量的增加大大提高附加值。

（3）业务集成：指将信息技术应用到所有业务，包括创新、制造、经营管理和市场营销，从而促使和刺激企业创新，提高企业管理。例如，信息技术的应用可提高生产的自动化、智能化和企业生产效率。此外，通过网络营销这一新的营销渠道可以接触到更多的目标客户，显著降低营销成本。

（4）促进新兴产业：指通过信息化与工业化的结合产生的新的行业，例如，工业电子技术、工业软件和工业信息服务等。

而德国工业 4.0 主要强调以下三个方面。

（1）价值链的横向整合：以 CPS 的实施为基础，通过对价值链的横向整合产生新的价值链和商业模式的创新。

（2）端到端的生产流程：以价值链为导向实现端到端的生产流程，实现数字世界和实体世界的有效整合，使产品价值链、不同公司以及客户需求融合到一起。

（3）纵向整合：实现纵向的有效整合，建立有效的纵向的生产体系。

从这个比较可以看出，德国工业 4.0 更多推动在现有高端水平上的纵向、横向以及端到端的全方位的整合，包括公司内部、公司和公司之间以及公司和客户之间。而中国的两化融合更多的是促进信息技术在工业方面的应用，主要关注公司内部的信息化的提高和应用。因此可以认为两化融合是工业 4.0 实现的基础。在信息技术应用比较好的行业，可以适当快速推动工业 4.0，占领高地，走在世界的前列。

7.4.3　工业4.0的生产层面

"工业 4.0"项目主要分为两大主题：一是"智能工厂"，重点研究智能化生产系统及过程，以及网络化分布式生产设施的实现；二是"智能生产"，主要涉及整个企业的生产物流管理、人机互动以及 3D 技术在工业生产过程中的应用等。"工业 4.0"旨在通过充分利用信息通信技术和信息物理系统相结合的手段，使制造业向智能化转型。

1. 信息物理系统

信息物理系统（Cyber-Physical System，CPS）系统由美国科学家 Helen Gill 在 2006 年首次提出，可看作基于嵌入式的网络化智能信息系统。该系统在网络环境下通过计算单元和物理对象的集成与相互交换提高系统的在线信息处理能力，如在线通信、远程控制与各部件间自主协调等。CPS 系统具有如下特征：

（1）网络与物理高度有机集成，局部具有物理性，全局具有虚拟性。

（2）系统的每个物理组件中都嵌有传感器与执行器，具有在线通信、远程控制与各部件间自主协调等功能。

（3）闭环控制与事件驱动过程。组件嵌入的传感器通过对对象姿态的感知与反馈，将控制决策作用于执行对象，从而形成基于事件驱动控制的闭环过程。

（4）大规模、高效协调分配的网络化复杂系统。CPS 系统通过末端传感器对对象的信息采集，最终形成自下而上的信息数据传输模式，该模式融合各类信息并提供精确而又全面的信息。

（5）在时间和空间等维度上具有多重复杂性。

（6）系统具有自学习、自适应、自主协同功能，高度自治，满足实时控制。

（7）系统安全、可靠、抗毁、可验证。CPS 系统必须在保证自身安全性、隐秘性的基础上，抵御各类外部攻击并实现各种功能、结构各异的子系统之间协调运行。

2. 智能工厂和智能生产

在 2014 年的德国汉诺威工业展上，一个由多家德国公司联合研发的"智能工厂"向我们初步展示了这一场景：展台上一条模块化生产线正在生产名片盒。与传统生产线不同的是，关于制作这一名片盒的所有信息都通过互联网被输入到产品零部件本身，这些产品零部件通过与生产设备进行信息交流，指挥设备"你应该这样生产我"。

而在未来的智能工厂中，这只是"小菜一碟"。因为在将来，工厂里所有的加工设备、原材料、运输车辆、装料机器人都装有前文提到的那个 CPS，都是"能说话、会思考"的原材料直接和加工设备联系，告诉它"我需要找哪台设备进行加工"。然后，这些工件会告知负责下道工序的加工设备，"我还需要哪些材料"。接下来，运输车辆知道自己的任务来了，它会根据地下铺设的感应线路，把材料送给装料机器人。生产所有的后续工序，包括生产销售文件都由这些工件自己携带。如果工件出了错，或者顾客有了个性化要求，研发部的智能工程师会立刻报警，并将演算后的改进措施发给工件。

控制这些智能工厂的企业，其业务流程和组织将会重组再造，产品研发、设计、计划、工艺到生产、服务的全生命周期数据信息将实现无缝连接。由此产生海量数据及其分析运用，将催生率先满足动态的商业网络、异地协同设计、大规模个性化定制、精准供应链管理等新型商业模式。

在工业 4.0 时代的推动下，智能制造业必将又一次焕发出新的生命力。主要体现在以下几方面：智能工厂设备将实现高度的自动化，生产系统具备灵活、能实时应对各种事件的功能，保证生产过程的彻底优化。同时，这种生产优势不仅体现在特定的生产条件下，而且可在 Internet 网络环境下实现横向的最优化。在智能制造的过程中，借助 CPS 系统实现实际装置与控制网络的有机连接，在时间与空间上拓展了技术人员的思维。一个智能产品的生产过程可从基础技术、智能制造单元技术、智能制造系统、智慧工厂与智慧产品等方面开展。基础技术部分包含智能传感器、信息物理网络技术、信息采集与处理、建模仿真；智能制造单元技术部分包含智能核心器件、实时运行监控、智能化执行单元等；智能制造系统部分包含测控一体化智能加工机床、机器人焊接、喷涂智能化系统、智能化整体壁板成型系统、智能化复杂结构装配系统与智能移动运输平台。

对于整个制造业产业体系来说，诸如全生命周期管理，总集成、总承包、互联网金融，电子商务等产业新价值链也将会出现，由此产生的生产力是极为巨大的。根据美国通用电气公司预测，这种变革将至少会为全球 GDP 增加 10 万亿～ 15 万亿美元——相当于再创一个美国经济。更为深远的影响是，制造业的这种革命将会渗透到人类社会。所有人和人、人和物以及物和物之间通过互联网实现"万物互联"，这将重构整个社会的生产工具、生产方式和生活场景。这种如同科幻电影般的景象或许更让人激动。

7.4.4 工业4.0的消费层面

1. 工业 4.0 下的消费前景

清晨，当睡眼惺忪的你打开房门，你可能还没有意识到，一些细微的变革正在发生。因为门上那个精美的金属把手，正是我国沈阳新松公司新研制的国产研磨抛光智能机器人的"杰作"。

"全面感知＋可靠通信＋智能驾驶"的汽车；自主上菜、送餐、站一边听招呼的机器人服务员；顾客自我设计所需产品；自动实现生产、包装、运送的智能工厂……近年来，随着信息化与制造业不断深度融合，一种以智能制造为主导的新工业革命——工业 4.0 正在到来。

从消费意义上来说，"工业 4.0"就是一个将生产原料、智能工厂、物流配送、消费者全部编织在一起的大网，消费者只需用手机下单，网络就会自动将订单和个性化要求发送给智能工厂，由其采购原料、设计并生产，再通过网络配送直接交付给消费者。

2. 工业 4.0 下的个性化网络定制过程

与工业 3.0 的流水线只能大批量生产不同，"工业 4.0"流水线可实现小批量、多批次生产，最小批量可达到一件。也就是说，为消费者度身定做的孤版汽车或商品，也可以上流水线生产出来。在将来，买车可能实现个性化定制。

下面以汽车的工业 4.0 个性化定制为例，说明工业 4.0 下的个性化网络定制过程。

1）智能订单处理

客户可以在智能手机里直接打开汽车厂商的 App，从数百种配置中选择一款车型，然后在个性化订单中输入类似"把轿车内饰设计成绿巨人"的要求，指令第一时间传到工厂，工厂接受消费者的订单直接备料生产，节省了销售和流通环节，整体成本（包括人工成本、物料成本、管理成本）比过去大幅降低。约一个月时间，一辆在智能工厂度身设计、制造的个性化轿车就会送到顾客家门口，价格并不比量产车贵多少。

2）顾客参与设计和研发

车企在设计环节采取越来越开放的心态，运用互联网等手段，邀请广大潜在客户和粉丝加入汽车的设计和研发，发动客户和群众提意见和需求，与客户随时互动，让其参与到需求收集、产品设计、研发测试、试乘试驾等各个环节，产品设计首先让用户满意，然后再考虑企业的利润，集中精力做好几款基础车型满足绝大多数的客户需求，对于个性化需求则通过开发选配模块来满足。具有独立正向模块化研发能力的车企最有可能率先取得突破，伴随着互联网汽车的来临，先天不足的合资车企有可能逐步退出历史舞台。

3）全程顾客参与

从汽车的设计和研发开始，一直到生产、销售、服务，全生命周期强调客户的参与感与满意度，给客户极致的产品体验和消费体验，不惜代价做好研发、品质和服务，强化口碑营销，建立和维护粉丝群。客户可通过移动互联网直接向车企订购车辆，订单经过系统快速匹配、排产模拟等在线环节实时给出预计交付时间，并实现客户对整个过程的可视化，经销商将逐步转型为产品体验中心和服务中心。

4）特殊需求定制

为实现最大限度的个性化定制并快速交付，有特殊产品特性需求的客户可以直接参与到设计、产品预订、计划、生产、运作和回收等各个阶段；甚至客户在即将生产前或者生产交付的过程中的临时需求变化，车企也努力使之变为可能，并实现获利。而且伴随着电动汽车等新技术的发展，包括电机、变速箱、控制系统等核心部件高度通用化和互换性，新产品和新规格可以更快地通过仿真技术跨过投产阶段直接推向市场，绝大多数的个性化定制可通过模块化部件的升级和设变的快速实施来实现。

5）生产环节快速响应

在智能工厂里，每一个零部件和汽车产品都有属于自己的身份信息，并贯穿其整个生产、装配和服务环节，能够实时进行识别、定位和追溯；每一辆汽车都可以根据客户的需求实时进行匹配和调整，也都理解它们被制造的细节（如物料、生产程序等）和生命周期内的自身使用情况，它们会积极协助生产过程，并与智能生产网络和智能物流相连接，整个网络体系能够对市场变化快速响应，甚至市场需求的短期变化（如下线前的配置调整等）可以无时间差地由市场终端直接反映到生产线上。

视频 7.2
工业 4.0

扫码观看

本 章 小 结

企业信息资源管理指企业为达到预定的目标运用现代的管理方法和手段对与企业相关的信息资源和信息活动进行组织、规划、协调和控制，以实现对企业信息资源的合理开发和有效利用。企业信息资源管理是增强企业竞争力的基础和手段，是实现企业信息化的关键，是提高企业经济效益的根本措施和保障。实现企业信息资源管理的途径是：提高企业各级管理人员对信息资源的认识，提高企业信息资源管理人员的素质，加强企业信息资源管理的基础工作，建立健全企业信息资源管理机构，集成管理企业信息资源。

企业信息资源管理的正在朝着知识化的方向演变。知识管理的机制体系主要由知识共享机制、知识运行机制、知识明晰机制和知识奖惩机制组成。

大数据时代的新型企业信息管理系统——工业4.0，本章讲述包括工业4.0的源起、主要内容，进一步分析了工业4.0的战略层面、生产层面和消费层面的主要内容。

思 考 题

1. CIO 的职责是什么？如何做一个成为的 CIO？
2. 企业信息资源管理的地位和作用？
3. 简述企业信息资源管理的主要内容、目标？

案 例 分 析

家电数码连锁企业苏宁电器

苏宁电器是中国3C（家电、电脑、通信）家电连锁零售企业的领先者。苏宁电器是全国20家大型商业企业集团之一。更为之称道的是苏宁的信息化工作，曾入选"2005年度中国企业信息化500强"，排名第45位，成为百强企业中唯一入选的零售企业。2021年9月，苏宁易购集团股份有限公司入选"2021年中国民营企业500强榜单"，位列20位。以SAP/ERP为核心的苏宁信息化平台在国内商业零售领域是第一家。

苏宁基于ATM专网实现采购、仓储、销售、财务、结算、物流、配送、售后服务、客户关系一体化实时在线管理。适应管理和处理日益庞大的市场数据的要求，建立全面、统一、科学的日常决策分析报表、查询系统。有效控制物流库存，大幅提高周转速度，库存资金占用减少，盘点及时有效。电脑区域配送派工。完善售后服务系统（送货管理、安装管理、维修管理）为客户服务中心提供强有力的基础服务平台。通过多维分析模型、商品生命周期分析模型等现代分析手段，综合运用数据仓库、联机分析处理、数据挖掘、定量分析模型、专家系统、企业信息门户等技术，提供针对家电零售业运营所必需的业务分析决策模型，挖掘数据的潜在价值。

B2B、B2C、银企直联构筑的行业供应链，实现了数据化营销。与索尼、三星等供应商建立了以消费者需求和市场竞争力为导向的协同工作关系。知识管理和数据库营销成为基本工作方式，标志中国家电和消费电子类产品供应链管理从上游厂商制造环节，延伸零售渠道环节。苏宁与索尼、摩托罗拉率先实现 B2B 对接，与 LG、三星、海尔等上游企业 B2B 对接完成，贯通上下产业价值链信息系统初具雏形。供销双方基于销售信息平台，决定采购供应和终端促销，实现供应商管理库存功能，加强产业链信息化合作，建立电子商务平台与现有的 SAP/ERP 系统完美结合，行业间 B2B 对接，订单、发货、入库和销售汇总等数据实时传递、交流，大幅度缩减业务沟通成本；建立完善的客户服务系统以及信息数据采集、挖掘、分析、决策系统，分析消费数据和消费习惯，将研究结果反馈到上游生产和订单环节，以销定产。

　　苏宁全国 100 多个城市客户服务中心利用内部 VOIP 网络及呼叫中心系统建成了集中式与分布式相结合的客户关系管理系统，建立 5000 万个顾客消费数据库。建立视频、OA、VOIP、多媒体监控组成企业辅助管理系统，包括图像监控、通讯视频、信息汇聚、指挥调度、情报显示、报警等功能，对全国连锁店面及物流中心实时图像监控，总部及大区远程多媒体监控中心负责实时监控连锁店、物流仓库、售后网点及重要场所运作情况，全国连锁网络"足不出户"的全方位远程管理。

　　实现了全会员制销售和跨地区、跨平台的信息管理，统一库存、统一客户资料，实行一卡式销售。苏宁实现 20000 多个终端同步运作，大大提高管理效率。苏宁各地的客服中心都是基于 CRM 系统为运作基础的。客户服务中心拥有 CRM 等一套庞大的信息系统，CRM 系统将自动语言应答、智能排队、网上呼叫、语音信箱、传真和语言记录功能、电子邮件处理、屏幕自动弹出、报表功能、集成中文 TTS 转换功能、集成 SMS 短消息服务等多项功能纳入其中，建立了一个覆盖全国的对外统一服务、对内全面智能的管理平台。

　　依托数字化平台，苏宁会员制服务全面升级，店面全面升级为会员制（CRM）销售模式，大大简化消费者的购物环节，方便顾客。现在，累积积分可以冲抵现金，成为苏宁吸引消费者一个重要因素。目前苏宁针对会员消费者，推出会员价商品、会员联盟商家、会员特色服务等专项服务内容。

　　比如某一款产品限量特价之后，顾客荣誉卡里记录着该顾客的信息，苏宁可以提前通知这些有意向购买这个商品的顾客，把优惠让给他们，而不需要他们排队。

　　另外，苏宁针对客户的个性化优惠变得切实可行，比如苏宁可以给某些有着良好购买记录的顾客直接现金优惠，也可以根据对方的购买习惯打包进行捆绑式销售，这些都给顾客带来实际效益。而且让利是可见的，是实时的，比大规模没有针对性的促销更有利。

案例讨论问题：

　　1. 试述苏宁进行信息化建设的必要性和意义。

　　2. 苏宁的 CRM 有什么特色，发挥了怎样的作用？

第8章
政府信息资源管理

本章关键词

政府信息资源管理（government information resource management）
政府信息能力（government information ability）
政府信息资源管理的框架（government information resource management frame）
电子政务（e-government）

本章要点 ▷▷

近十几年来，政府信息资源管理又与如火如荼的电子政务产生了极为密切的关联，它是电子政务的组成部分和重要保障，甚至可以说，没有科学高效的政府信息资源管理，就没有成功的电子政务。政府信息资源管理成为政府行政管理的基础、科学决策的前提，成为改善政府公共服务质量的重要条件和提高政府效率的重要途径。通过本章学习，掌握政府信息资源管理的内涵，原则和目标，职能。了解政府信息能力，政府信息资源管理能力，了解电子政务下的政府信息资源管理。

8.1　政府信息资源管理概述

随着经济社会的不断进步和信息技术的飞速发展，作为与物质资源和能量资源同等重要的战略资源，信息资源的战略地位日益凸显。政府行政管理的信息需求和社会公众对于政府信息资源服务的需求都越来越强烈。

政府最重要的能力之一就是对于公共信息的处理。各种各样的公共信息是政府的信息输入，而政策、战略、法规、计划等便是政府的信息输出。当然，在对公共信息处理的基础上，政府还为公民提供各种各样的服务，包括信息服务，以确保政府政策、战略、法规、法律、计划的实现。政府是最大的公共信息资源的采集者、处理者和拥有者。政府的信息能力如何，决定了一个政府是否能有效地履行其职能。因此，政府信息能力是政府所必须具备的一种基本能力。相应地，政府信息能力也是政府能力建设最重要的一个方面。

▍8.1.1 政府信息资源管理的内涵

1. 政府信息资源定义

政府信息资源是指政府中与信息采集能力、信息处理能力、信息利用能力以及信息交流能力有关的一切资源，包括人员、设备、资金、信息及技术。换而言之，政府信息资源并不仅仅指政府信息而言，其含义和涉及的范围比信息本身更要广泛得多。相应地，政府信息资源的管理也包括对人员、设备、资金及技术的管理。政府信息是政府在履行职能过程中产生或使用的信息，为政务公开、业务协同、辅助决策、公共服务等提供信息支持。包括：政务部门为履行管理国家行政事务的职责而采集、加工、使用的信息资源；政务部门在业务过程中产生和生成的信息资源；由政务部门投资建设的信息资源以及由政务部门直接管理的信息资源。政府信息通常由一个或一组含义明确的数据组成，如干部履历信息，由干部姓名、性别、年龄、职务、专长等数据组成。由政府日常业务产生的信息称为事务信息或业务信息；用于管理、政策制定和辅助决策的信息称为管理信息或决策信息。许多情况下事务信息可以转化为管理信息。政府信息的物理介质包括文本，结构化、非结构化数据，电子地图，空间信息，图片、图形、图像、声音等视频音频信息以及其他形态介质的信息。

2. 政府信息资源管理能力

政府信息资源管理能力主要体现在以下四个方面：①政府信息需求分析能力。信息需求分析是信息资源管理的基础，也是信息系统建设的出发点，是达到信息资源建设和管理目标的关键。信息需求分析的核心就是弄清楚处在不同管理层次的政府管理人员对信息的具体需求，以及社会、企业和公民等对政府信息的需求。这样就可保证最终提供给用户的信息和信息系统是他们所需要的；②政府信息内容管理能力。其主要是指对政府数据实施采集、加工、存储、检索、更新的综合能力。政府信息内容管理的核心是确保政府全部数据的完整性、准确性、实时性和可访问性；③政府信息资源共享能力。政府信息资源共享是国家权力机关与政府之间、政府各职能部门之间、政府与社会之间、政府与企业之间、政府与公民之间共同使用政府信息资源的一种机制。要实现政府信息资源共享，就必须实现政府信息资源的统一规划、统一开发、统一管理、共同使用。政府信息资源共享可以有两种理解：一种是狭义的理解，即政府信息内容的共享；一种是广义的理解，即除信息内容外，包括网络基础设施、信息系统、信息人才在内的全面的共享。在实践中应推进广义的政府信息资源共享，这样可以有效地节省政府信息化所需要的人力、物力。政府信息资源共享水平是政府信息资源管理能力的重要体现；④信息基础设施的运行维护能力。其主要是指政府确保信息基础设施正常安全运行的能力。信息基础设施主要包括网络基础设施、信息系统、其他相关设备和系统软件等。其中，信息安全防护能力是其核心内容，信息安全防护重点是保护基础网络和重要信息系统的安全。

目前，世界各国都投入了大量的资金以实现政府的信息化。以美国为例，近几十年来，联邦政府在政府信息化方面的投资远超其他各国。改革开放四十多年来，我国的综合国力和国民经济实力都有了很大的增强，信息技术和产业也有了相当的发展，已经可以为我国的政府信息化提供一个可靠的物质基础。随着我国逐渐地走向现代化，一个国民经济信息化的高潮正在我国兴起。随之而来的，必然会有一个政府信息化的高潮。如果把国家机关和地方各级政府的信息化考虑在内，国家和地方对于政府信息化的投入，在今后五年至十年内，可能将不是数以亿计，而是数以百亿计算。对于如次庞大的投入，如何选择其战略目标，如何制定其发展战略，如何保证其社会经济效益，以及如何有效地实现政府信息化等。

在信息化的问题上，还应该注意到，政府的行为方式与企业可能有很大的不同。企业在信息化上，会更多地注意信息化的投入能够给企业带来什么效益。如果不能显著地增加利润，或者看不到增加利润的前景，企业往往会踟蹰不前。换句话说，企业的信息化行为受到投入产出比的约束。国家和地方各级政府的信息化，则不同于企业信息化。政府信息化投入的产出，并不受"利润"指标的考查。因此，在申请国家和地方政府信息化的投入时，部门往往希望投资越多越好。然而，在衡量政府信息化的投入产出效果时，却很可能是各执一词，不了了之。如果没有有效的政府信息资源管理，政府信息化就可能缺乏基本的约束。其结果将导致政府信息化的过程弊病丛生，轻则不能达到预期的目标和效果，重则造成浪费、欺诈、贪渎，严重地损害国家和人民的利益。

政府信息资源的管理，也与国家安全密切相关。政府，由于其所承担的使命，掌握有最大量、最权威、最重要的公共信息。大至国家战略，小至居民日常生活，有关的信息都掌握在国家和地方各级政府的手中。随着信息时代的来临，政府一方面有义务向公民发布非涉密的政府掌握的公众信息，满足公民的"知"的权利，同时又有责任确保国家机密不至泄露，国家利益不至受到损害。政府一方面要利用现代化的手段来采集、处理、利用和交流政府信息；另一方面，又要确保信息基础设施和信息本身不至于受到破坏。诸如此类的问题，常常使政府处于两难的境地。管严了，不利于国家的发展；管松了，不利于国家的安全。如何掌握这个尺度，也是政府信息资源管理需要面对和解决的问题之一。

还应该看到，政府信息资源管理需要面对的不仅是政府信息及其相应的技术手段的管理；而且，也与政府的政策，政府人力资源的开发密切相关。现代信息技术在政府中的应用，已远远不止于将现有的政府业务流计算机化，而是从改造和重新设计政府现有的业务流入手，最有效地利用信息技术，以求实现一个高效的，精简的政府。世界各国的经验表明，政府信息化不可避免地会遇到社会阻力，遇到各种势力的阻挠。如果不能有效地进行人力资源的开发，提高各级领导对政府信息化的认识，政府信息化的实践也是不会成功的。即使"知道"政府信息化而且"懂得"政府信息化，在很多情况下，政府信息化往往不是"应用驱动"的，而是"技术驱动"的，或者是"产品经销商驱动"的，因此，也是不可能成功的。

3. 政府信息资源管理的含义

政府信息资源管理就是指与政府信息资源开发和利用有关的决策、计划、预算、组织、指导、培训和控制活动，特别是与信息内容及其有关的资源如人员、设备、资金和技术等的管理。为使政府采用一体化的方式对信息资源进行管理，政府必须制定和施行严格的、统一的、贯彻始终的信息资源管理政策，并监督该政策的执行过程，促进信息资源管理原则、方针和标准的实施，评估政府机构的信息管理活动并确定其适用性、有效性和是否符合国家颁布的政策、原则、标准与方针。

政府信息资源管理的重点是对信息内容资源的管理。信息与能源、物质并列为人类活动的三大要素。如果说物质资源向人类提供的是材料，能量资源向人类提供的是动力，那么信息内容资源向人类提供的则是宝贵的知识和智慧。作为知识和智慧源泉的政府信息内容资源，具有开发和驾驭其他资源的能力。当今世界，信息内容资源的开发与利用已经成为社会经济发展的关键因素和重要推动力。

从信息的角度讲，政府是管理全国或某一地方的行政首脑机关，政府工作的成效取决于能否充分开发和有效利用信息内容资源。世界各国，特别是西方发达国家，都高度重视政府信息资源的开发和利用。由于政府信息活动的规模之巨大，政府信息活动对公众的依赖之深以及政府信息对整个国家的价值极其重要，所以，如果政府把信息内容资源的开发和利用工作搞好了，那么对于全面树立我国各级政府在世人面前的形象、转变政府职能和工作作风、提高办事效率和管理水平、促进政务公开和廉政建设、丰富网上中文信息资源，有着划时代意义。

对信息内容资源的管理不是抽象的，而是非常具体和实在的。从信息内容资源的载体来看，除对传统形式的载体进行有关管理之外，还有对人和人才的管理，因为人既是信息内容资源的创造者，也是信息内容资源的重要载体。从政府信息资源的角度对人的管理与通常所说的人事管理是有区别的。另外还有对政府信息网络系统的管理，它不仅是信息内容资源传输的媒体，也是信息内容资源创造的重要源泉与工具和储存的介质。政府信息网络的管理也包括对信息技术设施的管理，因为这里把信息技术实施作为政府信息网络的组成部分，是信息内容资源加工、处理的手段和储存的介质。

4. 政府信息资源管理的职能

（1）决策

决策是为了使政府信息资源的开发和利用取得预期的结果和目的，在对信息资源管理规律认识和对管理对象有关信息进行分析和预测的基础上，制定和采取行动方案的过程。决策是政府信息资源管理的起点，是政府信息资源管理活动的最重要内容和管理者最基本的职责。

（2）规划

规划是为了使政府信息资源的开发和利用取得预期的结果和目的，在对信息资源管理规律认识和对管理对象有关信息进行分析和预测的基础上，制定和采取行动方案的过程。规划还要确定做什么，如何做和谁去做。政府信息资源管理计划所涉及的问题是要在未来的各种行动过程中作出相应的抉择，在政府信息资源开发和利用的现状与未来所要达到的目标之间"铺路搭桥"，这是政府信息资源管理不可缺少的职能。

（3）预算

预算是实现政府信息资源管理规划的重要手段。它反映了国家的政府信息资源开发和利用的政策，规定了政府信息资源开发和利用的方向，为政府信息资源开发和利用活动提供了资金保证。

（4）组织

组织是保证实现规划所必须的活动的连贯性、协调性和一致性的工作步骤。它的职能是设计一种组织结构，使参与政府信息资源管理活动的人员明确自己在集体活动中的位置，了解自己在相互协调的系统中的作用，自觉地为实现政府信息资源管理的目标而有效地工作。

（5）指导

指导是指挥和引导政府信息资源管理活动并使之实现政府信息资源管理目标的过程。它直接涉及政府信息资源管理者和管理对象之间人与人的关系，涉及对政府信息资源开发和利用活动的指导，沟通和有效的激励，引导参与政府信息资源开发和利用的工作者有效领会和出色实现有关的目标。

（6）控制

控制是政府信息资源管理活动的进行评估和调节，以确保政府信息资源管理目标的实现。在政府信息资源开发和利用活动中，一旦决策方案，活动计划通过组织付诸实施的时候，就需要对活动进行控制。它通过监督，检查计划的执行进度，揭示计划执行的偏差，找出出现偏差的地方，产生的性质和原因，并采取积极措施予以调节，或把不符合要求的政府信息资源开发和利用活动纠正到正确的轨道上来，使之符合原来的决策和计划发展，或重新制定符合实际情况的决策，修正计划。

（7）培训

培训是指通过各种方法和途径对所有参与政府信息资源开发和利用活动的人员进行教育、训练，使其掌握政府信息资源开发和利用的技术、方法，提高其素质和工作效率。

8.1.2　政府信息资源管理的原则和目标

1. 政府信息资源管理的原则

政府信息资源的管理必须依据信息特性，充分发挥信息的效用来确定。信息资源管理要贯穿信息需求调查、收集、处理、加工、使用、传播、保存等整个信息生命周期。至少应遵循如下原则：

（1）第一负责人必须重视信息工作

搞好信息资源的开发和利用，并非是一件容易的事情。第一负责人重视信息工作是搞好信息资源开发和利用的前提。

（2）制定详细而周密的政府信息化以及信息资源开发和利用规划

应当清醒地认识到，政府信息活动的无效性必然降低整个政府的效率。国民经济和社会事业的发展，正是由于政府强大的信息能力和有效的信息活动，才富有活力。政府信息资源规划的目的是对信息资源进行综合，有效和高效率开发与利用，使信息冗余减至最少，使政府信息收集、维护、使用、发布的费用减至最小，最大限度地增加政府信息资源的有用性以及应用现代信息技术提高政府效率和效能。

（3）建立有效的政府信息资源网络，并对每个重要的信息资源网络建立管理控制系统，保证信息资源网络产出的可靠性和有效性，政府机构要有共享信息处理的能力，确保信息资源网络有效准确地运行。

（4）制定政府信息资源管理政策

为使政府对信息资源采用一体化的方式进行管理，政府必须制定和施行严格的、统一的、贯彻始终的信息资源管理政策，并监督该政策的执行过程，促进信息资源管理原则、方针和标准的实施，评估政府机构的信息管理活动并确定其适用性，有效性和是否符合国家颁布的政策、原则、标准与方针。

2. 政府信息资源管理的具体目标和任务

政府信息资源的具体管理目标包括：对政府信息资源进行综合管理，提高政府对信息资源的开发利用效率；充分开发政府管理经济和社会事业所需的信息资源，应尽量减少重复开发，做到"一源多用"，使政府信息资源开发利用费用降至最小；保证政府信息资源的真实性、准确性、科学性、适用性，以求极大提高政府决策的正确性，满足日益增长的社会需求，对社会各界的工作、生活进行有效的信息引导；大大提高政府工作的效率和效能。

为实现上述目标，政府信息资源管理的主要任务包括：增强信息意识，要大力提高政府部门工作人员对信息资源的认识，提高政府信息资源开发和利用的能力。政府信息资源的开发和利用能力是提高政府决策水平、工作质量和效益的关键。因此，提高政府信息资源的采集、处理、利用和交流的能力，实现政府信息资源共享和决策科学化，大大提高政府效率和效能以及为人民服务的水平。

最大限度地降低政府信息活动的费用，使政府信息的生产最经济，信息的分配最有效，使社会对政府信息的使用最容易和最方便，政府信息的效用得到最大的发挥。

8.2　政府信息资源管理内容

▎8.2.1　政府信息资源管理机构

目前，世界各国都极为重视建立和强化政府信息资源管理机构。这种机构，在国家一级至少包括两个层次：即决策层和执行（操作）层。

1. 决策层

由相关部长或副部长们组成的国家或政府信息化委员会。委员会的重要职能包括政府信息化方针政策的制定，重大信息化工程项目的审定和批准，部委间信息化工程系统的协调和利益冲突的调解，以及其他需要在内阁一级才能解决的问题。很多国家还组织了国家或政府信息化委员会的顾问委员会，由国内，甚至包括国际上，著名的信息技术专家、学者和企业家组成，以便向信息化委员会提供咨询和建议服务。

2. 执行层

执行层是指政府信息资源管理的执行和操作机构。即根据国家或政府信息化委员会的决定，履行其管理职能。同时，这个执行机构也是国家或政府信息化委员会的执行机构和秘书处。由于执行机构需要对政府各部门的信息资源管理进行监督和指导，因此它必须是一个与政府各部门大致平级的机构以便利用控制政府投资或预算等手段实现政府信息资源的管理目标。

尽管政府信息资源管理所涉及的范围十分广泛，却并不意味着代表政府实施管理的这个执行机构可以十分庞大。相反地，这个机构应该十分精简，并将大部分的业务通过与其他政府部门、大专院校、研究机构乃至企业进行协作的方式来完成。由于政府信息化和信息资源管理日益成为政府改革和管理现代化的最重要的基本问题之一，不少国家，如美国和加拿大，都设立了首席信息官制度。政府各部门，地方各级政府都有自己的首席信息官，以明确由中央政府至各部门，各地方政府信息资源管理的责任和制度。

8.2.2　政府信息基础设施管理

政府信息基础设施的建设面临着一个基本的矛盾：即开放性与安全性的矛盾。政府信息基础设施的开放性有利于政府信息对民众的服务；但"黑客"猖獗，"信息战"逐渐成为威胁国家安全的重要因素之一，安全性成为政府信息基础设施建设必须优先考虑的因素。因此，政府信息基础设施建设正在朝着"共生系统"的方向发展，即一套公开的，面向公众的系统和一套完全封闭的，政府内部使用的系统。在这样的情况下，政府信息基础设施的建设更需要认真的规划，精心的设计和完善的管理。当然，这并不是说，有了共生系统以后，面向公众的系统就不需要注意安全问题，或者封闭的系统就绝对安全了。

政府信息基础设施必须独立于国家信息基础设施之外，作为一个整体来加以考虑。政府信息基础设施的建设必须与政府信息化的目标一致，必须与政府应用信息系统的发展一致，必须与技术发展的趋势一致。政府信息基础设施的建设既要从长远出发，又要避免设备的闲置和浪费，因而，必须充分论证，审慎规划；而且，政府信息基础设施的建设规划必须是整个政府信息化规划的一部分。

8.2.3　政府信息化项目管理

为了使政府信息化的进程与国情相适应；确保政府信息化的资源得到有效和合理的应用，尽可能地求得"四种政府信息能力动态平衡"的发展，政府必须对政府信息化的投资项目实施严格的管理。

首先，是在投资总额的控制上。除了国家掌握的重大政府信息化工程的总投资由国家视需求控制总额之外，各个政府部门以及地方各级政府在信息化上的投资虽然是由其本身的财政预算中支出，但国家应该根据具体情况（例如四种信息能力的平衡发展情况）和需求分别制定部门或地方信息化投资的控制指标，例如，总金额不得超过某一限额，或者不得超出总预算的百分比。

其次，要明确政府信息化工程的审批权限。通过有关的法规，明确规定国家，政府各部门，省市县各级政府对信息化工程项目审批的限额。对信息化工程项目进行最后审批之前，该项目必须通过国家认可的第三方所组织的技术评审和签字认可。超大型的或跨部委的项目应该由诸如国家信息化委员会一类的最高管理机构审批。

对政府信息化工程中的设备和技术采购行为严格予以规范。原则上，用户只提出需求说明和技术规范，采购则由政府采购部门按规定的招投标办法办理，采购过程应该完全透明。采购完成后，还应由审计部门进行合理性审计。政府信息化工程项目进行的时间宜短不宜长。一般短于一年。信息化工程项目的管理必须重视中期评估。中期评估应由国家认可的第三方进行。

8.2.4　政府信息安全管理

政府各部门所采用的信息技术，有必要通过政府的技术政策、规范和标准加以管理。一方面是为了保证政府信息和应用系统的"可共享性"和"可兼容性"；另一方面，是为了保证在政府各部门中采用的都是在当时当地环境下适用的先进技术，避免由于"信息不灵"或"心术不正"在技术上形成错误的决策，导致国家财产遭受损失。

对重要的政府信息，都必须对其安全性作出定义，划分安全级别。同时，对危害该类信息安全的主要因素应进行分析评估，制定出主要的防范措施。政府必须制定出统一的"政府信息安全标准"。它与数据标准和技术标准共同构成政府信息资源管理的三大标准。此安全标准应包括政府信息基础设施的物理安全、数据信息安全、系统安全与备份以及一套可操作的安全评估和审定的程序。从国家安全的角度考虑，政府信息的安全管理还需要设定更长远的目标，包括由政府委托企业研究信息的加密技术，新的计算机和通信系统的体系结构，新的计算机操作系统等。

8.3　政府信息资源管理的实施

政府信息化是一项庞大而复杂的系统工程，需要大量的信息技术设施支持。对于政府信息化的技术设施，如何选择正确的战略目标，如何制定顺应和促进科技的政策，如何保证其社会经济效益，以及如何有效地实现政府信息化等，如果没有认真的研究和专业化的科学管理，是不可能有效地实现的。我国目前的情况是分段、分割、重复建设的问题很大，我们应充分认识到政府信息化和信息技术设施的管理，不仅对政府信息化本身具有极其重要的意义，而且对整个国民经济的发展也具有极其重要的意义。

8.3.1　我国政府信息资源管理的主要任务

推进政府信息化要以提高办公效率、管理能力和决策水平为目标。近期建设重点，一是国民经济宏观决策支持系统，满足高层领导机关宏观决策需要，满足部门之间的信息共享，并向社会提供信息服务；二是国有资产管理信息系统，加强国家对国有资产的监督管理，促进有形和无形资产国有资产的保值增值；三是积极推进公安等政法部门的信息化进程，重点建设以打击犯罪为主线的公安计算机信息系统，实现有关司法信息资源的共享和综合利用，为维护社会治安和保持社会稳定服务。大力加强政府的信息技术设施管理，是建立有效、健全、先进的政府信息化体系，充分开发和有效利用政府信息资源，推动政府机构改革，促进政府工作方式的变革，实现政府信息资源共享，提高办事效率、完善运转协调、行为规范的行政管理体系的保障。

政府信息资源管理的主要任务有如下5点。

（1）统一规划推进数据库建设。增加政府数据库的种类，扩大政府数据库的规模，提供数据库的质量，要提高政府信息资源开发和利用的水平，为政府管理提供有效的信息支持。

（2）统筹规划推进高速的政府信息网络建设。要统一技术体制和标准，建立政府信息交换中心，实现政府信息网络的互联、互通、互操作。

（3）大力推进政府信息系统的建设。重点建设宏观决策支持系统，满足高层领导机关宏观决策的需要，实现政府部门之间的信息共享，并为社会提供政府信息服务。

（4）加强政府信息化关键技术的研究与开发。政府信息化建设关系到国家的安全，需要大量的具有自主知识产权的信息技术。因此，要针对政府信息化需求，大力加强计算机软硬件系统、网络安全、宽带高速通信网络等关键信息技术的研究与开发。

（5）建设政府信息化人才队伍。政府信息化的关键是提高公务员的素质。因此，要把严格管理，加强培训，提高公务员的政治和业务素质，视为政府信息化建设和信息技术设施管理的一项重要战略任务。首先，要普及政府信息化知识，增强信息意识；其次，要采取各种形式，有计划地对各类政府公务员进行信息科学技术知识教育，提高政府公务员的信息技术水平；三是要造就一批具有现代科学知识和掌握信息技术的复合型政府信息化人才队伍。

8.3.2　政府信息资源管理的职能

政府信息资源管理涉及有关的决策、组织、指导、培训和控制等方面的管理。

1. 战略决策与政策

政府信息化管理不仅是政府信息资源及其相应的技术手段的管理，而且与政府机构的改革、政府人力资源的开发紧密相关。政府信息化已不是将现有的政府业务流计算机化，而是应从改革和重新设计政府的业务流和信息流入手，最有效地利用信息技术，以实现一个精简、统一、高效能的政府。每一个政府都必须对政府信息化中的重大问题进行研究并制定相应的政策，包括政府信息化的技术政策。例如，可以公开的政府信息及其管理，政府网络与互联网的关系，政府信息化中的政府采购，政府信息化中的外资利用，民间企业在政府信息系统开发中的地位和作用，政府信息资源和政府信息的安全等，都涉及一些重大的政策问题，需要从国家整体的、长远的利益出发，制定相应的政策。

2. 发展计划

政府信息化和信息技术设施需要周密而又科学的计划管理，以增强政府信息化和信息技术设施管理的科学性、预见性和有效性。由于当代信息技术的发展甚快，很难准确地预测未来技术发展的状况，即使是战略性计划，很多国家一般也只订三年，最多不超过五年。战略性计划往往也是一个滚动计划，需要每年进行评估和修订。而年度计划或项目计划，必须有明确的目标和可以检测的产出和结果。政府信息化的工程项目必须与其他的国家建设项目一样，有自己的年度和中长期计划，并纳入国家或部门的建设计划。无论国家、部门或地方的政府信息化计划都必须注意各个方面的平衡发展，特别强调和注意跨部门之间的协调，以保证整体上的最佳效益。

3. 预算管理

预算是实现政府信化的信息技术设施管理决策和计划的重要手段。它反映了国家信息化和信息技术设施管理的政策，规定了政府信息资源开发和利用的方向，为政府信息化和信息技术设施的利用提供了资金保证。计划必须与预算相结合，预算决策体现国力，导出计划，同时在计划中反映预算约束，并对重要的信息系统进行定期审查和成本—效益分析和评价。

4. 组织管理

组织是保证实现计划所必须的手段，它的职能是设计一种组织结构，使参与政府信息化和信息技术设施利用活动的人员明确自己在活动中的位置，了解自己在相互协调的系统中的作用，自觉地为实现政府信息化和信息技术设施管理的目标而有效地工作。政府信息化和信息技术设施管理的主要责任者是各个机构的第一负责人，其主要职责是：对本机构的信息资源管理负首要责任，并确保正确执行国家制定的信息方针、政策、原则、标准、法规和规则；制定本机构的信息化计划和信息工作步骤，监督、评价和定期检查本机构政府信息化和信息技术设施管理活动是否符合国家的政策；维护本机构的重要信息网络系统和信息传播计划，制定及时获得信息技术的政策和工作步骤。响应国家提出改善政府信息化和信息技术设施管理的法律、政策、程序和其他指导原则的建议，并为政府信息化和信息技术设施管理提供有效的服务、人员和设备。此外，在政府信息化技术管理实施过程中，管理部门和各级领导适时地进行指导，通过各种方法和途径对所有参与政府信息化和信息技术设施利用活动的人员进行教育、训练，也是极为重要的。

8.4　电子政务下的政府信息资源管理

在信息化社会中，个人、组织都受到了信息化大潮的冲击，改变着传统的做事行为风格，电子政府也应运而生。政府在管理和服务职能中运用现代信息技术，对各种政府信息资源和系统进行整合，建立网络化的政府信息系统，从而导致了电子政务的产生。电子政务能够打破行政机关的组织界限，使政府与政府之间、政府和社会各界之间通过各种电子化渠道相互沟通，为政府部门内部和政府部门之间提供网络化办公环境，同时也方便广大的社会团体和公民个人查询了解政府信息、参与公共决策和享受服务。在电子政务环境下，政府信息资源管理的重点转向以提高电子政务的服务效率为中心，不论是内容还是形式上都发生了变化，网络化、集成化、共享化、电子化、数字化、特色化程度明显提高。

8.4.1　电子政务信息资源管理概念

1. 电子政务

联合国在 2003 年发布的关于全球电子政府发展状况的调查报告中指出，电子政务指政府部门应用信息通信技术来改变政府内部和外部之间的关系，从而提高政府自身的透明度责任心及社会对政府执行能力的期望值。

世界银行认为，电子政务指拥有或运行着信息通信技术系统的政府部门利用这一系统来改变与公民和其他部门的关系，目的是促进公民的自我实现，提高政府服务的传递能力，加强政府的责任度，提高办公效率。

电子政务具有广泛的应用领域，如电子商务、电子采购及招标、电子福利支付、电子邮递、电子资料库、电子化公文、电子税务、电子身份认证等。

2. 电子政务信息资源管理

信息资源包括：信息内容、信息技术、信息人员及设备，它的载体形式有：纸质、电子和网络。政府信息资源指政府机构为履行职责而收集、整理、加工、利用、产生、保存、处理的信息资源，它覆盖政治、经济、文化、法律、军事、科技等各个方面，这些信息资源常常比一般的信息资源质量和可信度更高，直接关系到国民经济和社会发展的状况与水平。

所谓电子政务信息资源管理就是以现代信息技术为工具，以统一的政府信息网站为支撑平台，对电子政府建设中所涉及的一切与信息交流、信息处理和信息服务有关的信息资源要素进行有效控制与组织的活动，它涉及信息设备、信息网络、信息人才、信息政策、政务信息等各类信息资源要素的管理。

8.4.2 国内外的电子政务信息资源管理

1. 美国的电子政务信息资源管理

电子政务一词诞生于美国，1993 年，美国前总统克林顿和副总统戈尔首倡电子政务，布什政府更进一步在 2002 预算草案中提出，希望建立一个"充满活力而又有限的"政府，在推动各州和地方政府提高工作效率的同时，使公民有能力以一种更及时、更有效的方式与联邦政府机构进行交流。

美国的电子政务项目由美国总统管理委员会领导，由总统行政办公室与管理和预算办公室（OMB）联合执行，OMB 还组织成立了跨机构的电子政务特别工作组，为了使 OMB 和联邦各个部门控制分析评估电子政务建设投资，同时有助于政府部门之间横向整合以及各级政府间的纵向集成，工作组建立了联邦电子政务体系架构（FEA）。

美国电子政务的一个亮点是健全的信息主管（CIO）制度，另外齐全互动的政府网站设计使得公民的参与性很强。美国政府网站的内容十分丰富，提供的信息服务十分全面，包括办公电话、办公地址、在线报刊、在线数据库、网站链接、外语翻译、个人隐私政策、技术服务等 27 种功能。许多政府网站还提供社会公共信息服务，如网上学校、网上医院、旅游资源状况、网上图书馆网上地图等。政府网站把分属政府各部门的业务整合在一起，提供各种查询、申请、交费、注册等方面的 24 小时"一站式服务"。

2. 加拿大的电子政务信息资源管理

加拿大是开展电子政务水平最高的国家之一。根据国际著名的 Accenture 管理咨询和技术服务公司 2005 年 4 月公布的电子政务研究报告，加拿大的电子政务发展成熟度（maturity）包括服务的广度、深度以及客户关系管理等方面的指标，在被考察的电子政务较为发达的 22 个国家中已连续五年名列第一位。

加拿大政府将信息资源作为重要的战略资源来管理，并将信息资源管理作为政府管理的重要组成部分。制定发布专门针对政府的信息管理政策，并规定了各级信息管理部门及人员的主要职能。职能部门有财政部秘书处（TBS）、国家档案馆、国家图书馆和统计局等。在 TBS 中，设有信息主管（CIO）及其办公机构，负责制定政府信息管理与信息技术应用的相关政策。CIOB 下设副信息主管、政府在线办公室、信息管理等部门。各职能部门人员根据法律与政策规定的职责管理信息，以促进存取平等，增强社会公信度，优化信息共享与重用，减少冗余；确保创建、获取或维护的信息是相关、可靠和完整的，并能满足计划、政策和职责的要求。

为了加强政府信息资源的管理，各级信息管理部门各司其职，2002 年 7 月 CIOB 制定了加拿大政府的信息管理框架。2003 年 TBS 发布了"加拿大政府元数据框架"，它描述了国际上普遍使用的元数据标准与加拿大政府各领域使用的元数据标准之间的关系，为加拿大政府范围内元数据的发展制定了策略。

另外，加拿大还制定了较为完善的促进政府信息资源管理的各种法律，如《信息访问法》《加拿大国家档案馆法》《加拿大国家图书馆法》。

3. 我国的电子政务信息资源管理

我国电子政务的发展速度是很快的，自1999年开展"政府上网工程"以来，步步稳进。2004年10月，国家信息化领导小组召开会议，提出加快政府统一网络平台建设，实现信息资源共享。2018年，李克强在政府工作报告中提出，要深入推进"互联网＋政务服务"。目前，网上办公、网上审批、网上便民服务、网上招商引资已逐步开展。与国外相比，在层次较低的信息发布方面，我国政府网站的水平无显著差异，但在信息资源的开发利用上还存在一定距离。我国政府公开信息的渠道和方式趋于完善，许多信息未充分发挥作用，造成了资源的浪费，政府信息资源有待进一步实现整合；在信息资源数据标准建设方面缺乏统一标准；"信息孤岛"现象严重，各部门统计的数据体系缺乏相关性，传统的政府工作模式观念尚未得到完全革新，束缚着信息资源的共享程度。

针对我国的电子政务信息资源管理中存在的问题，目前国内研究该领域的学者纷纷提出解决的对策，综合他们的观点，大致有以下几个方面：

（1）从源头上避免重复建设，打破信息孤岛。电子政务信息资源管理，不仅要开发构建许多新的数据库，还要整合改造现有的信息资源。建设开发信息资源整合的技术平台，整合原有的设施和系统。

（2）建立有效的信息资源质量评价体系。

（3）正确处理好信息资源公开流通与安全保护。

（4）强化对公众的信息服务理念。

（5）引进产业化模式，对政府信息资源进行深入开发与产业化。引进市场机制和价格机制，不仅可以降低政府的信息开发成本，还有助于改善政府电子服务的质量。

（6）建立个性化的政府信息资源目录体系，开辟用户个人空间。

本 章 小 结

政府信息资源管理就是指与政府信息资源开发和利用有关的决策、计划、预算、组织、指导、培训和控制活动，特别是与信息内容及其有关的资源如人员、设备、资金和技术等的管理。政府信息资源管理是政府行政管理的基础、科学决策的前提，是改善政府公共服务质量的重要条件和提高政府效率的重要途径。政府信息资源管理的框架是：制定和实施政府信息资源开发利用规划，政府信息基础设施的管理，政府信息技术的管理，政府信息化的项目管理，政府信息的安全管理，建立和健全政府信息资源管理机构，政府信息化的人力资源开发。

政府信息资源管理的主要任务是：统一规划推进数据库建设；统筹规划推进高速的政府信息网络建设；大力推进政府信息系统的建设；加强政府信息化关键技术的研究与开发；建设政府信息化人才队伍。政府信息资源管理的职能：战略决策与政策；发展计划；

预算管理；组织管理。

电子政务指国家各级政府部门综合运用现代信息网络与现代数字技术，彻底转变传统工作模式，重组政府管理流程，转变政府职能，提高政府办公效率，为政府的信息发布、管理、服务、交流提供基于现代网络和数字化技术的系统平台和解决方案，在电子政务环境下，政府信息资源管理的重点向以提高电子政务的服务效率为中心，不论是内容还是形式上都发生了变化，网络化、集成化、共享化、电子化、数字化、特色化程度明显提高。

思 考 题

1. 什么是政府信息资源？按信息的功能划分，政府信息可分为哪几类？
2. 简述政府信息资源管理的内涵、原则和目标。
3. 政府信息资源管理能力体现在几方面？
4. 简述政府资源信息管理的框架。
5. 政府信息资源管理的手段有哪些？

案 例 分 析

一朵政务云让德阳更"聪明"

为了进一步推进数字政府建设，2021 可信云大会发布了《数字政府建设与发展白皮书（2021）》，为数字政府相关技术应用落地提供参考与指引。白皮书中，德阳政务云项目被写入数字政府十佳案例。那么，德阳政务是如何一步步实现智慧化升级，并成为数字政府建设的标杆？

从社保缴纳到交通管理，从医疗查询到落户办理，在四川德阳市，只需通过一个政府网，许多政务事项市民足不出户就可以办理，流程简单、反馈迅速。同时，为了确保市民的政务办理、意见反馈"件件有着落、事事有回音"，德阳市人民政府网站的办事统计板块公布了详细的区、市、县办结统计数量以及政务平台的办件量完成率统计。同时，德阳市通过新型智慧城市建设不断推进城市管理数字化转型，德阳城市大脑通过大数据、云计算、人工智能、区块链等技术手段推进城市治理现代化，通过各领域应用场景建设不断提升公共服务和城市管理水平，提高群众的满意度、获得感。

作为四川最早建设政务云平台的城市之一，德阳市政府一直十分重视政府网站的信息化建设和便民服务举措的升级。随着大数据、人工智能等新兴技术的发展，德阳市原有的政务云架构逐渐无法跟上城市快速发展的脚步。因此，德阳市政府携手中国电信四川云计算中心与天翼云，用全新技术和架构对原有的政务云平台进行升级改造，大大提升了德阳智慧城市的综合服务能力，让德阳市民感受到全新科技带来的便利生活。

德阳政务云以"云上天府"云计算中心为基础，依托天翼云数字化能力搭建政府服务平台，目前将平台提供的公共化服务能力划分为五个层次，对不同的业务资源需求提供多层次、多维度的服务，同时辅以信息安全体系和运营运维管理体系，保障业务安全并简化业务运维模式，确保政府各业务部门用的舒心、用得放心。

除了在智慧政务方面发力，本次天翼云助力德阳政务云平台升级还同时囊括了交通、工业、食品安全、环保等多个行业的业务云，为智慧政务、数字园区、防灾减灾、精准扶贫、智慧旅游、智慧交通等多个业务应用系统提供数据及平台支撑服务。

目前，德阳全市统一政务云平台的建成，支撑了全市的 56 余个委办局业务升级，支撑 126 个业务单位、337 个业务系统的升级搬迁，促进德阳新型智慧城市"1+1+3+N"（1 批基础设施、1 套数字底座、3 个信息化支撑体系和 N 个智慧示范应用）架构的落地。同时，德阳统一政务云的建设，改变了各委办局重复建设、重复投资的传统模式，实现资源统一管理、统一运维、统一调度，形成全市一盘棋、市县一体化的资源格局。

未来，政务云将继续渗透德阳等其他城市的治理方略中，持续在城市大脑建设方面继续探索创新，释放城市发展潜力，让城市实现用数据管理、用数据决策、用数据服务，为城市居民谋得更加便捷、美好、幸福的生活。

案例讨论问题：

（1）四川德阳是如何建设自己的数字政府的？

（2）从案例中可知，建设数字政府以及政府的信息资源管理有哪些优点？

第9章
信息政策与信息法规管理

本章关键词

信息政策（information policy）
信息法规（information regulation）
知识产权（intellectual property right）
信息伦理（information ethics）

本章要点 ▶▶

信息政策是信息组织管理工作的措施与规则。信息法规是保证实行、调节信息领域经济关系和社会关系的法律规范的总称。

通过本章的学习，掌握信息政策的概念作用，掌握制定信息政策的原则，掌握信息法规的概念作用，掌握信息政策与信息法规的区别，了解我国信息政策与信息法规，了解知识产权、专利权、商标权和版权，了解计算机软件保护条例，了解网络下知识产权保护，了解信息伦理的概念、原则和社会功能。

9.1 信 息 政 策

信息化的发展给人们带来新资源和新推动力的同时，也使得人们在信息交流活动中的经济关系和社会关系日益复杂，这些关系常因人为的不正当作用而产生不良的影响，如信息网络和资源安全问题、信息技术的不正当使用、信息侵权、计算机和网络犯罪等，这些问题的解决除需要教育、道德约束等方法外，有时还需要利用政策和法律的手段进行干预。而如何有效地处理好信息领域的各种经济社会关系，则是信息政策和法规所要解决的核心问题。

▌9.1.1 信息政策的概念

信息政策是指国家在一定的历史时期和预定的目标下，为发展信息产业（包括信息服务业）而制定的指导原则和行动准则，它涉及信息的生产、分配、交换和消费等环节，以及信息行业的发展规划、组织与管理等综合性的问题。

信息政策是一个多层次、多视角的政策体系。从信息政策管理的区域范围看，它可以分为国际信息政策、国家信息政策、部门信息政策、地区信息政策、基层单位信息政策。国际信息政策是指导两国以上信息活动的原则和纲领。国家信息政策是指导国家信息产业的发展，协调全国各级信息机构和各种信息力量的策略原则和行动纲领。部门信息政策、地区信息政策和基层单位信息政策，除了反映本部门、本地区和本单位的实际情况外，在政策上、总体指导思想上应遵循国家信息政策的基本原则，体现出信息政策体系的系统性、连续性和整体性。

从管理视角来看，信息政策可划分为宏观信息政策和微观信息政策。宏观信息政策是指一个国家信息产业中长期发展的方向性、全局性、战略性的方针和步骤。微观信息政策是指某一地区、部门或某一领域，以及某一基层单位在某一短时间内为贯彻执行国家的方针政策以及结合当地、当时的实际情况而制定的局域（部）或专项性的信息发展政策。实际上，宏观信息政策和微观信息政策的划分并不是绝对的，只是概念上的相对意义，某些高层次的微观信息政策在低层次看来可能就是宏观信息政策。

1. 从管理的职能来看，信息政策可分为以下几种：

- 信息产业政策，即有关信息生产、信息流通、信息对外贸易与交流合作等方面的政策。
- 信息服务政策，即信息作为商品，面向市场进行经营流通的政策。
- 信息技术政策，即有关世界各国在大力发展信息技术方面所制定的一系列相关政策。
- 信息人员政策，包括：对开展信息专业教育、培养未来信息工作人员的教学机构而制定的专业发展、学科评估及鼓励专业发展的相关政策，以及对现实的信息工作人员的资格条件、任职晋升而做的明文规定等。
- 信息自身的开发政策，即对信息自身进行的采集、加工利用而制定的相应政策。
- 信息合作与交流政策，为国际间进行信息源交流与合作而制定的有关政策。

2. 从内容上来看，信息政策包括两个方面：

- 根据实际需要制定的有关发展和管理信息产业的方针、原则和办法。
- 涉及信息的采集、处理、传递和利用的资源分配的有关团体和组织的决定。

实质上，信息政策是信息组织管理工作的措施与规则。在信息政策中，信息资源的开发与保护政策，以及相应的人事制度和信息经费管理制度等，都体现了特定生产关系下信息组织管理的基本问题。

9.1.2 信息政策的作用

（1）规定信息产业在一定历史时期内的发展目标和任务。

信息产业发展的目标和任务，是根据国家科技、经济、社会发展的总体目标而定的，而且是随着形势的不断发展而变化的。不同的历史时期，国家对信息事业的发展将相应地提出不同的要求。

（2）确立信息产业在促进现代社会发展中的地位与作用。

信息资源的开发利用水平已成为衡量一个国家综合国力的重要标志之一，所以信息政策首先要确立信息产业在促进现代社会进步和国民经济发展中的地位与作用，不断地把信息产业的发展推向新的阶段。

（3）合理配置、开发、利用、保护信息资源。

国家根据科技、经济和社会发展的规模和程度，制定必要的信息政策，使得全国的信息资源得以合理配置，并不断扩大积累，实现协调、统一的全国信息资源体系，从而达到有效地管理、开发利用、保护信息资源，最终达到信息资源共享。

（4）规范信息产品的生产经营。

信息产品属于知识形态产品，同其他物质产品一样，具有商品的二重性，可以进入市场交换，并通过其使用价值的交换，实现其商品的价值。然而，信息产品的生产经营同其他物质产品又有所不同，有其自身的特点与规律。因此，必须通过特殊的信息政策阐明信息产品生产经营及其相应的产业政策，引入信息产品生产经营机制，建立新型的信息产品生产经营模式，开拓信息市场，扩大信息社会流通领域，加速信息产品商品化进程。目前信息服务中的一部分已从无偿服务变为有偿服务（如国际互借、馆际互借服务、定题情报服务、查新服务、网络查询服务等），信息产品的一部分已从产品交换变为商品交换。但是，从总体上看，商品化的信息产品的价格远远低于其价值。因此，制定信息政策，就是要按价值规律办事，从政策上确立信息产品的价值观，合理地计算信息产品生产的投入与产出，逐步扩大信息产品的服务经营效益。

（5）促进信息队伍建设。

信息产业要发展，关键在于建设一支规模相当、结构合理、素质良好的信息队伍，特别是要培养造就一批高水平的信息专家。信息政策对信息人才的规定正好起到了加强长远正规教育队伍整体素质、促进信息队伍建设的作用。

（6）加强信息领域的国际交流与合作。

信息政策的制定可以加强在信息技术、网络检索、信息产品生产与经营以及信息人才的培养上的国际交流与合作。

9.1.3 制定信息政策的原则

1. 科学性原则

信息事业的发展及信息活动有着自身的内在规律、特点和科学规范。在制定信息政策时，必须认真研究和严格遵循信息工作自身所特有的规律，才能制定出科学的信息政策。科学性原则包含的另一层含义是在制定信息政策的全过程中，必须采用科学的程序和方法，以保证信息政策具有较高的科学性和正确性。

2. 目的性原则

所谓目的性，就是在考虑信息政策时，必须针对不同的目标和任务制定出各具特色的信息政策。

3. 系统性原则

信息系统是多层次、多侧面的，这就决定了信息政策的系统性。信息政策是由纵向、横向层次结构组成的体系，它满足信息系统各个层次和侧面的不同需要。唯有如此，才能实现政策体系的整体效益。在政策体系中，虽然各项具体政策的目的、内容和适用范围各不相同，但都必须服从信息事业发展的总方向、总目标。因而它们之间必然存在联系，相互配套、相辅相成、相得益彰。系统性原则体现了政策体系的层次性和联系性。

4. 连续性原则

指前后制定的信息政策应该具有连续性。我们在制定新的信息政策时，必须考虑原有的政策基础，以保持一定的连续性；否则，前后脱节，新的政策无法奏效。

5. 稳定性原则

信息政策在一定的历史时期和政策前提下，必须保持相对的稳定性。这种稳定性，有利于信息事业稳步、协调、快速发展；有利于提高信息机构和人员对政策的信赖感，避免左右摇摆，多走弯路。稳定性原则对不同的政策应区别对待，各种长期的、宏观的政策应保持较长时间的相对稳定，而具体的、微观的政策则在信息工作实践中需不断补充和完善。

6. 灵活性原则

信息政策的灵活性，又叫信息政策的弹性，包括两种情况：一是局部弹性，即在信息系统的各种环节中，各类政策要有调节的余地；二是整体弹性，即整个信息政策体系应有整体的调节余地。

7. 前瞻性原则

即信息政策的制度，要考虑到可能会出现的问题，以避免产生的损失。

9.1.4 我国的信息政策

我国信息政策活动主要集中在信息技术政策、科技信息政策、社科信息政策等领域。

1. 信息技术政策

随着信息技术的发展，相关政策问题早已引起国家有关部门和专家学者的关注。从1983年1月至1984年初，国家科委、国家计委和国家经委曾组织专家对集成电路、计算机和通信技术政策进行了论证起草。1988年4月，国务院批准印发了《信息技术发展政策要点》以及计算机、微电子、软件和传感器四个专项信息技术发展政策要点，并以《信息技术发展政策》为名、由国家科委编写，于1990年由科学技术文献出版社正式出版。《信息技术发展政策》的制定，对我国信息技术和产业的发展起到了应有的作用。

2. 科技信息政策

科技信息政策建设起步早，颁布的政策性文件多，发展迅速。1956年，全国科学研究工作规划委员会编制了《1956—1967年科学技术发展远景规划》，规划了科技信息工作的主要内容，从而产生了我国的科技情报工作。1958年，召开了全国科技情报工作第一次会议，提出了我国科技情报工作的任务和机构设置。到20世纪60年代初，已初步形成了比较完善的国家科技信息工作体系。1966—1976 年，由于"文革"干扰，信息政策的制定和实施活动基本停止，直到 1976 年后才得以恢复。20 世纪 80 年代初，我国的科技信息事业有了很大发展，以国家科技信息政策为中心的信息政策研究活动开始在我国兴起。进入 20 世纪 90 年代以后，我国科技信息政策活动进入了一个新的发展阶段。1991 年国务院正式颁布的《国家科学技术情报发展政策》是我国第一项国家科技信息政策，标志着我国信息政策的制定与规划已进入从分散走向集中、从随意性走向正规化的新阶段。此后，我国又陆续制定和发布了《关于加快发展科技信息服务业的规划纲要和政策要点》等一系列信息政策，提出到 2000 年我国科技信息服务业的总体目标是：开发信息资源，强化信息技术，开拓信息市场，强调信息资源的共享和利用，提高经济与社会效益，初步建成一个与发展社会主义市场经济相适应的社会化、产业化、网络化的国家综合科技信息网络（包括科技、经济、咨询、专利、档案、技术市场和管理等各种信息）和多层次的科技信息服务、咨询和评估分析系统。

3. 社会科学信息政策

我国社科信息工作始于 1957 年，但到 20 世纪 80 年代初才有比较具体的社科信息政策。与科技信息政策活动相比，我国社科信息政策活动起步晚，没有稳定与统一的职能机构，政府对社科信息政策从制定到执行、评估各阶段的参与不力，没有召开过专门的社科信息政策会议，一直没有形成国家政策性文件。1985 年后，我国社科信息政策的着眼点开始面向经济建设。为了推动经济信息化步伐，各省、市成立了经济信息中心。1996 年初成立的"国务院信息化领导小组"，为我国实施国民经济和社会信息化提供了组织保障。2008 年，我国组建"工业和信息化部"，国家信息化领导小组的具体工作由该部承担。相信在将来，我国社科信息政策会有更大的发展。

9.2　信　息　法　规

▌9.2.1　信息法规的概念

1. 信息法规的内涵

信息法规是由国家立法机关批准制定，并由国家执法机关的强制力保证实行、调节信息领域经济关系和社会关系的法律规范的总称。

任何法律规范都是以调整一定的法律关系为内容的。信息法规调整的是信息化进程中各组织和个人的信息行为以及相互间形成的信息法律关系。

（1）信息法律关系的主体，即权利义务主体是指在信息法律关系中依法享有权利承担义务的个人或组织。信息法律关系是各权利主体在参与信息活动过程中相互间形成的一种具有权利义务内容的社会关系。信息活动内容广泛，是涉及了从信息生产、采集、发布到处理、传输、交换、利用等全过程的一系列行为的总和。因而，信息法律关系所涉及的主体范围十分广泛，包括了社会生活中存在的能够和有资格享有权利和承担义务的全部主体形式，内容包括：政府部门，包括各政府机构和代行部分政府职能的相关组织；经济组织；非营利性组织，包括学校、社会团体和事业机构；个人。

（2）法律规范的客体是指一定的行为以及在特定环境中的物化的和非物化的财产。信息法律规范的客体包括三个部分。

- 信息资源。信息是一种资产，其本身具有资源性以及由此而衍生出的价值性和明显的权利、利益属性，这些特性在法律规范的调整下便成为各权利主体在以信息资源为核心的活动中的具体的权利义务内容。
- 信息技术。信息技术是信息传播、处理、应用和收集等环节中的手段，也是现代信息产业的基石和社会信息化的主要推动力量，信息技术的每一次突破，都必将引起信息的内涵、外延、信息活动方面的变化，围绕着信息技术的开发、应用、管理而发生的一系列活动，是信息法律规范不可缺少的内容。
- 各相关主体的信息行为。主体行为是构成信息活动多样性的基础，离开了相关主体的积极参与，信息活动便不复存在。在不同的信息业务领域内，各权利主体所处的地位不同，相互间形成的权利义务内容不同，从而成为不同信息法律规范的对象。

另外，信息法律规范的内容是由信息产业内容决定的，信息产业中不同业务领域的划分，是形成各主体间权利义务内容多样性的重要因素，这种差异性构成不同法律规范的内容，这些不同的法律规范组成了信息法律体系。

（3）信息法规的调整对象包括两个方面：

- 信息技术与信息产业发展过程中产生的一系列社会关系和社会问题。其目的在于发挥法律的政策导向功能，促进信息技术的发展。
- 信息在生产、传播、处理、存储应用、交换等环节中所产生的各种社会关系，包括垄断与竞争、利益与冲突、信息自由与个人隐私等。其目的在于规范主体资格和主体行为，确立在信息活动中不同的信息主体之间所形成的各种权利义务关系。

因此，信息法调整的不仅仅是信息活动领域的社会关系，而且包括信息技术活动领域的社会关系。信息法律体系是部门法律体系，它的具体应用不能脱离国家已有的大的法律环境，它的制定和实施必须受现行法律原则、法律规范的制约，必须与国家已有的现行法律规范协调一致。

2. 信息法规的外延

按管理对象不同，信息法规可以分为知识产权法、信息资源管理法、信息市场管理法、信息工作管理法、技术合同法。

（1）知识产权法

知识产权法是指为保护发明者或创造者的工业产权（包括专利权、商标权等）和版权（即著作权）而制定的一系列法律、法规。它可以鼓励发明创造，促进技术革新，形成一种正当的竞争氛围，促进科技进步和文化繁荣。

（2）信息资源管理法

信息资源管理法是国家对信息资源实施管理的基本法规。包括对信息资源的配置、获取、保护和开发利用等所作的明确规定。其目的在于实现国家信息资源的合理布局，实施有效的保护和充分的开发利用，禁止对信息资源的破坏、封锁和浪费，实现信息资源共享。

（3）信息市场管理法

对信息商品的生产、流通、用户需求行为，对信息商品质量、价格等作出必要的规定和约束。

（4）信息工作管理法

包括信息工作管理的基本法和日常业务的管理法规两方面。管理的基本法是确立国家发展信息产业的大政方针、战略目标和重点任务，以及整个信息体系的组织结构和管理体制等。日常业务管理则是信息社会实践活动和日常工作的组织、管理和协调办法，从微观方面对信息产业的发展进行调整。

（5）技术合同法

信息产业的技术合同是知识形态商品生产和交换的法律形式。包括法人之间、法人与公民之间、公民之间因信息产业的技术开发、技术转让、技术咨询和技术服务等而订立的各种合同关系的法律法规。

3. 信息政策与信息法规的区别

一方面，从性质上讲，信息政策是一种行政手段，信息法规是一种法律手段。而从作用范围上看，信息法规管理的对象比信息政策管理的对象更基本、更普遍、时效更长。信息政策管理则带有一定的阶段性和灵活性。从可操作性上讲，信息法规比信息政策的可操作性强。从强制性上讲，信息法规及信息政策有很强的法律约束性。

另一方面，二者也存在互补关系。信息管理中已有的信息政策为信息法律的制定奠定了坚实的基础。

科学合理的信息政策应当受到信息法规的制约和调节。信息法规条文中应当规定信息政策的制定机构与制定过程，使信息政策按法定程序制定。信息政策可能造成的负效应应当得到信息法规的控制，并具体体现在信息法规的有关条文中；只有借助于信息法规，信息政策才能真正得以贯彻与实施。

9.2.2　信息法规的作用

1. 激励作用

主要是指知识产权法所起的作用。它保护发明者、创造者的权利，促进革新，激励竞争，有利于社会进步。

2. 引导作用

即通过信息法规条文指引人们从事社会允许的信息活动。

3. 合理配置信息资源的作用

有关信息资源配置方面的法规对全国信息资源的合理配置、开发和利用必会起到积极的作用。

4. 强制作用

高度文明的社会必须以法律作保证，在信息化社会里，惩罚信息犯罪已不仅仅是一个单纯的信息问题，而且很可能是经济、刑事，甚至是政治犯罪问题。

5. 管理公共事务和社会管制的作用

信息法律和其他法律一样，从根本上体现国家、阶级的利益，以此实现对公共事务的管理和社会的管制。在现代信息化社会里和国际互联网大发展的环境中，信息法规的这种管理公共事务和社会管制的作用将越来越突出。

9.2.3 我国的信息法规

在信息立法方面，我国除了相继出台了《统计法》《商标法》《专利法》《著作权法》《反不正当竞争法》《技术合同法》《科技进步法》《邮政法》《促进科技成果转化法》等法律外，在互联网和电子商务、知识产权、通信以及电信服务方面都制定了相应的法规。

互联网的迅猛发展使电子商务成为商务活动的新模式，电子签名又是电子商务安全性的重要部分。为了确立电子签名法律效力，明确电子签名规则，维护电子签名活动各方的合法权益，保证电子交易安全，2003 年 4 月，根据国务院立法工作计划，国务院法制办会同信息产业部、国务院信息化工作办公室开始着手电子签名法起草工作。根据我国电子商务发展的实际需要和实践中存在的问题，借鉴联合国及有关国家和地区有关电子签名立法的做法，《电子签名法》（草案）的立法重点确定为：确立电子签名的法律效力，对数据电文作了相关规定，明确认证机构的法律地位及认证程序，规定电子签名安全保障制度。

我国的法规从整体来看相对比较完善，但在某些方面，由于立法经验与实践的欠缺，与发达国家相比，我国在信息立法的制定，实施和评价方面还存在着较大的差距，亟须制定和修正，补充和细化现有的法律，法规和规章。

9.3 知 识 产 权

9.3.1 知识产权概述

知识产权英文为"Intellectual Property"，其原意为"知识（财产）所有权"或者"智慧（财产）所有权"，也称智力成果权。根据我国《民法通则》的规定，知识产权属于民事权利，是基于创造性智力成果和工商业标记依法产生的权利的统称。有学者考证，该词最早于 17 世纪中叶由法国学者卡普佐夫提出，后为比利时著名法学家皮卡第所发展。

视频 9.1
什么是知识产权

扫 码 观 看

　　知识产权是指：公民或法人等主体依据法律的规定，对其从事智力创作或创新活动所产生的知识产品所享有的专有权利，又称为"智力成果权""无形财产权"，主要包括发明专利、商标以及工业品外观设计等方面组成的工业产权和自然科学、社会科学以及文学、音乐、戏剧、绘画、雕塑、摄影和电影摄影等方面的作品组成的版权（著作权）两部分。

　　1967 年签订的《成立世界知识产权组织公约》规定知识产权包括以下各项智力创造成果的权利：

- 与文学、艺术及科学作品有关的权利（指版权或著作权）；
- 表演艺术家的表演活动、录音制品和广播有关的权利（指版权的邻接权）；
- 在一切领域创造性活动产生的发明有关的权利（指专利权）；
- 与科学发现有关的权利；
- 与工业品外观设计有关的权利；
- 与商品商标、服务商标、商号及其他商业标记有关的权利；
- 与防止不正当竞争有关的权利；
- 一切来自工业、科学及文学艺术领域的智力创作活动所产生的权利。

1. 知识产权分类

　　国际上通常将知识产权分为工业产权和版权（即著作权）两大类。工业产权亦称"工业所有权"，包括专利权、商标权、反不正当竞争权、地理标志权、工业品外观设计、集成电路的布图设计、未经披露的信息（商业秘密）。

　　版权（著作权）的内容包括作者权与著作邻接权、发表权、署名权、修改、保护作品完整权、使用权和获得报酬权。

2. 知识产权的特征

　　知识产权是一种无形财产，有以下特点：

　　（1）专有性，即独占性或垄断性；除权利人同意或法律规定外，权利人以外的任何人不得享有或使用该项权利。这表明权利人独占或垄断的专有权利受严格保护，不受他人侵犯。只有通过"强制许可""征用"等法律程序，才能变更权利人的专有权。知识产权只能授予一次。

　　（2）地域性，指只在所确认和保护的地域内有效，即除签有国际公约或双边互惠协定外，经一国法律所保护的某项权利只在该国范围内发生法律效力。所以，知识产权既具有地域性，在一定条件下又具有国际性。

　　（3）时间性，即只在规定期限保护。法律对各项权利的保护，都规定有一定的有效期，各国法律对保护期限的长短可能一致，也可能不完全相同，只有参加国际协定或进行国际申请时，才对某项权利有统一的保护期限。

　　知识产权属于绝对权，在某些方面类似于物权中的所有权，例如是对客体为直接支配的权利，可以使用、收益、处分以及为他种支配（但不发生占有问题）；具有排他性；具有移转性（包括继承）等。

　　知识产权在好几方面受到法律的限制。知识产权虽然是私权，法律也承认其具有排他的独占性，但因人的智力成果具有高度的公共性，与社会文化和产业的发展有密切关系，不宜为任何人长期独占，所以法律对知识产权规定了很多限制：

从权利的发生说，法律为之规定了各种积极的和消极的条件以及公示的办法。例如专利权的发生须经申请、审查和批准，对授予专利权的发明、实用新型和外观设计规定有各种条件（专利法第二十二条、第二十三条），对某些事项不授予专利权（专利法第二十五条）。著作权虽没有申请、审查、注册这些限制，但也有著作权法第三条、第五条的限制。

在权利的存续期上，法律都有特别规定。这一点是知识产权与所有权大不同的。

权利人负有一定的使用或实施的义务。法律规定有强制许可或强制实施许可制度。对著作权，法律规定了合理使用制度。

9.3.2　专利权、商标权和版权

1. 专利权

专利权即专利权人依法获得的一种排他性专有权利。专利权除了具有专有性、地域性和时间性三个主要特征外，还具备国家授予性、客体内容的公开性等特征。发明人或者设计者到专利行政部门提出专利申请要求，专利部门依法对其进行审查，审查合格后，向专利申请人授予一定时期和范围内对该专利的享有权。专利权的取得必须以公开发明创造的成果内容为代价，即在专利申请文件中，必须完整地公开发明创造的内容。通过客体内容的公开，有利于社会智力成果的传播和交流，推动经济发展，也可以避免重复研究，保护专利人的合法权益。专利权涉及以下几个方面：

视频 9.2
专利权介绍
扫 码 观 看

- 专利权的主体是指依法获得专利权，并承担与此相关义务的人。专利权的客体即可以取得专利权，可以享受专利法保护的发明创造，客体是专利法保护的对象。
- 专利权的内容是指专利权人依法享有的权利和应承担的义务。专利权人的权利包括独占实施权、许可实施权、转让权、标记权和放弃权等。专利权人的义务主要为：缴纳专利年费、接受专利的推广应用、充分公开专利内容和不滥用专利权等。缴纳专利年费是各国专利法普遍规定的义务。
- 专利权期限：一项发明创造在获得专利后，有一定的使用期限，专利权期限的长短各国不一。专利权期限的确定，应当考虑科学技术发展的速度、水平和实际情况，并认真权衡专利权人的利益和社会公众的利益，在两者间找到一个最佳的结合点。专利权在规定期限内有效，超过期限则自然中止。
- 专利权的保护范围是指法律效力所涉及的发明创造的范围。一般情况下，专利权的保护范围大小与发明或者实用新型专利申请文件中的权利要求书的撰写以及外观申请书中提交的图片或者照片具有十分密切的联系。

专利法是知识产权法的一个重要组成部分，是各种社会关系和法律规范的总称。一项发明创造出现后，就会产生各种复杂的关系，其中最主要的就是发明创造的权利归属和成果的利用问题。专利法的核心内容以立法的方式解决发明创造领域内存在的各种复杂关系和问题。专利制度是以立法的方式保护和鼓励发明创造，促进发明创造成果推广，以推动科技进步和经济发展的法律制度。

2. 商标权

商标是商品和商业服务的标记，它一般用文字、图形、符号或者用文字和图形的组合来表示，通常置于商品表面、商品的包装或者服务的场所中。经商标局核准注册的商标为注册商标，包括商品商标、服务商标和集体商标、证明商标。我国商标实行自愿注册原则，未注册商标可以使用但不受法律保护，为了加强与国计民生休戚相关的少数商品商标的管理，我国对这些商品商标实行强制注册。商标法第六条规定："国家规定必须使用注册商标的商品，必须申请商标注册。未经核准注册的，不得在市场销售。"根据商标法实施细则的规定，目前，人用药品和烟草制品必须使用注册商标，对必须注册的商标，未注册就生产销售的，市场监督管理机关有权禁止其商品销售和广告宣传，封存或者收缴其商标标识，并可根据情节处以非法经营额 10% 以下的罚款。

商标权是指商标所有人在法律规定的有效期内，对其经商标主管机关核准注册的商标享有的独占的、排他的使用和处分的权利。只有经商标局核准注册的商标，才享有商标权并依法予以保护。商标权的取得，我国实行统一注册原则和申请在先原则。注册商标的有效期限为十年，自核准注册之日起计算。注册商标有效期满，需要继续使用的，应当在期满前六个月内申请续展注册；在此期间未能提出申请的，可以给予六个月的宽展期，宽展期满仍未提出申请的，注销其注册商标。每次继展注册的有效期为十年。

商标所有者的权利范围主要包括：独占使用权、转让权、许可权、商标投资权。商标所有者在享受权利的同时，也必须履行一定的义务，商标权人的义务主要指：确保使用商标的商品的质量并缴纳规定的各项费用。

国家知识产权局商标局为我国商标权的申请主管单位。生产者要取得商标权，须向商标局提出申请，由商标局初步审定，予以公告。两个或者两个以上的商标注册申请人，在同一种商品或者类似商品上，以相同或者近似的商标申请注册的，初步审定并公告申请在先的商标；同一天申请的，初步审定并公告使用在先的商标，驳回其他人的申请，不予公告。对初步审定的商标，自公告之日起三个月内，任何人均可以提出异议。公告期满无异议的，予以核准注册，发给商标注册证，并予公告。

目前，在商标的使用中，经常存在侵权行为。商标侵权行为是指损害他人注册商标专用权的行为。根据商标法及其实施细则的规定，商标侵权行为包括：

- 未经商标注册人许可，在同一种商品或者类似商品上使用与其注册商标相同或者近似的商标；
- 销售侵犯注册商标专用权的商品；
- 伪造、擅自制造他人注册商标标识或者销售伪造、擅自制造的注册商标标识；
- 未经商标注册人同意，更换其注册商标并将该更换商标的商品又投入市场；
- 给他人的注册商标专用权造成其他损害。

对有上述商标侵权行为的，被侵权人可以向县级以上市场监督管理部门要求处理，也可以直接向人民法院起诉。市场监督管理部门有权责令侵权人立即停止侵权行为，赔偿被侵权人的损失，并可处以罚款。构成犯罪的，除赔偿损失外，由司法机关依法追究刑事责任。我国刑法对未经注册商标所有人许可而使用他人的注册商标，销售明知是假冒注册商标的商品，伪造、擅自制造或者销售他人注册商标标识等情节严重、违法所得数额较大、数额巨大的行为，都规定了应当承担的刑事责任和应受的刑罚处罚。

商标法是调整在确认、保护商标权和商标使用过程中发生的社会关系的法律规范的总称。商标权的主体即商标权人，是指可以申请商标注册并享有商标权的人。在我国，商标注册申请者必须是依法登记并能独立承担经济责任的自然人、法人或其他组织，以及符合规定的外国人或者外国企业。商标权的客体是指注册商标，注册商标必须具备法定的条件，即商标必须是由文字、图形、字母、数字、三维标志和颜色组合而成，或者由上述要素组合形成。商标在设计时必须具备显著标志，便于识别，并不得与他人先取得的合法权利相冲突，商标使用的不是法律禁用的文字、图形。

3. 版权（著作权）

著作权是指作品作者或者著作权人依法对文学、艺术和科学作品所享有的人身权利和财产权利的总称。其目的是保护文学、艺术和科学作品作者的著作权，以及与著作权有关的权益，鼓励有益于社会主义精神文明、物质文明建设的作品的创作和传播，促进社会主义文化和科学事业的发展与繁荣。

视频9.3
著作权介绍

扫 码 观 看

著作权的内容包括著作人身权和财产权两方面。人身权是指作品作者所享有的各种与人身相联系而无直接财产内容的权利，主要包括：发表权、署名权、修改权和保护作品完整权等；著作财产权指著作权人以某种方式使用作品而获取的物质利益，我国著作财产权包括使用权和获得报酬权两个方面，具体包括复制权、发行权、出租权、展览权、表演权、放映权、广播权、信息网络传播权、摄制权、改编权、翻译权、汇编权等。

著作权的取得方式有两种：自动取得和注册取得。自动取得是当作品创作完成时，作者因进行了创作而自动取得该作品的著作权。注册取得是指作品只有在登记注册后才能取得著作权，登记注册是取得著作权的必要条件。

著作权的保护期限分为两个方面，即人身权期限和财产权期限。人身权，除发表权外，一般可以得到永久性的保护。而财产权保护期限的长短各国有所不同。对于公民著作权的保护，《伯尔尼公约》规定最低期限为作者终生及其死后50年，而《世界版权公约》则规定最低期限为作者终生及其死后25年。我国采用《伯尔尼公约》的规定。

著作权法是指有关著作权以及相关权益的取得、行使和保护的法律规范的总称。它调整的对象是作者、传播者、使用者和社会公众因文学、艺术和科学作品的创作、传播和使用而发生的各种社会关系。我国《著作权法》分为"总则""著作权""著作权许可使用和转让合同""与著作权有关的权利""著作权和与著作权有关的权利的保护"和"附则"等共六章六十条。

著作权法律关系的主体是著作权人，是指依法对文学、艺术和科学作品享有著作权的人。著作权法律关系的主体可以是作者，也可以是除作者外的其他公民、法人、组织或者国家。对于作品作者的界定有以下几种规定：①创作作品的公民是作者。②由法人或者其他组织主持，代表法人或者其他组织意志创作，并由法人或者其他组织承担责任的作品，法人或者其他组织视为作者。③如无相反证明，在作品上署名的公民、法人或者其他组织为作者。

著作权法律关系的客体是指著作权法律关系的主体间权利和义务所指向的对象。具体来讲，著作权法律关系的客体是指由作者的脑力劳动所创造的，为著作权法所确认，并受著作权法保护的一定形态的知识产品，即作品。我国《著作权法实施条例》第二条对作品作了专门的规定，即："著作权法所称作品是指文学、艺术和科学领域内具有独创性并能以某种有形形式复制的智力成果"。

9.3.3 计算机软件保护条例

随着计算机软件产业的不断发展，软件作为一种新的科学成果得到了著作权的保护，我国自 2002 年 1 月 1 日起开始实施《计算机软件保护条例》，旨在保护计算机软件著作权人的权益，调整计算机软件在开发、传播和使用中发生的利益关系，鼓励计算机软件的开发与应用，促进软件产业和国民经济信息化的发展。

条例规定，软件著作权人享有发表权、署名权、修改权、复制权、发行权、出租权、信息网络传播权、翻译权及应当由软件著作权人享有的其他权利。软件著作权属于软件开发者，软件著作权自软件开发完成之日起产生。自然人的软件著作权，保护期为自然人终生及其死亡后 50 年，法人或者其他组织的软件著作权，保护期为 50 年。

条例还规定，对于侵犯软件著作权的行为，要根据情况，承担停止侵害、消除影响、赔礼道歉、赔偿损失等民事责任；同时损害社会公共利益的，由著作权行政管理部门责令停止侵权行为，没收违法所得，没收、销毁侵权复制品，可以并处罚款；情节严重的，著作权行政管理部门并可以没收主要用于制作侵权复制品的材料、工具、设备等；触犯刑律的，依法追究刑事责任。

9.3.4 网络环境下的知识产权保护

随着 Internet 的飞速发展，知识产权保护面临着严峻的挑战。一方面，数字化、网络化使得传统的作品创作、传播方式以及商贸行为发生深刻的改变，给现行的知识产权法律体系带来一系列新的问题。从法律角度看，人人都有获取信息的自由和权力，但同时又必须保护创作者的合法权益，这一点在信息化社会的今天显得更加重要。这就迫切要求对现行知识产权制度中的一些概念、原则作出相应的调整，以适应现代技术的发展。另一方面，信息资源权原和量是信息网络蓬勃发展的重要因素之一，数据库、多媒体等新兴网络资源的发展也必须得到法律的保护。必须有效、合理地平衡信息拥有者和公众利益之间关系。因此，有必要探讨网络环境下的知识产权保护问题。

1. 网络环境下的著作权保护

现代数字技术和信息高速公路的迅速发展以及随之而来的社会变革、著作权制度面临严峻挑战。著作权法成为整个知识产权体系中问题最多，争论最激烈的领域。在网络环境下著作权面临的挑战有：

（1）网络条件下作品的形式

网络环境下的作品有两种形式：一是直接在网上创作的原创型作品，按照著作权的规定属于著作权保护的范围；二是将现实中的作品经过数字化转换，以数字化方式使用只是作品载体形式和使用手段的变化，并没有产生新的作品，著作权人当然对作品的数字化形式也享有专有权。网络作品中有两种形式要特别注意：第一，多媒体作品，在开发多媒体作品时往往需要使用大量素材，对这些素材的使用是否构成侵权行为也成为争论的焦点；第二，数据库作品，实际上法律对于数据库作品的保护面临两难境地——既需要对此类数据库给予一定形式的保护以鼓励生产从而优化人类知识结构，又要方便资料检索不致对公众领域信息产生私人垄断。

（2）网络条件下作品著作财产权的延伸

网络作品作者享有著作财产权，从而维护作者权益，主要包括复制权和传播权两项权益。数字技术使作品的复制方式发生了前所未有的变化，出现了"临时复制"，作品的传播方式也与以往不同，一部作品转瞬之间可以传到世界的各个角落。

（3）网络著作权主体身份及权属证明

在网络时代，信息复制和传播的速度之快，使得著作权人对复制和传播媒体的控制有难度。作品一旦经过多个渠道被广泛流传，要证明原始作者是谁存在一定困难。

如何对网络环境中的著作权保护制定相应的法律制度成为相应的法律制度成为各国关注的焦点。我国最新修订的《著作权法》中，增加了对互联网环境下有关著作权侵权问题的规定，并将于2021年6月1日施行，以使《著作权法》适应网络环境的需要使网上信息资源得到有效保护。

2. 网络环境下的专利权保护

Internet的发展给专利制度带来了前所未有的动力。首先，信息高速公路极大地促进了知识的共享，激励科学技术的创新，为新的发明创造了有利条件。其次，Internet的出现，使在Internet上公开和公告专利信息成为可能，增加了判断专利新颖性和创造性的公开信息源，同时加速了专利信息的传播和交流，改变了传统的信息传播和检索方式。与此同时，Internet也使得在专利制度中早已存在的一些矛盾更加突出，专利权的保护面临新的挑战。

（1）计算机软件的专利保护问题。目前，多数国家对软件给予版权保护，国际公约也支持这一做法。如我国制定的《计算机软件保护条例》就是根据《著作权法》第五十三条制定的。这样做带来一系列问题。首先，版权法保护的是软件的作品性，而无法保护软件价值的工具性属性。版权法也无法禁止他人使用作品，这对于软件开发者来说是不公平的，其次，版权保护的期限过长，与软件的生命周期不适应。诸如此类问题表明，传统的版权不能适应软件保护的需要，以专利法保护计算机软件的思想得到重视，要求尽快制定计算机软件专利权保护的法律。

（2）商业方法可否采用专利保护的问题。"知识经济"时代，新发明将越来越多地和处理、运用信息和知识的过程联系在一起，也就必然更多地表现为商业新方法的形式，是否对商业方法采用专利权保护呢？支持者认为，许多公司在创造新的商业方法中投入了大量精力和资源，并不比发明新技术的投入少，如果发明新技术可以获专利而创造新商业方法不能做到这一点，则无法显示公平。反对者则认为，专利本身就是一种垄断，通过合法垄断地位来促进技术发明。一旦把这种合法的垄断权力扩展到商业方法领域，很可能造成严重的经济后果，其结果是商业垄断，扼杀竞争和创新。

（3）网络对专利审查制度的影响。网上信息可以作为专利审查的辅助手段，帮助查找有形载体上的信息，而不可作为独立的信息源。首先，因为网上专利申请存在一定弊端，网上的技术信息并不充分，许多国家专利文献还是以有形载体的形式出现，单纯以网上的信息为标准有可能出现遗漏。其次，网上传播的信息还存在安全问题，在目前的技术和立法条件下，网上文件有可能被他人破坏或截取，文件发表的日期也会被更改，这将影响到文件本身的可靠性。另外，网上信息多是二手资料，其主要来源还是有形载体，二者相比，一手资料的可靠性无疑会更高。所以网上技术信息可以作为专利新颖性审查时的参考，作为寻找有形出版物的线索，而不能单独成为审查新颖性的依据。

3. 网络环境下的商标权保护

Internet 开辟了人类社会活动的崭新空间，在网络空间中发展最快，表现最活跃的是网络商务活动，据统计，Internet 新增用户中 60% 以上为商业用户，网络信息活动的 30% 为商业应用，电子商务已成为全球贸易的主要形式。美国波音公司通过网络接到的订单占总订单的 1/4 强；通用汽车公司宣称，通过网络采购至少一半的原材料，估计可以节省 10%～15% 的成本。面对如此商机无限的网络空间，商标、厂商名称、企业标志等如同在传统商贸环境中一样被高频率地使用，在商务活动中起着重要作用，但是网络环境商标的存在和使用有其不同于传统商贸环境的特点，传统商标权的网上生存遭遇了严峻挑战。

（1）商标权的地域性的重新界定。传统商标法保护的是商标在申请国的使用，具有很强的地域性。但是 Internet 的无国界性使得商标的使用延伸至全球范围，客观上超越了地域性限制。

（2）商标权侵权形式的隐蔽性。传统商标侵权的界定以物理为条件，侵权形式明显，易于界定和认定，在各国的商标权法律制度中都规定了侵权行为。而在网络环境中，商标权的侵权行为复杂多样，技术性强，形式隐蔽。例如，利用 E-mail、usenet、telnet、ftp 等技术手段冒用知名厂家的名称或产品牌号推销兜售自己的假冒产品，混淆视听，造成消费者误认，从而构成商标侵权。或者将他人的商标置于自己网页之中，当消费者使用网上引擎查找该商标时，假冒者的网页就会位于搜索结果的前列，构成"搜索引擎商标侵权"，其隐蔽性非常强，认定最为困难。

（3）网络环境还带来商标权与域名权的冲突问题。域名是 TCP/IP 协议中规定的计算机主机在 Internet 上的唯一标志，又称为网址。在网络时代，伴随着网上商务活动的兴起和活跃域名所具有的原始技术意义被淡化，被凸显的则是其背后所隐藏的商业识别模式。域名与商标一样都希望与众不同、引人注目、便于流传。二者相似的地位和种种必然的联系，使网络企业总希望商标权和域名权能结为一体，实现物理世界和虚拟网络的利益共享。但现实中，域名的注册制度和商标权的注册制度没有直接的联系，导致域名的恶意抢注、域名与商标冲突等纠纷时有发生。如美国 Zero Microsoftware 公司将自己的域名注册为 microsoft.com，与微软公司的商标极为相似，促使微软公司采取法律措施保护自己的商标权利。如何解决诸如此类的纠纷，也是网络带给我们的一个亟待解决的难题。

（4）网络环境更需要各国商标法的合作与协调。网络的无国界性加剧了各国商标权制度的冲突。现实中的商标权人将自己对商标的所有权利运用于网络，借助网络的全球性把在一国内的商标使用扩展到全世界范围内的商标使用。这种使用在本国受到保护，但在其他国家是否也受到保护呢？即使受到保护，但各国的具体规定也不一样，导致对侵权行为的判定亦不一样。就连一向以保护最大范围的商标权著称的《美国商标法实施条例》和美国联邦的法院的相关判例中，都少有网络商标权的统一规定。

网络商务活动的各种方式几乎都涉及商标权问题。目前对网络环境下的商标保护措施一般是比照传统环境商标立法理解和处理网络环境商标侵权与保护问题。例如，《商标法》第五十七条规定下列行为侵犯注册商标专用权：一是未经注册商标所有人的许可，在同一种起商品或类似商品上使用与其注册商标相同或近似的商标的；二是销售明知是假冒注册商标标志的；三是伪造，擅自制造他人注册商标标志或者销售伪造，擅自制造的注册商标标志的；四是给他人的注册商标专用权造成其他损害的……这些规定同样适用于网络环境商务活动。在网络电子空间与在传统商贸环境下商标侵权在本质上没有区别，无论是在现实环境感知商标还是在终端屏幕上感知商标，对受众的效果是一样的，假冒商标犯罪或近似商标侵权的性质是相同的。

当然，网络空间的商标权有其本身的特点，其中最重要的是互联网络的全球性与各国商标法独立性的冲突。正如美国《知识产权与国家信息基础设施》白皮书中所指出的，商标在全球电子传输时，当相同或近似商标在不同的国家为不同的集团所拥有或不同国家适用不同的标准去认定侵权时便会产生冲突。而且当某些词在一个国家属于一般用语，但在另一国家作为商标或者作为地理标志受到限制时，也会产生冲突。这些冲突增加了网络商标权的界定、侵权的确认和对商标专用权实施保护的难度。在非网络环境下，商标立法的区域性可以依据"国民待遇"原则予以协调解决。但在网络环境下，地理上的区域界线已变得模糊和淡化，从总的趋势讲，跨地域的统一商标立法是应当认真考虑的，至少应在网络空间中制定统一的解决方案来处理商标侵权和权利优先等问题。

视频 9.4
网络侵权典型案例

扫 码 观 看

9.4　信 息 伦 理

9.4.1　信息伦理概念

随着信息社会的到来，信息伦理的概念作为一种软性的信息活动准则，被广泛地使用和讨论。

英国学者露西安纳·弗劳瑞迪认为，从哲学角度讲，信息伦理指计算机伦理的哲学构筑。信息伦理可能不会即刻解决具体的计算机问题，但它为解决计算机问题提供了道德依据。吕耀怀认为，所谓信息伦理，是指涉及信息开发信息传播、信息的管理和利用等方面的伦理要求、伦理准则、伦理规约，以及在此基础上形成的新型的伦理关系。沙勇忠认为，信息伦理就是信息活动中以善恶为标准，依靠人们的内心信念和特殊社会手段维系的，调整人与人之间以及个人与社会之间信息关系的原则规范、心理意识和行为活动的总和。

虽然对于信息伦理的概念并没有形成统一的认识，但是可以看出，信息伦理是一种使信息活动符合社会核心价值观的社会规范手段，与信息法律相辅相成、相互补充，在信息社会中起着规范人类信息活动行为的作用。

9.4.2　信息伦理的原则

塞文森提出了信息伦理四个基本原则，即尊重知识产权原则、尊重隐私原则、公平参与原则、无害原则。

沙勇忠阐述了网络伦理原则体系包括无害原则、公正原则、自主原则、知情同意原则、同情和合作原则。

曹劲松认为，构建信息伦理原则体系具体包括：信息内容上的无害原则、信息手段上的功利原则、信息渠道上的公平原则、信息享用上的尊重原则和信息生态上的发展原则。

9.4.3　信息伦理的社会功能

（1）提升公民信息素养

除了建立健全的信息法律制度，信息伦理教育也应当受到充分重视。信息伦理能够起到从道德层面引导和规范公民信息行为，提高公民认知水平的作用。目前国外越来越多的高校学术机构开设了信息伦理教育方面的课程，开设相关课程的专业集中在图书馆学和情报学领域。信息伦理的课程内容通常涉及信息伦理理论、网络伦理信息行为中的信息行业伦理规范、信息从业人员伦理守则等。我国的信息伦理教育在目标设定和内容设置上需要进一步形成体系，把信息伦理教育正式纳入道德教育内容之中，给信息伦理教育以应有的重视。

（2）促进社会经济和信息技术发展

在大数据环境下，信息的收集、传递、存储、分析和利用等过程与经济行为密切相关。以电子商务为代表的企业在生产、管理、营销等过程中都伴随着信息的生成和利用。为了防止利益相关者在寻求利润最大化的过程中出现打法律"擦边球"的现象，要提高信息技术水平，增加信息利用不当行为发生的难度，加强信息伦理建设，形成信息伦理和信息道德规范，从而实现促进信息技术发展和协调信息活动中经济利益的双重目的。

（3）维护社会和谐与秩序

与现实社会中的道德与法律关系类似，在信息活动中也存在着道德与法律的相互关系。但由于信息活动的特殊性，并受限于技术、经济等因素的现有发展水平，单纯依靠法律的约束难以保障网络信息活动主体的行为符合社会秩序要求，而重视信息伦理的作用，则能提高信息活动主体的自律性，使社会信息伦理与道德水平得到真正的提升。

（4）促进不同国家之间的交流与合作，助力全球化进程

国际互联网作为一个开放的体系使各国间的经济、文化政治交流与合作更加通畅无阻，信息伦理在维护信息交流秩序中的作用至关重要成为全球化进程的重要保障和助力。在信息伦理的保障下，我国应当坚守本土文化特色，增强民族文化自信。

本 章 小 结

信息政策和法规所要解决的核心问题，是如何有效地处理好信息领域的各种经济社会关系。

信息政策是指国家在一定的历史时期和预定的目标下，为发展信息产业（包括信息服务业）而制定的指导原则和行动准则。它涉及信息的生产、分配、交换和消费等环节，以及信息行业的发展规划、组织与管理等综合性的问题。

信息法规是由国家立法机关批准制定，并由国家执法机关的强制力保证实施、调节信息领域经济关系和社会关系的法律规范的总称。

国际上通常将知识产权分为工业产权和版权（即著作权）两大类。工业产权亦称"工业所有权"，包括专利权、商标权、反不正当竞争权、地理标志权、工业品外观设计、集成电路的布图设计、未经披露的信息（商业秘密）。

版权（著作权）的内容包括作者权与著作邻接权、发表权、署名权、修改权、保护作品完整权、使用权和获得报酬权。

《计算机软件保护条例》旨在保护计算机软件著作权人的权益，调整计算机软件在开发、传播和使用中发生的利益关系，鼓励计算机软件的开发与应用，促进软件产业和国民经济信息化的发展。

网络环境下，数字化、网络化使得传统的作品创作、传播方式、多种网络资源的发展以及商贸行为发生深刻的改变，给现行的知识产权法律体系带来一系列新的问题。

信息伦理是信息活动的软约束，与信息法律相辅相成、相互补充，在信息社会中起着规范人类信息活动行为的作用。

即测即练

扫码测练

思 考 题

1. 信息政策与信息法规的区别是什么？
2. 知识产权在哪几方面受到法律的限制？
3. 专利义务有哪些？

案 例 分 析

小米告"小米生活"商标侵权：按照侵权获利额 3 倍，判赔 5000 万元

2011 年 4 月，小米科技公司注册了"小米"商标，核定使用商品包括手提电话、可视电话等。此后还陆续申请注册了"智米"等一系列商标。

小米科技公司、小米通讯公司自 2010 年以来，先后获得行业内的多项全国性荣誉，各大媒体对小米科技公司、小米通讯公司及其小米手机进行持续、广泛地宣传报道。

2011 年 11 月，中山奔腾公司申请注册"小米生活"商标，2015 年被核准注册，核定使用商品包括电炊具、热水器、电压力锅等。

2016 年起，中山奔腾电器有限公司（简称中山奔腾公司）、中山独领风骚生活电器有限公司（原名中山米家生活电器有限公司，简称独领风骚公司）在其制造并于淘宝、京东、苏宁等主流电商平台上销售的电磁炉等被控侵权商品，以及其经营场所、网站、域名、微信公众号等处，均突出使用"小米生活"标识并搭配使用醒目的橙白配色、"我们只做生活中的艺术品"宣传语。

小米公司认为，"小米"商标经过长期广泛使用，在市场上已经属于具有极高知名度和美誉度的驰名商标。中山奔腾公司、独领风骚公司等共同实施了侵犯"小米"驰名商标专用权的行为；中山奔腾公司、中山独领公司在产品的宣传和推广中使用与"小米"品牌近似的配色、广告语，构成虚假宣传的不正当竞争行为

2018 年"小米生活"注册商标因"系通过不正当手段取得注册"被宣告无效。此外，在中山奔腾公司注册的 90 余件商标中，不仅有多件与小米科技公司"小米""智米"标识近似，还有多件与"百事可乐 PAPSIPAPNE""盖乐世""威猛先生"等知名品牌相同或近似。

江苏省高级法院认为，网店商品的评论数可以作为认定商品交易量的参考依据。涉案 23 家店铺的销售额可以纳入本案侵权获利额的计算范围。

法院认为，直到二审期间，中山奔腾公司等仍在持续宣传、销售被诉侵权商品，具有明显的侵权恶意。中山奔腾公司等通过多家电商平台、众多店铺在线上销售，网页展示的侵权商品多种多样，数量多，侵权规模大，该情节亦应作为确定惩罚数额的考量因素。

"小米"商标为驰名商标，具有较高的知名度、美誉度和市场影响力。被诉侵权

商品被上海市市场监督管理局认定为不合格产品，部分用户亦反映被诉侵权商品存在一定的质量问题。

法院认定，中山奔腾公司等实施的被诉侵权行为导致小米科技公司、小米通讯公司良好声誉受到损害，应当加大惩处力度，以侵权获利额为赔偿基数，按照3倍确定赔偿额，对小米科技公司、小米通讯公司主张的5000万元赔偿额予以全额支持。

案例讨论问题：

（1）中山奔腾公司侵犯了小米公司的哪些权利？

（2）从上面案例中，你得到哪些启示？

第10章
信息资源管理案例

本章关键词

信息（information）
信息资源（information resources）
信息资源管理（information resources management）
案例分析（case analysis）

本章要点 ▶▶

　　前 9 章介绍了信息资源管理的基本理论和原理，即信息资源管理的相关概念、信息资源管理的技术基础、信息资源的过程管理、信息资源安全管理、信息资源优化配置、信息系统资源管理、企业信息资源管理、政府信息资源管理和信息政策与信息法规。本章组织 5 个案例将这些基本理论和原理应用于企业、商务和公共事业单位等领域，进一步对信息资源管理理论和方法加以深入解读，并帮助读者探索信息资源管理在其所在组织的应用方法，提供一些解决实际应用中可能遇到问题的经验借鉴。

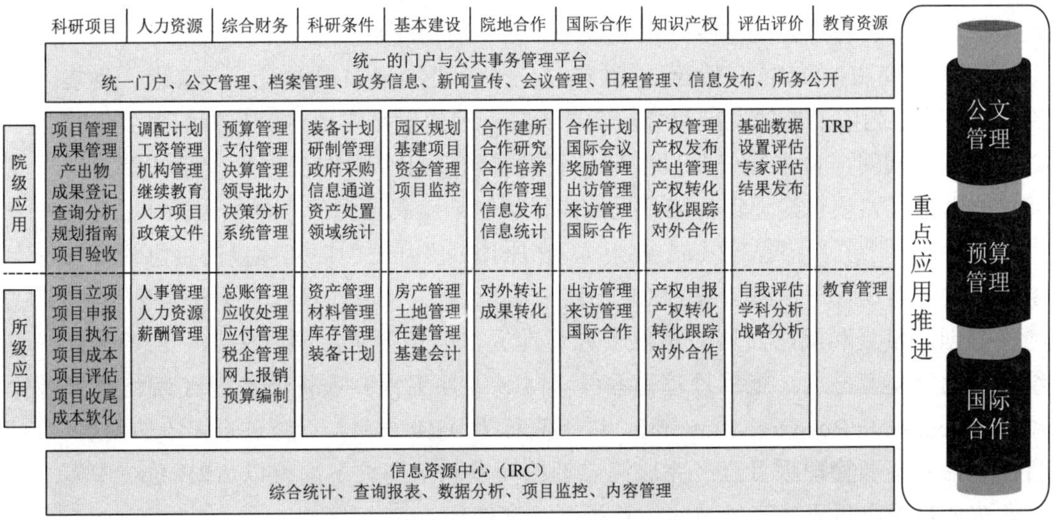

	科研项目	人力资源	综合财务	科研条件	基本建设	院地合作	国际合作	知识产权	评估评价	教育资源	
	统一的门户与公共事务管理平台 统一门户、公文管理、档案管理、政务信息、新闻宣传、会议管理、日程管理、信息发布、所务公开										
院级应用	项目管理 成果管理 产出物 成果登记 查询分析 规划指南 项目验收	调配计划 工资管理 机构管理 继续教育 人才项目 政策文件	预算管理 支付管理 决算管理 领导批办 决策分析 系统管理	装备计划 研制管理 政府采购 资产处置 领域统计	园区规划 基建项目 资金管理 项目监控	合作建所 合作研究 合作培养 合作管理 信息发布 信息统计	合作计划 国际会议 奖励管理 出访管理 来访管理 国际合作	产权管理 产权发布 产出转化 产权转化 软化跟踪 对外合作	基础数据 设置评估 专家评估 结果发布	TRP	重点应用推进
所级应用	项目立项 项目申报 项目执行 项目成本 项目评估 项目收尾 成本软化	人事管理 人力资源 薪酬管理	总账管理 应收处理 应付管理 税企管理 网上报销 预算编制	资产管理 材料管理 库存管理 装备计划	房产管理 土地管理 在建管理 基建会计	对外转让 成果转化	出访管理 来访管理 国际合作	产权申报 产权转化 转化跟踪 对外合作	自我评估 学科分析 战略分析	教育管理	
	信息资源中心（IRC） 综合统计、查询报表、数据分析、项目监控、内容管理										

重点应用推进：公文管理　预算管理　国际合作

图 10-1　X 院 ARP 项目明细

10.1 X院信息资源管理

目前，我国信息化进程正处于关键的转型时期，即从传统的信息资源建设阶段向新兴的信息资源管理阶段迈进，而科研机构是国家培养人才和进行科研活动的关键部门，大量的信息资源在这里被创造和利用，各类信息资源在这里集散并互相交融，因此科研机构信息和信息资源的管理就显得尤为重要。首先，可以最大限度地整合高校现有信息资源，实现信息资源的有效利用；其次，可以大幅度拓宽科研机构信息技术的利用范围，从整体上加快其信息化进程。同时，完善的信息管理体系还可以最大地优化信息资源内容，提升信息资源价值，进而满足社会对信息资源的需求，提高社会整体文明程度。接下来以分析案例的形式对X院信息资源管理的实践情况进行介绍，试图使人们对信息管理的相关理论，特别是信息规划以及信息管理的组织、领导和控制在科研结构管理中的应用有更为具体和深刻的认识。

▌ 10.1.1 X院信息资源管理现状

X院从建院以来，时刻牢记使命，与科学共进，与祖国同行，以国家富强、人民幸福为己任，人才辈出，硕果累累，为我国科技进步、经济社会发展和国家安全做出了不可替代的重要贡献。

X院拥有较大规模的信息资源体量。首先是构建的科学图书馆馆藏数目众多，在全国12个分院都建有特色数字信息资源库，仅成都地区的分馆馆藏印本文献总量为217万册（件），拥有45家出版机构的343种外文印本期刊，19000余种中外文全文电子期刊，英国皇家学会等机构的4000余种原版外文全文电子期刊，35万余册中文电子图书，以及大量的网络版工具书和专利文献等。二是通过引进或直接利用外国的各种信息资源数据库，比如国家科技文献中心（NSTL）丰富的科技文献资源、中国期刊全文数据库、维普文献数据库、万方数据库等，从规模上来看具有海量的信息资源存量。

同时X院从1998年开始至2010年分三个阶段实施知识创新试点工程，将实现"一流管理"确立为中长期的发展目标。信息资源管理建设是实现这一目标的重要内容之一。在"九五"期间，自主集成开发了信息资源管理（MIS一期工程），但是受到当时整体环境的影响，该项目建设较为滞后无法满足新时期信息资源管理的发展需求。

随后在"十五"信息化发展规划中，在原计划"九五"期间建设的信息资源管理上，继续开发和建设管理信息系统（MIS二期工程）。基于在现代管理思想和信息技术的认识，考虑到创新发展和战略发展对信息资源管理提出的新要求，同时围绕中长期目标，在总结原有的经验基础上，把管理信息系统（MIS二期工程）项目更名为X院信息资源管理项目（Academia Resource Planning，以下简称为ARP项目）。经过十多年的发展和建设，目前该信息资源管理项目已经完成第二期的开发和应用。下面就以ARP系统作为个案研究，来探讨国内科研教育领域的信息资源管理模式。

ARP项目二期工程已逐步形成了10大系统，见图10-1（即人力资源管理系统、综合财务管理系统、科研项目管理系统、科研条件管理系统、基本建设管理系统、知识产权管理系统、国际合作管理系统、院地合作管理系统、教育资源管理系统和评估评价管理系统），2 大应用平台（公共事务处理平台和信息资源管理与服务平台），4 个重点应用项目（公文流转、网上报销、预算控制、决策支持）的 ARP 新应用环境，满足了多层次、多维度的应用需求。

▌10.1.2　系统保障体系建设

实施和部署信息资源管理项目是一项既庞大又复杂的系统工程，需要建立一个强有力的保障体系和技术服务体系，在管理制度上加强领导，协同合作，上下配合，才能保证系统建设项目的任务顺利完成。信息资源管理三级项目保障体系建设，如图 10-2 所示，下面分别就对其领导实施体系、应用支撑体系和安全保障体系进行介绍。

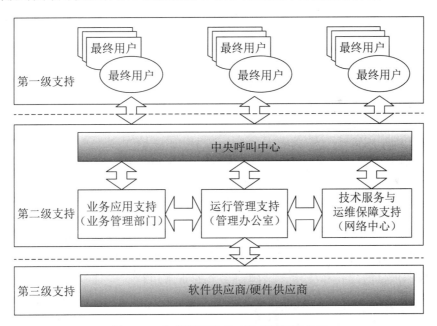

图 10-2　信息资源管理三级项目保障体系

1. 信息资源管理领导实施体系

对于 X 院而言，整个信息资源管理项目的实施细则由项目总体指导小组、项目管理办公室、机关各部门、各实施单位、计算机网络信息中心、系统集成商六个部分构成，如图 10-3 和图 10-4 所示。

（1）项目指导小组

项目总体指导小组一般由院领导任组长，由机关各部门和各项目实施单位负责人以及有关专家组成，主要的任务是：综合审定信息资源管理项目的实施方案与本年度的工作计划，并对实施的项目进行监督和指导，对项目实施过程中的重大问题进行协调和处理、对存在的系统实施中存在的问题进行完善和修复。

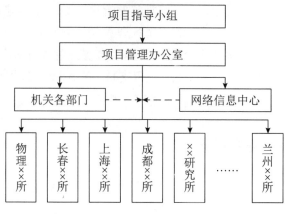

图 10-3　X 院领导体系结构

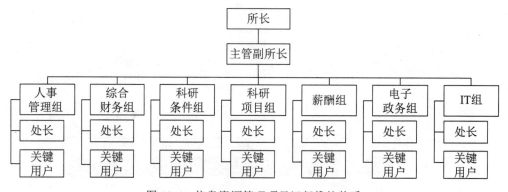

图 10-4　信息资源管理项目运行维护体质

（2）项目管理办公室

由办公厅牵头组成的项目管理办公室，由办公厅、信息办和网络中心相关负责人组成，作为项目实施的常设管理机构，主要负责协调各个实施单位与系统集成商之间的问题，监督整个项目的建设和应用，以确保系统的正常运行；并且制定系统发展规划和当年的工作计划，制定系统运行的管理规章制度，配合各个单位组织系统的综合应用培训，组织项目实施的评估和总体验收，负责相关系统资料的归档和材料的保存。

（3）机关各部门

需要各机关部门确定一位主要协调人和联系人，负责本地区和相关地区单位的协调工作，提供地区建设需求并协助系统集成商完成相关工作以及负责地区应用推广，等等。

（4）各项目实施单位

确定单位主要负责人（一般由单位的法人所长担任）和单位联系人，他们负责配合系统集成商与网络中心技术人员完成系统部署和实施，负责组织本单位各个部门提供项目需求、确认应用模型；在院项目办公室的指挥下，配合系统集成商完成本单位的项目开发和维护等工作。

（5）网络信息中心

负责信息资源管理项目总体的运行与保障工作，建立相应的各个模块的业务支持队伍，确保整个系统的正常运行。同时配合系统集成商，派出专人参加各个业务模块的项目开发工作，定期组织综合性的系统应用培训，为系统的稳定运行提供有力的技术保障。

（6）应用系统集成商的技术支持

由于该信息资源管理项目是基于 ERP 理念和业务流程化管理思想而开发的，需要多方面的开发人员，包括网络层的信息平台、智能化的信息技术、能整合全面业务的管理流程。选择具有系统应用开发实力的系统集成商来完成，该系统的成功与否、系统集成商的选择至关重要。

2. 信息资源管理应用支撑体系

管理平台的支撑体系可以分为软件支撑、硬件支撑和网络支撑三个平台，如图 10-5 所示。

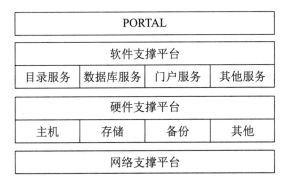

图 10-5　信息资源管理支撑平台体系

（1）软件支撑平台

软件支撑平台的架构从顶层开发全面覆盖了系统中各个应用功能的需求，在整个应用体系中包括了四个层次，如图 10-6 所示。

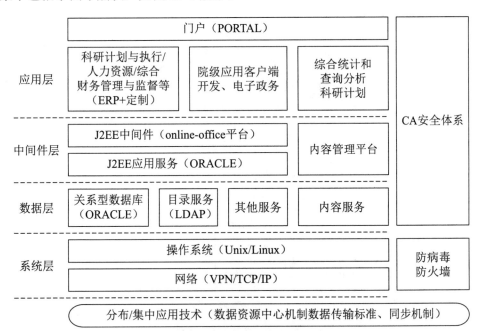

图 10-6　信息资源管理软件支撑平台

ERP 相关功能及组件，涵盖科研项目管理与执行计划，人力资源管理，综合财务管理和审计，科研条件和固定资产管理，以及特定的功能，诸如电子政务、档案管理等。

（2）硬件支撑平台

应用系统的硬件支撑平台主要包括服务器系统、数据存储、网络设备及备份系统等，如图 10-7 所示。

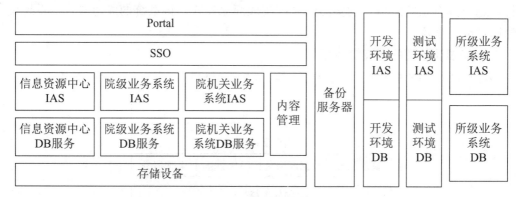

图 10-7　硬件支撑平台

（3）网络支撑平台

系统的网络支撑平台分为单位所级的支撑平台和院部的总控平台两部分，如图 10-8 所示。

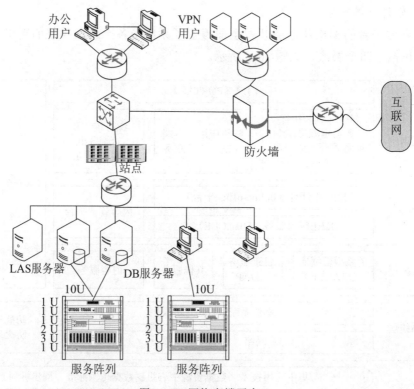

图 10-8　网络支撑平台

（4）安全保障体系

由信息资源管理项目日常处理的政务信息和科研管理信息主要分为三部分。第一类是信息是不涉密的信息，指能公开对外宣传的信息，比如门户网站中的新闻、通知公告等内容；第二类是信息不涉及国家秘密的，但是属于各个单位内部的敏感信息，比如单位的财务信息和人员通讯录等；第三类是国家要求的涉密信息。所以整个系统的安全保障体系的建设，既要保证信息的安全，又要满足信息查询的方便和快捷性。

因此，在信息资源管理项目日常的运行中，需要构建如下的信息安全保障平台：符合国家要求的涉密信息的处理平台，符合单位和高效需求的内部信息共享平台，方便快捷的公开信息网络平台，如图 10-9 所示。

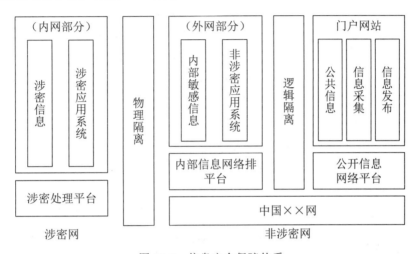

图 10-9 信息安全保障体系

首先，对于涉密处理平台，要按照国家相关部门的要求，涉密的数据信息必须运行在与互联网物理隔离的内部网络中，同时还需要建立详细的使用和备案机制。其次，在内部信息网络平台中，根据单位和高效的应用需求，制定内部信息发布平台，用于发布相关单位的内部不宜公开的各种信息，需要建立一个逻辑隔离的网络环境。最后，在公开信息网络平台中，按照信息发布和对外宣传原则，也需要公开大部分项目成果，进行新闻宣传等，这些信息同时也是管理活动和科研活动中必不可少的一个环节，这个平台的建立要求信息查询方便快捷，数据录入简单。

10.1.3 系统实施方案介绍

X 院信息资源管理项目的总体实施方案由整个项目指导小组确立和审定。

1. 实施主体结构

（1）项目管理办公室

主要负责与系统集成商之间的沟通和协调，组织和协调各个单位与机关部门以及网络信息中心配合系统集成商的各项工作，完成每个子项目的实施和部署。

（2）各机关部门以及各个实施单位

根据各个单位子项目的实施进度和要求，各单位、机关部门要确定相关责任负责人和协调人以及负责技术的保障人员，在项目办公室的协调下，配合系统集成商组织本单位的系统部署和维护以及项目后续的相关开发工作。

（3）网络信息中心

配合系统集成商，组织专业人员参与各个项目的开发和培训工作，为系统正常运行提供技术保障。

2.具体实施方案

（1）项目需求分析

按照信息资源管理总体项目小组的要求，对实施的各个单位进行需求分析和应用调研等工作。系统集成商提交各单位需求分析的工作计划、调研报告、系统部署模型和系统规格说明等文档，并提供系统原型用于试用。同时系统项目管理办公室会组织各个单位、机关部门配合系统集成商完成相关应用的需求调研以及业务分析，并由部门负责人确认每个单位的业务模型与需求规格说明书。

按照系统项目小组的实施方案，系统集成商确定时间任务节点完成开发工作并提供子项目实施工作计划、总体系统设计报告、软件设计报告、数据库标准化建设报告、用户手册、软件代码、系统内部测试报告等相关前期准备文档。

（2）系统开发进度

从信息资源管理项目启动业务建模，到各项工作逐步推进，系统各个模块内容越来越细化和复杂，项目管理办公室需要和系统集成商协商，建立高级监测机制，整个系统的开发进度预计需要1年左右的时间，期间还需要在试点单位中部署，在通过业务模型评审后，才能进行大规模的上线部署动员。

（3）用户测试验证

在各个业务模块开发完成之前，需要提交用户测试工作计划和方案，并为用户提供技术支持和服务。系统项目办公室会协同主管部门组织专业人员对系统进行测试，在满足用户需求的前提下，让单位负责人确认用户测试报告。

（4）系统试点应用

系统集成商在进行各个单位的应用试点之前，需要制定试点的工资计划和详细的技术方案，提供进行试点应用的要求，并配合试点单位完成数据的迁移转化工作。试点测试完成后，需要提交试点单位的应用报告。

（5）系统推广使用

系统集成商在进行应用单位推广之前，需要制订相应的推广应用工作计划、方案，提供相关的系统培训教材。系统项目办公室会同相关主管部门制订相应的配套管理办法和运行的规章制度，并且定期组织用户系统上线培训，同时要求各个单位组织相关业务人员和网络信息技术保障人员配合系统集成商完成推广使用工作。

（6）各个单位系统验收

系统集成商在各个单位完成部署后，进行自验收工作，同时向项目办公室提交子项目验收申请报告书、验收人员、验收方案和工作计划。系统项目办公室会同相关部门和网络中心分别组织各个单位的验收工作，同时由监理单位提供子项目监理总结报告等。在各个单位的子项目全部验收完成后，系统项目办公室会组织进行整个系统的审计工作，期间系统集成商和监理单位向系统实施指导小组进行回报，最后由指导小组对整个系统进行整体验收。

　　（7）系统运行和日常维护

　　各个单位和系统整体验收完成后，系统集成商向网络中心移交和提供全部文档以及中间件程序，随后整个系统的维护工作由网络中心承担。同时网络中心负责建立整个系统的运行以及技术支撑队伍，制定相应的规章管理制度，提交系统运行和维护计划，确保系统能正常的运行。系统项目办公室在期间对各种问题进行协调对系统的运行和维护情况进行监督。

　　X 院信息资源管理经过多年的摸索和开发，基本形成其富有自身特点的管理模式，建立了完善的运维体系，初步完成了由传统的人工作业方式到计算机自动化作业的转变；在实施过程中通过扎实的管理领导体系以及严密的系统实施制度，旗下共涵盖其下属十多个模块的主要业务流程，实现了两级法人治理结构，以科研项目管理为主线，进一步促进了管理的流程化和规范化。在建设的同时，通过不断的收集、汇总、处理、加工等过程收集获取大量的项目信息和业务数据，初步实现了智能辅助决策系统的应用。

10.1.4　X院信息资源管理的总体评价

　　通过对 X 院信息资源管理案例的剖析，能够看出 X 院在信息资源管理的保障体系建设和实施方案上有过人之处，但是还存在一些不足和可改进之处。

1. 信息资源管理环境有待改善

　　X 院信息资源管理的运行模式是直接对下属研究所直接负责，而各个研究所都属于独立部门，相互制约，没有单独设立协调机构，这使得在出现部门矛盾时出现相互推脱的现象，造成内部信息资源管理监督作用流于形式，时常导致在项目实施的时候得不到其他职能部门的全力配合。同时具体负责的部门缺乏指挥权，其所属职能并未得到直接授权，使得在工作中的权威性较弱。在对工程项目作出的改进过程中往往会受到各方面的阻力和刁难，加之未建立独立的信息资源管理考核评价标准，也使信息资源管理不能发挥其应有的作用。

　　目前对于 X 院信息资源管理的定位仍然没有发生明确的实质性转变，对于信息资源管理没能从旁观者变为参与者，然后积极地介入到实际的管理活动中。信息资源管理的主要作用还是在于梳理信息资源，归纳汇总的资源收集模式，没有转变到为内部管理提供参考依据和建议的高度。现阶段信息资源管理还停留在事前、事中的阶段，没有真正切实可行的转变为事前参与、事中跟踪、事后反馈的全过程监控。管理模式相对单一，没有实现就事论事的单纯性内部资源收集到综合分析评价、提供智能分析决策的增值服务的转变。多年的信息资源管理成果也没有实现向提供战略性分析、提升管理水平的转化。再者，X院信息资源管理工作还存在一定的不足，对于建设项目的整改大多流于形式，没有很好发挥出信息资源管理目前代表先进生产工具的工作理念，让内部资源管理方式由传统的人工作业向自动化的转化。

2. 信息资源管理队伍有待加强

对于X院的信息资源管理实施，具体落实到各个研究所时，实际负责的管理人员一般就只有2人，这2人同时还需要负责诸如网络管理、系统维护、会议室管理和办公室业务等事务。同时，这些人员均不是专业人员，存在知识面相对单一，协调处理能力差，服务意识相对薄弱等问题。同时X院的信息资源管理队伍建设还存在严重的滞后现象，管理人员匹配不符合整体内部信息资源管理工作要求，工作切入点大多集中在系统建设上而未能深入到管理制度建设、部门协同配合等领域。因此他们无法对信息资源管理的持续性发展提出建设性的意见和建议。面对这些问题，X院信息资源管理应完善人员激励机制，科学选拔人才，引进精通信息资源管理技术的人才。

3. 内部控制流程有待强化

一直以来，X院信息资源管理环境中一直存在"重工程，轻管理""重制度建设，轻制度执行"的思想。内部员工对信息资源管理意识淡薄，没有从根本上清晰地认识到信息资源管理的现实意义。从上述案例剖析中不难看出，X院信息资源管理并没有涉足内部控制层面，内部控制体系虽已初步建立并分阶段实施，但也仅仅只限于管理层面，未能覆盖到实际的科研应用中去，这使得内部控制体系发挥的功效受到限制。同时，X院信息资源管理还未设立制定内部控制制度的部门，管理层面只是授权相关部门负责牵头实施，要求各职能部门配合。由于各个职能部门制定的内部控制制度大多避重就轻，尽可能规避自己的风险，因此制定的内部控制制度不能发挥应有的作用，内部控制流于形式，得不到真正的贯彻和实施。另外，X院信息资源管理也尚未建立全面的风险管理的工作体系。在管理中虽一再加强对项目风险的管理，但并未制定相关的风险管理机制文件，风险评估缺乏可操作性，总体防范风险的意识依然较弱。

4. 信息资源管理评估标准有待建立

如今，在科研教育领域中已经有大批的单位加快了对信息资源管理的建设力度，同时加强了对信息化基础设施的支持力度。但是对于X院信息资源管理而言，大多数研究所的管理手段和方式是相对落后的，滞后于管理信息化的发展，尽管X院的相关研究所已经有所意识，但至今尚未建立相应的评估标准。如何判断各个研究所信息资源管理发展状态，这是值得考虑的问题，我们可以考虑能通过建立X院全院性质的信息资源管理评估标准体系，来调动和激励下属研究所的信息资源管理建设积极性。通过这种评估评价标准在X院形成良性的信息资源管理建设氛围，才是完善信息资源管理建设的发展道路。

10.2 加拿大政府的信息资源管理

电子政务的主要目标是提高政府自身的办公效率和服务水平，使政府逐步从"管理主导型"向"服务主导型"转变。无论是提高办公效率、还是提高服务水平，都离不开庞大的后台信息资源的有效支持。正如加拿大国家图书与档案馆馆长 Ian E. Wilson 所说，"The business of government is information."，即政府的所有事务都是与信息相关的，包括信息的收集存储、处理、分析与提供等。加拿大是开展电子政务水平最高的国家之一。根据国际著名的 Accenture 管理咨询和技术服务公司 2005 年 4 月公布的电子政务研究报告，加拿大的电子政务发展成熟度（maturity），包括服务的广度、深度以及客户关系管理等方面的指标，在被考察的电子政务较为发达的 22 个国家中已连续五年名列第一位。考察和研究加拿大政府的信息资源管理政策、框架、职能机构设置以及信息资源管理的有关标准和法规，有助于我国各级政府的电子政务信息资源建设。

▎10.2.1 政府信息资源管理政策

加拿大政府将信息资源作为重要的战略资源来管理，并将信息资源管理作为政府管理的重要组成部分。早在 1987 年，加拿大政府就发布了主要是面向纸介质的信息管理政策文件——Treasury Board Management of Government Information Holdings，1994年公布了政府信息管理指导性文件——Strategic Directions of Government: Information Management，该文件 1999 年更新为 Strategic Directions for Information Management and Information Technology: Enabling 21st Century Canadians。

2003 年 5 月加拿大政府发布了新的政府信息管理政策——*Policy on the Management of Government Information*，确定了政府信息管理的指导思想，并规定了各级信息管理部门及各类人员的主要职能。该政策的目的是：确保在政府的控制下、在信息管理的整个生命周期中，信息有效且高效地被管理和利用。该政策规定联邦政府机构必须以秘密保护的方式来管理信息，支持基于信息的政策和决策，并以多种渠道、两种官方语言（英文与法文）支持高质量的规划、服务和信息的提供。该政策要求政府信息管理应：

- 根据法律与政策规定的职责管理信息，以促进存取平等，增强社会公信度，优化信息共享与重用，减少冗余；
- 确保创建、获取或维护的信息是相关、可靠和完整的，并能满足计划、政策和职责的要求；
- 根据《隐私法》（*Privacy Act*），最大限度地限制因实施某个计划或服务所需而对个人信息的收集、使用与公开；
- 根据《官方语言法》（*Official Languages Act*），以两种官方语言支持服务与信息提供的方式管理信息；
- 根据《加拿大国家档案馆法》（*National Archives of Canada Act*）、《加拿大国

家图书馆法》（*National Library of Canada Act*）、《信息访问法》（*Access to Information Act*），以及其他特定部门的条例和其他法律与政策的要求，管理信息要确保无论何种媒介或格式的信息都要具有真实性、准确性、完整性、条理性和完全性；

- 将政策、计划和服务提供演变过程中的决定和决策过程进行存档；
- 在进行协作式服务提供安排，或是与联邦政府其他机构、其他政府或非政府组织进行信息共享时，实行信息管理和职责结构化；
- 将电子系统作为创建、使用和管理信息的首选方法；
- 保护重要档案，确保关键服务和商业运作的连续性；
- 保存对加拿大政府和公民有持久价值的信息；
- 及时清除已不再需要的信息；
- 营造信息管理的支持环境，确保雇员承担信息管理的责任；
- 对信息管理工作效力及效率的评估贯穿于信息管理的整个生命周期。

10.2.2 政府信息资源管理的主要职能机构

政府信息资源管理政策中明确规定了政府信息资源管理各职能部门和各类人员的主要职责。其中，职能部门主要有财政部秘书处（Treasury Board Secretariat，TBS）、国家档案馆（National Archives of Canada，NAC）、国家图书馆（National Library of Canada，NLC）和统计局（Statistics Canada，SC）等。

TBS 是财政部属下的一个中央政府机构，统一领导政府的人力、财力、信息和技术资源管理。在 TBS 中，设有信息主管（Chief Information Officer，CIO）及其办公机构（Chief Information Officer Branch，CIOB），负责制定政府信息管理与信息技术应用的相关政策。CIOB 下设副信息主管（Deputy Chief Information Officer）、政府在线办公室（Office of Government On-Line）、信息管理 / 信息技术基础设施与体系结构部（IM/IT Infrastructure and Architecture）、信息技术安全部（IT Security）、调配重组部（Procurement Reform）、组织准备办公室（Organizational Readiness Office）、证券管理部（Portfolio Management Division）和战略指导与通信部（Strategic Directions and Communications）。根据政府信息管理政策，TBS 与政府信息管理相关的主要任务和职责包括：

- 为政府信息管理政策提供解释性的建议；
- 帮助联邦政府机构将信息管理需求与商业、信息技术战略和计划融为一体；
- 与国家图书馆、国家档案馆以及其他联邦政府机构合作，制定和改进信息管理框架，包括标准、指导原则、工具和最优方法；
- 代表信息管理职能团体并促进其发展，该职能团体根据要求来开发和维护具有支持政府信息管理政策和服务的信息管理专业能力的相关系统。

成立于 1872 年的加拿大国家档案馆，以档案记录为中心管理政府信息资源。根据政府信息管理政策，国家档案馆中与政府信息管理相关的主要任务和职责包括：

- 鉴别、选择、获取和保存各种媒体形式的、对政府有持久价值的档案；
- 发布"档案处理许可权"，让联邦政府机构将不再有使用价值的各种媒体的信息，以销毁，或转到国家档案馆或转让的方式进行处理；
- 对档案等信息管理的全过程（包括创建、使用、保存和销毁等）提供指导和帮助；
- 确定开发工具、标准、指导原则和准则，以支持政府或特定机构的档案和信息生命周期管理工作；
- 在政府的档案管理能力建设方面起领导作用，并作为档案管理方面的可靠资源；
- 通过一个跨加拿大的联邦档案中心网络，管理和保护不常引用的基础性的联邦政府机构的档案。

成立于 1953 年的加拿大国家图书馆，以出版资料为中心管理政府信息资源。根据政府信息管理政策，国家图书馆与政府信息管理相关的主要任务和职责包括：

- 保存国家和政府的出版遗产；
- 为收藏而接收来自于各联邦政府机构的各种形式的新的出版资料，并与机构图书馆共同监管这些收藏；
- 帮助联邦政府机构确保所有的出版资料能尽早地被决策者和公众利用；
- 监测各联邦政府机构的出版资料的管理，并对其长期的存取和保存情况提供报告和建议；
- 对各联邦政府机构图书馆中过剩的图书资料进行重新分配；
- 协调各联邦政府机构的图书馆服务。

国家档案馆与国家图书馆已于 2004 年 5 月合并，形成一个全新的、面向 21 世纪的为加拿大与加拿大人服务的基于知识的机构——加拿大国家图书与档案馆。

加拿大统计局负责加拿大的社会、经济、机构、人口、资源和文化等方面信息的收集、汇编、分析和出版。根据政府信息管理政策，统计局与政府信息管理相关的主要任务和职责包括：

- 在统计信息的收集、编辑、分析和出版等方面，与各联邦政府机构进行合作并提供帮助；
- 避免在加拿大政府范围内出现统计资料的重复。

▎10.2.3　政府信息资源管理框架

CIOB 于 2002 年 7 月制定了加拿大政府的信息管理框架（Framework for the Management of Information in the Government of Canada，FMI），其目的在于使政府的信息管理适应现代需要，勾画出政府信息管理的方向和前景，为各级政府，部门，机构及人员（包括政府雇员、管理人员和信息管理专业人员）管理信息提供了一个全面的、权威的、集成的并且可以实施的指导性框架。FMI 主要是包括一系列的标准和指南，自下而上分为三个层次（基础、标准与指导原则，以及信息管理指南），目前其结构如图 10-10 所示。

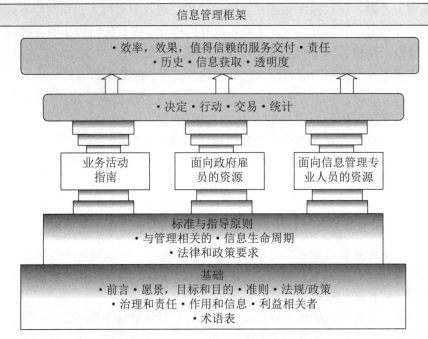

图 10-10　加拿大政府信息资源管理框架

基础（foundation）：对政府信息资源管理作了总的概述，包括政府信息资源管理的范围、前景、目标和原则，以及相关的法律和政策等。

标准与指导原则（standards and guidelines）：为政府信息资源管理过程中涉及的各个方面提供了权威性的标准和指导原则。其中，标准提供了要求政府机构必须完全遵守的规范的强制性的方法和惯例；指导原则提供了描述性的指南（如最佳范例）、原则和建议，为政府机构开发信息管理系统提供了一个基础，并使它们能在特定的需求和环境下应用该指导原则。这些标准与指导原则分为三个主要类别：

- 与管理相关的（management related）：包括治理与职责、管理功能、资格与培训、计划 / 服务交付、技术考量以及信息质量等方面的内容。
- 与信息生命周期（information life cycle）相关的：包括信息的规划、收集、创建、接收、获取、组织、使用、传播、维护、保护与处置等过程中的标准与指导原则。
- 与法律和政策要求（legal and policy requirements）相关的：包括信息存取、隐私与保密、知识产权、信息安全、官方语言以及通信等方面的内容。

信息管理指南（management of information guides）是面向特定信息管理任务和人员的一系列指南，主要包括三个方面的内容：

- 面向政府雇员的资源（resources for employees）：为政府雇员所开发的实用资源，以便全面地理解管理信息的职责并在日常工作活动中加以贯彻使用。目前可用的资源有电子邮件快速参考卡（e-mail quick reference card）、雇员职责快速参考卡（employee roles and responsibilities quick reference card）。
- 面向信息管理专业人员的资源（resources for information management specialists）：

为信息管理专业人员开发的、为信息管理服务的相关资源，主要包括档案管理、信息存取与隐私（ATIP）服务管理、数据建模、文档 / 记录管理、图书管理、信息发现工具管理、信息系统管理、门户管理、Web 等发布管理，以及其他的信息管理工具与服务管理指南等。

● 业务活动指南（business activities guide）。

10.2.4　政府信息资源管理的元数据标准

信息资源的有效组织、存储、管理、检索及其利用，依赖对信息资源的有效描述，即依赖于元数据（metadata）。为了加强政府信息资源的管理，2003 年 TBS 发布了"加拿大政府元数据框架"（Government of Canada Metadata Framework）。它描述了国际上普遍使用的 Dublin Core 元数据标准与加拿大政府各领域使用的元数据标准之间的关系，为加拿大政府范围内元数据的发展制定了策略，其基本结构如图 10-11 所示。

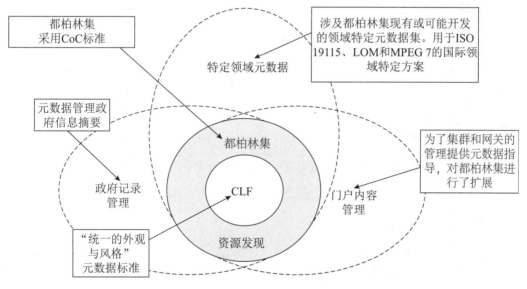

图 10-11　加拿大政府信息资源管理的元数据框架

加拿大政府元数据框架的最小集（核心集）是为政府 Web 应用所制定的"统一的外观与风格"元数据标准（Common Look and Feel Standard，CLF）。CLF 标准是 Dublin 核心元数据集的子集，仅包括如下五个元素：创作者（creator）、日期（date）、语言（language）、主题（subject）和标题（title）。CLF 标准是所有政府网站在描述 Web 资源时必须强制性使用的标准，官方期限时间是 2002 年 12 月 31 日。为了统一和指导政府信息资源的元数据描述，相关部门制定了一系列的利用于特定领域的元数据标准和元数据应用指南，例如发布了政府在线元数据标准（Government On-line Metadata Standard）、加拿大政府 Web 资源元数据应用指南（Government of Canada Metadata Implementation Guide For Web Resources）、集群与网关元数据应用指南（Metadata

Implementation Guide for Clusters and Gateways）等。

政府记录（record）是政府在运作过程中的决策、活动等信息的记载，是政府信息资源中最为重要的组成部分。记录信息包括信件、备忘录、政策、协议、合同、租约、研究报告、调查报告、操作规程、事务处理以及各种统计数据等，表现形式包括文本、地图、素描、图表、画报、胶卷、缩微、音视频等各种形式。根据《加拿大国家档案馆法》（*National Archives of Canada Act*）所赋予的职权，加拿大国家档案馆（现为加拿大国家图书与档案馆）负责政府的记录管理（record keeping）。2001 年 1 月，"记录 / 文档 / 信息管理"（RDIMS）工作组制定的在电子工作环境下的元数据标准——加拿大政府记录管理元数据需求（Record Keeping Metadata Requirements for the Government of Canada），经加拿大国家档案馆批准实施。该元数据标准包括的元素如下：

- 部门标识符（departmental identifier）
- 组织名称（organization）
- 档案号（document number）
- 作者（author）
- 保管人（trustee）
- 签署人（signed by）
- 指定接收者（designated recipient）
- 标题（title）
- 描述（description）
- 主题名称（subject name）
- 主题代码（subject code）
- 语种（language）
- 日期（date）
- 基本状态（essential status）
- 访问权限（access rights）
- 保密等级（security）
- 类型（type）
- 格式（format）
- 位置（location）
- 终稿标志（final）
- 历史记录（history）
- 保存与变迁历史（preservation and migration history）
- 保存时段（retention period）
- 保存触发条件（retention trigger）
- 处置方式（disposition action）
- 处置日期（dispositon date）

▌10.2.5　评述

TBS 在 FMI 的序言中写道,"信息是商业的组成部分""信息是战略性的商业资源""信息质量是基础""信息管理是每个人的职责"等。加拿大将政府信息资源作为战略资源来管理并处于世界领先水平,其成功之关键主要在于:

- 制定了较为完善的促进政府信息资源管理的各种法律,例如《信息访问法》《加拿大国家档案馆法》《加拿大国家图书馆法》《统计法》《官方语言法》《官方保密法》《隐私法》《个人信息保护与电子文档法》《版权法》和《犯罪记录法》等。
- 成立了各种领导和促进政府信息资源管理的政府机构、委员会和工作组等,并由政府高级官员负责,例如,各部门指定由一个副部长级的官员负责信息管理事务。
- 制定了明确的政府信息管理政策,并制定了信息管理框架、责任框架,以及各种标准和指南。
- 定期地召开各种研讨会,研讨和解决与信息资源管理相关的一些关键问题,例如,每年一次的"信息管理论坛"(IM Forum)、每六周一次的"信息管理日"(IM Day)。
- 统一电子工作平台,并进行相关的人员培训。

随着各种政府信息资源管理的框架、标准的颁布和实施,特别是"政府在线计划"(Government On Line Initiative)的执行,加拿大政府信息资源管理取得了很大进展,以政府信息资源共享为基础的政府决策与管理,以公众为中心的服务提供,已日趋成熟(maturity),但也存在一些不足之处。正如《信息专员 2002—3003 年度报告》(Annual Report Information Commissioner 2002—2003)中指出的:联邦政府机构要进一步改变政府官僚作风和政治文化,以提供政府的公开度和透明度;议会要加强对政府信息管理的关注和领导,增加对信息管理基础设施建设的投入;需要制定专门的法律来加强政府的记录管理(record keeping),使记录的规划、创建、使用规范化;对政府公务员要加强教育和培训,使之熟悉政府的信息管理政策、指导原则、标准和规范等。

10.3　汽车制造企业 M 公司的信息资源管理

公安部交通管理局发布消息,截至 2020 年 6 月,全国汽车保有量达 2.7 亿辆,占机动车总保有量的 75%。巨大的市场潜力吸引着越来越多的国际知名汽车制造企业纷纷在中国设厂,以降低成本,提高市场占有率。与此同时,直接购买进口整车的数量增长缓慢。中国汽车工业协会提供的数据显示,2020 年 1—11 月,汽车整车共进口 82.1 万辆,同比下降 15.0%;整车进口金额 405.5 亿美元,同比下降 9.5%。而与此相对应的则是国产汽车的迅速崛起,并逐渐吞噬进口汽车在华的市场份额,另外,随着整车的跨国销售,带来配套的零配件供应以及售后维修中的各种问题,这些问题如何得到有效解决,成为国外汽车出口企业拓展中国市场的壁垒。

作为欧美最大的汽车制造企业之一，M 公司近年来加大了在中国市场的投入和控制力度。2003 年，该企业与北京一家有着近 50 年发展历史的知名汽车制造企业合资建厂，在中国生产该国外品牌两个系列的轿车，而其他系列的轿车及商用车目前都通过进口进入中国市场。为使客户体验到真正的"星徽理念"，该公司对原有的零配件供应和售后维修服务体系进行重大调整，借助信息化手段将服务不仅落实到单车、单店，更可以对数据进行横向分析并作出预测。

该公司的信息化建设重点为 IT 架构与核心业务应用程序。公司最主要的核心业务系统是基于 SAP 系统开发的整车销售系统和基于 ADP Kerridge Autoline 平台的经销商管理系统（Dealer Management System）、进口商管理系统（Importer Management System）。

10.3.1　IT基础架构

随着公司的业务在中国的迅速发展，信息部门面临着巨大的挑战：如何将 IT 技术与企业经营发展相结合，塑造一个良好的、可持续发展的 IT 管理模式，并且与公司的运营绑在一起，让公司比竞争对手更灵活，更能适应市场的快速变化。

之前公司在中国约有 150 名雇员，信息部只有 4 名员工。当时新上任的 CIO 高瞻远瞩，预见到公司近几年在中国的迅速发展，提前改造、扩容了数据中心，同时壮大了 IT 的队伍。现在，公司在北京的总部约有 700 名员工，信息部有近 40 人支持着公司的各类核心业务系统，同时负责对合资厂、分支机构、经销商和其下汽车金融公司、东北亚采购公司的业务支持。为了满足更大容量的数据要求和建立更安全可靠的 IT 系统，北京总部计划建立一个新的数据中心。该数据中心将使用专线把公司在中国所有的合资工厂、经销商、维修车间连接起来。为公司的各类业务运转提供更加安全的保护，并加强对数据的冗余备份和灾难恢复能力。公司设在新加坡的亚太区 IT 总部人员协助建立数据中心，实施方案都严格按照公司在全球的 IT 架构的各项标准和规定。据悉，公司对各种 IT 系统在全球范围内都有严格统一的管理，比如路由器、交换机、服务器，直至每一台网络打印机和 PC 机在全球都有统一的命名规则。

10.3.2　核心业务系统

作为一个生产制造型企业，从产品研发、生产、物流配送、到市场与销售、售后服务，以及在此过程中产生的大量财务信息，都需要各种功能强大的 IT 系统的支持。如果想将各种应用系统在全球进行统一的标准化管理绝非易事。一套能满足公司各类复杂的业务流程的 IT 系统往往需要很多年的完善与发展。每年花在 IT 应用程序方面的投资也是相当可观的数字。IT 管理层倡导在所有国家，针对相同或相似的业务需求，整合 IT 资源，应用相同的 IT 系统来满足业务的需要。针对公司的主营业务：汽车销售和零配件销售、汽车保修，公司在整个亚太地区所有国家都采用相同的 IT 解决方案，示意图 10-12 如下：

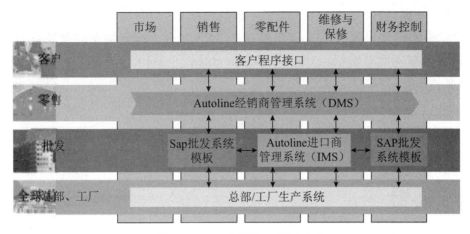

图 10-12 M 公司的 IT 解决方案

在整车销售方面，公司采用了基于 SAP 系统开发的车辆管理、销售系统；对于经销商的汽车零售业务，公司在整个亚太地区所有的经销商提供了基于 ADP Kerridge Autoline 平台的经销商管理系统（Dealer Management System）；在零配件销售、汽车保修方面公司采用了进口商管理系统（Importer Management System），该系统的开发商同样是 ADP Kerridge。各系统之间有接口，如 IMS 产生的财务分类账可以传送至 SAP 的财务模块，SAP 的车辆数据可以自动导入到 IMS 系统的 CRM 模块，以供今后售后服务记录车辆维修服务历史。

▌ 10.3.3 整车销售

针对进口汽车的销售业务，IT 部门亟待解决的问题是如何提高生产工厂、供应商和第三方合作伙伴与客户和员工的快速协同能力。我们把整个复杂的物流供应链流程简化，如图 10-13 所示：

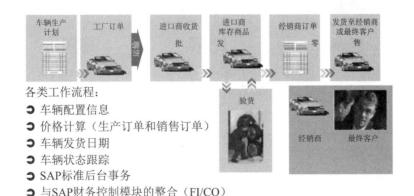

图 10-13 M 公司物流供应链流程

公司需要一个车辆物流解决方案来满足整个车辆生产、运输、进口、销售等多个环节、内部及外部组织之间实现无缝整合与协同。同时，提高企业数据透明度，如提高车辆预测交货进度、包装物流、运输优化与跟踪、汇总安排及时供货等。

历经多年的研发与改进，IT 部提供了在 SAP 平台上运行的车辆批发系统模板，其核心模块为车辆管理系统：Vehicle Management System（VMS），系统框架示意图 10-14 如下：

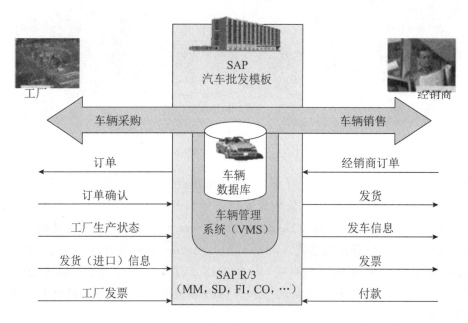

图 10-14　VMS 系统框架

VMS 中记录着车辆的主数据，如底盘号码，车辆配置信息，车主信息等。同时它和 SAP 的标准模块如 MM（Material Management）物料管理、PP（Production Planning）生产计划、SD（Sales & Distribution）销售分发有着紧密的联系，如图 10-15 所示：

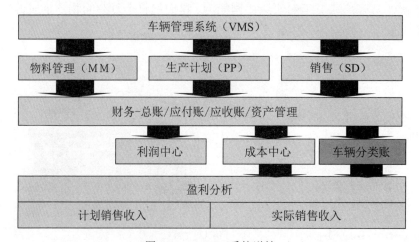

图 10-15　VMS 系统详情

在整个车辆物流过程各阶段产生的费用，销售收入都实时地体现在 SAP 的财务模块中，公司的财务控制部门可快速地为管理层提供各类财务报表，如按不同的利润中心产生资产负债表、损益表；通过成本中心分析在车辆物流销售过程中如何进一步降低运营费用；公司不同车型的销售利润分析、投资控制，等等。

通过 DFE（Dealer Front End）系统，经销商可通过互联网访问 VMS 的信息，如查询车辆库存及车辆物流情况等。

SAP 车辆批发系统实现了整个车辆生产、运输、进口、销售等多个环节的无缝整合。通过在整个亚太地区的实施，实现了 IT 投资回报最大化。同时，车辆物流速度的提升也带来了更高的客户满意度。

10.3.4　经销商管理系统（DMS）

在中国汽车市场中，企业要面对众多辐射区域有限且实力悬殊的经销商，这些经销商在企业扩展市场到三、四级城市的过程中起着至关重要的作用。换而言之，谁拥有了经销商，谁将拥有未来的市场。因此，公司在不断扩展市场的同时要加强对销售渠道控制，这就需要成熟的 IT 系统和实施流程帮助企业构建其销售及市场管理业务模式和支撑体系，进而提高渠道忠诚度及市场透明度，最终延伸企业销售市场的覆盖面，提升企业在市场中的竞争力。

M 公司在全球使用了基于 ADP Kerridge Autoline 平台的经销商管理系统：该系统的核心为市场模块（CRM），CRM 中记录着所有的车主和车辆信息。通过销售管理、零配件管理、财务管理、车间调度、汽车保修等六大业务模块帮助公司对其经销商按区域进行有效且全面的管理。通过这些业务模块，企业的销售与市场部门能够了解各经销点的销售状况、有效控制资金流及全国库存，使之合理分配、以最短时间满足客户购买需求，将渠道政策最快传达到每个分销点，并保证其有效执行。

Autoline DMS 还提供了 EPC.net 和 WIS.net、ASRA 的接口程序。

EPC（Electronic Parts Catalog）是电子版零配件手册。一辆汽车有上千种零配件，EPC 可对车辆的各个零部件实现图形化的查询。在系统中输入车型就可以显示汽车的三维模型，对汽车结构进行拆解式全方位显示，用鼠标选择所需要的零件，零件号会自动显示在 DMS 中，还可把该零件自动放入"购物车"中。EPC 同时是一个庞大的车辆配置数据库，公司在全球销售的每一辆车的配置信息都可以在系统中查询到。

WIS（Workshop Information System）相当于车辆维修的电子手册，这里包含有各种车辆的故障诊断和排除方法。ASRA 是德文单词原词的缩写，通过 ASRA，可查询车辆的故障代码和厂商所规定的维修工时率。WIS、ASRA 中的主数据可通过接口程序导入 Autoline 中，故障代码和工时率的记录在系统中多达上百万，平均每月有上千条新记录产生，这些接口程序大大减轻了系统的维护工作。

对于经销商来讲，DMS 为其所有业务流程，如整车销售、零件销售与采购、汽车维修及保修、财务管理等提供了完整的 IT 解决方案，DMS 与 IMS（进口商管理系统）有着强大的接口，如经销商可直接通过 DMS 向厂商下订单采购零配件，还可以直接向厂商的 IMS 提交车辆保修索赔请求。通过 DMS，经销商与汽车厂商具备了一个完整的信息交互及管理平台。

▌ 10.3.5　进口商管理系统（IMS）

ADP Kerridge 的 Autoline 同样提高了进口商的管理解决方案。类似于 DMS，IMS 主要有三个模块：零配件管理、汽车保修和财务管理。IMS 增加了零配件物流过程中的关税处理，货币汇率转换等功能以满足进口业务的需求。

如图 10-16 所示，该企业在德国的全球零配件物流中心（Global Logistic Center）向各国进口批发商供应配件，经销商则从进口商采购零件；经销商的车辆保修索赔通过 IMS 处理后再传输到总部工厂去审批和赔付。IMS 的财务模块会收集所有零配件交易和车辆保修产生的财务数据，然后通过接口程序导入 SAP 系统中。

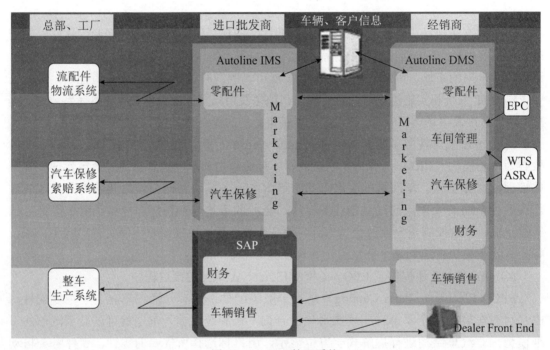

图 10-16　IMS 管理系统

IMS 最主要的模块是零件系统，由四个子模块构成：库存管理、零件销售、采购控制和库存盘点，如图 10-17 所示。

库存管理记录着所有库房的零配件主数据，如配件号、数量、价格、全面的库存流动记录等。Autoline 在安全库存方面的管理功能强大。系统基于以下参数生成每个零件最大/最小库存值：平均每月需求、交货期、订货周期、基于安全系数的重订购类别等。系统最多可记录每一个流配件过去三年每个月的需求数量、次数，考虑到配件价格和订货周期，系统可为整个零件库房自动计算建议的采购数量，使库房在保证较低库存数量的同时，又满足所有经销商的配件供应。有效地为企业减少库存商品所投入的资金。

销售点模块与财务紧密集成，支持零件价格和折扣的设定：根据不同的产品组，客户类型，零件来源等设定不同折扣；打印账单前检查信用额度；当库存不足时，经销商的订单会自动转入采购模块；支持不同子公司间的内部调拨零件等功能。

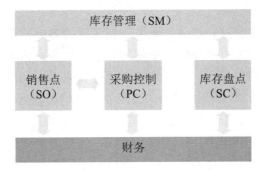

图 10-17　IMS 系统构成

采购控制可创建零件采购订单，通过与供应商的接口实现订单的传输，通过外币采购时也可以将发生的运费、关税等都输入系统，系统在收货时，可自动计算每个零件的成本，接收货物后校验供应商的发票。

库存盘点可为一年一次、一年两次，可以选择盘点的零件范围、仓位范围。并进行差异分析，其流程如图 10-18 所示：

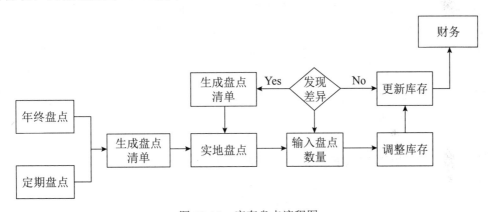

图 10-18　库存盘点流程图

公司还准备在库房建立无线局域网，库房人员使用手持无线条形码扫描器，在零配件包装箱外扫描就知道箱内的配件和应该放置的库房仓位。

保修模块的主要功能是处理经销商通过 DMS 传送的车辆保修索赔，索赔数据经过 IMS 处理后还要传送到德国总部的保修系统作进一步的检查。保修赔付最终结果再通过 IMS 传回 DMS，同时 IMS 为经销商打印退款单。相应的财务数据会每天自动导入 SAP 财务模块中。系统的报表查询功能也能帮助管理层作出决策。比如，在 2004 年，公司曾收到一份报告，报告显示了全球各主要汽车制造厂家的首次维修成功率，当时公司所在的排名不是很理想，车辆重复维修率较高，导致客户满意度降低。通过 IMS 系统中对经销商提交的车辆保修记录进行分析，很容易发现高重复维修率发生在哪一辆车，哪一家经销商，于是可以对 4S 店进行有针对性的业务培训。对普遍首次维修成功率较低的，可以对车辆故障进行分析从而改进设计。M 公司希望更好地了解到汽车的维修情况，提高首次维修成功率，目标是达到 95%。

M 公司一直致力于在中国长期发展，这也是其亚洲战略的重要组成部分。北京的工

续表

厂也努力全面提升汽车在品牌、质量、服务、制造能力方面的形象，并以国际标准的四大工艺、精益管理、严格的质量控制、卓越的生态环境和高素质的技术工人五大特征，成为北京市产业高端化的新起点。公司从信息化建设入手，利用信息技术手段固化和提升服务质量。有了强大的 IT 系统的帮助，公司业务部门可以更专注于对客户的服务，以信息系统作为支撑，使服务理念落到实处，努力实现"完善的客户服务"这一首要目标。当服务成为企业在新竞争时代中决胜的重要筹码、满足消费者需求的重要手段的市场环境中，通过公司对落实服务理念的重视可以看到，中国消费者将在德国知名品牌汽车带来的高品质驾乘体验的同时，也能感受到国际化的星级服务体验。

10.4　LH 连锁企业信息资源管理

信息时代的高速发展证明了信息资源管理在企业发展中的强大的生命力，甚至在某种程序上担负企业兴衰成败的使命。在连锁经营企业中，内部的信息资源管理的建设，是构成企业内部管理的核心内容，更是连锁企业实现其现代信息化管理的优势。在当今高科技信息化的高速发展中，市场中的竞争也是复杂多变的，连锁企业很多经营活动都会受到环境的制约，因此，加强连锁企业的信息资源建设和管理，对于连锁企业的生存和发展具有特殊的作用和意义。本节以 LH 连锁企业大连分公司为例，介绍连锁企业信息资源及其组织与管理。

▍10.4.1　LH连锁企业的信息资源管理现状

百联集团下的联华超市股份有限公司（以下均简称为 LH）于 1991 年起在上海市开展业务。20 多年间，以直接经营、加盟经营和并购方式，扩大到店面全国性铺盖，同行业内最完备的连锁零售超市公司。于 2011 年 12 月 31 日，LH 所覆盖的区域其店面数量现今是 5150 家，这其中还有一些是内部开设的门店没有计算。其遍布全国 19 个省市，继续保持在中国快速消费品连锁零售行业的领先地位。LH 于 2003 年 6 月 27 日在中国香港联合交易所有限公司上市，是首家于联交所上市的中国连锁零售公司。2021 年 6 月 7 日发布的中国连锁百强榜，LH 居第 11 位。表 10-1 列出 2020 年中国连锁百强榜单的前 20 名，如表 10-1 所示：

表 10-1　2020 年中国连锁百强榜单前 20 名详情

序号	企业名称	2020 销售（含税万元）	2020 门店总数（个）
1	苏宁易购集团股份有限公司	41631500	9786
2	国美零售控股有限公司	14075200	3421
3	红星美凯龙家居集团股份有限公司	10801876	476
4	永辉超市股份有限公司	10453915	1172
5	高鑫零售有限公司	9548600	514

序号	企业名称	2020 销售（含税万元）	2020 门店总数（个）
6	华润万家（控股）有限公司	8782800	3261
7	沃尔玛（中国）投资有限公司	8740100	429
8	中石化易捷销售有限公司	8060000	27672
9	居然之家新零售集团股份有限公司	6574000	502
10	物美科技集团有限公司	6291580	1589
11	联华超市股份有限公司	5681536	3192
12	步步高集团	4302278	815
13	长春欧亚集团股份有限公司	4195819	146
14	王府井集团股份有限公司	3568040	71
15	重庆百货大楼股份有限公司	3442027	309
16	家家悦控股集团股份有限公司	3160326	924
17	银泰商业（集团）有限公司	2974540	62
18	天虹数科商业股份有限公司	2963710	413
19	武汉武商集团股份有限公司	2792232	83
20	银座集团	2779571	381

一个企业之所以能如此成功，是有其过人之处的，LH 如此激烈的市场竞争中能够占据一席之地，离不开其自身信息系统的建立。众所周知，在连锁经营企业里，供应链管理非常重要，它对企业的正常运作起着不可忽视的作用，它相当于连锁的生命之柱，只有把这条生命支柱维护好了，才能使企业在现代高科技时代立于不败之地。

供应链是指商品到达消费者手中之前各相关者的连接或业务的衔接。供应链管理的经营理念是从消费者的角度，通过企业间的协作，谋求供应链的整体最佳。成功的供应链管理能够协调并整合供应链中所有的活动，最终成为无缝连接的一体化过程。

在 LH 连锁企业当中，这一点做得非常成功，它的成功是我们很多企业可以借鉴的。

1995 年，超强连锁企业家乐福挺进中国大陆，而且在非常短的时期内就对国内非常繁华的两个城市做好了进军准备，并且在 1996 年在上海建成了当时超级规模的商场。此时，国内各种形式的连锁小店也在集中开业，都想抢占着市场的先机。LH 在上海属于当地的连锁经营企业，并且一直是零售规模经营，属于一般的规模，在定价方面也没有什么优势。此时，LH 的劣势展现出来了，如何继续发展，如何改进 LH 产业结构、扩大经营规模，摆在 LH 面前。LH 公司负责人召开企业高管理会议，旨在取己所长，避己之短，改进经营策略，向多元化的路线进军。

要想使企业走向多元化，就意味着企业必须有所成长。LH 要把开超市的速度提高，平均一天要在上海开设两家店面，而且大型的商场也很快地建立起来，就这样，把原来简单经营的方式迅速扭转为多元化竞争角度去经营，去占据市场。从此，LH 的改革得到了大家的认可，但是同时也迎来的新的问题。其中最严重的问题就是自身的供应链系统的问题，当时的 LH 全部采用人工记账的方式，没有使用信息系统，更谈不上供应链系统。那个时候，各个商场及店面之间传送消息的途径是，由店面传真对其缺少的商品的类别以及数量传给商品采购服务部门，进而这个部门通过传送过来的内容进行排序，然后再自行查验库房的存货数量，决定哪些商品可以出货，接着还是以传真传递到所有的商场和店面，这就是当时的发货系统，纯属人工方式。在当时，LH 选择多元化的模式之后，它们的这种人工式发货供货系统，已经不能满足 LH 供应链系统。

此时的大型商场、卖场遇到的也是一样的问题。大型商场、卖场的一般货品种类居多，而且对于货品的需求也有很多讲究。平时依靠传真这种人工提供订货的渠道已经满足不了当时大卖场对于种类繁多的商品的多变需求。1997 年时候，LH 存在着一些商场重复订货的情况，但有的商品却订不到货，这种情况严重影响了销售。当时给 LH 企业长期供货的美国雀巢公司直言：LH 目前的供应链管理系统太落后了，产品在 LH 的销售状况根本没有得到及时的信息，致使很多产品造成积压，LH 必须为这样的严重损失负责，同时必须改变供应链管理模式。LH 已经到了必须改进自己的供应链管理系统的时候了。

在这样的背景下，LH 外部供应链电子化方案正式启动。LH 首先需要建立电子化的采购服务中心，再与多年合作的供货商建立起 B2B 的电子交易管理平台。

1997 年底，EDI 自动订货系统在 LH 开始了全面的建设。EDI 自动订货系统，可以由传真和邮件等多种途径来将所需要的产品信息发送给供货商，供货商通过此系统上的平台就可以清楚地知道产品的销售和库存等信息。在此平台上，企业和企业之间能够更加有效合理地共享数据信息。在此基础上，LH 针对不同的厂商，同时依据各厂商的信息化程度和资金实力设计了不同的时间表。到 2003 年 12 月，LH 已与近 3000 家供应商完成了 B2B 的电子交易平台。

图 10-19 为 LH 连锁企业内部采用的供应链管理平台：

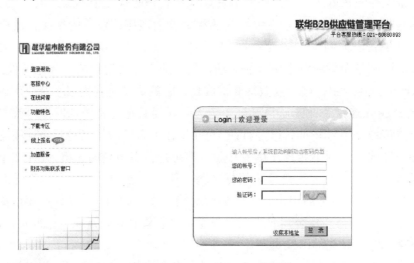

图 10-19 LH 供应链管理平台登录界面

下面针对系统当中所看到的登录帮助、客服中心、在线问答、功能特色、下载专区、线上报名、加值服务、财务对账联系窗口，这些功能模块予以对应的图片展示，由于企业内部保密原则，这里只展示几个功能窗口。

LH 针对不同的用户群体有不同的登录方式，商户可以根据需要来登录自己所属的供应链管理系统，如图 10-20 所示。

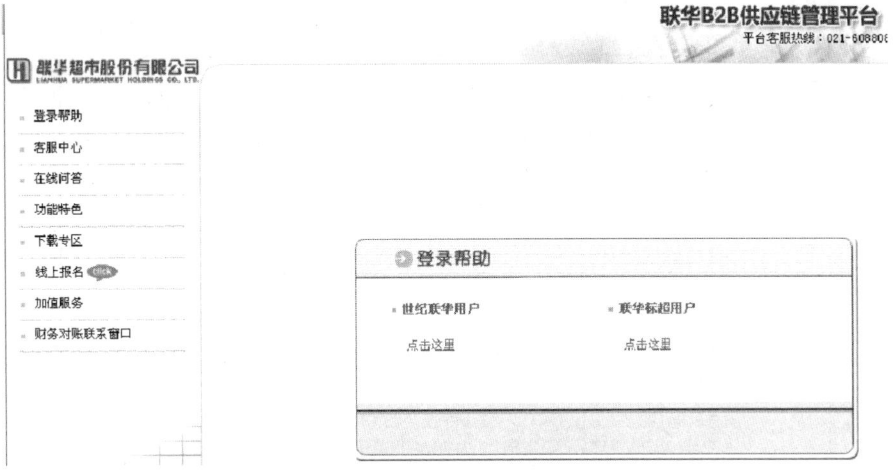

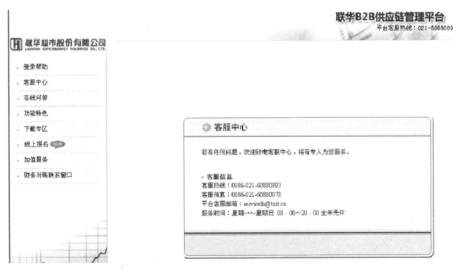

图 10-20　LH 供应链管理平台登录帮助界面

商户可以在网上方便查询对应的联系方式，如图 10-21 所示。

图 10-21　LH 供应链管理平台客服中心界面

LH 供应链管理平台功能特色界面如图 10-22 所示。

LH 创造性地下好了这一盘棋，而 LH 铸造自己生命链带来了启示：各行各业都有自己的"生命链"，充分利用高科技的手段及人才来抓住我们的"生命链"，对症下药，建立完善的管理信息系统，才是企业蓬勃发展的法则。

以此可以看出，信息资源管理在对有效整合企业内外部的资源，加强企业和供应商之间的紧密合作，增加企业进货业务的透明度，规范标准业务流程，提高进货的效率和质量，提高企业的核心竞争力都起着至关重要的作用。通过信息资源管理的建设，使企业的工作效率大大提升，实现企业管理工作的信息化、网络化，从而降低企业的运行成本，增加了企业利润，并能更好的完成企业的最终目标。

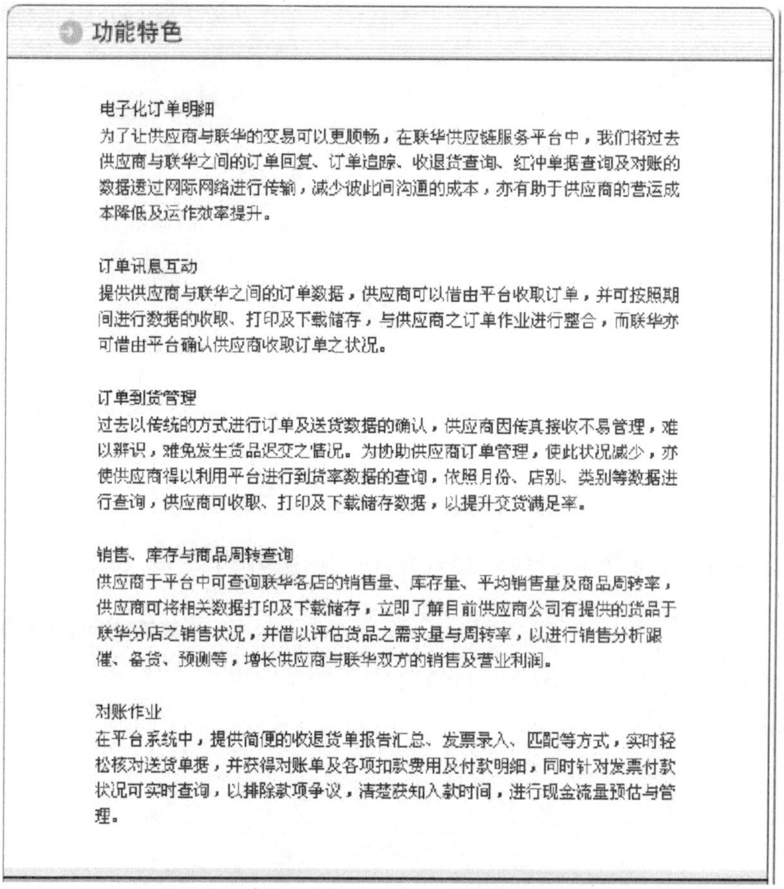

功能特色

电子化订单明细

为了让供应商与联华的交易可以更顺畅，在联华供应链服务平台中，我们将过去供应商与联华之间的订单回复、订单追踪、收退货查询、红冲单据查询及对账的数据透过网际网络进行传输，减少彼此间沟通的成本，亦有助于供应商的营运成本降低及运作效率提升。

订单讯息互动

提供供应商与联华之间的订单数据，供应商可以借由平台收取订单，并可按照期间进行数据的收取、打印及下载储存，与供应商之订单作业进行整合，而联华亦可借由平台确认供应商收取订单之状况。

订单到货管理

过去以传统的方式进行订单及送货数据的确认，供应商因传真接收不易管理，难以辨识，难免发生货品迟交之情况。为协助供应商订单管理，使此状况减少，亦使供应商得以利用平台进行到货率数据的查询，依照月份、店别、类别等数据进行查询，供应商可收取、打印及下载储存数据，以提升交货满足率。

销售、库存与商品周转查询

供应商于平台中可查询联华各店的销售量、库存量、平均销售量及商品周转率，供应商可将相关数据打印及下载储存，立即了解目前供应商公司有提供的货品于联华分店之销售状况，并借以评估货品之需求量与周转率，以进行销售分析跟催、备货、预测等，增长供应商与联华双方的销售及营业利润。

对账作业

在平台系统中，提供简便的收退货单报告汇总、发票录入、匹配等方式，实时轻松核对送货单据，并获得对账单及各项扣款费用及付款明细，同时针对发票付款状况可实时查询，以排除款项争议，清楚获知入款时间，进行现金流量预估与管理。

图 10-22　LH 供应链管理平台功能特色界面

10.4.2　LH连锁企业信息资源管理发展存在的问题

以 LH 连锁企业为例，可以看出其大体经历了三大发展阶段：第一阶段是初始阶段，采用了资本运作的发展模式，通过银行贷款负债经营等方式迅速的扩大了门店，确立了“顾客第一，唯一的第一”为理念占领了广大的市场。第二阶段是调整阶段，LH 根据环境的发展，通过资本投资，扩大信息化建设程度。建立控股合资子公司等方式扩大规模，提高了资产经营能力，扩大了市场空间。突破了传统的商业模式，实现了由单一的零售商业向生产加工销售一体化经营模式转换。第三阶段是进行了战略重组，引入了国际著名的连锁超市家乐福等合资组建联合超市，除了在上海占据领头羊的位置外开辟了扬州、南京、杭州、宁波等地市场，使企业规模迅猛膨胀。建立了全国开发的生鲜食品基地，与科研单位共同研制了绿色食品。冲破了商业无科技含量的旧观念，实现了由商品供应的低层次向科技含量高的产品结构经营转换。

为了满足消费者提出的“一站式”购物消费，企业也在不断完善和改进购物地点的能力。“物流配送中心”是连锁商业不断发展壮大的“助推器”。LH 建立起全国一流的生鲜加工配送中心，为"当天加工、当天配送、当天销售"的生鲜经营打下坚实的基础。以下是 LH 的配送中心的物流运作流程图 10-23：

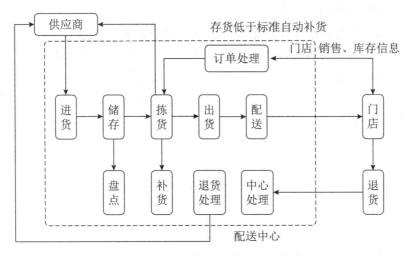

图 10-23　LH 配送中心的物流运作流程图

长期积极拓展标准加盟经营的零售网络。有效扩大公司零售网络而不用投入大量的 LH 资源。始终重视以"信息技术"为核心的技术进步，在全国超市行业中率先建立计算机管理信息系统。坚持集中发展战略，进一步突出优势地区的集中化战略。在资金上进行了融资保证了现金流，在管理上通过合资引入了先进的管理模式，在市场上进行了辐射式扩展开拓了市场份额，技术上满足了日益增长的更高层次的纵深需求，使其在商业竞争中立于不败之地。但是其在发展过程中，也遇到以下几个问题：

1. 连锁企业经营的发展受传统的管理体制约束

连锁企业经营如果想跨多个行业和多个区域全方位发展是很不容易的，因为传统的经营管理体制严重的束缚着它。我们目前的条块形分割的经营管理体制对于连锁企业的发展很是不利。某些连锁经营企业的发展在本属行业和区域内是受限制的，要想实现分跨多行业以及多地区领域的连锁经营是困难重重，没有办法对连锁经营企业实行统一的管理。

2. 没有充分发挥提升企业形象和品牌作用

其实，把这两点做好，是对连锁企业经营成功的关键因素。现在有一些在自身形象及品牌方面维护的不错的连锁大企业，比如家乐福等知名企业。只是一些连锁经营企业对于品牌以及企业形象维护得不是很好。这一点体现在以下几个方面：首先，连锁企业对于经营不上心；其次，对每个店面没有做到统一管理，它们只是自己管自己；最后，因为没有统一的严格培训，致使各个店面对消费者的服务态度和服务能力存在差异，致使企业形象受到损害。

3. 缺少有能力的管理人才

连锁企业中懂经营的管理人才缺乏，致使企业管理方面的问题百出，公司经营也不规范。缺乏管理方面的人才已经是连锁经营企业发展的严重阻碍，现在只有部分合资连锁企业在这方面做得很好，大部分连锁企业都存在着不规范的问题，这样严重制约了连锁企业的发展。

4. 规范化程度不严谨

就现在的市场来看，连锁经营企业对于统一的概念做得不够到位，这其实也是市场的要求，物流的配送、店面的标志、经营管理的决策、广告媒体宣传、商品销售的价格以及相关服务流程的规范等，都要做到统一。只有建立健全统一的服务流程概念，才能使企业在销售的商品，公司的店标，以及公司的风貌标准化；还能使企业在商品采购、商品销售、物流配送等方面做到专业化；更能使商品的广告宣传，员工的技能培训，以及公司制度规范化做到一致。

▌10.4.3 影响LH连锁企业信息资源管理的因素分析 ┈┈┈┈┈┈┈

1. 领导权威

企业内部信息资源配置的决策者往往是企业的高层，再由 CIO 或类似的角色实施。进行信息资源管理需要在信息化建设有一定的基础的情况下，由公司高层挂帅推行，才会有真正的建设成效。

2. 组织结构

在管理学中将公司的组织形式分为垂直型和水平型两种结构，同时各自说明两种组织结构对于管理和效率的利弊。下面从信息的角度对两种组织结构作一个说明。

管理学中的组织结构在信息资源管理中就叫作企业的信息结构，它实际上反映的是信息在公司成员和公司应用系统中的传递方式和模式。垂直型的组织结构往往能有更好的控制力和凝聚力，但是会造成信息在逐级传递过程中的变化和失真。水平型组织结构更加灵活，信息传递也更为便捷，但不擅长对巨大的冲击做出整体反应。

两种组织结构各有利弊，因此，专家提出一种双重原则：使一个组织有效率的必要和充分条件是该组织的分散化或集中化的信息机构要由一套集中化或分散化的人事管理制度来补偿。

3. 信息政策

企业对待自己信息资源的态度和方法是企业信息资源管理的重要方面。它主要阐明什么是公司的信息资产，界定其重要性，确定信息资源的范围，建立数据安全性完整性政策，明确对于这些信息资产所具备的权限和责任等。

4. 信息技术及其信息资源管理组织

信息技术是企业信息资源管理的载体。一个公司信息技术能力直接关系到其信息资源管理实现的可能性。此外，一个强有力的信息资源管理执行机构也是重要保障，经验表明，在信息化基础建设到达一定的程度之后，设立公司 CIO 来规划和推行信息资源管理，能取得良好的效果。

▌10.4.4 LH连锁企业完善信息资源管理的对策

连锁企业需要准确把握市场格局动态变化，围绕连锁企业的核心经营策略，科学、理性、务实地对企业信息化建设进行合理的认知，从而来提升信息化的程度。信息化建设一般的流程是先从企业内部建立对应的管理信息系统，然后逐步建立供应链管理系统，以及对应的电子商务管理系统等。在这里我们针对 LH 连锁企业的信息化建设，强调以下几个可改进的方面。

1. 与 IT 结合进行经营创新

LH 连锁企业信息化是利用 IT（Information Technology，信息技术）技术达成经营管理目的的全过程管理活动，实现有效的管理和创新。LH 连锁企业正是因为与 IT 技术相结合，才获得了自身发展和扩张时的经营创新，才成功应对了连锁行业的挑战。

2. 制订有效的 IT 规划

在围绕企业发展战略目标与产品销售经营管理的基础上，LH 连锁企业应充分判断、分析、评估企业管理和 IT 现状，对信息化建设目标和方向进行整体规划，用 IT 战略规划来指导信息化建设，使信息化建设战略和经营管理战略互相适应。

3. 建立优化的供应链

供应链是企业的生命线，而信息化的供应链建设相当于 LH 连锁企业的神经中枢控制系统。利用 IT 贯通信息链从而确保连锁企业供应链的协调统一，是 ERP（Enterprise Resource Planning，企业资源规划）重要基础。

供应链信息化建设，形成了有效的前端客户与后端供应商的互动系统，支持采购、收/发货、订单处理、补货、退货、发票、付款等连锁企业的关键业务流程。供应链信息化建设还可以由一家连锁企业来组织各节点企业参与供应链协调和信息共享模式，采用应用基于供应商服务平台，构成上下游合作伙伴间供应链的信息化模式。

4. 谨慎选择连锁企业信息系统软件

对于 LH 连锁企业来说，必须根据本企业信息化发展战略来确定信息资源管理系统的规模和水平，构造使企业自身的经营管理模型。由于资本运作、管理水平以及规模扩张等因素存在不小差异，国内 LH 连锁企业还是要谨慎选择信息化产品，避免盲目跟风，好高骛远。

5. 注重信息化效益与价值评估

风险的防范在 LH 连锁企业实现信息化后，必须加以重视，同时要建立以效益为中心的信息化指标评价体系，以此来衡量信息化所产生的价值。LH 连锁企业可以结合信息化的实际应用，以目前应用最广泛的评价方法——平衡记分卡，来建立合理的评价模式。

在市场经济中，LH 连锁企业承受着市场的严峻考验，所以要科学地审视和评估信息化。为了建设更有效率、经济的和有效益信息化，要围绕连锁企业的战略开展 IT 创新和 IT 解决方案的实施。

10.5　银行信息资源管理

现代化商业银行经营管理系统是由人、资金、物及信息在一定条件下组成的有机经济综合体。商业银行现代化管理就是通过各种不同形态的信息促使系统的人流、物流、资金流、信息流进行合理的流动，使它们各自流动的方向、速度、效益、准确性都得到最佳配合和达到最佳效果。所以，信息在商业银行现代化管理中起着举足轻重的作用。特别是进入 21 世纪后，信息技术的飞速发展，计算机网络的迅速普及，使得世界各国的信息化建设得以迅猛发展。信息化是 21 世纪国家现代化的基本标志，也是一个国家综合国力的集中体现。金融信息化是国民经济和社会发展信息化的重要组成部分，也是金融现代化的重要手段，是实现国家现代化的必由之路。我国银行业的信息化和国外相比是一个起步较晚但奋起直追的过程，从无到有，从单项业务到综合业务，从机器仿人工到推出各种人性化的服务，从单机布点到数据大集中，不仅在技术上紧跟信息化的前沿，在认识上也从肤浅的工具论到现在的信息化战略论。现实中，银行信息化的发展，正在配合、推动或者触发金融业产业结构的调整和升级，从根本上改变着传统的金融业务处理模式。本节以银行业为例，逐步介绍银行信息系统，最后介绍银行信息化方面的内容。

▌10.5.1　银行信息的基本概念

信息是商业银行经营管理、决策管理的依据。任何的管理和决策都必须建立在大量地搜集、整理、加工和运用各个方面有关的信息的基础之上。没有信息便没有管理和决策。商业银行日常的业务管理也必须建立起稳定、迅速的信息反馈机制，依据反馈信息及时调整或改变经营策略和管理方式，以保证银行经营目标的实现。由此可见，商业银行信息管理是商业银行经营管理活动中有机的、不可缺少的组成部分。

1. 狭义的商业银行信息

商业银行信息是信息概念在商业银行领域里的具体化或表现形式。我们知道，信息作为事物之间相互作用的联系媒介，是一个多要素的概念，其中信源和信宿是形成信息的两个最基本的要素。没有信源，信息就成了无源之水；没有信宿，信息便是无本之木。信源、信宿两者相辅相成，缺一不可，构成信息存在的基础。因此，可以从信源和信宿两个不同的角度来界定商业银行信息的含义。

狭义来讲，商业银行信息是指商业银行业务活动过程中所产生的各种输入信息。如商业银行某一核算期的资产负债表和损益计算书中所含的国内活期存款、国外存款、资本盈余、贷款利息收入、纯利润等内容，它们产生在商业银行日常的业务活动过程中，不仅商业银行本身关心和需要这些信息，各级经济管理部门，其他商业银行以及城镇居民等也都需要关心这些信息。这种狭义上的商业银行信息概念实际上是从信源的角度来界定的，如图 10-24 所示。

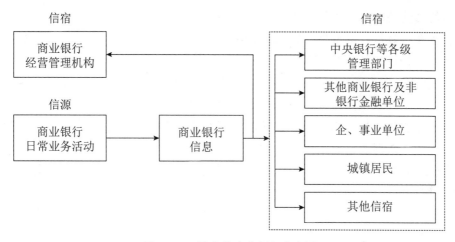

图 10-24　狭义的商业银行信息图

2.广义商业银行信息

从广义来讲，商业银行信息既包括上述商业银行自身日常业务活动中所产生和输出的信息，也包括商业银行管理和决策所需的金融市场以及与此相关的社会经济活动的有关信息。这是从满足商业银行经营管理信息需求的角度，以商业银行作为信宿来界定商业银行信息的含义。这样一来，商业银行自身的业务活动，以及商品市场，金融市场，国家各级经济、金融管理部门，其他银行和企业经营活动等都构成了商业银行信息的信源。把商业银行自身的业务活动称为内部信源，其他的称为外部信源。内部信源产生商业银行经营管理反馈信息；外部信源产生商业银行经营管理的环境信息。例如，国际、国内的政治经济形态，政府有关的经济政策、金融政策变动，同业银行的经营状况，股票市场的行情、利率、商品物价指数以及居民收入水平的变动等，都构成商业银行经营管理的环境信息，如图 10-25 所示。

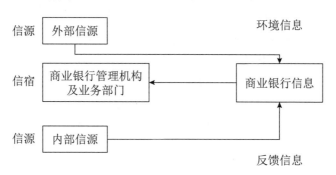

图 10-25　广义商业银行信息图

商业银行信息有广义与狭义的区别。商业银行经营管理活动的过程，就是反馈信息与环境信息连续不断地搜集、加工、转换和交流的过程。从广义上理解商业信息的概念，有利于概括和把握商业银行信息管理工作的业务范围和内容。

3.信息在现代商业银行经营管理中的作用

现代化的商业银行的日常经营和管理是建立在信息的基础上，其实质是通过各种不同形态的信息促使系统的人流、物流、资金流、信息流进行合理流动，使它们各自流动的方向、速度、效益、准确性都得到最佳配合和达到最佳效果。商业银行信息在商业银行现代化管理中的作用主要有以下几方面。

（1）信息是商业银行经营决策和制定计划的依据

制定决策是商业银行经营管理的核心内容。商业银行要实行科学的管理，就必须保证决策和计划的科学性。影响商业决策的因素很多，如决策人员、决策方法、决策环境与背景、决策所依据的信息等，而其中最重要的就是信息。由于信息反映了客观事物的属性，因而是科学决策的前提和依据。决策的过程实际上也是一个信息的搜集、传递加工、整理和运用的过程。正确的决策建立在对决策对象有关信息充分的掌握和利用的基础之上，决策的开始要依靠正确的信息输入，决策的结果则是对这些信息处理后的输出。因此，决策的正确与否，往往取决于能否及时、准确地获得足够的信息，只有以及时、准确的信息为依据，才能保证决策的科学性。同样，制定科学的银行经营计划，也必须以全面反映客观经济过程的各种信息为依据。商业银行只有掌握了可靠充分的经济金融信息，才能驾驭形势，适应环境，在市场竞争中求生存。

（2）商业银行信息是控制、监督资金调配与融通的依据和手段

控制和监督就是依据决策和计划的要求，通过对各种商业银行信息的处理，来控制和监督银行经营活动，协调各方面的关系，使资金融通和营运按照预定的轨道运行，以达到整体的经营目标。在银行经营管理活动中，管理人员必须对各方面的工作，包括贷款的发放、收回，存款的吸收、结算和汇兑，投资与信贷规模以及利率管理等规定一定的标准。倘若实际执行结果偏离了原定的标准，那就要立即查明偏离的地方、产生的原因和性质，并采取必要的措施来纠正偏差。所以，这就要求银行管理者要经常地通过自身信息机构及时地掌握反馈信息，从而保证实现有效的控制和监督。一般说来，银行控制可以通过三种途径来实现：其一，通过掌握充分可靠的信息，使银行活动发展中产生的偏差趋向平稳，回到正常的轨道上来，尽可能少发生波动，特别是避免产生大的波动；其二，通过掌握信息而清楚产生偏差的原因，消除或削弱各种引起偏差的因素或活动，从而使银行经济保持稳定，以调节国民经济协调发展；其三，通过掌握干扰正常运行的环境信息，使银行系统在运行过程中摆脱干扰而达到控制的目的。无论通过哪一种途径来实现控制，都要以掌握一定量的银行经济信息作为前提，否则任何控制职能都无法发挥。

（3）信息是商业银行改善经营管理，建立合理、高效、协调、正常的经营秩序的保证

商业银行在市场经济中如何经营，怎么管理，没有一个固定的模式，必须根据市场情况灵活应变，那么，就必须掌握大量的信息，研究市场如何变化，然后按照市场需求去组织经营管理。因此，就银行经营方面而言，存款的吸收、贷款的发放与管理、存贷款利率的确定、资金的拆入拆出、新业务的拓展等都离不开信息工作。没有商业银行的信息活动，就无所谓货币资金运动的组织和协调。这是因为，只有通过信息的传递和有效利用，把银行活动中各个部分、各个因素联系起来，才能按照一定的整体目标进行组织，使银行活动各个组成部分的行为统一协调成银行企业化经济行为，也才能使商业银行资

金活动合理、高效、正常、有序地运行。

（4）信息是商业银行内部各部门之间以及与其他社会经济机构联系的纽带

商业银行是一个多层次的庞大经济系统，联系社会经济活动的各个行业、各个部门。银行机构分处各地，必须借助于信息，把上级行的政策、指令、任务要求传达给各个基层单位，同时把每一个下层单位重要的经营活动和问题及时地反映到有关领导层，以实现各层次单位的活动协调于系统整体之中。另外，由于国民经济活动的复杂性和多样化，银行内部与外界环境必须同时进行纵向和横向的信息交流，以组成银行系统内部信息网和国民经济信息网，从而保证信贷资金最大限度地发挥其经济效益和社会效益。

（5）信息是银行拓展新业务，实施金融创新的基础

随着计算机网络的日益普及，银行电子化的实施，以及一系列新技术的广泛使用，使得计算机网络技术已经成为银行进行日常经营活动所必需的基础设施。特别是我国加入 WTO 以后，不仅是国内银行之间，而且在国内银行与国外银行之间的竞争日趋激烈。这种竞争不仅表现在传统的存贷业务之间，而且表现在对新业务的提供，以及对客户提供服务的质量等各个方面。未来银行业发展趋势应用的热点是以产业规模进行管理和营销活动，以规模化的产品和服务手段在更大的市场中参与竞争，最大限度地优化整合内部资源，全方位为客户服务。这也是国内商业银行竞争的新的舞台以及中国银行业参与国际化竞争的必要条件。

10.5.2　银行信息系统

1. 商业银行信息系统的概念

现代化商业银行是一个复杂的大系统，同时，它又具备着信息系统的功能。在整个商业银行的经营管理活动过程中，自始至终贯穿着两种流动，一是资金、人力的流动，而是随之产生的大量的表现为数据、资料、指令、指标、条例、图纸、报表等形式的信息的流动。为使商业银行经营管理活动达到最佳的效果，就必须对人流、资金流加以科学地组织、调节和控制，使其按照符合盈利目的的轨道流动。而资金流、人流的前提条件，就是信息流。没有信息流，则没有资金流或人流。资金流、人流畅通的前提条件是信息流的畅通。信息流的任何阻塞都会给资金流、人流造成混乱，而影响银行的经营效果。因此，商业银行经营管理的过程，同时又是信息流动的过程；商业银行经营管理系统，同时又是商业银行信息系统。于是，我们可以这样来界定商业银行信息系统的概念：商业银行信息系统是为满足商业银行经营管理的需要而建立的搜集、整理、存储、加工、传递商业银行信息的人工系统。

商业银行信息系统是一个发展的概念。最初的商业银行，经营规模小，组织结构比较单一，信息流量比较小，银行内部各管理部门一般可以通过直接的信息交流来实现商业银行内部的信息流动。信息的这种流动只是一种自发的信息交换过程，还远没有达到系统化程度。随着商业银行经营规模的不断扩大，信息流动日趋大量化、多样化、复杂化，信息系统的功能特点也就变得越来越显著。现代化商业银行一般都设有专门的信息管理

部门，商业银行信息系统已发展成为综合性、多因素、多功能的复杂系统。

对人工的信息系统而言，其系统构成要素，除信源、信道、信宿三个要素，还多了一个信息管理机构的要素（如图 10-26 所示）。

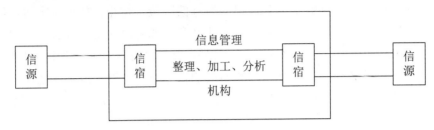

图 10-26　人工信息系统示意图

从图 10-26 可以看出，人工的信息系统中，信息管理机构具有双重地位，对最初的信源来说，它是信宿；对最终的信宿来说，它又是信源。原始信息经过信息管理机构的加工处理，转换为最终信宿可以接受的形式，然后，通过信道传递给最终的信宿。

商业银行信息系统，则是一种构成要素更为复杂的人工信息系统。它的开放性、服务性及多重性，决定其信源、信道及信宿的多样性和复杂性。因而，系统结构是比较复杂的。由于观察的角度不同，所获得的系统结构的特点也不相同。下面我们从满足经营管理信息需要的角度来对商业银行信息加以描述（如图 10-27 所示）。

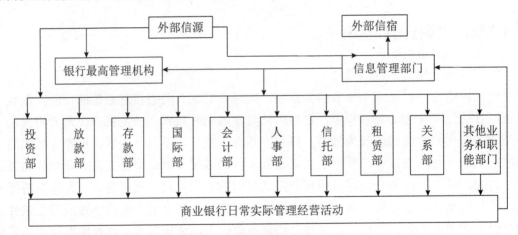

图 10-27　商业银行日常实际管理经营活动

对商业银行信息系统来说，外部环境与日常实际的经营管理活动是最初的原始信源，信息管理部门、各业务和职能部门、银行最高管理机构则同时具有信宿和信源双重地位。信息管理部门与银行最高管理机构、外部环境之间，以及各业务和职能部门相互之间普遍存在着信息通道和信息交流。但其中银行日常实际经营管理活动信源与信息管理部门之间、外部信源与信息管理部门之间、信息管理部门与银行最高管理机构之间是商业银行信息系统中基本的信息通道。信息管理部门在整个信息系统中处于中心的地位，负责管理和组织商业银行信息的搜集、整理、加工、储存、传递等各业务活动。

银行信息系统包括银行管理信息系统和银行业务信息系统。银行管理信息系统离不开银行业务信息系统的支持，银行业务信息系统以银行管理信息系统为最终目标，两者结合起来形成了银行信息系统。图 10-28 显示两者的关系。

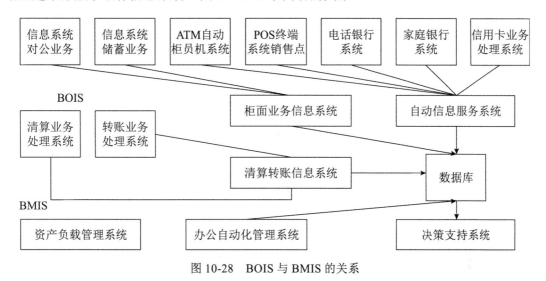

图 10-28　BOIS 与 BMIS 的关系

2. 商业银行信息系统的功能

（1）信息反馈功能

从信息系统与银行最高经营管理机构的关系上看，商业银行信息系统具有反馈功能。商业银行经营管理系统是一种闭环的控制系统。银行最高经营管理机构通过编制和下达决策管理指令的方式实现其对整个银行经营活动的控制。下级各业务和职能部门对各项指令执行情况如何，都集中地体现在银行日常经营活动的实际过程中。一般情况下，决策的实际执行情况与既定的决策目标之间，总是存在着一定的差距。信息系统要对有关的输出信息进行全面的搜集和处理，找出决策实际执行情况与既定决策目标之间的差距，并及时传递给银行最高经营管理机构，银行最高经营管理机构据此调整和修正有关的决策方案，重新下达下一轮的决策管理指令，以保证决策目标的充分实现。在此过程中，银行信息系统表现出具有信息反馈的功能（如图 10-29 所示）。

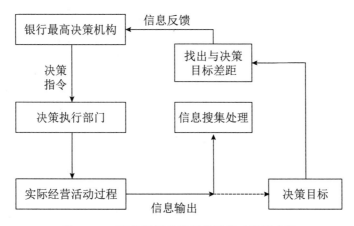

图 10-29　商业银行信息系统反馈功能示意图

（2）信息输入功能

信息系统的输入功能体现在信息系统与银行内部信源和外部信源的关系上。商业银行信息是一个开放系统，来自内部与外部信源的信息内容是复杂多变的，不同来源、不同性质的信息，其可获得性也是不相同的。因此，系统输入功能主要表现为能否在适应内部和外部环境变化的同时，做大及时、全面、准确地搜集来自各方面的信息资料。

（3）信息存储功能

信息系统的存储功能与其输入功能是密切相关的。所谓存储功能指的是信息系统储存数据、文件等信息资料的能力。任何一个信息系统其存储容量总是有一定的限度，在"信息爆炸"环境下，信息系统的存储能力不仅仅体现在系统本身存储容量的大小，更重要的是体现在系统的选择存储信息的能力。在存储容量一定的条件下，系统存储功能的强弱则主要体现在系统本身是否拥有一个科学合理的信息取向。

（4）信息处理功能

大量的输入信息被系统存储之后，必须及时得到处理。信息处理的过程就是信息的整理、分析、加工、提炼的过程。系统处理信息的能力取决于信息处理设备和技术手段的精度的高低、速度快慢以及所采用的信息处理的方法是否科学，但更重要的是信息处理人员的素质。因为设备和手段是由人操纵的，方法是由人来选择的。信息处理过程是一个原始信息条理化、系统化的过程，而同时却又是新的非原始信息的产生和创造过程。这是一项目的性很强的工作。经信息系统加工处理过的信息能否满足银行各方面经营管理活动和决策的需要，根本上取决于人，而不是机器和设备。

（5）信息检索功能

对储存的信息进行检索即查找，是对银行信息再利用的过程。这一工作实质上是信息的再搜集过程，但这一搜集是在一定范围内、一定条件下的行为，比初始阶段的信息搜集目的性、针对性、秩序性更强。

（6）信息输出功能

建立和完善商业银行信息系统的目的，旨在满足银行经营管理和决策活动的需要。有关方面对信息系统所进行的评价集中体现在对系统输出功能的评价上。人们总是希望能够方便、迅速地通过信息系统来获得符合于自身需要的、准确、全面的信息资料。系统输出功能的建立和完善应立足于满足用户、方便用户、服务于决策和管理的观念之上。与此相关，系统内部的输入功能、存储功能、处理功能也都应根据系统的输出功能来确定，并随之不断地调整和完善。

（7）信息管理功能

对类似于商业银行信息系统这样复杂的系统来说，除应具备上述各项基本功能之外，还应具备自身的信息管理的功能，以保证系统中的输入、存储、处理、输出等环节能够均衡地、连续地、高效地运行。信息系统的管理功能表现在两个方面：一方面是对先进的信息处理、信息存储、信息传递设备进行技术上和使用方法上的管理和控制；另一方面是对信息系统中各个功能环节的组织协调和管理控制。

（8）信息传递功能

商业银行信息不传递给信息使用者，就没有什么价值。上述信息反馈、输入、处理以及输出等系统功能，都是建立在传递功能基础之上的。没有传递功能，其他功能则无法发挥。信息传递有自然传递和人工传递两种形式。无论何种形式都需要有一个信息传递网，特别是人工传递，要想实现传递准确、及时的目标，就必须要有先进的传递技术、工具和固定的网络组织。

▌10.5.3　银行信息化

信息化是指构建在通信网络、计算机、信息资源和人力资源组成的国家信息基础框架之上，由具有统一技术标准，通过不同速率传送数据、语音、图形图像、视频影像的综合信息网络，将具备智能交换和增值服务的多种以计算机为主的信息系统互联在一起，创造经营、管理、服务新模式的系统工程。信息化改变了企业传统的工作方式，实现了业务处理的自动化、服务电子化、管理信息化和决策科学化，从而为客户提供快捷方便的服务，为国民经济各部门提供及时、准确的信息。银行信息化就是银行通过采用现代信息技术，在业务处理、信息咨询服务和经营管理的各个环节上，全面改革传统的操作方式和管理体制，极大限度地提高银行工作效率、经济效益、社会效益和全体员工素质。银行信息化，既是银行需要努力达到的一个目标，也是银行需要努力奋斗的一个过程。银行信息化是早已进行或者正在进行的银行电子化和自动化的继续与发展，比银行电子化和自动化的意义更为深远。

1. 银行信息化的发展阶段

从 20 世纪 80 年代初开始，银行业发动了一场信息革命。这场革命促使银行产生了翻天覆地的变化，所有的银行业务活动都被嵌入计算机信息网络中，这个过程大致经历了业务处理电子化、经营管理电子化以及银行再造三个阶段。

第一阶段主要通过计算机模拟原有银行手工业务，模拟按手工操作、部门分工的传统管理模式进行。在这个阶段，银行利用计算机进行票据集中录入，实现账务管理的批处理。计算机批处理的应用在客观上使银行的财务管理模式由分散走向集中。

第二阶段是通过新技术、新产品的使用，不断创造科技含量较高的金融服务方式、金融产品和渠道。创新使银行业务发生了革命性的变革。银行业务进入了虚拟化的阶段，出现了网络银行、电子商务等新型服务渠道，已提供虚拟化、个性化的服务。

在第三阶段，新型技术逐步进入银行的管理领域，初步实现了管理的信息化。银行利用信息技术进行业务优化、整合，再造业务流程，不断进行全面的企业重组。目前，商业银行已经实现了组织结构扁平化和信息资源化，系统之间的通信和沟通正向标准化迈进，银行通过构建数据仓库对客户的信息进行深度挖掘，确立优质客户，客户可以在任何地方、任何时间享受到银行提供的产品和服务。

2. 银行信息化的主要内容

现代信息技术在银行的成功应用，不仅包括银行管理信息系统，而且随着信息技术的不断发展，一些新的内容在不断的充实进来，赋予信息化新的内涵。在目前，主要包括以下一些内容。

（1）银行支付事务处理系统

该系统包括商业银行面向客户的支付服务系统和中央银行面向商业银行的支付资金清算系统。利用现代信息技术，可以把支付服务系统和支付资金清算系统两者有机地衔接组成现代化银行支付系统，实现支付全过程的自动化。

（2）银行经营管理信息系统

我国商业银行经营管理信息系统可分为事务处理系统、常规协调管理信息系统和决策支持系统等三个层次。利用现代信息技术，可以把这三个层次的系统从低层到中层再向高层逐步发展，实现相互渗透融合，并与具有人机界面的办公自动化集群系统有机地结合，发展成为综合性的银行管理信息系统。

（3）银行信息咨询服务系统

该系统的服务内容包括多种通信服务，多种信息咨询服务以及信息资源共享和查询等服务。利用现代信息技术，可以完成这些服务，并实现因特网与金融计算机网络的互联互通和互服务，为银行发展战略分析预测、金融衍生工具设计、新产品新服务开发等提供辅助决策依据，为国家宏观经济管理部门提供辅助决策依据。

（4）外汇国际服务系统

该系统包括外汇管理局的外汇外债管理业务系统和各商业银行的国际业务系统。利用现代信息技术，可以把这两种系统集成为以客户为中心的综合性业务处理系统，实现与国际清算系统连接。

（5）办公自动化系统

该系统应具有文字处理、演示文稿、电子邮件、计划编制和数据访问等功能。利用现代信息技术，可以实现上述功能，并使之与数据处理、数据库、计算机网络、多媒体技术等有机结合，与管理信息系统有机结合，成为综合性银行管理信息系统的重要组成部分。

信息化是支持商业银行业务发展，提升银行核心竞争力的利器。基于商业银行信息化现状与需求，城市商业银行应重视信息化的总体规划，在总体规划的基础上，按步骤逐步开展信息化建设。重视系统框架与平台建设，避免重复投资与信息孤岛，保证信息系统建设的连贯性和一致性。

根据城市商业银行的业务特征、信息化现状与需求，结合目前信息化发展趋势，一般商业银行比较适合的信息系统框架的基本结构如图10-30所示。

3. 银行信息化的关键技术

银行信息化，无疑要涉及传感器、通信和计算机三大支柱技术，也要涉及其他许多关键技术，下面简单介绍其中几种关键技术。

（1）计算机网络技术

计算机网络技术包含的内容很多，处在日新月异发展之中，网络银行又是银行业务发展的趋势之一。因此，今后应深入进行银行计算机网络技术的研究，其研究的重点应是银行计算机网络的安全保密性问题，各银行计算机网络同一性与多样性、共用性与专用性、全国性与区域性等方面的协调发展问题，以及如何以最低的耗费实现更理想的信息交换、资源共享、相互提供服务和技术支持等问题。

图 10-30　一般商业银行信息系统架构

（2）数据仓库

在一般行业的日常操作中，所生成或访问的数据成为操作数据。在操作数据中，对业务分析有意义、有用处的那些部分，称为信息数据。信息数据的用户是企业的专业人员或决策人员。一般的操作系统都必须维持相当高的运行效率，决策人员的额外访问或查询，往往会影响操作系统的效率。出于这种考虑，通常是在业务不忙时，将决策者所需要的信息数据整批地从操作数据库中提取出来，另外存放，这就是数据仓库。由此可知，数据仓库的基本概念是给最终用户（特别是决策支持者们）提供对信息数据更好的访问支持。银行数据仓库能在大量的银行业务交易数据中，挖掘对于银行经营管理、信息咨询服务等有用的信息，可以用于银行的所有业务。因此可以说，数据仓库是银行信息化的核心。

（3）安全性和保密性

在银行计算机网络系统中，对数据的安全性和保密性要求特别高，绝不允许其数据被篡改和窃取，尤其数据在网上传输，更需要确保数据的安全。因此，必须加强银行信息化系统的安全性和保密性技术研究。为此，一是要采取有效的技术手段，二是要靠严格的科学管理。就前者而言，不同类型的系统，应有不同的密级和采用不同的技术手段。

（4）可靠性

产品或系统在规定条件下和规定时间内，完成规定功能的能力或性质，称为产品或系统的可靠性。经过多年的实践，许多行业（如航天、电子和机械等）都认识到产品或系统的可靠性是一个系统运行成败的关键。银行在业务处理、信息咨询服务和经营管理等方面的性质及特点，又要求银行信息化系统更加可靠。因此，应该认真研究银行信息化系统的可靠性问题。其中，银行计算机网络系统的可靠性应该是研究的重点。具体的内容应包括对计算机网络系统设计、设备选用及施工要求等方面的可靠性定性分析；计算机网络系统硬件可靠预测、可靠性设计及可靠性测试；计算机网络系统软件可靠性分析与设计、可靠性度量与评估、可靠性测试与增长、可靠性工程管理等。

（5）标准化

标准化既是组织现代化生产和工程建设的重要手段，又是科学管理的重要组成部分。银行信息化首先必须标准化。标准化不仅是数据的标准化，还有业务流程、业务模式、业务程序等一系列的标准化问题。许多银行在电子化建设的初期，由于缺乏标准化的指导原则，出现了不少问题，造成了许多不必要的损失。由此说明，标准化始终是银行信息化要面临的一个大问题。

为解决这一问题，必须建立一个以技术标准为主体，包括管理标准、工作标准在内的综合标准化体系。计算机网络是银行信息化的基础，因此网络设计的计算机硬件、软件和通信设备、经营管理制度和业务操作规程等都必须实现标准化。所以，抓好银行计算机网络建设的标准化工作是首要工作。

4. 银行信息化的发展趋势

随着信息技术的发展，银行信息化也在不断的变化之中，新的业务也在不断产生。未来银行业信息化的发展趋势主要体现在以下几个方面。

（1）为了提高银行核心竞争能力，数据集中和数据整合不断加强，信息化由局部化应用向一体化应用演变。数据集中和数据整合，就是将原有过于分散的信息系统，实现数据集中处理，在高度的灵活体系中实现信息共享和灵活的技术开发，通过技术创新形成强大的技术要求，将数据集中带来的优势转化成企业的竞争优势。在业务竞争的驱动下，为客户提供一体化、全过程的金融服务以及高端的金融衍生产品，一体化的信息应用势在必行。

（2）银行信息化以业务为中心向以客户为中心转变。银行信息化不仅是数据的集中和整合，而要在数据集中和整合的基础上向以客户为中心转变。为了适应竞争环境和客户需求的变化，银行信息化必须利用信息技术对传统运作过程进行集成和优化，实现信息共享、资源整合和综合利用，把银行的各项作用统一起来，优势互补、统一调配各种资源，为银行的客户开发、服务、综合理财、管理、风险防范创立坚实的基础，从而适应日益增长的需要，全面提高银行竞争能力，为金融创新和提高市场反应能力服务。

（3）进一步加强信息技术在银行风险管理中的应用，以实现风险管理的现代化。风险管理是银行的生命线，风险管理水平是银行核心竞争能力的重要内容，加强信息技术在银行风险管理中的作用是提高风险管理水平，实现风险管理现代化的重要途径。要了解某些银客户就必须收集、存储和查询客户的各种数据，就必须充分发挥现代信息技术的作用。

（4）进一步推动银行管理和决策信息化，努力提高银行经营管理水平。要充分利用先进的信息技术在信息整合的基础上建立和完善决策支持系统，要进一步开发和完善综合业务管理、信贷管理、财务管理、客户关系管理、风险管理、市场营销管理、绩效考核管理系统，并实现信息系统共享。要利用信息技术逐步实现业务流程和管理流程、内控机制以信息化流程为整合，全面提高银行风险防范水平。要充分利用银行的数据信息，实现数据深层次的利用，为银行深层次的管理提供支持。

（5）银行信息安全工作将继续升级与强化。维护系统安全运行关系到银行信息化服务体系能否有效提供金融服务，是信息化建设的重点。随着银行信息集中和系统整合，银行信息化系统保障工作更为突出，银行要加强信息管理体系和管理技术建设。加强信息安全保障体系建设，加强计算机安全的定期检查，建立信息安全保障、沟通机制。认真落实安全责任制，切实保障信息化服务体系安全、平稳、高校运行。高度重视灾难备份建设，而且在综合考虑运行和应急备份的基础上统筹兼顾、合理布局、稳步推进。

银行信息化既是涉及银行体系改革、业务创新、经营管理的改进、金融风险的防范以及先进信息技术应用的复杂体系，也是一个由政府部门、银行、其他金融企业以及 IT 产业共同参与的庞大的系统工程，是我国金融现代化的重要组成部分。

参考文献

[1] 李雪飞，刘净净，侯瑞芳，等.信息资源检索及利用 [M].北京：清华大学出版社，2018.

[2] 马费成.信息资源开发与管理（第2版）[M].北京：电子工业出版社，2014.

[3] 李佑成，龚玉平，赵振营.信息资源管理 [M].天津：天津科学技术出版社，2018.

[4] 李靖平，罗宇龙，刘洋.信息资源管理 [M].长春：吉林出版集团股份有限公司，2018.

[5] 杨峰.政府信息资源管理 [M].成都：四川大学出版社，2017.

[6] 孟广均.信息资源管理导论 [M].北京：科学出版社，2008.

[7] 马费成，赖茂生.信息资源管理（第2版）[M].北京：高等教育出版社，2014.

[8] 刘祎.现代信息管理与实践 [M].长春：吉林科学技术出版社，2020.

[9] 张凯.信息资源管理（第3版）[M].北京：清华大学出版社，2013.

[10] 孙建军.信息资源管理概论 [M].南京：东南大学出版社，2008.

[11] 陈畴镛.信息资源管理 [M].杭州：浙江大学出版社，2004.

[12] 刘祎编.现代信息管理与实践 [M].长春：吉林科学技术出版社，2020.

[13] 张威.信息技术科学与技术应用 [M].延边：延边大学出版社，2017.

[14] 陈有富.网络信息资源的评价与检索 [M].郑州：河南人民出版社，2018.

[15] 汪楠，成鹰，于洁，等.信息检索技术（第3版）[M].北京：清华大学出版社，2017.

[16] 张帆.信息存储与检索（第3版）[M].北京：高等教育出版社，2017.

[17] 张荣坤，孙群中.现代通信技术 [M].北京：人民邮电出版社，2009.

[18] 赵娜.网络信息资源利用与知识产权保护 [M].青岛：中国海洋大学出版社，2016.

[19] 王雅丽，陈耀盛.网络信息资源管理 [M].北京：经济管理出版社，2008.

[20] 谌爱容.网络信息资源组织 [M].延边：延边大学出版社，2018.

[21] 刘婧.网络信息资源检索与利用 [M].北京：电子工业出版社，2018.

[22] 《图书情报工作》杂志社编.网络环境下信息资源管理与利用 [M].北京：海洋出版社，2011.

[23] （美）麦迪·克斯罗蓬.信息资源管理的前沿领域 [M].北京：科学出版社，2005.

[24] 冯惠玲.政府信息资源管理 [M].北京：中国人民大学出版社，2006.

[25] 朱红，王素荣.信息资源管理导论 [M].北京：国防工业出版社出版，2006.

[26] 叶青，方倪，郭璐.Internet 网络信息资源检索 [M].哈尔滨：东北林业大学出版社，2016.

[27] 寿柯炎，魏江.网络资源观：组织间关系网络研究的新视角 [J].情报杂志，2015，34（09）：163-169+178.

[28] 赵刚.信息安全管理与风险评估 [M].北京：清华大学出版社，2020.

[29] 徐国爱，郭燕慧，张淼.信息安全管理（第3版）[M].北京：北京邮电大学出版社，2017.

[30] 肖明，黄国彬. 信息资源管理　理论与实践 [M]. 北京：机械工业出版社，2014.

[31] 柯新生. 企业信息资源规划理论与方法研究 [M]. 北京：电子工业出版社，2013.

[32] 张涛，志芳，吴继兰. 企业资源计划（ERP）原理与实践（第 3 版）[M]. 北京：机械工业出版社，2020.

[33] 刘红军，李志刚，朱涛，等. 信息管理概论（第 3 版）[M]. 北京：科学出版社，2016.

[34] 李宇. 信息资源管理与应用 [M]. 北京：国家行政学院出版社，2015.

[35] 夏敬华. 知识管理 [M]. 北京：机械工业出版社，2003.

[36] 王宽垒，魏晓峰. 国内信息资源管理研究热点与前沿分析 [J]. 图书馆理论与实践，2018（12）：34-38.

[37] 李兴国，顾东晓. 信息资源管理 [M]. 北京：清华大学出版社，2015.

[38] 杨美沂. 电子政务与政府信息资源管理研究与探索 [M]. 长春：吉林大学出版社，2018.

[39] 周毅，孙帅. 政府信息资源管理研究视域及主题深化 [M]. 上海：复旦大学出版社，2015.

[40] 张晓娟. 政府信息资源管理标准化 [M]. 北京：科学出版社，2020.

[41] 张士玉，董焱. 应用信息资源管理 [M]. 北京：清华大学出版社，2016.

[42] 安小米，等. 信息资源管理术语及概念体系 [M]. 北京：中国标准出版社，2016.

教师服务

感谢您选用清华大学出版社的教材！为了更好地服务教学，我们为授课教师提供本书的教学辅助资源，以及本学科重点教材信息。请您扫码获取。

≫ 教辅获取

本书教辅资源，授课教师扫码获取

≫ 样书赠送

管理科学与工程类重点教材，教师扫码获取样书

 清华大学出版社

E-mail: tupfuwu@163.com
电话：010-83470332 / 83470142
地址：北京市海淀区双清路学研大厦 B 座 509

网址：http://www.tup.com.cn/
传真：8610-83470107
邮编：100084